Psychologie von Risiko und Vertrauen

Jörn Basel · Philipp Henrizi
Hrsg.

Psychologie von Risiko und Vertrauen

Wahrnehmung, Verhalten und Kommunikation

 Springer

Hrsg.
Jörn Basel
Institut für Tourismus und Mobilität
Hochschule Luzern
Luzern, Schweiz

Philipp Henrizi
Institut für Finanzdienstleistungen Zug
Hochschule Luzern
Luzern, Schweiz

ISBN 978-3-662-65574-0   ISBN 978-3-662-65575-7   (eBook)
https://doi.org/10.1007/978-3-662-65575-7

Die Deutsche Nationalbibliothek verzeichnet diese Publikation in der Deutschen Nationalbibliografie; detaillierte bibliografische Daten sind im Internet über http://dnb.d-nb.de abrufbar.

Vorwort

Seit 2019 besteht an der Hochschule Luzern (HSLU) der Bachelor-Studiengang Wirtschaftspsychologie. Getreu dem Credo, dass die Wirtschaft vom Menschen gemacht wird, werden darin betriebswirtschaftliche und psychologische Inhalte auf innovative Art kombiniert. Praxisorientierung und Aktualität des Curriculums sind hierbei von besonderer Bedeutung und daher wundert es nicht, dass sich darin auch ein explizites Modul zum Thema Risikowahrnehmung und Vertrauen findet. Schließlich sind beide Themen angesichts aktueller gesellschaftlicher, wirtschaftlicher und politischer Krisen von besonderer Tragweite.

Was trotz offenkundiger Relevanz gefehlt hat, war jedoch ein kompakter Überblick, welcher sowohl Risiko als auch Vertrauen einführend vorstellt und in ihrer praktischen Bedeutung diskutiert. Diese Lücke soll daher durch dieses Herausgeberwerk geschlossen werden. Expertinnen und Experten haben hier in elf kompakten Kapiteln die wesentlichen Ansätze, Modelle und Theorien aus dem Bereich Risiko und Vertrauen für die interessierte Leserschaft zusammengestellt. Die Leitidee ist hierbei eine Orientierung über sich gegenseitig beeinflussende Aspekte der Wahrnehmung, des Verhaltens und der Kommunikation. Obwohl psychologische Inhalte im Mittelpunkt stehen, hat dieses Buch durchaus auch einen interdisziplinären Anspruch. Ein umfassendes Verständnis von Risiko und Vertrauen wäre ohne einen Blick in Disziplinen wie Ökonomie, Soziologie und auch Kommunikationswissenschaften nur bedingt zielführend.

Ebenso wenig zielführend wäre es aber auch, ohne Stimmen aus der Risiko- und Vertrauenspraxis ein solches Buch zu publizieren. Wir danken daher folgenden Personen, welche durch ihren Input eine praxisorientierte – und auch kurzweilige – Lektüre ermöglicht haben: Extremalpinist Dani Arnold, Abenteurerin Anja Blacha, Freeride-Sportlerin Aline Bock, Extremsnowboarderin Léa Klaue, Jesuit Klaus Mertes, Flight Safety Officer Markus Rieder und Vertrauensforscher Oliver Schilke. Zusätzlich danken wir auch allen übrigen Mitautoren, die dieses Buch mit ihren Gedanken und ihrer Expertise gefüllt haben, sowie allen Reviewern für die konstruktiven Anmerkungen, welche die Qualität der Beiträge nochmals erhöht haben.

Unser Dank gilt auch der Hochschule Luzern Wirtschaft für das entgegengebrachte Vertrauen, diese Publikation zu fördern. Besonderer Dank gilt nicht zuletzt Alisha Bühler, Susanne Hefti und Sofia Schmid für ihre tatkräftige Unterstützung im Fertigstellungsprozess. Auch danken möchten wir unseren Familienangehörigen für die zeitliche Entbehrung während der Erstellung des Werkes. Dabei sind es gerade die Kinder, die die Bedeutung dieses Buches in die richtige Relation setzen. Daher ist dieses Werk allen Kindern dieser Welt gewidmet; mögen sie stets einen angemessenen Umgang mit Risiken haben und das notwendige Maß an Vertrauen finden.

Jörn Basel und Philipp Henrizi
Luzern, April 2023

Inhaltsverzeichnis

1   **Einleitung** 1
    Jörn Basel und Philipp Henrizi
    Literatur 8

2   **Die Philosophie von Risiko** 9
    Philipp Henrizi und Ortwin Renn
2.1   **Einführung** 10
2.2   **Risikobegriff** 12
2.2.1   Herkunft und Historie 12
2.2.2   Definition und Begriffsverwendung 13
2.3   **Risiko und Unsicherheit** 16
2.4   **Semantische Risikomuster** 21
2.5   **Systemische Risiken** 31
2.6   **Ausblick** 33
    Literatur 36

3   **Die Psychologie des Risikos** 41
    Christian Weibel, Jörn Basel und Yannik Faes
3.1   **Einleitung** 42
3.2   **Risiko als Gegenstand psychologischer Forschung** 44
3.3   **Psychometrisches Paradigma: Die Subjektivität des Risikos** .. 45
3.3.1   Ursprung des psychometrischen Paradigmas 45
3.3.2   Risikobeurteilung im Rahmen des psychometrischen Paradigmas ... 48
3.3.3   Affektheuristik: inverse Beziehung von Nutzen und Risiko ... 50
3.4   **Interindividuelle Unterschiede in Risikowahrnehmung und -verhalten** ... 55
3.4.1   Risikobereitschaft und Persönlichkeit 55
3.4.2   Alltägliche Risikobereitschaft: Geschlechtsunterschiede und Alterseffekte ... 57
3.4.3   Sicherheitsverhalten am Arbeitsplatz und Persönlichkeit ... 58
3.4.4   Verschiedene Persönlichkeits- und Risikotypen 59
3.4.5   Erklärungen für Risikopräferenzen 60
3.5   **Fazit** 64
    Literatur 67

4   **Ansätze zur Messung von Risikowahrnehmung und Risikoeinstellung: das Beispiel touristische Reiseabsicht während einer Pandemie** 71
    Andreas Philippe Hüsser und Timo Ohnmacht
4.1   **Einleitung** 73
4.2   **Sozialwissenschaftliche Forschungsstränge im Themenfeld Risiko** ... 74
4.2.1   Risiko aus der Sicht der Erwartungsnutzentheorie zur Erfassung der Risikoneigung ... 76
4.2.2   Risiko aus der Sicht des psychometrischen Paradigmas 78

4.3   Risikoforschung im Tourismus 79
4.3.1   Erklärungsmodelle und psychometrische Skalen zur Bestimmung
        der touristischen Reiseabsicht 80
4.3.2   Ein Erklärungsmodell zur Vorhersage der Reiseabsicht
        während einer Pandemie 84
4.3.3   Methodik 86
4.3.4   Zentrale empirische Befunde 88
4.4   Risikoreduktion: Ausblick zu Interventionsstrategien für sicheres
        Reisen bei Pandemien 90
4.5   Fazit 93
        Anhang 94
        Fragebogen 94
        Literatur 102

5   **Risikoneigung und Risikoverhalten** 109
        Ute Vanini
5.1   **Einleitung** 110
5.2   **Konzepte und Messung der Risikoneigung von Entscheidern** 112
5.3   **Einflussfaktoren auf die Risikoneigung** 116
5.4   **Auswirkungen der Risikoneigung auf das Risikoverhalten von Entscheidern** 118
5.5   **Implikationen für die Unternehmenspraxis und die Wissenschaft** 121
        Literatur 125

6   **Die Komplexität der Risikokommunikation** 129
        Philipp Henrizi
6.1   **Ziele und Herausforderungen der Risikokommunikation** 130
6.2   **Theorien und Modelle der Risikokommunikation** 134
6.3   **Risikodarstellung und Risikokompetenz** 138
6.3.1   Relative versus absolute Risikogrößen 142
6.3.2   Wahrscheinlichkeiten versus Häufigkeiten 142
6.3.3   Relation 143
6.3.4   Referenzklasse 143
6.3.5   Framing 144
6.3.6   Verbale Wahrscheinlichkeit 144
6.4   **Akteure der Risikokommunikation** 146
6.5   **Exkurs: Nudging – Sanft zu „besserem" Verhalten stupsen?** 150
6.6   **Schlussfolgerung** 153
        Anhang: Fragebogen „Selbstexperiment Wachstumsraten" 156
        Literatur 158

7   **Risikodialog – Komplexität und Unsicherheit kommunizieren** 165
        Sabine Witt und Sonja Kolberg
7.1   **Einleitung** 166
7.2   **Geschichte eines Perspektivenwechsels: Von Rezipienten zu Akteuren** 168
7.3   **Akzeptanz von Unsicherheit** 170

7.4 Einfluss von Risikowahrnehmung und -kompetenz auf die Akzeptanz 172
7.5 Akzeptanz in Gruppen 174
7.6 Entscheidung für partizipative Risikokommunikation 178
7.7 Formen der Beteiligung 180
7.8 Akzeptable Botschaften formulieren 181
7.9 Diskussion 188
Literatur 191

8 Vertrauen – ein anwendungsorientierter und interdisziplinärer
Überblick 195
Jörn Basel, Daniel Westmattelmann, Verena Niemann und Valentin Ade
8.1 Einleitung 196
8.2 Vertrauen: Konzept, Dynamik und Analyse 198
8.2.1 Relevanz von Vertrauen 198
8.2.2 Vertrauen als interdisziplinäreres Forschungsfeld 202
8.2.3 Vertrauen im Rahmen sozialer Interaktion 210
8.2.4 Vertrauensdynamik: Krise und Wiederaufbau 211
8.2.5 Anwendungsbereich Spitzensport: Dopingkontrolle als Vertrauensfrage 215
8.3 Fazit – Herausforderung Vertrauenskultivierung 217
Literatur 219

9 Vertrauen in der internen Kommunikation von Organisationen 225
Constanze Jecker und Klaus Spachmann
9.1 Einleitung 226
9.2 Interne Kommunikation in Organisationen 227
9.3 Vertrauen und Kommunikation 230
9.4 Vertrauen der Mitarbeitenden in Organisationen 233
9.5 Vertrauen in interne Kommunikation 235
9.6 Vertrauen durch interne Kommunikation 240
Literatur 246

10 Vertrauen schaffen mit Unternehmenskommunikation – ein
linguistisches Modell von Glaubwürdigkeit durch Textdesign 249
Adrian Aebi und Sylvia Bendel Larcher
10.1 Einleitung 251
10.2 Glaubwürdige Kommunikation als Voraussetzung für Vertrauensförderung 253
10.3 Glaubwürdigkeit durch Argumentation, Webdesign oder Stil 254
10.3.1 Argumentation 254
10.3.2 Webdesign 255
10.3.3 Stil 256
10.3.4 Bilder 258
10.4 Glaubwürdigkeit empirisch untersuchen 259
10.5 Glaubwürdigkeit durch Textdesign: ein integratives Modell 261
10.6 Zusammenfassung und Ausblick 267
Literatur 268

11   Misstrauen. Eine interdisziplinäre Bestandsaufnahme 271
Jörn Basel und Rolf Brühl
11.1   **Einführung** 272
11.2   **Misstrauen: Konzept, Dynamik und Analyse** 275
11.2.1   Abgrenzung von Misstrauen zu Vertrauen 275
11.2.2   Misstrauensdynamik in sozialen Systemen 278
11.2.3   Gesellschaftliche Bedeutung des Misstrauens 293
11.3   **Fazit** 294
      Literatur 297

**Erratum zu: Ansätze zur Messung von Risikowahrnehmung und Risikoeinstellung:
das Beispiel touristische Reiseabsicht während einer Pandemie** E1
Andreas Philippe Hüsser und Timo Ohnmacht

Erratum zu: Psychologie von Risiko und Vertrauen E3
Jörn Basel und Philipp Henrizi

Autorenverzeichnis

Valentin Ade The Negotiation Studio TNS GmbH, Konstanz, Deutschland

Adrian Aebi Institut für Kommunikation und Marketing, Hochschule Luzern, Luzern, Schweiz

Jörn Basel Institut für Tourismus und Mobilität, Hochschule Luzern, Luzern, Schweiz

Rolf Brühl Lehrstuhl für Unternehmensethik und Controlling, ESCP Business School Berlin, Berlin, Deutschland

Yannik Faes Hochschule Luzern, Luzern, Schweiz

Philipp Henrizi Institut für Finanzdienstleistungen Zug, Hochschule Luzern, Luzern, Schweiz

Andreas Philippe Hüsser Institut für Tourismus und Mobilität, Hochschule Luzern, Luzern, Schweiz

Constanze Jecker Institut für Kommunikation und Marketing, Hochschule Luzern, Luzern, Schweiz

Anna-Lena Köng Stiftung Risiko-Dialog, Zürich, Schweiz

Sonja Kolberg Institut für Kommunikation und Marketing, Hochschule Luzern, Luzern, Schweiz

Sylvia Bendel Larcher Institut für Kommunikation und Marketing, Hochschule Luzern, Luzern, Schweiz

Verena Niemann The Negotiation Studio TNS GmbH, Konstanz, Deutschland

Timo Ohnmacht Institut für Tourismus und Mobilität, Hochschule Luzern, Luzern, Schweiz

Ortwin Renn Institut für Transformative Nachhaltigkeitsforschung, Potsdam, Deutschland

Martin Schonger Institut für Tourismus und Mobilität, Hochschule Luzern, Luzern, Schweiz

Klaus Spachmann Kommunikationswissenschaft, Universität Hohenheim, Stuttgart, Deutschland

Ute Vanini   Institut für Controlling, Fachhochschule Kiel, Kiel, Deutschland

Christian Weibel   Institut für Tourismus und Mobilität, Hochschule Luzern, Luzern, Schweiz

Daniel Westmattelmann   Lehrstuhl für Betriebswirtschaftslehre, insb. Organisation, Personal und Innovation, Universität Münster, Münster, Deutschland

Sabine Witt   Institut für Kommunikation und Marketing, Hochschule Luzern, Luzern, Schweiz

Einleitung

Jörn Basel und Philipp Henrizi

Inhaltsverzeichnis

Literatur – 8

1

Das aktuelle Weltgeschehen mit seinen Krisen und Konflikten bewirkt, dass insbesondere zwei Themenfelder wirtschaftliche und gesellschaftliche Diskurse prägen: die Komplementärbegriffe Risiko und Vertrauen.

Dem menschlichen Wunsch nach Sicherheit und Stabilität steht – zumindest gefühlt – eine sich stetig schneller wandelnde Realität gegenüber. Unsicherheit und Unplanbarkeit gewinnen an Bedeutung; Skepsis und Misstrauen erodieren bestehendes Vertrauen. Zusätzlich wird diese Dynamik durch technologische Entwicklungen befeuert, deren Akzeptanz maßgeblich von einer persönlichen Bewertung der Chancen und Risiken abhängt.

Aus diesem Zeitgeist resultiert der Bedarf, informiert und fundiert mit diesen verstärkt wahrgenommenen Unwägbarkeiten umzugehen. Risikokompetenz, Risikomündigkeit oder auch Vertrauensaufbau sind hierbei zentrale Schlagwörter, welche in die Curricula von Aus- und Weiterbildungen und in die Ratgeberliteratur Einzug gehalten haben und deren Präsenz auch weiter intensiviert werden muss. Hierzu möchte dieses Werk einen Beitrag leisten und der interessierten Leserschaft eine Einführung in die Psychologie von Risiko und Vertrauen bieten. Leitidee ist hierbei die Annahme, dass der Ursprung des menschlichen Umgangs mit diesen Themen in der Wahrnehmung bzw. der individuellen Kognition verortet ist. Diese Black Box soll über die verschiedenen Beiträge hinweg verständlich dechiffriert werden, und es soll dadurch ermöglicht werden, unser Verhalten zu erklären. Dies ist schließlich Voraussetzung, um Risiken zu beurteilen und zu bewerten, zielgerichtet über Risiken zu informieren oder (verlorenes) Vertrauen durch Kommunikation aufzubauen. Dieses Wissen hat eine hohe aktuelle Relevanz, denn spätestens seit der Covid-19-Pandemie kennt man die Folgen einer misslungenen Risikokommunikation und die toxische Wirkung einer gesellschaftlichen Misstrauenskultur.

Es geht in diesem Werk aber nicht nur um die Thematik von Risiken im Krisenfall. Risiken bieten schliesslich auch Chancen oder werden bewusst individuell in Kauf genommen, um etwa daran zu wachsen. Risikobereitschaft bedeutet eben auch, dass Innovation und Fortschritt möglich werden und Grenzen verschoben werden können. Vertrauen ist hierbei oftmals das entscheidende Bindeglied, welches hilft, damit Risiko letztendlich diese positive Konnotation erfahren kann.

Offensichtlich verspürt aber nicht jede Person den gleichen Wunsch, sich bestimmten Risiken auszusetzen. Und auch eine hohe Risikoneigung in einem Bereich muss nicht bedeuten, dass diese gleichzeitig in anderen Bereichen ebenfalls hoch ausgeprägt ist. Sprich: Wer riskant Autofährt, muss nicht ebenso eine riskante Anlagestrategie präferieren. Das Wissen um diese Sachverhalte fußt insbesondere darauf, dass die Psychologie und auch die Verhaltensökonomie mittlerweile sehr gut darin sind, individuelle Präferenzen zu operationalisieren. Validierte Skalen, spieltheoretische Experimente und umfassende, smarte Online-Erhebungen erlauben es mittlerweile, dass theoretische Modelle zu Risiko und Vertrauen sich auch an der Empirie messen lassen müssen. Die Ergebnisse zeigen deutlich auf, dass Risiko und Vertrauen zwar hochgradig subjektiv bewertet werden, diese Subjektivität dennoch zahlreiche Muster und Systematiken aufweist. Dies ermöglicht etwa der wirtschaftlichen oder politischen Praxis, Gestaltungsoptionen abzuleiten, welche ihre Evidenz bestätigt haben.

Die persönliche Komponente der Risikowahrnehmung zu berücksichtigen, ist dennoch wichtig, und so soll diese Sichtweise zusätzlich durch zahlreiche Praxisbeispiele und Exkurse illustriert werden. Von der Extremsportlerin bis hin zum Missbrauchsaufklärer in der katholischen Kirche zeigen diese, wie mannigfaltig und vielschichtig die soziale und kulturelle Bedeutung von Risiko und Vertrauen – und auch Misstrauen – verstanden werden kann.

▶ „Ich will selber Risikoentscheidungen treffen"

Die Extremsnowboarderin Léa Klaue über die Rolle von Vertrauen bei Sportrisiken. Léa Klaue ist Extremsnowboarderin (Big Mountain) und erfolgreiche Teilnehmerin der Freeride World Tour. Neben dem Sport ist sie affiliierte Forscherin an der Universität Bern im Bereich Visuelle Anthropologie.

Extremsnowboarderin Léa Klaue (Freeride World Tour 2019)

Risiko ist für mich ein großes Paradigma. Das Wort ist zunächst mit vielen Vorurteilen behaftet, es wird etwa mit Fahrlässigkeit in Verbindung gebracht. Ich verbinde mit dem Wort eher eine Herausforderung, große Projekte und viel Planung. Je größer das Risiko ist, desto größer natürlich auch der Planungsaufwand. Als Big-Mountain-Snowboarderin und Freeriderin plane ich viel voraus und versuche, alle Risikofaktoren mit einzuberechnen. Trotzdem kann ich nicht alles vorhersehen. Leider gibt es immer wieder Vorfälle, bei denen trotz sorgfältiger Vorbereitung das schlimmstmögliche Szenario eintritt. Ich hatte vor kurzem einen Lawinenunfall. Ich war gut vorbereitet. Aufgrund der komplizierten Lawinensituation in der Schweiz mit einer sehr komplexen Schneedecke hatte sich aber eine Lawine an einer unerwarteten Stelle gelöst. Der Hang war ganz flach. Normalerweise wird gesagt, dass Hänge steiler als 30 Grad sein müssen, damit eine Lawine abgehen kann. Im Nachhinein habe ich den Unfall analysiert und festgestellt, dass es sehr wohl Gefahrenanzeichen gab, die ich in der Situation hätte bemerken sollen. Ich hätte umdrehen sollen. Wir hatten Glück, dass wir überlebt haben. Dies ist ein gutes Beispiel dafür, dass man nicht immer alles planen kann und ein gewisses Risiko auf sich nehmen muss.

Ich kenne leider sehr viele Unfälle, bei denen Leute ums Leben gekommen sind oder nur schwer verletzt überlebt haben. Denn alles, was wir in den Bergen machen, ist sehr gefährlich. Im Laufe der Jahre hat sich deshalb meine Risikowahrnehmung verändert. Der Lawinenunfall hat bei mir beispielsweise dazu geführt, dass ich noch mehr wissen möchte. Ich habe mich weitergebildet, wissenschaftliche Quellen zu Lawinenforschung und Nivologie konsultiert und sogar mit einem Professor für Lawinenforschung an der EPFL Lausanne über den Vorfall gesprochen. Ich will die Zusammenhänge besser verstehen, denn man hat nie ausgelernt in den Bergen. Man ist nie eine Expertin.

Es sind so viele Risikofaktoren im Spiel in den Bergen – die ganze Natur, aber auch der Mensch spielt eine Rolle, etwa die sozialen Dynamiken in der Gruppe. Als ich jünger war und mit dem Sport gerade erst angefangen hatte, habe ich einfach mitgemacht. Ich wollte einfach nur dabei sein. Heute bin ich viel aktiver. Ich will selber Entscheidungen treffen, ich will wissen, wieso welche Entscheidungen getroffen werden. Dabei spielen zwei Arten von Vertrauen eine Rolle: das Vertrauen in andere und das Selbstvertrauen. Wenn ich mit einer Gruppe in die Berge gehe, möchte ich immer ganz genau wissen, wer dabei ist. Was sind das für Leute? Was sind ihre Skills? Ich will genau wissen, ob diese Leute auf eine Unfallsituation vorbereitet wären. Wissen sie, was man im Ernstfall unternehmen muss? Haben sie die nötigen Reflexe? Kennen sie sich aus? Wie lange sind sie schon dabei? Dabei ist es mir wichtig, dass jemand auch bereit ist, Schwächen zu zeigen. Wenn man auch über Probleme, Unsicherheiten und Zweifel sprechen kann, ist dies eine gute Basis für ein Vertrauensverhältnis. Eine gute Kommunikation gibt mir ein Gefühl von Sicherheit, von Gelassenheit und Ruhe. Wenn man zudem noch auf der gleichen Wellenlänge ist, die gleichen Ambitionen und ähnliche Werte teilt, ist es noch einfacher. Man teilt intersubjektiv die gleichen Erwartungen und das gleiche Wissen. Man weiß, was wir hier machen, was unser Plan ist, wieso wir hier sind, wer welche Rolle hat und auch was die Gefahren sein können.

Ich habe allerdings in den letzten Jahren gemerkt, dass man leider als Frau in dieser Männerdomäne immer noch viel weniger ernst genommen wird, wenn man über Risiken, Gefahren und Entscheidungen sprechen möchte. Es war lange so, dass die meisten Frauen zwar mit auf Touren gingen, aber dort keine Entscheidungen trafen. Das verändert sich nun, es gibt vermehrt auch Bergführerinnen, mehr Frauen, die entscheiden. Aber hier im Wallis, im Süden der Schweiz, wird man als Frau oft immer noch als Exotin im Sport angesehen. Gerade in Gruppen von Männern beobachte ich oft toxische Dynamiken, mit denen ich nichts zu tun haben möchte, wenn es etwa darum geht, wer die meisten Erfahrungen hat, wer am besten drauf ist. In den letzten Jahren habe ich immer mehr darauf geachtet, mir meine Touren- und Freeride-Partner sorgfältig auszuwählen. Ich muss mich wirklich gut mit den Leuten verstehen können. Die Kommunikation muss reibungslos funktionieren. Wir sind auch nur Menschen, mit Gefühlen und Emotionen, all dies kann die Situation am Berg entscheidend verändern. Und am Berg sind wir immer schwächer. ◄

So intuitiv einleuchtend die hohe generelle Relevanz von Risiko und Vertrauen erscheint, so komplex und ungemein vielschichtig zeigt sich allerdings auch die wissenschaftliche Auseinandersetzung. Obwohl diese Herausgeberschrift bewusst einen interdisziplinären Ansatz wählt, gilt es zu berücksichtigen, dass bereits Unterthemen wie Risikokompetenz oder Vertrauenswürdigkeit ganze Werke allein füllen. Das Anliegen dieser Zusammenstellung ist daher nicht, in die maximale Tiefe der akademischen Diskussion einzutauchen, sondern die wichtigsten Ansätze und Modelle in ihrer praktischen Relevanz aufzuzeigen. Bewusst sind die Beiträge auch dazu geeignet, als Material im Bereich der Aus- und Weiterbildung eingesetzt zu werden. Wir hoffen mit diesem Werk die Neugierde auf diese Themen zu wecken und gleichzeitig den Nutzen von wissenschaftlichen Erkenntnissen in diesem Bereich zu fördern.

▶ „Man braucht keinem Praktiker zu verkaufen, dass Vertrauen wichtig ist"

Der Soziologe Oliver Schilke über die Faszination Vertrauen und den Praxisnutzen der Forschung. Oliver Schilke ist Professor an der University of Arizona und leitet dort das Center for Trust Studies. Kernmission des Zentrums ist insbesondere der Transfer der akademischen Vertrauensforschung in die Praxis.

Soziologe Oliver Schilke

Als Forscher leiten Sie an einer renommierten US-Universität ein großes Zentrum zur Vertrauensforschung. Was hat Sie ursprünglich an der Vertrauensforschung so interessiert, dass Sie dort Ihren Forschungsschwerpunkt setzten?

Es war eher ein Zufall. Ich habe Forschung zu Routinen zwischen Organisationen gemacht. Im Rahmen dessen habe ich Experteninterviews geführt, in denen das Thema Vertrauen immer wieder zur Sprache kam. Ich habe gemerkt, dass Vertrauen nicht nur im Zusammenhang mit interorganisationalen Routinen wichtig ist, sondern auch auf interpersoneller Ebene und in einer Vielzahl von ökonomischen Fachfragen. Und wenn man einmal mit einem Thema anfängt, das einen fasziniert, kommt man schwer wieder davon los.

Was fasziniert Sie denn genau am Thema des Vertrauens?

Der Reiz an dem Thema ist, dass es aus rein rational-ökonomischer Sicht überhaupt keinen Sinn machen sollte, dass überhaupt Vertrauen gesetzt wird. Ausgehend von einem Rational-Actor-Modell kann man Vertrauen in vielen Situationen einfach nicht erklären. Leute sollten eigentlich nicht vertrauen. Das Gegenüber sollte auch nicht vertrauenswürdig sein. Aber die Realität zeigt, dass Vertrauen allgegenwärtig ist und dass Menschen sich eben oftmals nicht wie der Rational Actor verhalten. Da stellt sich natürlich die Frage, wieso das so ist. Ein Soziologe springt da sofort auf, um zu zeigen, dass soziale Beziehungen eben nicht nur von ökonomischen Zielen abhängen, sondern auch davon, wie Personen miteinander auf persönlicher Ebene agieren und welche sozialen Normen sie als akzeptabel ansehen.

Dass Vertrauen ein zentrales gesellschaftliches Gut darstellt, ist die zentrale Botschaft des Center for Trust Studies, welches Sie an der University of Arizona leiten. Wie ist das Trust Center entstanden?

Die Idee hat sich im Jahr 2018 materialisiert. Gerade an der University of Arizona, generell im Westen der USA, gibt es viele Vertrauensforscher. Unser Ziel war, das zu bündeln und nicht nur die akademische Forschung zu Vertrauen voranzutreiben, sondern auch mehr Augenmerk darauf zu legen, wie diese Erkenntnisse praktikabel übersetzt werden können. Manager, aber auch Politiker sollen diese sozialwissenschaftlichen Erkenntnisse auch für ihre Arbeit verwenden können. Der Praxistransfer ist eine der Hauptinteressen des Centers, und gerade die Vertrauensforschung ist ein Bereich, in dem dieser Transfer besonders gut zu realisieren ist.

Warum glauben Sie, dass der Praxistransfer aus der Forschung beim Thema Vertrauen so gut gelingt?

Man braucht keinem Praktiker erst noch zu verkaufen, dass Vertrauen wichtig ist. Alle wissen das aus ihrer eigenen Arbeit – aus Leader-Follower-Bereichen, aus dem Finanzbereich, aus der Unternehmensberatung. Die Komplexität des Themas ist aber enorm. Man kann die Quellen des Vertrauens nicht auf zwei, drei reduzieren – es ist eine Vielzahl von Faktoren, die zusammenkommen und systemisch interagieren. Praktiker wollen aufgrund dieser Komplexität vermehrt mit Akademikern zusammenarbeiten und mehr Wissen in Erfahrung bringen: Wie kann Vertrauen geschaffen werden? Was sind die Konsequenzen von Vertrauen?

Man kann selten Patentlösungen anbieten, was Vertrauen anbelangt. Sie machen viel Grundlagenforschung. Mit welchen Themen können Sie Praktiker gut abholen?

Einerseits bin ich sehr überrascht, wie offen Praktiker dafür sind, doch auch eher komplizierte Papers zu lesen. Andererseits ist es schon sehr wichtig, genau zu verstehen, in welchem Kontext sie Vertrauen jeweils relevant finden. Man muss die Unterschiede zwischen Geschäftsbereichen verstehen, um das mit Praktikern im Detail ausarbeiten zu können. Mein grundsätzlicher Ansatz ist, den Praktiker darlegen zu lassen, welche Probleme ihn oder sie genau interessieren, um im Anschluss zu evaluieren, wie man die wissenschaftliche Forschung sinnvoll hinzuziehen kann.

Kürzlich war auf dem Twitter-Profil von pwc Schweiz zu lesen (■ Abb. 1.1): „Our purpose is to build trust in society and solve important problems." Hier steckt Vertrauen im Claim als erste Botschaft drin. Kann das ein Beratungsunternehmen leisten?

Diesen Anspruch muss man im Zusammenhang mit der zunehmenden Stakeholder-Orientierung, die man in allen Industrien beobachten kann, verstehen. Firmen sollen demnach nicht nur Gewinn erwirtschaften und den Kunden zufriedenstellen, sondern verschiedenen Schichten der Gesellschaft gerecht werden. Wirtschaftsprüfungsfirmen, gerade vor dem Hintergrund der Krisen der letzten Jahren, hatten Vertrauensprobleme und definieren dieses Defizit nun als neue Zielgröße. Mission Statements sind natürlich aber sehr breit und ambitioniert; inwieweit sie die tägliche Arbeit im Unternehmen abbilden, ist eine andere Frage.

■ **Abb. 1.1**   Vertrauensaufbau als Mission Statement des Unternehmens PwC Schweiz

In welche Richtung entwickelt sich die Vertrauensforschung derzeit? Spielt die zunehmende Stakeholder-Orientierung der Unternehmen eine Rolle?

Das Thema Vertrauen spielt eine immer größere strategische Rolle für eine Vielzahl von Unternehmen. Es wird erkannt, dass die Fähigkeit, Vertrauen intern oder gegenüber externen Interessengruppen herzustellen, ein Wettbewerbsvorteil sein kann. Dass diese Prozesse geschaffen werden und die Ressourcen dafür bereitgestellt werden müssen, ist recht neu auf der Tagesordnung der Unternehmensführungen von Topunternehmen. Vorher war das Thema eher im HR- oder Marketingbereich angesiedelt, aber heute erfährt es Aufmerksamkeit auf höherer Ebene.

Ein sehr spannendes Thema ist derzeit Vertrauen und Artificial Intelligence (AI). Forschung zum Thema Vertrauen und Technik gibt es schon seit Jahrzehnten, etwa Vertrauen in E-Commerce oder in Virtual Teams. Aber AI bringt ganz neue Aspekte zur Debatte, weil diese neuartige Technologie jetzt zunehmend selbst entscheiden kann, also Agency gewinnt. Das rechtfertig in einer Weise den Drang, das Thema des Vertrauens in Technik komplett neu aufzurollen.

Vertrauen ist oftmals nur ein untergeordnetes Thema in der akademischen Grundausbildung. Mit welchen Publikationen kann man die Neugierde der Studierenden wecken?

Ein schöner Blick aus der soziologischen Perspektive stammt von Karen S. Cook (2001). Roderick M. Kramer (1999) hat schon frühzeitig eine Reihe von sehr zentralen Fragestellungen im organisationalen Kontext erkannt. Der Spieltheoretische Klassiker ist mit Sicherheit Joyce Berg et al. (1995). Dieser veranschaulicht, das Vertrauen sich nicht nur in der Wahrnehmung, sondern auch im Verhalten widerspiegelt. ◄

Literatur

Berg, J., Dickhaut, J., & McCabe, K. (1995). Trust, reciprocity, and social history. *Games and Economic Behavior, 10*(1), 122–142.

Cook, K. (Hrsg.). (2001). *Trust in society*. Russell Sage Foundation.

Kramer, R. M. (1999). Trust and distrust in organizations: Emerging perspectives, enduring questions. *Annual Review of Psychology, 50*(1), 569–598.

Die Philosophie von Risiko

Philipp Henrizi und Ortwin Renn

Inhaltsverzeichnis

2.1   **Einführung – 10**

2.2   **Risikobegriff – 12**
2.2.1   Herkunft und Historie – 12
2.2.2   Definition und Begriffsverwendung – 13

2.3   **Risiko und Unsicherheit – 16**

2.4   **Semantische Risikomuster – 21**

2.5   **Systemische Risiken – 31**

2.6   **Ausblick – 33**

        Literatur – 36

© Der/die Autor(en), exklusiv lizenziert an Springer-Verlag GmbH, DE, ein Teil von Springer Nature 2023
J. Basel, P. Henrizi (Hrsg.), *Psychologie von Risiko und Vertrauen*,
https://doi.org/10.1007/978-3-662-65575-7_2

2

Zusammenfassung

In diesem Kapitel wird der Begriff Risiko historisch hergeleitet und das unterschiedliche Begriffsverständnis der verschiedenen wissenschaftlichen Disziplinen aufgezeigt. Die Unterschiede in den terminologischen Begrifflichkeiten wie auch in den inhaltlichen Ausgestaltungen werden erklärt. Zudem wird die Differenzierung zwischen Risiko und Unsicherheit erläutert und anhand von verschiedenen Konzepten, wie der Rumsfeld-Matrix, erörtert. Darüber hinaus werden verschiedene Risikomuster dargestellt, die eine Kategorisierung von Risiken ermöglichen. Schließlich werden systemische Risiken vorgestellt und es wird eine Abgrenzung zu konventionellen Risiken vorgenommen. Das Kapitel unterstützt bei dem Verständnis von Risiko und der Einordnung von Risikosituationen. Ein kurzer Ausblick rundet das Kapitel ab.

■ **Lernziele**
- Die Herkunft des Begriffs Risiko beschreiben können
- Die unterschiedlichen Begriffsverwendungen kennen und erläutern können
- Den Unterschied zwischen Risiko und Unsicherheit erklären können
- Risiken nach den semantischen Risikomustern klassifizieren können
- Systemische Risiken von konventionellen Risiken abgrenzen können

2.1 Einführung

» "Risk means more things can happen than will happen" Elroy Dimson

Die Untersuchung von Risiko, gleichgültig, ob bei Individuen, Unternehmen oder Organisationen, ist gerade in der modernen Gesellschaft zu einem bedeutenden Forschungsfeld geworden. Während der gesellschaftliche Umgang mit Risiko zwar schon immer die Entwicklung der Gesellschaft begleitet hat (vgl. Sofsky, 2005, S. 17), bleibt Risiko dennoch ein noch nicht ausreichend untersuchter Forschungsgegenstand (vgl. Gebhart et al., 2009, S. 141). Der Begriff der heutigen „Risikogesellschaft" drückt aus, wie die Epoche der modernen Gesellschaft sich selbst verstehen sollte. Deren Dynamik gründet sich weniger darauf, dass die heutigen Gefahren noch nie da gewesen sind, sondern dass wir vor allem in einer Gesellschaft leben, die über ihre selbst geschaffenen Unsicherheiten entscheiden muss, aber auch will (vgl. Beck, 2007, S. 26 f.). Die Unsicherheiten sind Teil der technischen Entwicklung und der wachsenden Globalisierung. Unsere Zeit ist durch zunehmende Komplexität und damit durch steigende Undurchsichtigkeit gekennzeichnet (vgl. Renn et al., 2020). Die notwendig gewordene Koordination und institutionelle Kontrolle, die große Informationsvielfalt sowie das hohe Maß an öffentlicher Aufmerksamkeit für Unzulänglichkeiten und Gefahren haben zu der besonderen Stellung von Risiko in der heutigen Gesellschaft beigetragen (vgl. Taylor-Gooby & Zinn, 2006, S. 2).

Risiken beruhen auf dem Spannungsverhältnis zwischen unabwendbarem Schicksal und Eigenverantwortung. Erst mit der Erkenntnis, dass die Zukunft vom Menschen zumindest teilweise beeinflussbar ist, ist es möglich, Gefahren zu vermeiden oder deren Konsequenzen zu mildern (vgl. Ewald, 1993). Somit setzt die Beschäftigung mit Risiko ein Mindestmaß an Gestaltbarkeit der Zukunft und damit Vermeidbarkeit von unerwünschten Ereignissen durch vorsorgendes Handeln voraus. Als solches beruht das Konzept von Risiko maßgeblich auf der Annahme, dass Risiken mentale Konstrukte, also Produkte des menschlichen Geistes sind (vgl. Wynne, 1996; Hannigan, 1995, S. 92 ff.; Jasanoff, 1999, 2004; Brown & Olofsson, 2016; Müller-Mahn et al., 2018). Risiken entstehen wie andere sinnbezogene Konzepte auch als Bestandteil menschlicher Erfahrung im Alltagshandeln (vgl. Berger & Luckmann, 2018, S. 36 ff.). Demnach gilt: "Risks are created and selected by human actors" (vgl. IRGC, 2005, S. 4). Dies führt in der Konsequenz dazu, dass Risiken aufgrund von subjektiven Einflussgrößen unterschiedlich bewertet werden, z. B. infolge der gemachten Erfahrungen oder aufgrund der Tatsache, ob der Bewertende einen eigenen Einfluss auf die Höhe des Risikos für möglich hält oder nicht (persönliche Kontroll- oder Steuerungsmöglichkeit, vgl. Rohrmann & Renn, 2000). Solche subjektiven Faktoren sind keinesfalls als irrational einzustufen. In der Tat macht es einen Unterschied in der Bewertung, ob man ein Risiko selbst steuern kann (etwa bei Freizeitaktivitäten) oder ob man ein Risiko passiv hinnehmen muss (etwa bei Kernkraft oder Mobilfunkstrahlung). Aus diesem Grund ist es gerechtfertigt, das wahrgenommene Risiko auch nicht als irrationales, sondern als subjektives Risiko zu bezeichnen. Das subjektive Risiko stellt also keine objektive Größe dar, sondern eine subjektive Erwartung, dass mit einer Handlung oder einem Ereignis die Möglichkeit einer als negativ empfundenen Folge einhergehen kann (vgl. Obermeier, 1999, S. 245 f.; Redmill, 2002). Solche Erwartungen können aufgrund wissenschaftlicher Vorgehensweisen „objektiviert" werden, d. h., sie können den jeweils bestmöglichen Stand des kollektiven Wissens über zu erwartende Konsequenzen widerspiegeln. Sie können aber auch auf anekdotischem Wissen bzw. sozialen Erfahrungen beruhen. Die Grenzen zwischen wissenschaftlich berechnetem und subjektivem Risiko sind nicht allzu eng zu ziehen (vgl. Renn, 2002, S. 75).

Im Gegensatz zur konstruktivistischen Sichtweise von Risiken als mentale Vorstellung sind die Auswirkungen des Schadensfalls real und intersubjektiv nachprüfbar. Diese Manifestationen von Risiken sind in dem Sinne wirklich, als dass Menschen, Umwelt oder wertgeschätzte Güter zu Schaden kommen (vgl. Rosa et al., 2014, S. 15 f.). Schadensfälle erlangen aber erst in dem Maße Einfluss auf die soziale Welt, wie über sie kommuniziert wird und sie Eingang in die kognitive Wahrnehmung von Individuen finden (vgl. Luhmann, 1986, 1997, S. 205). Die sich während des Kommunikationsprozesses entwickelnden Interpretationen des Schadensfalls wirken dann wieder auf die Erfassung und Bestimmung des Risikos

2

zurück. Risiken beruhen somit zum einen auf der Erfahrung und mentalen Verarbeitung von physischen Schäden, zum anderen werden sie von kognitiven Prozessen gesteuert, die auf der Fähigkeit zum kontingenten Denken und Planen (d. h. in alternativen Zukunftsentwürfen) sowie der Verknüpfung von Erfahrungswissen und Projektion aufbauen (vgl. Witzer, 2011, S. 56 f.). Diese Eigenschaft von Risiken muss in die Abschätzung und das Management von Risiken aufgenommen werden. Es genügt hier nicht, nur ein Spiegelbild von im Zeitablauf erwartbaren Schäden zu entwerfen. Sondern eine selektive und kulturell gefärbte Interpretation und Bewertung von kontingenten Abläufen von Schadensfolgen aufgrund sozialer Kommunikationsprozesse sollte ebenfalls erfolgen (vgl. Renn et al., 2007, S. 20).

Die beiden konstitutiven Merkmale von Risiko sind die Unsicherheit ihres Eintreffens und die erwarteten Konsequenzen einer Handlung oder eines Ereignisses. Inwieweit diese Konsequenzen positiv oder negativ beurteilt werden, ist dabei eine Frage der subjektiven Bewertung. Aus diesem Grunde haben eine Reihe von Ökonomen und Soziologen vorgeschlagen, Risiken neutral als Möglichkeit von ungewissen Folgen eines Ereignisses oder einer Handlung zu definieren, ohne Bezug darauf, ob die Konsequenzen positiv oder negativ zu beurteilen sind (vgl. Rosa, 1998; Eisenführ & Weber, 2003, S. 207).

2.2 Risikobegriff

2.2.1 Herkunft und Historie

Das heutige Wort Risiko ist ein Lehnwort aus dem Italienischen *rischio*, welches in viele Sprachen übernommen wurde. Jedoch ist die etymologische Herkunft des Begriffs Risiko nicht vollständig geklärt (vgl. Kluge, 2011; Duden, 2020). Ein möglicher Ursprung wird im Vulgärlateinischen *risicare* (Gefahr laufen, wagen) vermutet, von dem sich das italienische Wort *rischiare* (riskieren) ableiten lässt. Das Romanische Etymologische Wörterbuch verweist zudem auf eine griechische Wurzel im Wort ριζικόν *(rhizikon;* Klippe) und deutet auf eine Gefahr bei einer Schiffsreise hin, die es zu umsegeln gilt. Auch moderne etymologische Wörterbücher des Neugriechischen vermuten bei dem neugriechischen Wort *risko* (Risiko) eine Entlehnung aus dem Italienischen *risco/rischio* (urspr. Gefahr bei einer Meeresreise oder militärischen Unternehmung), welches hingegen selbst aus dem Griechischen stammen soll und auf das heute noch existierende Wort ριζικό *(riziko;* Schicksal, Vorherbestimmung) zurückgeführt werden kann (vgl. Friese, 2017). Dies lässt vereinzelte Quellen wiederum einen Ursprung im Arabischen رزق *(rizq;* Lebensunterhalt, der von Gott und Schicksal abhängig ist) vermuten (vgl. Kedar, 1993, S. 255; Meyer, 2008; Kluge, 2011; Romeike & Hager, 2020). Wonach bei dieser Bedeutung nicht nur negative Erwartungen einer Verlustgefahr, sondern auch positive Aspekte eines glücklichen Zufalls oder ein zufälliges Geschenk inbegriffen sind (vgl. Hubig, 1994; Jonen, 2007). Daher wird auch angenommen, dass zum Wortfeld Risiko ebenfalls die Begriffe *Abenteuer* und *Angst* gehören, die insbesondere Situationen kennzeichnen, die nicht selbst beeinflusst werden können (vgl. Keller, 2004).

Diese beiden Herleitungsstränge unterscheiden sich vor allem in der Beeinflussbarkeit der Risikolage. Im Fall der Herleitung über den romanischen Ursprung kann selbst entschieden werden, ob das Risiko eingegangen wird, indem die Schiffsroute bestimmt und entschieden wird, ob überhaupt die Fahrt aufgenommen wird. Diese Verwendung der Begrifflichkeit Risiko weist auf eine veränderte Weltanschauung hin, in der die künftige Entwicklung selbst beeinflusst werden kann und nicht mehr auf persönlichem Schicksal oder auf der Wohlgesinnung einer göttlichen Macht beruht. Bei der Findung des Ursprunges im arabischen Wort ist Risiko hingegen etwas Vorgegebenes, was durch den Menschen nicht beeinflusst werden, sich aber sowohl negativ als auch positiv auswirken kann (vgl. Krämer, 2000; Jonen, 2007). Diese unterschiedliche Auswirkung zeigt sich auch ansatzweise im heutigen Sprachgebrauch und in der Risikodefinition der einzelnen Disziplinen (siehe ▶ Abschn. 2.2.2).

Inhaltlich tauchte der Begriff Risiko erstmals schriftlich im 14. Jahrhundert in den norditalienischen Stadtstaaten in Bezug auf die Seefahrt auf, was gut zur romanischen Etymologie passt (vgl. Schaube, 1893; Ritter & Gründer, 1992). Jedes Handelsschiff kann verloren gehen, und dies einzukalkulieren und Vorsorge zu treffen, gehört zum kaufmännischen Handeln. Der aufblühende Seehandel führte zeitgleich zur Entstehung des Seeversicherungswesens, wodurch die Entstehung des Risikobegriffs eng mit der Entwicklung der ersten Versicherungsverträge einhergeht (vgl. Romeike, 2008). Risiko bezeichnet die damals wie heute existierende Gefahr des Verlustes der Ladung oder des gesamten Schiffes. Dieses Risiko kann quantifiziert werden und durch einen Vertrag abgesichert sowie auf andere übertragen werden, worauf das Geschäftsmodell von Versicherungen beruht. Im Mittelalter erfolgte dann die Verallgemeinerung auf andere Handelsgeschäfte. Im 16. Jahrhundert während der Renaissance und dann im 17. Jahrhundert entwickelte sich eine intensive Auseinandersetzung mit der statistischen Quantifizierung von Risiko. Insbesondere um die Chancen beim Glücksspiel besser einschätzen zu können, entwickelte sich die eng mit Risiko in Verbindung stehende Wahrscheinlichkeitsrechnung (Hauptvertreter dieser Zeit sind Pascal, Huygens, Bernoulli und Bayes, vgl. Wallmüller, 2004). Der deutsche Risikobegriff behielt bis ins 19. Jahrhundert seinen ökonomischen Bezug und fand erst danach die Aufnahme in den allgemeinen Sprachgebrauch (vgl. Keller, 2001; Jung, 2003).

2.2.2 Definition und Begriffsverwendung

Heutzutage ist Risiko gleichermaßen ein alltagssprachlicher Begriff und ein wissenschaftliches Konzept (vgl. Jonen, 2007, S. 7). Im heutigen allgemeinen Sprachgebrauch wird der Begriff häufig sowohl zur Bezeichnung der eigentlichen Risikosituation als auch der Ursache oder der Wirkung eines gefährlichen Ereignisses verwendet. Daher kann sich der Risikobegriff auf jede Phase eines Ursache-Wirkungs-Zusammenhangs beziehen, deutet aber in der Regel auf eine negative Begebenheit hin – also auf eine Gefahr (vgl. Aven et al., 2018). Gefahr ist hierbei nicht gleichzusetzen mit Risiko. Im deutschen Rechtsverständnis liegt eine Gefahr dann vor, wenn abzusehen ist, dass Menschen oder andere Schutzgüter

2

einen Schaden erleiden können (vgl. Jaeckel, 2011). In diesem Falle ist der Staat auch zur Gefahrenabwehr verpflichtet. Risiko hingehen stellt die Situation und den Zustand dar, in der es aufgrund der Gefährdungsexposition mit einer gewissen Wahrscheinlichkeit zu einem Schaden bei dem betroffenen Objekt kommen kann. Insgesamt wird dabei der Risikobegriff im engeren Sinne verwendet, da positive Entwicklungen, also die Chancen, ausgeklammert werden. In einigen Bereichen des täglichen Lebens hat sich allerdings auch ein weiter gefasster Risikobegriff durchgesetzt, der sowohl negative als auch positive Ereignisse umfasst. So spricht man beispielsweise von einer riskanteren Anlagestrategie, wenn man in Aktien statt in Staatsanleihen investiert und zugleich auf eine höhere Renditechance hofft, oder aber von einer riskanten Spielweise, wenn eine Mannschaft beim Fußball auf ein offensives Spielsystem setzt, um so seine Gewinnchancen zu erhöhen (vgl. Meyer, 2008, S. 24 f.). Daraus lässt sich ableiten, dass sich Chancen und Risiken gegenseitig bedingen und es auf ein Abwägen ankommt. In diesem Sinne umgibt Risiko jede Form des Entscheidens und ist zugleich Voraussetzung und Ergebnis von Entscheidungen. Nach dem Soziologen Niklas Luhmann entsteht Risiko „überhaupt erst mit der Entscheidung, der das Risiko zugerechnet wird, und kontaminiert dann alle Varianten der Entscheidung, einschließlich der Entscheidung, nicht zu entscheiden" (vgl. Luhmann, 1991, S. 11).

Aber auch im wissenschaftlichen Diskurs unterliegt der Risikobegriff keiner einheitlichen und allgemein anerkannten Definition. So kann die Begriffsverwendung stark vom wissenschaftlichen Hintergrund abhängen. In verschiedenen wissenschaftlichen Disziplinen hat sich ein vielschichtiges Begriffsverständnis entwickelt, wobei sich Unterschiede sowohl in den terminologischen Begrifflichkeiten als auch in den inhaltlichen Ausgestaltungen finden (vgl. Heinemann, 2014; Zinn & Taylor-Gooby, 2006). Einen Einblick in die Weite des Begriffsverständnisses liefert der Risikoethiker Sven Ove Hansson, der eine Reihe unterschiedlicher Risikodefinitionen vorstellt. Hansson führt fünf Definitionen des Risikobegriffs an, derer sich verschiedene wissenschaftliche Disziplinen am häufigsten bedienen (vgl. für die folgenden Ausführungen Hansson, 2004, S. 10 f.):

1. Ein unerwünschtes **Ereignis**, welches eintreten oder nicht eintreten kann. Beispiele sind eine Naturkatastrophe, ein Verkehrsunfall oder eine Erkrankung.
2. Risiko als **Ursache** eines unerwünschten Ereignisses. Ein Beispiel stellt das Rauchen dar, das als Gesundheitsrisiko bezeichnet werden kann.
3. Risiko als **Eintrittswahrscheinlichkeit** eines unerwünschten Schadens. Zum Beispiel gelten einige Lebensmittel als krebserregend und können die Wahrscheinlichkeit, an Krebs zu erkranken, erhöhen, was als Risiko bezeichnet werden kann.
4. Risiko als Tatsache einer Entscheidung unter der Bedingung von bekannten Wahrscheinlichkeiten (***decision under risk***).
5. Der statistische **Erwartungswert** eines unerwünschten Ereignisses. Diese Definition ist in vielen technischen und ökonomischen Disziplinen grundlegend. Sie versteht Risiko als Erwartungswert, der aus dem Produkt der Eintrittswahrscheinlichkeit bzw. -häufigkeit eines Ereignisses und seines Schadensausmaßes bzw. der Ereignisschwere gebildet wird.

- **Begriffsverwendung in der Psychologie**

Innerhalb der Psychologie beschäftigen sich verschiedene Theorien wie beispielsweise die **Psychologische Entscheidungstheorie** oder die **Neue Erwartungstheorie** von Kahnemann und Tversky (vgl. Kahnemann & Tversky, 1979; Kahneman, 2016) mit der Entscheidungsfindung unter Unsicherheit und Risiko. Dabei steht bei ersterer der Umgang mit den Risiken und bei letzterer der Umgang mit Unsicherheit im Vordergrund (zur Unterscheidung von Risiko und Unsicherheit siehe ► Abschn. 2.3). Der Risikobegriff selbst wird meist als subjektiver Erwartungswert eines Nutzens oder Schadens definiert (*subjectively expecetd utility*, abgekürzt SEU) (vgl. Renn, 2008). Der besondere Fokus liegt auf dem Umgang mit Risiken und auf der Wahrnehmung des Risikos als wesentliche Elemente bei der Bildung von individuellen Urteilen oder Einstellungen. Risiken stellen einen Einflussfaktor bei Entscheidungen dar und die Beurteilung eines Risikos hängt von der subjektiven Risikowahrnehmung und der individuellen Risikoneigung ab. Man könnte demnach vom Risikomanagement des Individuums sprechen, das in der Psychologie beleuchtet wird.

So differenziert beispielsweise die betriebswirtschaftlich-mathematische Entscheidungstheorie – welche häufig als angewandte Wahrscheinlichkeitstheorie verstanden wird – das Verhalten eines Individuums in einer Risikosituation. Dabei werden Personen als risikoavers eingestuft, wenn sie bei der Wahl zwischen mehreren Alternativen mit gleichem Erwartungswert die Alternative mit der geringsten Streuung des Erwartungswertes auswählen. Demgegenüber werden Personen, die bei derselben Wahl die Alternative mit der höchsten Streuung (vor allem was mögliche Gewinne anbetrifft) auswählen, als risikofreudig bezeichnet.

Während sich die Entscheidungstheorie demnach mit dem Umgang mit Risiken beschäftigt, befassen sich andere Bereiche der Psychologie mit der Beurteilung von Risiken in Entscheidungssituationen (Risikoidentifikation bzw. Risikobewertung). So geht man oft davon aus, dass Menschen Extremrisiken unzureichend beurteilen, da sich das menschliche Gehirn auf vermeintlich relevante Situationen fokussiert und demnach Situationen mit sehr geringen Eintrittswahrscheinlichkeiten ausblendet (vgl. Jungermann et al., 2005). Als Beispiel wird etwa das Autofahren unter Alkoholeinfluss genannt, bei dem das mögliche Negativereignis – der Unfall – nicht ausreichend in die Überlegung des Autofahrers einbezogen wird.

- **Begriffsverwendung in der Wirtschaftswissenschaft**

In der Ökonomie findet sowohl ein weiter als auch ein enger gefasster Risikobegriff Verwendung (vgl. Renn, 2008). Grundsätzlich ist hier Risiko nicht als Erwartungswert, sondern als Abweichung vom Erwartungswert definiert. Risiko ist also die Wahrscheinlichkeit, dass das Ergebnis einer Handlung oder eines Ereignisses vom vorausberechneten Erwartungswert abweicht. Solche Abweichungen lassen sich mathematisch durch Varianzanalysen beschreiben. Die Auswirkungen von Risiken beziehen sich überwiegend auf Verluste oder Gewinne (Performancerisiko) bzw. die Liquidität (Liquiditätsrisiko) eines Unternehmens oder einer ganzen Volkswirtschaft. Dadurch erhält die negative Abweichung mit dem auf Verluste fixierten Risikobegriff eine größere Bedeutung, da in der Regel finanzielle Einbußen kriti-

2

scher betrachtet werden als unerwartete Zugewinne. Allerdings werden bei ökonomischen Überlegungen, wie strategische Entscheidungen oder mögliche Investitionen, immer auch die Chancen auf künftige Erträge abgewogen. Daher umfasst wirtschaftliches Risiko nicht nur die negativen Verluste, sondern auch die positiven Gewinne im Sinne einer Chance. Hierbei wird der Chancenbegriff üblicherweise als positive Abweichung eines Ergebnisses vom Erwartungswert dieses Ereignisses verstanden. Somit bezieht sich Risiko allgemeiner auf die zufallsbehaftete Möglichkeit der Veränderung von Werten und Zahlungen bzw. ganz direkt auf die zufallsbedingte Veränderung (vgl. Wälder & Wälder, 2017).

Die Wirtschaftswissenschaft berücksichtigt bei der Berechnung von Erwartungswerten auch die menschlichen Fehlerquellen und Fehleinschätzungen. Beispielsweise setzt die Betriebswirtschaftslehre bei der Beurteilung von Entscheidungssituationen auf einen Katalog von Instrumenten, der dazu beiträgt, Risiken objektiv zu bewerten. So werden etwa bei der Szenarioanalyse und der Notfallplanung Extremsituationen modelliert, um dadurch ein detailliertes Verständnis der Situationen zu erhalten, die ansonsten intuitiv nicht berücksichtigt worden wären. Demnach versucht die Betriebswirtschaftslehre die menschlichen analytischen Schwächen an dieser Stelle zu kompensieren. Gleiches gilt bei der Reaktion auf bestehende Risiken. Auch hier setzt die Betriebswirtschaft auf eine definierte Risikostrategie und eine Risikorichtlinie, um subjektive Einschätzungen und unangemessene Handlungsimpulse zu reduzieren bzw. zu kompensieren (vgl. Meyer, 2008, S. 33 f.).

2.3 Risiko und Unsicherheit

Die Begriffe Risiko und Unsicherheit werden umgangssprachlich oftmals synonym verwendet, stellen jedoch streng genommen unterschiedliche Situationen dar. Der Duden definiert Risiko als „möglicher negativer Ausgang bei einer Unternehmung, die mit Nachteilen, Verlusten oder Schäden verbunden ist" und Ungewissheit als „der Zustand, in dem etwas nicht feststeht". Ebenso erfolgt in der Entscheidungstheorie eine klare Unterscheidung der beiden Begriffe. Risiko ist die Situation, in der der entscheidenden Person alle möglichen Ergebnisse und deren Eintrittswahrscheinlichkeiten bekannt sind. Anders die Ungewissheit, die sich auf eine Situation bezieht, in der diese Informationen dem Entscheidungsträger nicht zur Verfügung stehen (vgl. Kahnemann & Tversky, 1979). Der Begriff *Risiko* bezeichnet demnach eine Situation, in der objektive bzw. subjektiv geschätzte Wahrscheinlichkeiten bezüglich der möglichen Ergebnisse eines Ereignisses vorliegen. Als einfaches Beispiel sei die Lotterie genannt, bei der die Gewinnzahl eine im Voraus bekannte und quantifizierbare Wahrscheinlichkeit hat. Demgegenüber bezieht sich der Begriff *Unsicherheit* auf eine Situation, in der keine Aussagen über die Höhe der Wahrscheinlichkeiten gemacht werden können, selbst wenn mögliche Folgen des Ereignisses bekannt sein können. Zur Veranschaulichung sei hier der Klimawandel genannt, dessen Folgen erkennbar und nachweisbar sind, deren Manifestationen aber nicht genau vorausgesagt werden können und bei dem Grenzwerte etwa für CO_2-Emissionen lediglich auf Annahmen und Simulationen beruhen (vgl. Gassner, 2020).

Die Auslegung dieser Begrifflichkeiten ist bei Entscheidungsforschern jedoch sehr verschieden. Aus konzeptioneller Sicht beinhaltet das als Varianz (oder Standardabweichung) definierte Risiko nicht nur die Gefahr, sondern kann auch eine Chance beinhalten (siehe ▶ Abschn. 2.2.2). Zwar unterscheidet sich die Definition von Unsicherheit durch die Wissenschaft nicht allzu sehr von der des Dudens, aber sie betrachtet verschiedene Arten von Unsicherheit, welche detailliertere Beschreibungen erfordern (vgl. Riesch, 2012). Im systematischen Überblick lassen sich fünf Typen von Ungewissheit differenzieren (vgl. Renn et al., 2007, S. 73 f.):

- Nicht erkannte oder nur geschätzte Variabilität bei den betroffenen Objekten bzw. Zielgruppen vor allem bei der interindividuellen Sensibilität von Individuen gegenüber identischen Auslösern (prinzipiell reagiert jedes Individuum anders auf einen identischen Auslöser)
- Die Summe der zufälligen und systematischen Messfehler bei der Extrapolation und bei der Interpretation von wissenschaftlichen Daten aus Erhebungen, Fallstudien und Beobachtungen (Modell und Datenunsicherheit)
- Genuin stochastische Prozesse, bei denen nichtdeterministische Beziehungen in der Kausalkette vorliegen, gleichgültig, ob diese in der Natur der Sache angelegt sind oder dem Mangel an Wissen entspringen
- Das Setzen von Systemgrenzen für die Betrachtung (welche Folgedimensionen werden ausgewählt, welche Abläufe werden betrachtet?)
- Verbleibende Unwissenheit, Ahnungslosigkeit und Ignoranz

In der Realität kann eine klare Unterscheidung zwischen Risiko und Unsicherheit allerdings nicht immer vorgenommen werden. Oftmals können Entscheidungen zwar nicht unter Einbezug von objektiven Wahrscheinlichkeiten getroffen werden, jedoch besteht in der Regel ein detailliertes subjektives Verständnis vom möglichen Ergebnis und der jeweiligen empfundenen Eintrittswahrscheinlichkeit, sodass sich eine Grauzone zwischen Entscheidungen unter Unsicherheit oder unter Risiko ergibt. Häufig wird bei Unsicherheit auch von subjektiven Wahrscheinlichkeiten und intuitiven Heuristiken gesprochen (vgl. Spohn, 1978, S. 38; Gigerenzer, 2007). Wie Entscheidungsträger Risiko und Ungewissheit wahrnehmen, hängt letztendlich vom Kontext der Entscheidung und von den Eigenschaften des Entscheidungsträgers ab.

Die Typologisierung von *Risk* (Risiko) und *Uncertainty* (Unsicherheit) wurde von Knight und Keynes bereits in den 1920ern in die Wirtschaftswissenschaften eingeführt (vgl. Keynes, 1921, 1937; Knight, 1921). Die beiden Ökonomen vertreten die Ansicht, dass unter Risiko alle möglichen zukünftigen Ereignisse oder Folgen einer Handlung oder Entscheidung bekannt sind, das tatsächlich eintretende Szenario und das Ausmaß der damit verbundenen Konsequenzen jedoch vorher unbekannt sein können. Daher ist bei Risiken die Wahrscheinlichkeitsrechnung anwendbar und liefert eine solide Grundlage für eine Situationsanalyse unter einer Chancen-Risiko-Betrachtung. Im Unterschied zu Knight glaubt Keynes jedoch weniger an die objektive Bestimmbarkeit von Risiken, sondern geht in jedem Fall von einer subjektiven Beeinflussung (Subjectively-expected-utility-Ansatz) aus. Beide argumentierten aber, dass bei menschlichen Entscheidungen oft nicht alle möglichen Ergebnisse einer Handlung oder Entscheidung bekannt sein

2

können. Es gibt Dinge, welche die Menschen einfach nicht im Voraus wissen können, weshalb in diesen Fällen von (grundlegender) Unsicherheit zu sprechen ist. Im
Gegensatz zum Risiko können bei Situationen der Unsicherheit keine objektiv ermittelten quantitativen Eintrittswahrscheinlichkeiten angegeben werden, da ihr
Auftreten einzigartig ist oder kaum Erfahrungswerte über regelmäßiges Auftreten
im Zeitablauf existieren. Der entscheidende Unterschied zwischen Risiko und Ungewissheit liegt folglich in der Quantifizierbarkeit des Ausmaßes möglicher Entscheidungsergebnisse und/oder der Wahrscheinlichkeiten ihres Eintretens. Kritische Studien zeigen, dass der feste Glaube an die Messbarkeit von Finanzrisiken
unter Ausblendung von Ungewissheit mitverantwortlich für die Finanz- und Wirt-
schaftskrise von 2008 war. Im Vertrauen auf komplexe mathematische Ansätze
glaubte man, Finanzrisiken berechnen und auf ein Minimum reduzieren zu können, was eine unangemessene Erwartungshaltung erzeugt (vgl. Blommestein et al.,
2009; Nelson & Katzenstein, 2014; Olsen, 2014).

Ebenso bekannt geworden ist die folgende Risikokategorisierung, die auf den
ehemaligen US-Verteidigungsminister Donald Rumsfeld zurückzuführen ist und
als Rumfeld-Matrix in die Literatur eingegangen ist (dazu grundlegend Stirling,
2003, S. 42 f.). Dabei wird jeweils der Grad der Unsicherheit der beiden Dimensionen, Schadensausmaß und Eintrittswahrscheinlichkeit, zwischen hoch und niedrig
unterschieden (vgl. ◘ Abb. 2.1).

Unknown Knowns
*Das Risiko ist abstrakt weniger deutlich, aber die
individuelle oder organisatorische Erfahrung damit
erfordert dennoch Umgang mit ihm.*

- Bewusste Einschränkung von Informationen
- Sollen eventuell nicht bekannt sein
- Werden ignoriert
- „Ich möchte es nicht wissen"
- z.B. Rauchen, Alkoholkonsum

Unknown Unknowns
*Mögliche Risiken, die nicht vorstellbar sind und für
deren Relevanz kein kohärentes Risikowissen existiert.*

- Treten plötzlich und häufig ohne Vorwarnung ein
- Unbekannte Wahrscheinlichkeiten, aber sehr niedrig
- Einzigartigkeit und keine Erfahrungswerte
- Reine Spekulation oder Imagination
- Auswirkung jedoch ein Desaster
- z.B. 9/11, Deepwater Horizon, Fukushima

Known Knowns
*Das Risiko ist sowohl abstrakt bekannt (Ereignisse, die
eintreten oder eintreten können) als auch als konkrete
Risikoexposition, deren Vorzeichen oder Auswirkungen
anhand der verfügbaren Evidenz beschrieben werden
können.*

- Logische und empirische Wahrscheinlichkeiten durch Erfahrungswerte und
  verlässliche Informationen
- z.B. Finanzrisiken, Verkehrsunfälle

Known Unknowns
*Es ist bekannt, dass ein bestimmter Risikotyp oder eine
bestimmte Risikokategorie Aufmerksamkeit verdient,
aber es fehlen teilweise überzeugende Beweise oder
Daten für die Beurteilung der konkreten
Risikoexposition.*

- Ambiguität
- Keine zwingend objektive Logik
- Berechenbare oder simulierbare Unsicherheit
- z.B. Terrorismus, Klimawandel

Unsicherheit über das Auftreten (vertical axis label)

Unsicherheit über die Auswirkungen

◘ **Abb. 2.1** Rumsfeld-Matrix. (Eigene Darstellung)

- **Bekannte Bekannte (*known knowns*)**

Hierbei handelt es sich um Dinge, die wir kennen und verstehen. Der jeweilige Sachverhalt ist uns bekannt und wir sind uns dessen auch bewusst. Es liegen verlässliche Informationen vor, sodass im Voraus festgelegt werden kann, wie mit diesen Ereignissen umgegangen werden soll. Eine Planung ist demnach möglich und das Ereignis kann als Risiko (*risk*) charakterisiert werden. Als Fallbeispiele können Finanzrisiken, wie Zinsschwankungen und Wechselkursrisiken, oder Verkehrsunfälle genannt werden. Hierüber existieren aus der Vergangenheit empirische Erfahrungswerte, mit denen sich künftige Entwicklungen erahnen lassen. Der Grad der Unsicherheit ist hierbei eher gering. Allerdings birgt dies auch die Gefahr, dass wir uns zu sehr auf die Erfahrungswerte stützen und künftige Entwicklungen nicht sehen oder die Erkenntnisse fehlerhaft interpretieren.

Der Finanzwissenschaftler Nassim Nicholas Taleb veranschaulicht das Extrapolieren der Vergangenheit auf die Zukunft und die daraus entstehenden falschen Erwartungen mit dem **Truthahnproblem**, auch Induktionsproblem genannt (vgl. Taleb, 2018, S. 88 ff.). Ein Truthahn wird über einen gewissen Zeitraum täglich gefüttert. Jeden Tag legt er mehr und mehr an Angst und Scheu ab, denn er stellt fest, dass die menschliche Rasse sich um sein Wohlergehen sorgt. Diese Erkenntnis wird jeden weiteren Tag bestätigt und damit immer mehr erhärtet. Jedoch erahnt er nicht, dass eines Tages „Thanksgiving" kommt und ihm eine böse Überraschung widerfahren wird. Und das ausgerechnet an dem Tag, an dem die Gewissheit, gefüttert zu werden, aufgrund der gemachten Erfahrungen größer als je zuvor ist. Diese Metapher soll aufzeigen, dass wir aufgrund der gemachten Erfahrungen im Grunde nur Aussagen über die Vergangenheit, nicht aber über die Zukunft treffen können.

- **Unbekannte Bekannte (*unknown knowns*)**

Hierbei handelt es sich um Dinge, die wir im Prinzip verstehen, aber nicht explizit wahrnehmen oder wahrnehmen wollen. Wir kennen den zugrunde liegenden Sachverhalt, nehmen ihn aber aufgrund von Desensibilisierung oder Desinteresse nicht mehr wahr und werden daher von seinen Auswirkungen überrascht. Es liegt also eine Situation vor, die aufgrund selbst gewählter Einschränkung an Informationen und Kenntnissen zu einer Gefahr werden kann. Diese Einstellung zur Gefahr kann als Ignoranz (*ignorance*) interpretiert werden. Die Unsicherheit besteht vor allem in Bezug auf die Eintrittswahrscheinlichkeit, die laufend unterschätzt wird. Auch sind diese Ereignisse immer wieder durch Ausnahmen geprägt, weshalb die Folgen häufig nicht ernst genommen werden. Die Ausnahmen und Abweichungen der Prognosen dienen als Rechtfertigung des Ignorierens. Ebenso möglich ist, dass man die Eintrittswahrscheinlichkeit durchaus realistisch einstuft, aber man das mögliche Ausmaß wissentlich aus übertriebenem Optimismus oder zu hohem Vertrauen in das eigene Risikomanagement („das kriegen wir schon hin") grob unterschätzt. Vor allem der Glaube, auch schwere Bedrohungen durch entsprechende technische oder organisatorische Maßnahmen voll im Griff zu haben (Hybris), erschwert eine realistische Einschätzung der Bedrohungslage (vgl. Renn, 2014,

2

S. 414). Als Beispiele können erste Reaktionen auf Covid-19 vor allem in den USA und Brasilien oder der Reaktorunfall in Tschernobyl angeführt werden. In die gleiche Kategorie fallen aber auch individuelle Gesundheitsrisiken als Folge von Rauchen oder übermäßigem Alkoholkonsum.

■ **Unbekannte Unbekannte (*unknown unknowns*)**

Hierbei handelt es sich um Dinge, die wir nicht kennen und auch nicht verstehen. Wir kennen uns mit den Sachverhalten nicht aus und erahnen nicht mal, dass sie eintreten könnten. Diese Ereignisse stellen eine nicht kalkulierbare Situation mit katastrophalen Folgen dar, weshalb sie als unbekannte Desaster (*disaster*) bezeichnet werden können. Solche Ereignisse treten plötzlich und ohne Warnung ein und haben schwerwiegende, globale Konsequenzen. Als Beispiele dienen größere Meteoriteneinschläge, der Arabische Frühling oder der Terroranschlag am 11. September 2001 auf das World Trade Center in New York. Das Einzige, was wir im Voraus unternehmen können, ist das Umfeld so zu gestalten, dass wir bei Eintreten möglichst schnell, effektiv und strukturiert einsatzbereit sind. Ein resilienter Umgang mit solchen Ereignissen ist das Erwarten des Unerwarteten (vgl. Linkov et al., 2014). Ziel muss also sein, dem Unvorhersehbaren mit hoher Resilienz und mit hoher Adaptabilität zu begegnen.

Nassim Nicholas Taleb hat für diese Ereignisse die Metapher des **schwarzen Schwans** etabliert. „Ein schwarzer Schwan ist ein unvorhersehbares Ereignis, das über die Erwartungen an eine solche Situation hinausgeht und potenziell schwerwiegende Folgen hat" (vgl. Taleb, 2018, S. 19 f.). Ähnlich wie vor der Entdeckung des ersten schwarzen Schwans in Westaustralien im 17. Jahrhundert ist man bei diesen Geschehnissen im Vorfeld davon überzeugt, dass diese nicht existieren. Das erste Merkmal solcher Begebenheiten ist, dass sie Ausreißer in der Verteilung von Ereignissen über die Zeitachse darstellen. Es handelt sich um etwas, was außerhalb der normalen Erwartungen liegt, denn nichts in der Vergangenheit kann glaubwürdig darauf hindeuten, dass dieses Ereignis eintreten wird. Das zweite Merkmal besteht darin, dass solche Geschehnisse eine schwere und extreme Auswirkung auf die Gesellschaft, Wirtschaft und Umwelt haben. Als drittes Merkmal wird aufgeführt, dass diese Ereignisse im Nachhinein häufig erklärbar und nachvollziehbar erscheinen, obwohl sie im Voraus nicht absehbar waren. Daher stellt sich immer die Frage, weshalb man nicht vorbereitet war.

■ **Bekannte Unbekannte (*known unknows*)**

Hierbei handelt es sich um Dinge, die wir zwar kennen, aber nicht verstehen, da nur ungenügende Informationen vorliegen. Wir können diese Ereignisse antizipieren, aber sie zeichnen sich durch erhöhte Unsicherheit in Bezug auf die Auswirkungen oder die Wahrscheinlichkeiten des Eintreffens aus. Oft lassen sich hier Akteure nicht klar zuordnen oder eine eindeutige Logik ist aufgrund der statistischen Streuungen oder mangelnder Erfahrungswerte nicht erkennbar. Häufig erschwert die Ambiguität in diesen Situationen die Bewertung und Analyse dieser Ereignisse – die unterschiedlichen möglichen Auswirkungen also, welche bereits in der Vergangenheit erlebt oder potenziell vorstellbar sind (vgl. Renn et al., 2011). Aufgrund dieser Unsicherheitskomponente kann das Ereignis als Bedrohung (*threat*) bezeichnet werden. Bestenfalls können wir im Voraus festlegen, wie wir diesen Ereignissen begegnen wollen, d. h., wie wir uns vor ihnen schützen bzw. den Eintritt verhindern oder das Ausmaß reduzieren können. Vorsorgende Maßnahmen sind dann durchaus angebracht, auch wenn man die Eintrittsbedingungen nicht genau kennt. Als Beispiele können Klimawandel, Terrorismus oder organisierte Kriminalität genannt werden.

2.4 Semantische Risikomuster[1]

Wenn man Risiken anhand von qualitativen Merkmalen betrachtet, so lassen sich bestimmte Muster identifizieren und die Risiken in einige wenige, in sich schlüssige Risikoklassen einordnen. Diese werden in der Literatur auch als semantische Risikomuster bezeichnet (vgl. Renn, 1989; Streffer et al., 2000, S. 269 ff.; Renn, 2014, S. 264). Besonders gut untersucht sind dabei die Muster in ◘ Tab. 2.1.

▪ **Risiko als unmittelbare Bedrohung**
Große Störfälle verbunden mit dem Ausfall von Sicherheitssystemen können bei vielen technischen Systemen, vor allem Großtechnologien, katastrophale Auswirkungen auf Mensch und Umwelt auslösen. Die technische Sicherheitsphilosophie zielt meist auf eine Verringerung der Eintrittswahrscheinlichkeit eines solchen Versagens ab, sodass das Produkt aus Wahrscheinlichkeit und Ausmaß denkbar klein wird (vgl. Morgan, 1990). Die stochastische Natur eines solchen Ereignisses macht aber eine Voraussage über den Zeitpunkt des Eintritts unmöglich. Folglich kann das Ereignis in der Theorie zu jedem Zeitpunkt eintreten, wenn auch mit jeweils extrem geringer Wahrscheinlichkeit. Im Bereich der Wahrnehmung von seltenen Zufallsereignissen spielt die Wahrscheinlichkeit eine geringe Rolle: Die Zufälligkeit des Ereignisses ist der eigentliche Risikofaktor (Earle & Lindell, 1984). Beispiele für Risikoquellen, die in diese Kategorie fallen, sind große technische Anlagen, wie etwa Kernkraftwerke, Flüssiggaslager, chemische Produktionsstätten und andere menschlich geschaffene Gefahrenpotenziale, die im Schadensfall katastrophale Auswirkungen haben können.

Die Vorstellung, das Ereignis könne zu jedem beliebigen Zeitpunkt die betroffene Bevölkerung ereilen, erzeugt das Gefühl von Bedrohtheit und Machtlosigkeit. Instinktiv können wir mental (ob real, möge hier dahin gestellt bleiben) besser mit Gefahren fertig werden, wenn wir darauf vorbereitet und eingestellt sind. Ebenso wie sich die meisten Menschen in der Nacht mehr fürchten als am Tage (obwohl das objektive Risiko, über Tag zu Schaden zu kommen, wesentlich höher ist als während der Nacht, man in der Nacht aber leichter von möglichen Gefahren überrascht werden kann), so fühlen sich die meisten mehr von potenziellen Gefahren bedroht, die sie unerwartet und unvorbereitet treffen, als von Gefahren, die entweder regelmäßig auftreten oder bei denen genügend Zeit zwischen auslösendem Ereignis und möglicher Gefahrenabwehr vorhanden ist. Somit ist das Ausmaß des

---

1   Der vorliegende Abschnitt basiert auf der Grundlage von Renn (2014).

2

■ **Tab. 2.1**   Semantische Muster der Risikoklassen

Risikoklassen	Erklärung	Beispiele
Risiko als unmittelbare Bedrohung	Technische Risiken mit hohem Katastrophenpotenzial und geringer Eintrittswahrscheinlichkeit. Gefühl der Bedrohung durch Zufälligkeit des Gefahreneintritts	Kernkraftwerke, Staudämme,Chemieanlagen, Erdgaslager
Risiko als Schicksalsschlag	Natürliche Gefahren mit geringer Eintrittswahrscheinlichkeit. Wahrnehmung von Gefahrenzyklen (alle 100 Jahre)	Überschwemmungen, Erdbeben, Vulkanausbrüche, Starkregen, Wirbelstürme
Risiko als Herausforderung der eigenen Kräfte	Risiken, die man durch eigenes Verhalten steuern und meistern kann	Extrembergsteigen, gefährliche Sport- und Freizeitaktivitäten
Risiko als Glücksspiel	Abwägung von Wahrscheinlichkeiten für Verlust und Gewinn	Lotterien, Pferdewetten, z. T. Börsenspekulation, Abschließen von Versicherungen
Risiko als Frühindikator für schleichende Gefahren	Risiken, die man mit den eigenen Sinnesorganen nicht wahrnehmen und bewerten kann. Angewiesenheit auf Vertrauen in Risikoexperten	Lebensmittelzusätze, elektromagnetische Felder, ionisierende Strahlung, Pestizidrückstände, Innenraumbelastung, Feinstaub

Quelle: Renn, 2014, S. 264

Risikos in dem hier vorliegenden Verständnis eine Funktion von 3 Faktoren: der **Zufälligkeit des Ereignisses,** des **erwarteten maximalen Schadensausmaßes** und der **Zeitspanne zur Schadensabwehr**. Die Seltenheit des Ereignisses, also der statistische Erwartungswert, ist dagegen unerheblich (vgl. Sunstein & Zeckhauser, 2010, S. 121). Im Gegenteil: Häufig auftretende Ereignisse signalisieren eher eine kontinuierliche Folge von Schadensfällen, auf die man sich einstellen und vorbereiten kann.

Die Wahrnehmung des Risikos als drohende Katastrophe bestimmt häufig die Bewertung technischer Risiken, findet aber nur wenig Anwendung in der Bewertung naturgegebener Katastrophen. Erdbeben, Überflutungen oder Wirbelstürme folgen den gleichen Bestimmungsgrößen wie Großtechnologien, d. h., sie treten relativ selten nach dem Prinzip des Zufalls auf und bieten meist nur wenig Zeit zur Gefahrenabwehr, sie werden jedoch nach einem anderen, im folgenden beschriebenen Risikokonzept bewertet.

- **Risiko als Schicksalsschlag**

Natürliche Bedrohungen und Gefahren werden meist als vorgegebene, quasi unabwendbare Ereignisse und Schicksalsschläge angesehen, die zwar verheerende Auswirkungen nach sich ziehen, die aber als „Launen der Natur" oder als „Ratschluss Gottes" (in vielen Kulturen auch als mythologische Strafe Gottes für kollektiv sündiges Verhalten) angesehen werden und damit dem menschlichen Zugriff entzogen sind (vgl. Papp, 2004, S. 10 f.). Sie sind in der Terminologie Niklas Luhmanns Gefahren, denen man ausgesetzt ist, und keine Risiken, die man selbst herbeigeführt hat (vgl. Luhmann, 1993, S. 160 f.). Hingegen werden technische Risiken als Konsequenzen von Entscheidungen und Handlungen angesehen und daher nach anderen Maßstäben bewertet und legitimiert. Im Gegensatz zur Situation der technischen Bedrohung ist die Zufälligkeit des Ereignisses nicht der angstauslösende Faktor (weil Zufall hier Schicksal und nicht die unvorhersehbare Verknüpfung von Fehlverhalten beinhaltet). Im Gegenteil, die relative Seltenheit des Ereignisses ist ein psychischer Verstärker für die Verneinung und Verdrängung der Gefahr.

Ein einfaches Fallbeispiel mag diese Diskrepanz deutlich machen: Vergeblich suchte das Landesministerium für Umweltschutz des US-Bundesstaates New Jersey die Einwohner des kleinen Ortes Vernon auf die drohenden Gesundheitsgefahren durch natürliches Radon, das durch die Keller in die Häuser eindringt, aufmerksam zu machen und sie zu Gegenmaßnahmen anzuregen. Die Bewohner zeigten nicht das geringste Interesse für diese Gefahr. Ein pfiffiger Unternehmer, der Probleme hatte, seinen radonhaltigen Abfall loszuwerden, versuchte Kapital aus dieser Situation zu schlagen und reichte einen Genehmigungsantrag zur Errichtung einer Deponie für radonhaltige Abfälle in Vernon ein. Die Bewohner von Vernon reagierten mit erstaunlicher Härte: Demonstrationen und Bauplatzbesetzungen waren an der Tagesordnung, und schließlich musste der Plan wegen anhaltender Proteste aufgegeben werden. Obwohl der industrielle Abfall nach Expertenberechnungen nur ein Promille des Krebsrisikos der natürlichen Strahlenbelastung in diesem Ort ausmachte, zeigte sich die Bevölkerung empört. Ausgerechnet ihnen, die ohnehin mit einer hohen natürlichen Belastung leben mussten, wurde auch noch eine zusätzliche Strahlenbelastung zugemutet. Das Denkschema war deutlich: Natürliche Belastungen und Risiken werden als vorgegebene, quasi unabdingbare Schicksalsschläge betrachtet, während technische Risiken als Konsequenzen von Entscheidungen und Handlungen angesehen werden. Diese Handlungen unterliegen somit anderen Maßstäben.

Durch die zunehmende Beeinflussung natürlicher Katastrophen durch menschliche Aktivitäten ist jedoch mittlerweile das Risikomuster des Schicksalsschlages zunehmend mit Merkmalen der Risikowahrnehmung als von Menschen geschaffene Bedrohung durchmischt worden. Immer häufiger erfahren wir, dass die Schwere der Schläge seitens Naturgefahren von menschlichen Handlungen abhängig ist und damit erneut die Frage von Schuld und Verursachung durch gesellschaftliche Institutionen in den Vordergrund rückt (vgl. Baan & Kljin, 2004). Dies drückt sich beispielsweise dadurch aus, dass nach Naturkatastrophen immer häufiger die Frage nach der Verantwortung gestellt wird und dabei auch die Unterlassung von möglichen vorbeugenden oder nachsorgenden Maßnahmen als Schuld angesehen wird (vgl. Douglas & Wildavsky, 1983, S. 36 f.; Accastello et al., 2021). Insofern deutet sich ein allmählicher Wandel in der Wahrnehmung von Naturgefahren als Schicksalsschlag an.

■ Risiko als Herausforderung der eigenen Kräfte
Eine weitere Bedeutung des Risikobegriffs erschließt sich aus der freiwilligen Übernahme von Risiken zur Herausforderung der eigenen Kräfte. Bewusstes Begeben in gefährliche Situationen, wie z. B. risikoreiches Bergsteigen, zu schnelles Autofahren oder Bungee-Jumping, gehören als „Freizeitrisiken" in diese Kategorie. Bei diesen Freizeitaktivitäten wird nicht, wie vielfach zugeschrieben, das Risiko in Kauf genommen, um einen angenehmen Nutzen zu haben, etwa Wind um die Ohren oder schöne Aussicht, sondern das Risiko ist der Nutzen: Die Aktivitäten gewinnen ihren Reiz gerade dadurch, dass sie mit Risiken verbunden sind (vgl. Machlis & Rosa, 1990).

In all diesen Fällen gehen Menschen Risiken ein, um ihre eigenen Kräfte herauszufordern und den Triumph eines gewonnenen Kampfes gegen Naturkräfte oder andere Risikofaktoren auszukosten. Sich über Natur oder Mitkonkurrenten hinwegzusetzen und durch eigenes Verhalten selbst geschaffene Gefahrenlagen zu meistern, ist der wesentliche Ansporn zum Mitmachen (vgl. von Rosenstiel, 1990; Gigerenzer, 2013, S. 169 f.). Möglicherweise bietet unsere „Absicherungsgesellschaft" zu wenig riskante Herausforderungen, sodass – häufig instinktiv verankerte – Bedürfnisse nach Abenteuer und Risiko unbefriedigt bleiben. So werden künstliche Situationen geschaffen, die ein kalkulierbares und durch persönlichen Einsatz beherrschbares Risiko bergen, dem man sich freiwillig aussetzt. Risiko als Herausforderung ist an eine Reihe von situationsspezifischen Attributen gebunden, die eine positive Einstellung zum Risiko bewirken (vgl. Celsi, 1992):
- Freiwilligkeit,
- weitgehende persönliche Kontrollierbarkeit und Beeinflussbarkeit des Risikos,
- zeitliche Begrenzung der Risikosituation,
- die Fähigkeit, sich auf die riskante Tätigkeit vorzubereiten und entsprechende Fertigkeiten einzuüben, und
- soziale Anerkennung, die mit der Beherrschung des Risikos verbunden ist.

Risiko als Herausforderung ist eine so dominante Handlungsmotivation, dass Gesellschaften symbolische Gefahrensituationen in Form von Sportaktivitäten, Gesellschaftsspielen, Spekulationen, Geldgeschäften und politischen Spielregeln des Machterwerbs entwickelt haben, um das „Prickeln" bei der Beherrschung von Gefahren zu kanalisieren und die möglichen negativen Konsequenzen durch symbolische Bestrafungen zu ersetzen. Mit der symbolischen Kanalisierung des Risikorausches geht auch eine symbolische Vorwegnahme realer Gefahren in Form von Computersimulationen und hypothetischer Risikoberechnungen einher (vgl. Nance & Sargent, 2002). Die herkömmliche Methode, durch Versuch und Irrtum technische Innovationen oder neue Einsatzgebiete für Technik zu überprüfen, ist in einer auf höchstmögliche Sicherheit fixierten Gesellschaft moralisch nicht mehr zu rechtfertigen. An die Stelle des – immer Schaden erzeugenden – Irrtums tritt die symbolische Antizipation des Schadens: Abenteuerurlaub darf nur die Illusion der Gefahr vermitteln, aber niemand soll tatsächlich zu Schaden kommen; technische Systeme müssen so angelegt sein, dass sie auch bei Versagen niemanden schädigen können (das Lernen an realen Fehlern wird durch Computersimulation von hypothetischen Schadensabläufen ersetzt); geplante soziale Veränderungen bedürfen einer wissenschaftlichen Folgenabschätzung, inklusive Kompensationsstrategien für potenziell Geschädigte, bevor eine Reform in Kraft treten kann.

Das zunehmende Erlebnis eines nur symbolischen Schadens schafft wiederum auch neue Erwartungshorizonte gegenüber Wirtschaft und Staat. Je mehr der Risikorausch von symbolischen Konsequenzen für einen selbst und mögliche Konkurrenten geprägt ist, desto eher erwartet man auch von den technischen Risikoquellen nur symbolische Konsequenzen. Der echte Schaden darf demnach niemals eintreten (vgl. Wildavsky, 1984, 1990).

> ▶ „Vor zehn Jahren habe ich Gefahren viel weniger gesehen als heute"

Dani Arnold begann mit 20 Jahren mit dem Free-Solo-Klettern, also dem Klettern unter Verzicht von jeglichen Sicherungsmitteln. Zunächst in den heimischen Eis- und Felswänden der Urner Alpen – inzwischen sind viele weitere Routen auch außerhalb Europas hinzugekommen. Mit seinem aktuellen Free-Solo-Erfolg an der Petit Dru im Mont-Blanc-Massiv bei Chamonix gelingt es Dani als bisher Einzigem, alle sechs großen Nordwände der Alpen jeweils free-solo und mit Speed-Rekord durchstiegen zu haben.

Extrembergsteiger Dani Arnold

Risikomanagement bedeutet für mich, mir über die Gefahren in den Bergen bewusst zu sein. Nur so kann ich mich genügend gut vorbereiten und die Situationen entsprechend einschätzen. Dies war vor zehn Jahren vermutlich auch noch anders. Damals habe ich

2

die Gefahren weniger gesehen als heute, weil ich noch weniger Erfahrung hatte. Meine Risikowahrnehmung hat sich durch die gemachten Erlebnisse in der Zwischenzeit deutlich verändert. Gewisse Touren würde ich heute nicht mehr in der gleichen Form wie früher machen. Die gesammelten Erfahrungen machen mich sensibler für Risiken und helfen mir heute, die Gefahr eher zu erkennen und sie umfassender zu kalkulieren. Aber genau von diesen Gefahren geht auch ein gewisser Reiz aus, diese Gefahren kontrollieren zu wollen. Mir geht es nicht darum, mich großen Risiken auszusetzen, sondern vielmehr darum, durch meine Vorbereitungen und durch mein Verhalten in der Route die Risiken weitestgehend zu reduzieren und sie zu kontrollieren. Natürlich verbleibt auch nach bester Vorbereitung immer noch ein gewisses Restrisiko, aber das hat man überall, nicht nur beim Klettern. Aber das Gefühl der Kontrolle und diese auch immer zu haben, ist hier im Wesentlichen der Ansporn für mich. Da gehört natürlich auch der Mut dazu, einmal Nein zu sagen, wenn die Kontrolle nicht mehr im ausreichenden Maße spürbar ist.

Und das ist auch genau das, was Vertrauen, vor allem das Selbstvertrauen für mich ausmacht. Das Gefühl zu haben, die Risiken unter Kontrolle zu haben. Beim Free-Solo-Klettern ist man rein auf sich selbst gestellt, man ist ja schließlich ganz allein in der Wand. Und da ist das wichtigste Vertrauen das Vertrauen in sich selbst. Aber dieses Selbstvertrauen muss ich mir auch immer wieder holen und mir stetig beweisen, dass es noch funktioniert. Dies mache ich dann zur Vorbereitung in weniger anspruchsvollen und kürzeren Routen. Und erst wenn ich merke, es funktioniert noch und ich kann mich auf mich verlassen, fühle ich mich auch für eine große Wand bereit. Nur weil ich in der Vergangenheit erfolgreich war, heißt es nicht automatisch für mich, dass es auch künftig wieder funktionieren wird. Dieses Gefühl muss sich immer wieder einstellen und muss aufgebaut werden. Und das ist auch ein mühsamer Prozess, weil er insbesondere mental im Kopf passieren muss.

Wenn ich mit anderen klettere, sei es mit Kollegen oder Gästen, die ich als Bergführer durch die Route führe, ist es komplett eine andere Sache. Da kann sich auch ein Vertrauen in eine andere Person einstellen, aber erst, wenn ich die Leute sehr gut kenne. Das ist praktisch bei einem Gast nie der Fall. Da bringe ich mich selbst in keine Situation, in der ich stürzen könnte und auf die richtige Sicherung durch den Gast angewiesen wäre. Auch wenn er mich theoretisch in der Sicherung hat, verhalte ich mich so, dass ich sie praktisch nicht benötige. Anders bei Kollegen, die ich sehr gut kenne. Hier gehören vor allem beim Sportklettern im Klettergarten Stürze dazu, hier will man ja trainieren und schwere Stellen ausprobieren. Im alpinen Gelände sind dann durch das Vertrauen in den Seilpartner sogar sehr anspruchsvolle Situationen noch gut machbar. Das Vertrauen bildet sich und wächst insbesondere durch das gemeinsame Meistern von herausfordernden Erlebnissen. Dieses Vertrauen stellt sich zwar durch den gleichen Mindset und die gleiche Einstellung zum Bergsteigen etwas schneller ein, das ist aber keine zwingende Voraussetzung. Entscheidend sind die gemeinsam gemachten Erfahrungen, die das Vertrauen bilden und stärken. Gemeinsam die Situation unter Kontrolle gehabt zu haben.

▶ www.daniarnold.ch ◀

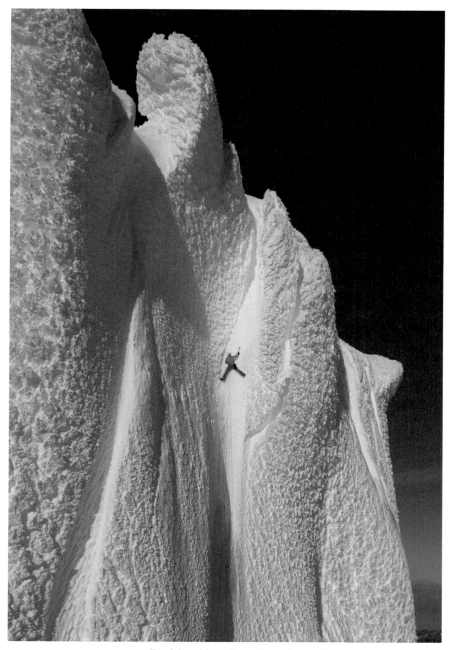

Dani Arnold am Cerro Torre, Patagonien

■ Risiko als Glücksspiel

Das Risiko als Herausforderung, bei der die eigenen Fähigkeiten zur Risiko-bewältigung den Ausgang der Handlung mitbestimmen, ist nicht identisch mit dem Verständnis von Risiko in Lotterien oder Glücksspielen. Verlust oder Gewinn sind in der Regel hier unabhängig von den Fähigkeiten des Spielers. Spielen selbst kann selbstverständlich auch einen Rausch erzeugen und zum Selbstzweck werden, aber es ist die erwartbare oder erhoffte Auszahlung, die Möglichkeit des großen Gewinns, die das berühmte „Prickeln" erzeugt, und nicht der Vorgang des Spielens (im Gegensatz zu Gesellschaftsspielen, in denen Belohnung und Bestrafung nur noch symbolischen Wert haben).

Psychologen haben sich seit langem intensiv mit Risikoverhalten bei Glücks-spielen befasst. Zum einen lässt sich die Situation im Labor gut simulieren, zum anderen kann man leicht die Abweichungen vom statistischen Erwartungswert be-stimmen (vgl. Hastie & Dawes, 2010; Jungermann et al., 2005, S. 181 ff.). Gleich hier soll deutlich werden, dass der statistische Erwartungswert nur zu einem Teil das reale Spielverhalten von Glücksspielern bestimmt (vgl. Clotfelter & Cook, 1991). Wie durch die Prospect Theory von Kahnemann und Tversky ausgeführt, ist eine Lotterie dann besonders anziehend, wenn der Einsatz möglichst gering und der Hauptgewinn ausgesprochen attraktiv ist (vgl. Tversky & Kahneman, 1974). Denn Spieler unterschätzen die Wahrscheinlichkeit seltener Ereignisse und sind eher bereit mitzuspielen, wenn der Wetteinsatz die Schmerzgrenze nicht über-schreitet (vgl. Kahneman, 2016). Werden beispielsweise Versuchspersonen vor die Wahl gestellt, ob sie lieber einen Euro geschenkt haben oder ein Los ziehen wollen mit der 1:100-Chance, 100 € zu gewinnen, entscheiden sich die meisten Menschen für die zweite Möglichkeit; sie ziehen das Spiel vor. Wenn man ihnen jedoch die Wahl gibt, eine Summe von 100 € als Geschenk zu erhalten oder aber ein Los zu ziehen mit der Wahrscheinlichkeit von 1:100 einen Geldbetrag von 10.000 € zu ge-winnen, entscheiden sich die meisten für die erste Alternative. Sie ziehen also das sichere Ereignis vor. Die Erwartungswerte sind in beiden Fällen gleich. Den Ver-lust von einem Euro kann jeder leicht verschmerzen, aber 100 € wegen einer gerin-gen Gewinnchance von 10.000 € zu investieren, ist dagegen für die meisten Men-schen wenig attraktiv. Die Organisatoren von Glücksspielen und Preisausschreiben haben aus diesen intuitiven Präferenzen wichtige Lehren gezogen. Zunächst er-höht es die Attraktivität von Glücksspielen, die individuellen Einsätze zum Mit-spielen so klein zu halten, dass sie keinen spürbaren Verlust im eigenen Haushalts-budget hervorrufen. Lieber den Spieler zu mehrfachem Einsatz bewegen, als den Grundeinsatz zu erhöhen, ist daher eine der goldenen Regeln des Glücksspiele-konzeptes.

Darüber hinaus verführt die Tatsache, dass es jedes Mal einen Gewinner gibt, zu der Vorstellung, man könne selbst der nächste sein. Häufig werden mit Glücks-spielen versteckte Verteilungsideologien (etwa todsichere Wettsysteme, magische Glückszahlen oder ausgleichende Gerechtigkeit) verbunden. So glauben etwa 47 % aller Amerikaner, dass es besondere Glücksnummern gibt, die bestimmten Mit-spielern eine bessere Gewinnchance vermitteln (Miller, 1985). Wird das Zufalls-prinzip jedoch anerkannt, dann ist das wahrgenommene Konzept der stochasti-schen Verteilung von Auszahlungen dem technischen Risikokonzept am nächsten.

Nur wird dieses Konzept bei der Wahrnehmung und Bewertung technischer Risiken nicht angewandt. Im Gegenteil; wie eine Studie in Schweden nachweist, halten es die dort untersuchten Personen geradezu für unmoralisch, eine „Glücksspielmentalität" auf technische Gefahrenquellen anzuwenden, bei denen Gesundheit und Leben auf dem Spiel stehen (vgl. Sjöberg & Winroth, 1985; siehe auch Brehmer, 1987).

- **Risiko als Frühindikator für schleichende Gefahren**
Mit dem Aufkommen der modernen, quasi unsichtbaren Risiken hat sich in der öffentlichen Diskussion ein neues Bedeutungsfeld des Risikobegriffes aufgetan. Da persönliche Erfahrungen fehlen, treten die Informationsangebote durch Experten, Behörden und Medien über Umweltverschmutzung und deren Langzeitwirkungen auf Gesundheit, Leben und Natur an die Stelle der direkten Wahrnehmung (vgl. Offe, 2001, S. 250 ff.). Sie übernehmen die Funktion von Frühzeitindikatoren für alles, was unser Leben bedrohen könnte.

Nach diesem Risikoverständnis helfen wissenschaftliche Studien, schleichende Gefahren frühzeitig zu entdecken und Kausalbeziehungen zwischen Aktivitäten oder Ereignissen und deren latente Wirkungen aufzudecken (vgl. SAPEA, 2019). Beispiele für die Verwendung dieses Risikobegriffs findet man bei der kognitiven Bewältigung von geringen Strahlendosen, Lebensmittelzusätzen, chemischen Pflanzenschutzmitteln oder genetischen Manipulationen von Pflanzen und Tieren. Die Wahrnehmung dieser Risiken ist eng mit dem Bedürfnis verknüpft, für scheinbar unerklärliche Folgen (z. B. Krebserkrankungen von Kindern, gehäuftes Auftreten von Allergien in bestimmten Regionen, Waldschäden etc.) externe Ursachen ausfindig zu machen. Im Gegensatz zum technisch-medizinischen Risikobegriff wird die Wahrscheinlichkeit eines solchen Kausalzusammenhangs nicht als eine signifikante (d. h. nicht mehr durch Zufall erklärbare) Abweichung von der natürlich vorgegebenen Variation solcher Ereignisse interpretiert, sondern jedes singuläre Ereignis wird als eine Bestätigung der vermuteten Ursache-Wirkungs-Beziehung angesehen.

Bei Risiken als Frühindikator sind die betroffenen Menschen auf Informationen durch Dritte angewiesen. Sie können nicht aus eigener Erfahrung die Risiken einschätzen, die möglicherweise ihr Leben, ihre Gesundheit oder ihr Wohlergehen bedrohen (vgl. Renn, 2021). Ob sich in Lebensmitteln gefährliche Rückstände eines Pestizids oder Konservierungsstoffe befinden, ob die Ozonbelastung in der Umgebungsluft höher ist als erlaubt oder ob wir einer radioaktiven Strahlung ausgesetzt sind, können wir durch unsere eigene Sinneswahrnehmung nicht beantworten. Von daher müssen wir die Deutungen dritter Personen oder Institutionen einholen, die uns vor diesen Gefahren warnen können. Aufgrund einer pluralistischen Gesellschaft und der einhergehenden Vielfalt an Interessen und Meinungen müssen wir uns bei all diesen Fragen jedoch auf eine große Bandbreite von Antworten gefasst machen. Zum Teil liegt es daran, dass in der stochastischen Analyse von Risiken eindeutige Antworten nicht zu erwarten sind (nur Bandbreiten mit Wahrscheinlichkeiten), zum Teil liegt es aber auch daran, dass in den Medien eine Vielfallt an Erklärungsansätzen zu finden sind. Somit stehen wir vor der Herausforderung, eine Fülle von möglichen Antworten auf die Frage zu den

Risiken unserer Zeit zu erhalten, die in der Regel von „völlig harmlos" bis zu „höchst gefährlich" reichen.

Da wir die Gültigkeit häufig nicht selbst nachprüfen können, sind wir darauf angewiesen, die unterschiedlichen Quellen für die Risikoabschätzung nach ihrer Gültigkeit zu beurteilen. Hierbei spielt das Vertrauen in diese Quellen eine entscheidende Rolle

Vertrauen zu gewinnen und zu erhalten, ist ein permanenter Prozess wechselseitiger Erfahrungen. Es gibt aber durchaus Einflussgrößen, die gemeinsam eine vertrauensvolle Beziehung aufbauen oder stärken können (vgl. Slovic, 1999; Dernbach und Meyer, 2005). Eckpfeiler des Vertrauens sind Offenheit, Aufrichtigkeit, Empathie, Fairness und Kompetenz (siehe Renn, 2014, S. 279 ff.). Diese Aspekte bestimmen weitgehend den Erfolg von Risikokommunikation. Sie beschreiben die interpersonalen Spielregeln, deren Verletzung Vertrauen gefährdet (vgl. Renn & Levine, 1991)

Dazu kommt, dass institutionelles Vertrauen auch durch die dort agierenden Personen vermittelt wird. Vertrauen bedeutet, sich darauf verlassen zu können, dass die in Institutionen oder für Institutionen agierenden Mitarbeiter und Mitarbeiterinnen der beteiligten Institutionen persönlich verantwortlich handeln (zwischenmenschliches Vertrauen) und dass die Institutionen ihre erwarteten Leistungen erbringen (Systemvertrauen). Die Bedeutung dieser beiden Komponenten hat sich gerade in der Coronakrise eindrücklich bestätigt (vgl. Friemel et al., 2020).

Dieses gilt sowohl für den Prozess der Abwägung von Chancen und Risiken wie auch für die Festlegung von Maßnahmen zur Krisenbewältigung. Persönliches, zwischenmenschliches Vertrauen dient besonders bei der Abwägung und Bewertung von komplexen Handlungsoptionen als ein wichtiger Schlüssel zur Verständigung auch über Systemgrenzen hinweg. Gerade wenn sich in Konflikten Vertreter bzw. Vertreterinnen von Organisationen miteinander verständigen können, um die aufgetretenen Konflikte gemeinsam zu bearbeiten, kann auch das Vertrauen in deren Organisationen wachsen (vgl. Kappmeier, 2017).

Vertrauen zeichnet sich vor allem durch die folgenden fünf Aspekte aus (vgl. Renn, 2015, S. 49):

1. Offenheit
   - Bereitschaft, neue Themen und Sachverhalte aufzunehmen
   - Bereitschaft, sich mit allen denkbar betroffenen Akteuren auszutauschen
   - Bereitschaft, Entscheidungsprozesse und Handlungsoptionen transparent zu machen
   - Bereitschaft, sich mit anderen Weltbildern, Werten und Interessen auseinander zu setzen
2. Aufrichtigkeit
   - Ehrlichkeit gegenüber allen am Entscheidungsprozess Beteiligten
   - Ehrlichkeit gegenüber der Öffentlichkeit
   - Ehrlichkeit im Nachweis von Informationsquellen und Informationsqualität
   - Ehrlichkeit in Bezug auf Gefühle (z. B. Anteilnahme)

3. Empathie
   - Andere Menschen mit ihren Anliegen und Interessen prinzipiell ernst nehmen
   - Andere Perspektiven nachvollziehen und sich wechselseitig austauschen
   - Anderen Menschen Schutz und Unterstützung bei Gefahren gewähren
   - Anderen Menschen gegenüber Verantwortung übernehmen und sich für Fehler entschuldigen
4. Fairness
   - Klare Regeln der Informationsgewinnung, Zugänglichkeit der Informationen für alle betroffenen Anspruchsgruppen
   - Klare Regeln für Verfahren zur Chancen- und Risikokommunikation
   - Klare Regeln für den Entscheidungsprozess, nach welchen Prinzipien Handlungsoptionen ausgewählt werden oder Kompromisse entstehen
   - Klare Regeln für die kritische Prüfung und Bewertung von Prozess und Ergebnis
5. Kompetenz
   - Wissen über naturwissenschaftlich-technische Zusammenhänge von Risikofeldern
   - Wissen über Methoden zur Bewertung, zum Management und zur Kontrolle von Planungsvorhaben
   - Wissen über Konzepte und Verfahren zur Risikokommunikation
   - Wissen über gesellschaftliche Wertefragen, verschiedene Anspruchsgruppen mit ihren Wahrnehmungsmustern, Interessen und Präferenzen

2.5 Systemische Risiken[2]

Die Menschheit hat in den vergangenen Dekaden immer besser gelernt, mit konventionellen Risiken umzugehen, die in Form von beispielsweise Unfällen, Hochwasser oder Marktrisiken auftreten. Bei diesen Risiken verfügen wir häufig über Erfahrungswerte, die eine Bewertung und Einschätzung der Eintretenswahrscheinlichkeit erleichtern und somit eine Steuerung ermöglichen. Aber in einer Welt, die durch zunehmende Globalisierung an Komplexität zunimmt, werden Risiken immer schwerer prognostizierbar. Technologische Entwicklungen und der gesellschaftliche Wandel erhöhen die Komplexität und verflechten die Risiken zunehmender, wodurch deren Ursache-Wirkungs-Strukturen zunehmend undurchschaubar und deren Folgen nicht mehr vorhersehbar sind. Diese Risiken überfordern aufgrund ihrer speziellen Eigenschaften das traditionelle Risikomanagement (vgl. IASS, 2021).

Die Finanz- und Schuldenkrise, aber auch die anhaltende Coronapandemie oder der Klimawandel sind besonders eindrucksvolle Beispiele für diesen neuen Typus von Risiken. Die Organisation für wirtschaftliche Zusammenarbeit und Entwicklung (OECD) hat hierfür die Kategorie des **systemischen Risikos** ein-

---

2   Der vorliegende Abschnitt basiert auf Renn (2014) in einer hier aktualisierten Version.

2

geführt (vgl. OECD, 2003; Lucas et al., 2018). Der Begriff stammt aus der Finanzwirtschaft und bezeichnet ursprünglich Risiken, die bei Eintritt die Funktionsfähigkeit des Finanzmarktes oder eines relevanten Teils dieses Marktes erheblich einschränken. Systemische Risiken begrenzen sich aber keineswegs nur auf die Finanzwirtschaft, sie tangieren alle systemrelevanten Lebensbereiche, wie Gesundheit, soziales oder politisches Umfeld oder Weltklima. Systemisches Risiko bezeichnet die Möglichkeit, dass durch ein katastrophales Ereignis die lebenswichtigen Systeme, auf denen unsere Gesellschaft beruht, bedroht werden (vgl. Renn et al., 2017). Die Auswirkungen von systemischen Risiken können durch Kaskadeneffekte weit über das Herkunftssystem hinausreichen und andere Systeme sowie Funktionen der Gesellschaft betreffen. In der Regel kommt nicht nur derjenige, der das Risiko übernommen hat, im schlimmsten Fall zu Schaden, sondern auch viele andere, die im selben Umfeld oder in einem funktional davon abhängigen Wirkungskreis tätig sind. Das Risiko verhält sich hier wie ein Krankheitserreger. Er steckt auch die an, die von ihrer Konstruktion her eigentlich gesund und widerstandsfähig sind.

Dabei wird offensichtlich, dass systemische Risiken eine Herausforderung für die Governance darstellen, da durch die hochgradig vernetzten Problemzusammenhänge und die nur schwer abschätzbaren Breiten- und Langzeitwirkungen, deren Beschreibung, Bewertung und Bewältigung erschwert ist. Informationen sind so gut wie nie vollständig vorhanden. Insbesondere die Entgrenzung von Zeit, Raum und Schadenskategorie sowie das hohe Maß an Unsicherheit und Ambiguität kreieren ein erhebliches Wissens- und Bewertungsproblem. Systemische Risiken zeichnen sich vor allem durch die folgenden Eigenschaften aus (vgl. Renn, 2014, 2016; Renn et al., 2020):

- Systemische Risiken wirken **global** oder zumindest lokal übergreifend. Sie können nicht mehr auf eine bestimmte Region eingegrenzt werden. Solche Risiken können zwar lokal ausgelöst werden, ihre Wirkungen greifen dann aber auf viele andere Regionen über. Ein Paradebeispiel ist die Covid-19-Krise, die durch einen Krankheitserreger an einem Ort der Erde ausgelöst wurde. Durch Touristen, Geschäftsreisende oder den Export von Handelsgütern wurde der Erreger in kürzester Zeit durch die ganze Welt getragen.
- Systemische Risiken sind **hoch komplex und eng vernetzt** mit anderen Risiken. Sie sind in ihren Wirkungen mit den Wirkungsketten anderer Aktivitäten und Ereignissen verknüpft, ohne dass man dies auf den ersten Blick erkennen kann. So können soziale Ungleichheit, negative Handelsbilanz, Widerstand gegen Klimaschutzmaßnahmen und sogar das Aufkeimen fundamentalistischer Strömungen eng miteinander verwoben sein. So versalzen beispielsweise durch Übernutzung der Süßwasserreserven fruchtbare Böden, was wiederum zu veränderten Formen der Landnutzung führt. Diese bedingen in der weiteren Kette der Konsequenzen negative Folgen für Biodiversität, Ernährungssicherheit und den Energieverbrauch mit Auswirkungen auf Wirtschaft und Politik.

- Systemische Risiken strahlen auf unterschiedliche Wirtschafts- und Lebensbereiche aus und **überschreiten systemische Grenzen** – etwa zwischen dem wissenschaftlichen, dem politischen und dem gesellschaftlichen System. Wie beispielsweise das Coronavirus, das im Grundsatz ein gesundheitliches Risiko darstellt, aber durch seine weltweite Präsenz grenzüberschreitend agiert und auf politische, soziale und wirtschaftliche Bereiche ausstrahlt. Maßnahmen zur Eindämmung der Ausbreitung des Virus lösen Risiken und Schäden in anderen Lebensbereichen, etwa der Bildung, der Gewalt im häuslichen Umfeld, oder Insolvenzen im Dienstleistungssektor aus (vgl. Collins et al., 2020).

- Systemische Risiken folgen häufig **stochastischen und chaotischen Wirkungsbeziehungen** und lassen sich nicht durch lineare Modelle von Ursache-und-Wirkungs-Ketten beschreiben. Gleiche Ursachen führen nicht zu identischen Ergebnissen, sondern zu einer Bandbreite von Folgen, die alle nur mit einer bestimmten Wahrscheinlichkeit eintreten. Diese Mehrdeutigkeit erschwert die Argumentation und Überzeugung von Gegenmaßnahmen, da es auch immer wieder Ausnahmen oder Abweichungen von den Prognosen gibt. Mehrdeutigkeiten resultieren aus unterschiedlichen Einschätzungen der Relevanz, Rolle und Implikationen der Risikobewertung für die Entscheidungsfindung, aber auch aus divergierenden Positionen zu den Normen und Werten, die es zu schützen gilt.

- Der Effekt von systemischen Risiken tritt erst bei Überschreitung eines **Schwellenwertes** ein, dann jedoch sofort, und das System kann sich ruckartig ändern. Dies hat zur Folge, dass marginale Veränderungen bei einer oder mehreren Ursachen zu unerwartet großen Ausschlägen bei den Wirkungen führen können. Wo genau die Schwelle für die Auswirkung liegt, lässt sich im Voraus nicht genau bestimmen. Ein Umkehren des Effekts ist aber in der Regel entweder gar nicht, nur mit extrem großem Aufwand oder erst nach langen Zeiträumen möglich. Aufgrund des im Voraus nicht genau festlegbaren Grenzwertes können die ergriffenen Gegenmaßnahmen nur schwer auf ihre Wirksamkeit hin überprüft und gerechtfertigt werden. Als Beispiel kann hier der Klimawandel genannt werden. Der kritische Schwellenwert der Erderwärmung, ab dem mit einem Kollaps des ganzen Ökosystems zu rechnen ist, lässt sich nicht genau beziffern. Hier helfen nur Simulationen und theoretische Modellberechnungen.

2.6 Ausblick

Dank der Fortschritte in Wissenschaft und Technik wissen wir heute mehr über Risiken als jemals zuvor (vgl. Ropeik & Gray, 2002). Mit den Hilfsmitteln der wissenschaftlichen Methoden der Statistik und der Risikoabschätzung können wir Risiken besser und treffender beschreiben als jede Generation vor uns. Diese neuen Methoden können zwar keine Gewissheiten und eindeutig beschreibbaren Ursache-

2

Wirkungs-Ketten aufzeigen, aber sie geben wichtige Einblicke in die relativen Gefährdungen und vermitteln verwertbare Erkenntnisse über die Wahrscheinlichkeiten ihrer Verursachung. Das ist zwar weniger, als manche von der Wissenschaft erhoffen, aber alles andere als pure Beliebigkeit, wie es häufig in den Medien dargestellt wird. Und mit den Mitteln des integrierten Risikomanagements können wir auch die meisten Risiken, die unsere Gesundheit und unser Leben bedrohen, effektiv eingrenzen und reduzieren. Wir leben also gerade nicht in einer Risikogesellschaft, verstanden in dem negativen Sinne, wie es Ulrich Beck in seinem Buch *Die Risikogesellschaft* skizziert (vgl. Beck, 1986).

Sich über Risiken, aber vor allem über die eigenen Wahrnehmungsprozesse von Risiken bewusst zu werden und die Fallstricke bei der Bewertung von Informationen zu Risiken zu kennen, ist ein wichtiger Schritt, um zu adäquaten und realitätsnahen Einsichten über die Gefährdung unserer Gesellschaft zu gelangen. Dies gilt besonders für die systemischen Risiken, die auch wissenschaftlich noch mit großen Unsicherheiten und Ambiguitäten verbunden sind. In dieser Hinsicht hat die Ethikkommission 2011 nach dem Tsunami und der dadurch ausgelösten Reaktorkatastrophe bewusst als eine zentrale Empfehlung eine Dialogplattform gefordert, auf der die Bürgerinnen und Bürger anschaulich und nachvollziehbar mit den Risiken der verschiedenen Maßnahmenpakete zum Klimaschutz und zur Energiewende vertraut gemacht werden sollen (vgl. Ethikkommission, 2011). Bewusst steht dabei der Dialog im Vordergrund, weil es um einen selbstbestimmten Bildungsprozess gehen soll und nicht um eine Informationskampagne. Der Dialog basiert auf dem Prozess der Selbstbeobachtung und der kritischen Rückversicherung, ob wir bei unseren Schlussfolgerungen die Einsichten der Risikowissenschaften beachtet haben. Die vorhandene Evidenz bei der eigenen Urteilsbildung zu berücksichtigen, trägt mit dazu bei, unser Leben nach bestem Wissen und im Einklang mit unseren Werten und Präferenzen zu gestalten sowie Verantwortung in unserer Gesellschaft zu übernehmen. Die Bewusstwerdung über die eigenen Mechanismen der Urteilsbildung ertüchtigt dazu, in der täglichen Lebenspraxis mit den Herausforderungen komplexer Risiken im Alltag und im Berufsleben besser fertig zu werden. Das Muster ständiger Selbstbeobachtung verhilft nicht nur zu besseren Einsichten, sondern auch zu einem insgesamt risikoärmeren und gelingenden Leben.

❓ Wiederholungs-/Kontrollfragen

1. Wie lässt sich der Ursprung des Begriffs Risiko erläutern und mit dem heutigen Sprachgebrauch vereinen?
2. Zu welchen Herausforderungen kann die unterschiedliche Begriffsverwendung von Risiko führen?
3. Welchen Einfluss hat eine Differenzierung zwischen Risiko und Unsicherheit auf die Bewertung von Risiken?
4. Welche Beispiele lassen sich für die unterschiedlichen Risikomuster aus dem Alltag finden?
5. Welche Gründe sehen Sie ursächlich für die Schwierigkeiten bei der Bewertung von systemischen Risiken?

Zusammenfassung

- Das Verständnis von Risiko setzt ein Mindestmaß an Gestaltbarkeit der Zukunft und damit Vermeidbarkeit von unerwünschten Ereignissen durch vorsorgendes Handeln voraus.
- Das Konzept von Risiko beruht maßgeblich auf der Annahme, dass Risiken mentale Konstrukte sind, also Produkte des menschlichen Geistes. Dadurch beeinflussen subjektive Faktoren die Wahrnehmung der Risiken.
- Die beiden konstitutiven Merkmale von Risiko sind die Unsicherheit des Eintreffens und die erwarteten Konsequenzen einer Handlung oder eines Ereignisses. Inwieweit diese Konsequenzen positiv oder negativ beurteilt werden, ist dabei eine Frage der subjektiven Bewertung.
- Der Ursprung des Wortes Risiko ist nicht eindeutig geklärt. Es bestehen zwei Herleitungsstränge, die sich im Wesentlichen in der Beeinflussbarkeit der Risikolage unterscheiden. Gemäß romanischem Ursprung kann über das Risiko selbst entschieden werden und gemäß arabischem Ursprung entspricht Risiko einem vorgegebenen Schicksal, welches sich sowohl negativ als auch positiv auswirken kann.
- Es gibt keine einheitliche Verwendung des Begriffs „Risiko" in der Wissenschaft. Im allgemeinen Sprachgebrauch wird der Begriff sowohl für die eigentliche Risikosituation als auch für die Ursache oder die Wirkung eines gefährlichen Ereignisses genutzt.
- In der Entscheidungstheorie besteht eine klare Unterscheidung zwischen Risiko und Unsicherheit. Risiko stellt eine Situation dar, in der den entscheidenden Personen alle möglichen Ergebnisse und deren Eintrittswahrscheinlichkeiten bekannt sind. Ungewissheit hingegen bezieht sich auf eine Situation, in der diese Informationen dem Entscheidungsträger nicht zur Verfügung stehen.
- Der wesentliche Unterschied zwischen Risiko und Ungewissheit liegt in der Quantifizierbarkeit der möglichen Entscheidungsergebnisse und der Wahrscheinlichkeiten ihres Eintretens.
- Ein bekanntes Konzept zur Differenzierung zwischen Risiko und Unsicherheit stellt die Rumsfeld-Matrix dar mit ihren 4 Kategorien und dem jeweiligen Ausmaß an Unsicherheit in Bezug auf Auswirkung und Auftreten.
- Risiken lassen sich anhand von qualitativen Merkmalen und bestimmten Mustern in Risikowahrnehmungsklassen einordnen. Diese werden in der Literatur als semantische Risikomuster bezeichnet.
- Aufgrund der zunehmenden Globalisierung und weiterer technologischer Entwicklungen nimmt die Verflechtung und Komplexität von Risiken zu, sodass die Ursache-Wirkungs-Strukturen immer schwerer erfassbar werden. Daraus entsteht ein neuer Typus an Risiken, die als systemische Risiken bezeichnet werden.
- Systemische Risiken zeichnen sich vor allem durch ihr globales und hoch komplexes Wirken aus. Sie sind oftmals eng mit anderen Risiken vernetzt, weshalb die Wirkungskette unüberschaubar wird und sie sich auf weiter Domänen außerhalb der eigenen Systemgrenze auswirken. Zudem folgen sie keiner klaren und vorhersehbaren Wirkungsbeziehung und häufig lassen sich keine eindeutigen Schwellenwerte definieren.

Literatur

Accastello, C., Cocuccioni, S., & Teich, M. (2021). The concept of risk and natural hazards *IntechOpen*, [Online First]. https://doi.org/10.5772/intechopen.99503

Aven, T., Ben-Haim, Y., Boje Andersen, H., Cox, T., Droguett, E. L., Greenberg, M., & Thompson, K. M. (2018). *Society for risk analysis glossary*. Society for Risk Analysis. https://www.sra.org/wp-content/uploads/2020/04/SRA-Glossary-FINAL.pdf. Zugegriffen am 28.09.2021.

Baan, P. J. A., & Kljin, W. L. (2004). Flood risk perception and implications for flood risk management in the Netherlands. *International Journal of River Basin Management, 2*(2), 113–122.

Beck, U. (1986). *Die Risikogesellschaft. Auf dem Weg in eine andere Moderne*. Suhrkamp.

Beck, U. (2007). *Weltrisikogesellschaft: Auf der Suche nach der verlorenen Sicherheit*. Suhrkamp.

Berger, P. L., & Luckmann, T. (2018). *Die gesellschaftliche Konstruktion der Wirklichkeit* (28. Aufl.). S. Fischer.

Blommestein, H.J., Hoogduin, L.H., & Peeters, J.J.W. (2009). *Uncertainty and risk management after the great moderation: The role of risk (mis)management by financial institutions.*, 28. SUERF 3.-4.9.2009.

Brehmer, B. (1987). The psychology of risk. In W. T. Singleton & J. Howden (Hrsg.), *Risk and decisions* (S. 25–39). Wiley.

Brown, P. R., & Olofson, A. (2016). Risk, uncertainty and policy: Towards a social-dialectical understanding. In P. Brown & A. Olofsson (Hrsg.), *Risk, uncertainty and policy* (S. 11–10). Routledge.

Celsi, R. L. (1992). Transcendent benefits of high-risk sports. In J. F. Sherry Jr. & B. Sternthal (Hrsg.), *NA advances in consumer research* (Bd. 19, S. 636–641). Association for Consumer Research.

Clotfelter, C., & Cook, P. J. (1991). Lotteries in the real world. *Journal of Risk and Uncertainty, 4*(3), 227–232.

Collins, A., Florin, M.-F., & Renn, O. (2020). COVID-19 risk governance: Drivers, responses and lessons to be learned. *Journal of Risk Research, 2*. https://doi.org/10.1080/13669877.2020.1760332

Dernbach, B., & Meyer, M. (2005). Einleitung: Vertrauen und Glaubwürdigkeit. In B. Dernbach & H. Meyer (Hrsg.), *Vertrauen und Glaubwürdigkeit* (S. 11–25). Springer.

Douglas, M., & Wildavsky, A. (1983). *Risk and culture* (An essay on the selection of technological and environmental dangers). University of California Press.

Duden. (2020). *Das Herkunftswörterbuch – Etymologie der deutschen Sprache* (6. Aufl.). Duden.

Earle, T. C., & Lindell, M. K. (1984). Public perceptions of industrial risks: A free-response approach. In R. A. Waller & V. T. Covello (Hrsg.), *Low-probability high-consequence risk analysis* (S. 531–550). Plenum.

Eisenführ, F., & Weber, M. (2003). *Rationales Entscheiden*. Springer.

Ethik-Kommission. (2011). *Deutschlands Energiewende. Ein Gemeinschaftswerk für die Zukunft*. Endbericht.

Ewald, F. (1993). *Der Vorsorgestaat*. Suhrkamp.

Friemel, T.N., Geber, S., & Egli, S. (2020). *Informations- und Kommunikationsverhalten in der Corona-Krise:* Befunde aus der Deutschschweiz zu Relevanz, Funktionen und Bewertung verschiedener Informations- und Kommunikationsformen während der ersten Tage des Lockdowns. Zürich: Institut für Kommunikationswissenschaft und Medienforschung (IKMZ).

Friese, K. (2017). Risiko in Banken – Ethnologische Betrachtungen der Finanzwelt. In E. Dürr, F. Heidemann, T. Reinhardt, & M. Sökefeld (Hrsg.), *Studien aus dem Münchner Institut für Ethnologie* (Bd. 23). Institut für Ethnologie, LMU München.

Gassner, U. M. (2020). Gesundheitsschutz durch Umweltrecht am Beispiel der Luftreinhalteplanung. *Umwelt und Gesundheit*, 197–244.

Gephart, R., Jr., van Maanen, J., & Oberlecher, T. (2009). Organizations and risk in late modernity. *Organization Studies, 30*(2&3), 141–155.

Gigerenzer, G. (2007). *Gut Feelings: Unconscious Intelligence*. Penguin Group.

Gigerenzer, G. (2013). *Risiko – Wie man die richtigen Entscheidungen trifft*. Bertelsmann.

Hannigan. (1995). *Environmental sociology. A social constructivist perspective*. Routledge.

Hansson, S. O. (2004). Philosophical perspectives on risk. *Techné: Research in Philosophy and Thechnology, 8*(1), 10–35.

Hastie, R., & Dawes, R. M. (2010). *Rational choice in an uncertain world. The Psychology of Judgment and Decision Making*. SAGE Publications.

Heinemann, S. (2014). *Ethik der Finanzmarktrisiken am Beispiel des Finanzderivatehandels*. mentis.

Hubig, C. (1994). Das Risiko des Risikos – Das Nicht-Gewußte und das Nicht-Wißbare. *Universitas, 49*(4), 310–318.

IASS Institut für transformative Nachhaltigkeitsforschung. (2021). Systemische Risiken. https://www.iass-potsdam.de/de/ergebnisse/dossiers/systemische-risiken. Zugegriffen am 28.09.2021.

IRGC (International Risk Governance Council). (2005). *Risk governance – Towards an integrative approach. White paper*. IRGC.

Jaeckel, L. (2011). Risiko-Signaturen im Recht: Zur Unterscheidbarkeit von Gefahr und Risiko. *Juristen Zeitung, 66*(3), 116–124.

Jasanoff, S. (1999). The songlines of risk. Environmental values. *Risk, 8*(2), 135–152.

Jasanoff, S. (2004). Ordering knowledge, ordering society. In S. Jasanoff (Hrsg.), *States of knowledge: The co-production of science and social order* (S. 31–54). Routledge.

Jonen, A. (2007). Semantische Analyse des Risikobegriffs: Strukturierung der betriebswirtschaftlichen Risikodefinitionen und literaturempirische Auswertung. *Beiträge zur Controlling-Forschung*, N. 11, Technische Universität Kaiserslautern. http://hdl.handle.net/10419/57899. Zugegriffen am 28.09.2021.

Jung, T. (2003). Der Risikobegriff in Wissenschaft und Gesellschaft. *Bundesgesundheitsblatt – Gesundheitsforschung – Gesundheitsschutz, 7*, 542–584.

Jungermann, H., Pfister, H.-R., & Fischer, K. (2005). *Die Psychologie der Entscheidung* (2. Aufl.). Elsevier.

Kahneman, D. (2016). *Schnelles Denken, langsames Denken*. Penguin Verlag TB.

Kahnemann, D., & Tversky, A. (1979). Prospect theory: An analysis of decision under risk. *Econometrica, 47*, 263–291.

Kappmeier, M. (2017). Vom Misstrauen zum Vertrauen – bessere Beziehungen zwischen Organisationen. *Konfliktdynamik, 6*(3), 176–183.

Ḳedar, B. Z. (1993). Again: Arabic rizq, Medieval Latin risicum. In B. Z. Ḳedar (Hrsg.), *The Franks in the Levant* (11th to 14th centuries, S. 255–259). Variorum.

Keller, H. E. (2001). Der sechste Schöpfungstag und andere Abenteuer, *Risk Voice, 3*.

Keller, H. E. (2004). Auf sein Auventura und Risigo handeln. *RISKNEWS, 1*, 61–65.

Keynes, J. M. (1921). *A treatise on probability*. Macmillan.

Keynes, J. M. (1937). The general theory of employment. *The Quarterly Journal of Economics, 51*, 209–223.

Kluge, F. (2011). *Etymologisches Wörterbuch der deutschen Sprache* (25. Aufl.). De Gruyter.

Knight, F. H. (1921). *Risk, uncertainty and profit*. Houghton Mifflin.

Krämer, G. (2000). *Ziele, Adressaten und Risiken der Bankenaufsicht*. Shaker.

Linkov, I., Bridges, T., Creutzig, F., Decker, J., Fox-Lent, C., Kröger, W., Lambert, J. H., Levermann, A., Montreuil, B., Nathwani, J., Nyer, R., Renn, O., Scharte, B., Scheffler, A., Schreurs, M., & Thiel-Clemen, T. (2014). Changing the resilience paradigm. *Nature Climate Change, 4*, 407–409.

Lucas, K., Renn, O., Jaeger, C., & Yang, S. (2018). Systemic risks: A homomorphic approach on the basis of complexity science. *International Journal of Disaster Risk Science, 9*(3), 292–305. https://doi.org/10.1007/s13753-018-0185-6

Luhmann, N. (1986). *Ökologische Kommunikation. Kann die moderne Gesellschaft sich auf ökologische Gefährdungen einstellen?* Westdeutscher Verlag.

Luhmann, N. (1991). Vorwort aus: Baecker D.: *Womit handeln Banken? Eine Untersuchung zur Risikoverarbeitung in der Wirtschaft*. Suhrkamp.

Luhmann, N. (1993). Risiko und Gefahr. In W. Krohn & G. Krücken (Hrsg.), *Riskante Technologien. Reflexion und Regulation* (S. 138–185). Suhrkamp.

Luhmann, N. (1997). Grenzwerte der ökologischen Politik. Eine Form von Risikomanagement. In P. Hiller & G. Krücken (Hrsg.), *Risiko und Regulierung. Soziologische Beiträge zu Technikkonrolle und präventiver Umweltpolitik* (S. 195–221). Suhrkamp.

Machlis, E., & Rosa, E. (1990). Desired risk: Broadening the social amplification of risk framework. *Risk Analysis, 10*, 161–168.

Meyer, R. (2008). Die Entwicklung des betriebswirtschaftlichen Risiko- und Chancenmanagements. In R. Kalwait, R. Erben, & R. Meyer (Hrsg.), *Risikomanagement in der Unternehmensführung* (S. 23–60). Wiley-VC.

Miller, S. (1985). *Perception of science and technology in the United States*. Academy of Sciences, Table 8–13.

Morgan, M. G. (1990). Choosing and managing technology-induced risks. In T. S. Glickman & M. Gough (Hrsg.), *Readings in risk* (S. 5–15). Resources for the Future.

Müller-Mahn, D., Everts, J., & Stephan, C. (2018). Riskscapes revisited – exploring the relationship between risk, space and practice. *Erdkunde, 72*(3), 197–214.

Nance, R. E., & Sargent, R. G. (2002). Perspectives on the evolution of simulation. *Operation Research, 50*(1), 161–172.

Nelson, S. C., & Katzenstein, P. J. (2014). Uncertainty, risk, and the financial crisis of 2008. *International Organization, 68*(2), 361–392.

Obermeier, O.-P. (1999). *Die Kunst der Risikokommunikation*. Gerling Akademie.

OECD. (2003). *Emerging systemic risks in the 21st century. An agenda for action*. https://www.oecd.org/gov/risk/37944611.pdf. Zugegriffen am 28.09.2021.

Offe, C. (2001). Wie können wir unsren Mitbürgern vertrauen? In M. Hartmann & C. Offe (Hrsg.), *Vertrauen. Die Grundlage des sozialen Zusammenhalts* (S. 241–296). Campus.

Olsen, R. A. (2014). Financial risk perceptions: A consciousness perspective. *Qualitative Research in Financial Markets, 6*(1), 66–74.

Papp, T. (2004). *Wahrnehmung von Risiken aus Naturkatastrophen*. Versicherungswirtschaft.

Redmill, F. (2002). Risk analysis – a subjective process. *Engineering Management Journal, 12*(2), 91–96.

Renn, O. (1989). Risikowahrnehmung – Psychologische Determinanten bei der intuitiven Erfassung und Bewertung von technischen Risiken. In G. Hosemann (Hrsg.), *Risiko in der Industriegesellschaft* (S. 167–192). Universitätsbibliothek.

Renn, O. (2002). Die subjektive Wahrnehmung technischer Risiken. In R. Hölscher & R. Elfgen (Hrsg.), *Herausforderung Risikomanagement. Identifikation, Bewertung und Steuerung industrieller Risiken* (S. 73–89). Springer Gabler.

Renn, O. (2008). Concepts of risk – part 1. *GAIA Ecological Perspectives for Science and Society, 17*(1), 50–66.

Renn, O. (2014). *Das Risikoparadox. Warum wir uns vor dem Falschen fürchten*. Fischer.

Renn, O. (2015). Chancen- und Risikokommunikation im Rahmen der Energiewende. In O. Renn (Hrsg.), *Aspekte der Energiewende aus sozialwissenschaftlicher Perspektive* (Analyse aus der Schriftenreihe Energiesysteme der Zukunft, S. 41–54). Acatech.

Renn, O. (2016). Systemic risks: The new kid on the block. *Environment: Science and Policy for Sustainable Development, 58*(2), 26–36. https://doi.org/10.1080/00139157.2016.1134019

Renn, O. (2021). Krisen- und Risikokommunikation. Rationalität durch Dialog. In D. Freudenberg & M. Kulmey (Hrsg.), *Krisenmanagement, Notfallplanung, Zivilschutz* (S. 257–273). Berliner Wissenschaftsverlag.

Renn, O., & Levine, D. (1991). Trust and credibility in risk communication. In R. E. Kasperson & P. J. Stallen (Hrsg.), *Communicating risks to the public: International perspectives* (S. 175–218). Kluwer.

Renn, O., Schweizer, P.-J., Dreyer, M., & Klinke, A. (2007). *Risiko. Über den gesellschaftlichen Umgang mit Unsicherheit*. oekom.

Renn, O., Klinke, A., & van Asselt, M. (2011). Coping with complexity, uncertainty and ambiguity in risk governance: A synthesis. *AMBIO, 40*(2), 231–246.

Renn, O., Lucas, K., Haas, A., & Jaeger, C. (2017). Things are different today: The challenge of global systemic risks. *Journal of Risk Research, 2*. https://doi.org/10.1080/13669877.2017.1409252

Renn, O., Laubichler, M., Lucas, K., Schanze, J., Scholz, R., & Schweizer, P.-J. (2020). Systemic risks from different perspectives. *Risk Analysis, 4*. https://doi.org/10.1111/risa.13657

Riesch, H. (2012). Levels of uncertainty. In S. Roeser, R. Hillerbrand, P. Sandin, & M. Peterson (Hrsg.), *Handbook of risk theory. Epistemology, decision theory, ethics, and social implications of risk* (S. 87–110). Springer Netherlands.

Ritter, J., & Gründer, K. (1992). Historisches Wörterbuch der Philosophie. *Darmstadt, 8*, Sp. 1045–1050.

Rohrmann, B., & Renn, O. (2000). Risk perception research – An introduction. In O. Renn & B. Rohrmann (Hrsg.), *Cross-cultural risk perception. A survey of empirical studies* (S. 11–54). Kluwer.

Romeike, F. (2008). Zur Historie des Versicherungsgedankens und des Risikobegriffs. In F. Romeike & M. Müller-Reichart (Hrsg.), *Risikomanagement in Versicherungsunternehmen*. Wiley.

Romeike, F., & Hager, P. (2020). *Erfolgsfaktor Risiko-Management 4.0*. Springer.

Ropeik, D., & Gray, G. (2002). *Risk: A practical guide for deciding what's really safe and what's really dangerous in the world around you*. Mariner Books.

Rosa, E. A. (1998). Metatheoretical foundations for post-normal risk. *Journal of Risk Research, 1*(1), 15–44.

Rosa, E. A., Renn, O., & McCright, A. (2014). *The risk society revisited. Social theory and governance*. Temple University Press.

von Rosenstiel, L. (1990). Mut zum Wagnis. Eine Betrachtung aus empirisch psychologischer Sich. In M. Schüz (Hrsg.), *Risiko und Wagnis: Die Herausforderung der industriellen Welt* (Bd. 2, S. 120–131). Neske.

SAPEA – Science Advise for Policy by European Academies. (2019). *Making sense of science for policy under conditions of uncertainty and complexity*. Report to the EU Commission (2019). SAPEA. https://doi.org/10.26356/MASOS

Schaube, A. (1893). Die wahre Beschaffenheit der Versicherung in der Entstehungszeit des Versicherungswesens. *Jahrbücher für Nationalökonomie und Statistik, 5*(3), 40–58. und 473–509.

Sjöberg, J., & Winroth, E. (1985). *Risk, moral value of actions, and mood*. Unveröffentlichtes Manuskript der Universität von Göteborg. : Department of Psychology.

Slovic, P. (1999). Perceived risk, trust and democracy. In G. Cvetkovich & R. Löftsedt (Hrsg.), *Social trust and the management of risk* (S. 42–52). Earthscan.

Sofsky, W. (2005). *Das Prinzip Sicherheit*. Fischer.

Spohn, W. (1978). *Grundlagen der Entscheidungstheorie*. Scriptor.

Stirling, A. (2003). Risk, uncertainty and precaution: some instrumental implications from the social sciences. In F. Berkhout, M. Leach, & I. Scoones (Hrsg.), *Negotiating environmental change: new perspectives from social science* (S. 33–74). Edgar Elgar.

Streffer, C., Bücker, J., Cansier, A., Cansier, D., Gethmann, C. F., Guderian, R., Hanekamp, G., Henschler, D., Pöch, G., Rehbinder, E., Renn, O., Slesina, M., & Wuttke, K. (2000). *Umweltstandards. Kombinierte Expositionen und ihre Auswirkungen auf den Menschen und seine Umwelt*. Springer.

Sunstein, C. R., & Zeckhauser, R. (2010). Dreadful possibilities, neglected probabilities. In E. Michel-Kerjan & P. Slovic (Hrsg.), *The irrational economist. Making decisions in a dangerous world* (S. 116–123). Public Affairs (Perseus Books).

Taleb, N. M. (2018). *Der Schwarze Schwan – Die Macht höchst unwahrscheinlicher Ereignisse*. Pantheon.

Taylor-Gooby, P., & Zinn, J. O. (2006). The current significance of risk. In P. Taylor-Gooby & J. O. Zinn (Hrsg.), *Risk in social science* (S. 1–19). Oxford.

Tversky, A., & Kahneman, D. (1974). Judgment under uncertainty: heuristics and biases. *Science, 185*, 1124–1131.

Wälder, K., & Wälder, O. (2017). *Methoden zur Risikomodellierung und des Risikomanagements*. Springer.

Wallmüller, E. (2004). *Risikomanagement für IT- und Software-Projekte: ein Leitfaden für die Umsetzung in der Praxis*. Carl Hanser.

Wildavsky, A. (1984). Die Suche nach einer fehlerlosen Risikominderungsstrategie. In S. Lange (Hrsg.), *Ermittlung und Bewertung industrieller Risiken* (S. 224–233). Springer.

Wildavsky, A. (1990). No risk is the highest risk of all. In T. S. Glickman & M. Gough (Hrsg.), *Readings in risk. Resources for the future* (S. 120–127). Routledge.

Witzer, B. (2011). *Risikointelligenz*. Econ.

Wynne, B. (1996). May the sheep safely graze? A reflexive view of the expert-lay knowledge divide. In S. Lash, B. Szerszynski, & B. Wynne (Hrsg.), *Risk, Environment und Modemity* (S. 44–83). Sage.

Zinn, J. O., & Taylor-Gooby, P. (2006). Risk as an interdisicplinary research area. In P. Tylor-Gooby & J. O. Zinn (Hrsg.), *Risk in social science*. Oxford University Press.

Die Psychologie des Risikos

Eine kurze Einführung in das psychometrische Paradigma und dessen Implikationen

Christian Weibel, Jörn Basel und Yannik Faes

Inhaltsverzeichnis

3.1   Einleitung – 42

3.2   Risiko als Gegenstand psychologischer Forschung – 44

3.3   Psychometrisches Paradigma: Die Subjektivität des Risikos – 45

3.3.1   Ursprung des psychometrischen Paradigmas – 45
3.3.2   Risikobeurteilung im Rahmen des psychometrischen Paradigmas – 48
3.3.3   Affektheuristik: inverse Beziehung von Nutzen und Risiko – 50

3.4   Interindividuelle Unterschiede in Risikowahrnehmung und -verhalten – 55

3.4.1   Risikobereitschaft und Persönlichkeit – 55
3.4.2   Alltägliche Risikobereitschaft: Geschlechtsunterschiede und Alterseffekte – 57
3.4.3   Sicherheitsverhalten am Arbeitsplatz und Persönlichkeit – 58
3.4.4   Verschiedene Persönlichkeits- und Risikotypen – 59
3.4.5   Erklärungen für Risikopräferenzen – 60

3.5   Fazit – 64

        Literatur – 67

Die Originalversion des Kapitels wurde revidiert. Ein Erratum ist verfügbar unter
https://doi.org/10.1007/978-3-662-65575-7_13

3

Zusammenfassung

Psychologische Mechanismen der Risikowahrnehmung werden in diesem Beitrag anhand des psychometrischen Paradigmas nach Slovic und Kollegen einführend vorgestellt. Dieser Ansatz hat sich innerhalb der Sozialwissenschaften – trotz durchaus fundierter Kritik – als immens fruchtbar und robust erwiesen. Ferner bietet diese Perspektive den Vorteil, dass wichtige heuristische Urteils- und Entscheidungsprozesse darauf aufbauend integriert werden können. Dies erfolgt hier am Beispiel der Affektheuristik, welche exemplarisch für eine heuristische Entscheidungsstruktur im Kontext der menschlichen Risikowahrnehmung zu sehen ist. Individuelle Merkmale des Risikowahrnehmenden werden abschließend aus Sicht der Persönlichkeitspsychologie aufgegriffen und diskutiert.

▪ **Lernziele**
━ Entstehung und Kernaussagen des psychometrischen Paradigmas kennen
━ Risikobeurteilung im Rahmen des psychometrischen Paradigmas erklären können
━ Heuristische Prozesse der Risikowahrnehmung anhand der Affektheuristik verstehen
━ Individuelle Unterschiede in Risikowahrnehmung und Verhalten diskutieren können

3.1 Einleitung

Risiken und deren Wahrnehmung sind elementare Bestandteile des menschlichen Lebens. Die Frage, welche Risiken man eingehen kann oder sollte, ist folglich schon fast eine philosophische Angelegenheit. So postulierte etwa der Literaturnobelpreisträger Bertrand Russell (1872–1970): „Das größte Risiko auf Erden laufen die Menschen, die nie das kleinste Risiko eingehen wollen" (zitiert nach Leonhardt, 2016, S. 195). Müssen wir also bewusst bestimmte Risiken eingehen, um ein erfolgreiches Leben zu führen? Ist der Wunsch nach stets minimalem Risiko folglich das echte Risiko? Die Antworten auf diese Fragen haben viel damit zu tun, wie wir Risiken überhaupt identifizieren und wahrnehmen. Objektive und eindeutig quantifizierbare Risiken, wie im Roulettespiel, sind im wirklichen Leben allerdings selten. Daher liegt der Fokus der psychologischen Risikoforschung oftmals darauf, wie wir lebensnahen Risiken und Unsicherheiten[1] begegnen und was diese bei uns auslösen. Lebensnah bedeutet hierbei eben nicht, dass Risiken aus psychologischer Sicht einfach analog ihrer Häufigkeit und Gefährlichkeit abgebildet werden kön-

---

[1] In der wissenschaftlichen Terminologie werden Risiko und Unsicherheit unterschiedlich aufgefasst. Bei Entscheidungen unter Risiko sind die Optionen bekannt, nicht aber deren Eintrittswahrscheinlichkeiten. Bei Entscheidungen unter Unsicherheit sind hingegen auch die Optionen unbekannt. Es ist jedoch zu beachten, dass im umgangssprachlichen Gebrauch diese Unterscheidung oftmals nicht gemacht wird und die Begriffe teilweise sogar synonym verwendet werden (siehe Aven 2012).

nen. Im Gegenteil: Wie wir in diesem Kapitel erfahren, ist die Bewertung von Risiken hochgradig subjektiv und orientiert sich oftmals stärker an der affektiven Reaktion als an objektiven Fakten.

Diese Abweichung von einer objektiven Informationsverarbeitung ist allerdings zu einem gewissen Teil systematisch und es ist ein zentraler Verdienst der psychologischen Risikoforschung, hier signifikante Muster und entscheidende Einflussvariablen identifiziert zu haben. Insbesondere die Arbeiten der Arbeitsgruppe Decision Research, welche sich 1976 um die Psychologen Paul Slovic, Baruch Fischhoff und Sarah Lichtenstein formierte (Fischhoff et al., 1978; Slovic, 1964, 1987) sind hier zu nennen. Ihre Forschung hat maßgeblich dazu beigetragen, dass Risikowahrnehmung besser verstanden wird. Folglich ist diesem – als psychometrischer Ansatz bekannt gewordenen– Forschungsprogramm ein besonderer Fokus in diesem Beitrag gewidmet.

Die wegweisenden Erkenntnisse von Decision Research entstanden aber nicht ohne Vorarbeit der Wissenschaftsgemeinschaft. So lassen sich die Ergebnisse von Slovic und seiner Arbeitsgruppe klar in einen bestehenden Forschungsstrom aus dem Bereich der Entscheidungstheorie einordnen. Zwei zentrale Ansätze sind hierzu besonders hervorzuheben: Als wesentlicher Ausgangspunkt sind zum einen ökonomisch-mathematische Entscheidungsmodelle zu nennen, etwa die klassische Erwartungsnutzentheorie (für einen historischen Überblick siehe Leonard, 1995). Ferner zeigt sich, dass der psychometrische Ansatz auch sehr eng mit den Implikationen (und auch Vertretern) der Prospect Theory (Bedeutung eines subjektiven Referenzpunktes bei der Betrachtung von Gewinnen und Verlusten) und dem Heuristics-and-Biases-Ansatz (Urteilsfehler menschlicher Entscheidungen) verwoben ist (Gilovich et al., 2002; Slovic & Tversky, 1974).[2]

Neben dieser wissenschaftlichen Einordnung spielen aber auch die großen gesellschaftlichen Themen der 1970er- und 1980er-Jahre eine wichtige Rolle bei der Entstehung des psychometrischen Paradigmas. Insbesondere die atomare Bedrohungslage durch den Kalten Krieg und das Aufkommen neuer Technologien sind hier als wichtige Einflussgrößen hinsichtlich dieser Forschungsarbeiten zu sehen. So prägen diese Diskurse etwa die psychologisch bedeutsame Auseinandersetzung mit abstrakten, schwer greifbaren Gefährdungen, und auch Grundlagenforschung zu den Unterschieden zwischen Experten- und Laienurteilen etablierte sich zu dieser Zeit.

Die Art und Weise, wie Menschen Risiken wahrnehmen, ist allerdings nicht nur eine philosophische oder psychologische Fragestellung. Sie hat auch wesentliche wirtschaftliche und politische Konsequenzen. Neben einem großen Themenfeld eines technisch-mathematisch ausgelegten Risikomanagements (Rüschendorf, 2013) versuchen etwa Finanz- und Versicherungsunternehmen, die persönliche Risikotoleranz ihrer Kundschaft zu identifizieren (Basel et al., 2015; Wahren, 2009), und auch die Politik hat erkannt, dass beispielsweise die Akzeptanz bestimmter Maßnahmen im Krisenfall viel mit der individuellen Risikobewertung zu tun hat (Cori et al., 2020; Slovic, 1993). Letzten Endes bleibt Risikobereitschaft

---

2　Für eine weiterführende Diskussion der Erwartungsnutzentheorie und der Prospect Theory siehe auch das Kapitel zur Risikomessung (▶ Kap. 4) in diesem Werk.

eine hochgradig individuelle Angelegenheit. So zeigen die Ausführungen zu individuellen Unterschieden, aber auch die Exkurse mit einer erfolgreichen Schneesportlerin und einer erfahrenen Bergsteigerin, dass das Credo von Bertrand Russell – man möge nie nach vollkommener Risikolosigkeit streben – auch viel mit persönlichen Präferenzen und Lebensentwürfen zu tun hat.

3.2 Risiko als Gegenstand psychologischer Forschung

Was zeichnet eine psychologische Betrachtung von Risiko aus? Worin unterscheidet sich diese etwa von einer technischen oder primär betriebswirtschaftlichen Auseinandersetzung? Disziplingetreu fokussiert sich die psychologische Analyse von Risiko insbesondere auf die affektiven Reaktionen, welche eine Auseinandersetzung mit einer bestimmten Gefahrenquelle hervorrufen kann. Hierbei lassen sich nach Siegrist und Árvai (2020) 3 wesentliche Blickwinkel unterscheiden, welche auch als leitende Ideen für diesen Beitrag verstanden werden können:

- **Darstellung und Wahrnehmung der Gefahrenquelle:**
  Hierbei geht es primär um die Natur der Gefahr selbst. Dies beinhaltet eine Betrachtung der verfügbaren Informationen, aber auch eine Abschätzung des potenziellen Nutzens und der möglichen Risikofaktoren.
- **Heuristische Urteils- und Entscheidungsprozesse:**
  Damit ist gemeint, welche systematischen kognitiven (Vereinfachungs-)Strategien und Regeln unseren Umgang mit Risiken leiten.
- **Individuelle Merkmale des Risikowahrnehmenden:**
  Aus psychologischer Sicht ist hierbei insbesondere der Wissensstand beziehungsweise die individuelle Expertise von Bedeutung.

Zusammenfassend kann man folglich sagen, dass psychologische Risikowahrnehmung ausgehend von den Charakteristiken einer mehr oder weniger bekannten Gefahr bestimmte affektiv geleitete Urteils- und Entscheidungsmechanismen beeinflusst. Diese Prozesse zeichnen sich oftmals durch eine heuristische (d. h. vereinfachende) Art aus. Individuelle Unterschiede haben in diesem Ansatz insbesondere einen Einfluss auf die mit einer Risikoquelle assoziierten Befürchtungen und wirken sich dadurch auch auf die daraus resultierenden Urteile und Entscheidungen aus.

In diesem Beitrag erfolgt die Diskussion über die Wahrnehmung einer Gefahrenquelle im Rahmen der anschließenden Vorstellung des psychometrischen Paradigmas nach Slovic und Kollegen. Wie eingangs erwähnt, hat sich dieses Paradigma innerhalb der Sozialwissenschaften – trotz durchaus fundierter Kritik (Sjöberg, 1996; Sjöberg et al., 2004) – als immens fruchtbar und robust erwiesen. Dieser Ansatz hat auch den Vorteil, dass wichtige heuristische Urteils- und Entscheidungsprozesse darauf aufbauend integriert werden können. Dies erfolgt hier am Beispiel der sogenannten Affektheuristik (Slovic et al., 2007), welche exemplarisch für eine heuristische Entscheidungsstruktur im Kontext der Risikowahrnehmung zu sehen ist. Die individuellen Merkmale der risikowahrnehmenden Person werden abschließend aus Sicht der Persönlichkeitspsychologie aufgegriffen und diskutiert.

3.3 Psychometrisches Paradigma: Die Subjektivität des Risikos

3.3.1 Ursprung des psychometrischen Paradigmas

Das Aufkommen der Kernkraft, aber auch die abstrakte Bedrohungslage durch den Kalten Krieg in den 1960er-Jahren waren wichtige Auslöser für die Forschung zur individuellen Risikowahrnehmung. Vor allem die Beurteilung des mit der Kernkraft verbundenen Risikos unterschied sich stark zwischen Experten und der Öffentlichkeit (Pfister et al., 2017). Während sich die Risikowahrnehmung von Experten an den objektiven Risiken orientierte (z. B. Anzahl Todesfälle), schien die Öffentlichkeit andere Bewertungsgrundlagen zu verwenden. Eine zentrale Frage war deshalb, wie diese Diskrepanz zwischen verschiedenen gesellschaftlichen Gruppen erklärt werden kann. Das psychometrische Paradigma der Risikowahrnehmung, das von Slovic und Kollegen in den 1970er-Jahren entwickelt wurde (Fischhoff et al., 1978; Slovic, 1964, 1987), stellt dabei einen der bedeutendsten Ansätze zur Erklärung der individuellen Risikowahrnehmung dar.

Unter Psychometrie versteht man grundsätzlich messtheoretische Überlegungen zur Operationalisierung von psychologischen und nichtpsychologischen Variablen. Im weitesten Sinne geht es folglich bei Psychometrie um die „Beziehung zwischen Reizen und den dadurch hervorgerufenen Erlebnissen" („Psychometrie", 2021). In Erweiterung dieser generellen Definition steht der Begriff „Psychometrisches Paradigma" in der empirischen Sozialforschung heute vor allem für die Messung von Risikowahrnehmung.

Den konkreten Anstoß für die Entwicklung des psychometrischen Paradigmas gab die Arbeit des Ingenieurs Chauncey Starr (1969), der sich mit der Frage beschäftigte, wie Risiken mit Nutzen über verschiedene Aktivitäten hinweg abgewogen werden. Dazu verwendet er den sogenannten Ansatz der offenbarten Präferenzen (*revealed preferences*), um das Ausmaß an Risiko und Nutzen einzelner Aktivitäten zu bestimmen. Beim Ansatz der offenbarten Präferenzen werden Präferenzen über beobachtbares Verhalten erhoben (z. B. über monetäre Ausgaben für eine Aktivität). Während Starr das Maß für das Risiko basierend auf der Wahrscheinlichkeit eines Todesfalls (innerhalb einer Stunde bei Ausübung einer Tätigkeit) operationalisierte, beurteilte Slovic in seiner Forschung den Nutzen anhand der durchschnittlichen monetären Ausgaben einer Person für eine bestimmte Tätigkeit. Starr hatte unter anderem aus den Studienergebnissen geschlossen, dass die Öffentlichkeit bei vergleichbarem Nutzen bereit ist, ein etwa 1000-mal höheres Risiko für freiwillige Aktivitäten (z. B. Sport) einzugehen als für nichtfreiwillige Aktivitäten (z. B. Konservierungsmittel).

Basierend auf diesem Ansatz entwickelten Fischhoff und Kollegen (1978) einen analogen psychometrischen Fragebogen, der jedoch auf dem Ansatz der geäußerten Präferenzen (*expressed preferences*) basierte. Beim Ansatz der geäußerten Präferenzen werden Präferenzen, im Gegensatz zu den offenbarten Präferenzen (ermittelt durch beobachtbares Verhalten), über hypothetische Entscheidungssituationen erhoben. Diese und nachfolgende Arbeiten zum Thema zeigten, dass sich die Risikowahrnehmung gut quantifizieren und prognostizieren lässt. Dabei ist eine zentrale Erkenntnis, dass der Begriff Risiko unterschiedlich interpretiert wird. Während die Risikoeinschätzung von Experten in hohem Maße mit Schätzungen von jährlichen Todesfällen korreliert, schätzt die Öffentlichkeit Risiken eher anhand von anderen Faktoren ein, beispielsweise anhand des Katastrophenpotenzials, das ein bestimmtes Risiko aufweist (Slovic, 1987). Entsprechend basieren Risikoanalysen von Experten eher auf Einschätzung von objektiven Wahrscheinlichkeiten und Risikoeinschätzungen, jene der Öffentlichkeit hingegen stärker auf psychologischen Aspekten (Renn, 1998).

Daraus resultieren zum Teil große Urteilsunterschiede zwischen Personengruppen: Kernenergie wird beispielsweise von der breiten Öffentlichkeit als sehr riskant eingestuft (◘ Tab. 3.1). Im Gegensatz dazu bewerten Experten das Risiko, das von der Kernenergie ausgeht, als sehr viel tiefer. Jedoch ist auch der umgekehrte Sachverhalt möglich: Die Öffentlichkeit beurteilt ein Risiko als weniger bedrohlich, als dies Experten tun, was z. B. beim Klimawandel der Fall ist (Weber, 2019; Weber & Stern, 2011). Eine Erklärung für letzteren Umstand ist ebenfalls in psychologischen Variablen zu finden. Im Gegensatz zur Kernenergie scheint der Klimawandel keine unmittelbaren emotionalen Reaktionen bei der breiten Bevölkerung auszulösen.

◘ **Tab. 3.1** Rangordnung von 30 Aktivitäten und Technologien hinsichtlich des wahrgenommenen Risikos (Quelle: Slovic, 1987, S. 281)

Aktivität oder Technologie	League of Women	Studierende	Active-Club-Mitglieder	Experten
Kernkraft	1	1	8	20
Motorfahrzeuge	2	5	3	1
Handfeuerwaffen	3	2	1	4
Rauchen	4	3	4	2
Motorfahrräder	5	6	2	6
Alkoholische Getränke	6	7	5	3
Privater Flugverkehr	7	15	11	12
Polizeiarbeit	8	8	7	17
Pestizide	9	4	15	8
Chirurgische Eingriffe	10	11	9	5
Feuerwehreinsätze	11	10	6	18
Bauarbeiten	12	14	13	13
Jagd	13	18	10	23
Sprühdosen	14	13	23	26

□ Tab. 3.1   (Fortsetzung)

Aktivität oder Technologie	League of Women	Studie- rende	Active-Club- Mitglieder	Experten
Bergsteigen	15	22	12	29
Fahrräder	16	24	14	15
Kommerzieller Flugverkehr	17	16	18	16
Elektrizität	18	19	19	9
Schwimmen	19	30	17	10
Verhütungsmittel	20	9	22	11
Skifahren	21	25	16	30
Röntgen	22	17	24	7
High School und College Football	23	26	21	27
Eisenbahn	24	23	29	19
Konservierungsmittel	25	12	28	14
Lebensmittelfarbe	26	20	30	21
Motormäher	27	28	25	28
Antibiotika	28	21	26	24
Haushaltsgeräte	29	27	27	22
Impfungen	30	29	29	25

[1]Die Rangordnung basiert auf den geometrischen Mittelwerten innerhalb der einzelnen Gruppen. Rang 1 repräsentiert dabei die riskanteste Aktivität oder Technologie. Bei „League of Women Voters" handelt es sich um eine US-Bürgerorganisation, die gebildet wurde, um Frauen eine größere Mitwirkung in öffentlichen Angelegenheiten zu ermöglichen. Als „Active Club" bezeichnen Slovic et al. (1980) eine Organisation von Geschäftsleuten und Freiberuflern, die sich für gemeinnützige Aktivitäten einsetzen, vergleichbar mit einem Wohltätigkeitsverein oder einem Business Club

Die Ursachen für diese Diskrepanz lassen sich ebenfalls aus Sicht des psychometrischen Paradigmas erklären (z. B. Weber, 2006): Einerseits treten die Folgen des Klimawandels zeitlich stark verzögert und oftmals nicht in unmittelbarer geografischer Nähe der Hauptverursacher ein (Nixon, 2011). Andererseits ist die Beschreibung des Risikos, das mit dem Klimawandel einhergeht, mehrheitlich abstrakt und in geringerem Ausmaß direkt und unmittelbar erfahrbar, als dies bei anderen Risiken der Fall ist. Man kann folglich festhalten, dass gerade Gefahrenquellen, deren Auswirkungen mit einer unbestimmten Verzögerung eintreten, oftmals als weniger gravierend eingeschätzt werden. Ein weiteres Beispiel, welches dies gut verdeutlicht, ist die früher oftmals verharmloste Gefährdung durch das Rauchen (Weinstein et al., 2004).

3.3.2   Risikobeurteilung im Rahmen des psychometrischen Paradigmas

Mit der Entwicklung und Forschung zum psychometrischen Paradigma werden verschiedene Ziele verfolgt. Einerseits geht es darum, zu verstehen, welche Faktoren für die Bewertung von Risiken (Technologien, Aktivitäten) zentral sind und welche Risiken wie bewertet werden. Andererseits geht es aber auch darum, zu verstehen und zu prognostizieren, wie die Öffentlichkeit auf bestimmte Risiken reagiert, um in der Folge die Risikokommunikation für verschiedene Stakeholder (Öffentlichkeit, Experten, Politik) zu verbessern (Slovic, 1987).

Die Beurteilung von Risiken basiert dabei auf zwei wichtigen Säulen, welche die eben erwähnten Unterschiede in den Risikoeinschätzungen zwischen Experten und der Öffentlichkeit zu erklären vermögen:
- subjektive Gefühle und
- objektive Analyse (Slovic et al., 2004).

Während die subjektiven Gefühle auf unmittelbaren intuitiven Reaktionen beruhen, beziehen sich objektive Analysen auf überprüfbare, wissenschaftliche Grundlagen und Statistiken (z. B. Anzahl Todesfälle pro Jahr beim Skifahren).

Diese Diskussion wird insbesondere unter dem Schlagwort **„Risk-as-Feelings"** geführt (Loewenstein et al., 2001; Slovic et al., 2004, S. 21 ff.). Aus dieser Sicht stehen bei der Betrachtung von Risiko insbesondere unsere intuitiven und instinktiven Reaktionen im Vordergrund. Theoretisch ist dieser Ansatz auch im Bereich der evolutionären Forschungstradition verortet, welche sich damit beschäftigt, welche Verhaltensweisen sich im Laufe der menschlichen Entwicklung herauskristallisiert haben könnten. Es wird daher davon ausgegangen, dass bestimmte Reaktionen auf Gefahren einen Überlebensvorteil im weiteren Sinne ermöglicht haben. Dies zeigt sich beispielsweise darin, dass unsere Reaktionen auf konkrete und evolutionär bekannte Gefahren, wie Raubtiere, deutlich intensiver ausgeprägt sind als auf abstrakte Gefährdungen, etwa durch ungesunde Lebensmittel. Diese evolutionäre Veranlagung, auf bestimmte Risiken entsprechend zu reagieren, wird von Seligmann (1971) als **„Preparedness"** bezeichnet.

Das psychometrische Paradigma steht folglich in enger Verbindung zur Idee, dass Risikoeinschätzungen auf subjektiven Stimmungen und Emotionen basieren. Von diesem Ansatz lassen sich wiederum zwei weitere Bereiche der verhaltensorientierten Risikoforschung abgrenzen: erstens eine logisch-analytische Risikobetrachtung (**„Risk-as-Analysis"**) und zweitens der politische Umgang mit Risiken (**„Risk-as-Politics"**), welcher sich insbesondere aus dem Spannungsfeld zwischen Affekt und Logik speist (Slovic, 1999).

Wie wird aber nun die konkrete Risikowahrung mittels des psychometrischen Paradigmas gemessen? Der Ansatz geht grundsätzlich von einer quantifizierten Einschätzung von bestimmten Gefahrenquellen aus. Basierend auf psychometrischen Skalierungsmethoden werden im ersten Schritt quantitative Messungen zum individuell wahrgenommenen Risiko erhoben (z. B. Kernkraft, Snowboarden, Alkohol). Dabei werden die subjektiven Einschätzungen verschiedener

Risikomerkmale erhoben: Freiwilligkeit, Unmittelbarkeit, Neuheit, Katastrophenpotenzial, Furcht. Die Beurteilung dieser Variablen kann dabei bewusst sehr subjektiv ausfallen und kann stark von Gefühlen geprägt sein. Aus diesen Variablen
kann anschließend für jedes Risiko ein spezifisches Risikoprofil erstellt werden.

Auf Basis dieser Variablen konnten zudem anhand von Faktorenanalysen auf
aggregierten Befragungen zwei stabile Faktoren ermittelt werden, die bei der Beurteilung von Risiken zentral sind (Slovic et al., 1980; Slovic, 1987). Dies ist zum
einen die Furcht, die ein Risiko auslöst **(Dread Risk)** und zum anderen die Unbekanntheit des Risikos **(Unknown Risk)**. Der erste Faktor „Dread Risk" beschreibt, wie schrecklich, furchtbar oder angsteinflößend dieses Risiko wahrgenommen wird und wie mit diesem Risiko schwerwiegende katastrophale Konsequenzen verbunden werden (◘ Abb. 3.1). Zudem kann das Risiko nur schwer
umgangen oder reduziert werden. Der zweite Faktor „Unknown Risk" beschreibt,

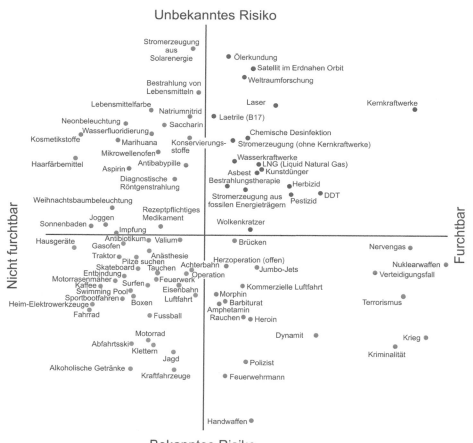

◘ **Abb. 3.1** Risikobeurteilung anhand der Dimensionen „Unknown Risk" (unbekanntes Risiko)
und „Dread Risk" (furchtbares Risiko) (Proske, 2022, S. 425)

ob das Risiko als bekannt wahrgenommen wird und die Konsequenzen als verzögert eintretend beurteilt werden. Basierend auf diesen Faktorenanalysen können sogenannte kognitive Landkarten (**„Cognitive Maps"**) erstellt werden, die es ermöglichen, die Wahrnehmung von verschiedenen Risiken anhand der beiden Faktoren zu quantifizieren und miteinander zu vergleichen (Slovic et al., 1980; Slovic, 1987). Es lassen sich dadurch aber auch alltägliche Aktivitäten wie Joggen oder die Risiken, welche mit bestimmten Berufsgruppen (subjektiv) assoziiert werden, klassifizieren (Proske, 2022, S. 425, unter Bezugnahme auf Balderjahn & Wiedemann, 1999; Sparks & Shepherd, 1994).

3.3.3 Affektheuristik: inverse Beziehung von Nutzen und Risiko

Neben der Wahrnehmung des Risikos einer Technologie oder Aktivität ist auch der damit verbundene Nutzen ein wichtiger Bestandteil des Urteils, das darüber bestimmt, ob eine Technologie auf Zustimmung stößt oder eine Aktivität durchgeführt wird. Faktisch sind die meisten Technologien hinsichtlich ihres Nutzens und Risikos positiv korreliert, d. h., Aktivitäten und Technologien, die einen hohen Nutzen versprechen, können hohe oder tiefe Risiken bergen, Aktivitäten und Technologien, die einen tiefen Nutzen versprechen, weisen eher unwahrscheinlich ein hohes Risiko auf (Finucane et al., 2000, S. 4) (◘ Abb. 3.2).

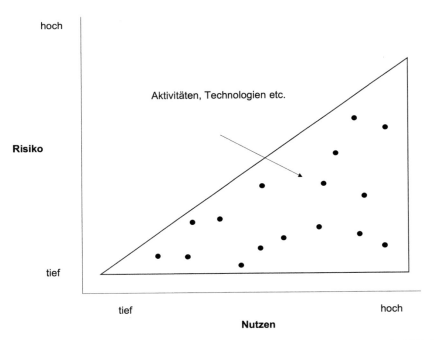

◘ **Abb. 3.2**   Positive Korrelation von Risiko und Nutzen (in Anlehnung an Finucane et al., 2000, S. 4)

Die Öffentlichkeit tendiert hingegen dazu, eine inverse Beziehung zwischen Nutzen und Risiken anzunehmen, d. h., je größer der wahrgenommene Nutzen, desto geringer das wahrgenommene Risiko. Beispielsweise neigen Menschen dazu, Rauchen als eine Aktivität mit viel Risiko und wenig Nutzen zu beurteilen, und der Schienenverkehr wird umgekehrt mit viel Nutzen und wenig Risiko in Verbindung gebracht (Alhakami & Slovic, 1994). Alhakami und Slovic (1994) argumentieren, dass die Konfundierung (bzw. starke negative Korrelation) von Nutzen und Risiko durch die summative affektive Bewertung eines Risikos bedingt ist, wobei zwei psychologische Mechanismen als Ursache diskutiert werden:

- kognitive Konsistenz und
- Halo-Effekt.

Gemäß den Konsistenztheorien sind Menschen motiviert, konsistent zu handeln und zu denken, bzw. einzelne kognitive Elemente (Einstellungen, Emotionen, Handlungen) hinsichtlich eines bestimmten Einstellungsobjekts werden nach Möglichkeit miteinander in Übereinstimmung gebracht (Festinger, 1957). Im Kontext der Risikowahrnehmung bedeutet dies, dass Menschen motiviert sind, Inkonsistenzen bzw. Ambivalenzen möglichst zu vermeiden, z. B. Wahrnehmung von hohem Risiko (wird vermieden) bei gleichzeitig hohem Nutzen (wird angestrebt) einer Technologie. Das bedeutet, dass Menschen, um konsistent zu sein, das Risiko einer Aktivität oder Technologie als tief einschätzen, wenn sie mit derselben einen hohen Nutzen verbinden (Alhakami & Slovic, 1994).

Gemäß dem klassischen Halo-Effekt verlassen sich Menschen auf das Gesamturteil über Objekte oder Personen, um eine einzelne Eigenschaft, über die wenig oder nichts bekannt ist, zu beurteilen (Nisbett & Wilson, 1977; Thorndike, 1920). Wenn beispielsweise eine Person generell als positiv beurteilt wird, werden tendenziell auch einzelne, eigentlich unbekannte Eigenschaften (z. B. Intelligenz, Fähigkeiten, Charaktereigenschaften) als positiv bewertet. Analog könnte eine Aktivität oder Technologie, die grundsätzlich als positiv beurteilt wird, mit einem hohen Nutzen und einem geringen Risiko in Verbindung gebracht werden. Umgekehrt könnte eine Aktivität oder Technologie, die grundsätzlich als negativ beurteilt wird, mit einem tiefen Nutzen und einem hohen Risiko verbunden werden.

Finucane und Kollegen (2000) fassen dies in der der sogenannten Affektheuristik zusammen, die davon ausgeht, dass eine summative affektive Bewertung gleichzeitig die Wahrnehmung von Nutzen und Risiko beeinflusst (siehe ◘ Abb. 3.3). Affekt wird dabei als „guter" oder „schlechter" subjektiver Gefühlszustand definiert, welcher einem Stimulus eine positive oder negative Qualität zuordnet. Affektive Reaktionen treten dabei schnell und automatisiert auf. Basiert

◘ **Abb. 3.3** Konfundierung von Nutzen und Risiko im Zusammenhang mit der Affektheuristik (in Anlehnung an Finucane et al., 2000, S. 4)

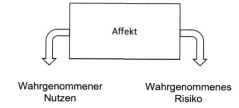

ein Urteil auf einer solchen affektiven Reaktion, wird dieser Prozess als Affektheuristik bezeichnet (Slovic et al., 2004). In diesem Falle werden hauptsächlich Gefühle und Emotionen zur Bewertung eines Risikos hinzugezogen, weshalb dieser Prozess im Englischen auch unter dem Schlagwort „**Risk-as-Feelings**" (Loewenstein et al., 2001) verbreitet ist.

Da die beiden Variablen in der Wahrnehmung der Öffentlichkeit konfundiert sind, lassen sich Prognosen darüber aufstellen, wie sich der wahrgenommene Nutzen bzw. das wahrgenommene Risiko verhält, wenn Informationen zu einer der beiden Variablen vorhanden sind. Ist die Information vorhanden, dass eine Technologie oder Aktivität einen hohen Nutzen aufweist, lässt sich annehmen, dass darauf basierend ein positiver Affekt gebildet wird und entsprechend das wahrgenommene Risiko tief ausfällt (siehe A in ◘ Abb. 3.4).

Wird die Information gegeben, dass das Risiko tief ausfällt, wird der wahrgenommene Nutzen als hoch eingestuft (Szenario B in ◘ Abb. 3.4). Umgekehrt wird in Szenario C und D über den negativen Affekt so gesteuert, dass basierend auf der Information „Nutzen tief", bzw. „Risiko hoch" geschlossen wird, dass das Risiko hoch bzw. der Nutzen tief ausfällt.

Die Bezugnahme auf intuitive Urteilsprozesse zeigt auch die große theoretische Nähe zu übergeordneten Zwei-Prozess-Modellen der menschlichen Kognition (Basel & Brühl, 2013). Diese Ansätze, etwa prominent vertreten durch den Psychologen Daniel Kahneman (2011), postulieren, dass menschliche Kognition im Wesentlichen durch zwei Denkmuster gekennzeichnet ist. Zum einen ein schneller, affektiv geleiteter Prozess (oftmals als System 1 bezeichnet) und zum anderen ein tendenziell langsamerer, serieller Prozess (oftmals als System 2 bezeichnet). Heuristiken, wie die hier dargestellte Affektheuristik, sind daher in das System 1

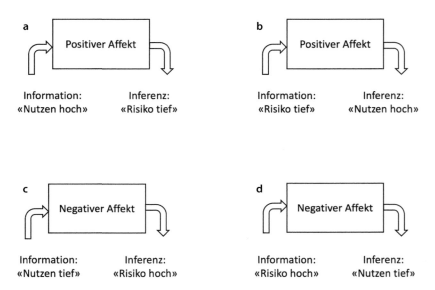

◘ **Abb. 3.4** Prognostizierte Inferenzen der Affektheuristik (**a** positiver Affekt, Nutzen hoch; **b** positiver Affekt, Risiko tief; **c** Negativer Affekt, Nutzen tief; **d** Negativer Affekt, Risiko hoch) (in Anlehnung an Finucane et al., 2000, S. 9)

einzuordnen. Dies ist insofern bedeutsam, als davon ausgegangen wird, dass der Preis der Schnelligkeit des Systems 1 in seiner potenziellen Fehleranfälligkeit liegt. Bezogen auf Risikowahrnehmung bedeutet dies, dass die entsprechende (affektive) Reaktion nicht immer einer rationalen bzw. adäquaten Gefahrenbewertung entspricht.

▶ „Früher war ich viel risikobereiter"

Die Freeride-Sportlerin Aline Bock über selbst gewählte Risiken. Aline Bock ist deutsche Freeride-Sportlerin und wurde 2010 Snowboardweltmeisterin im Rahmen der Freeride World Tour. Neben ihrer Karriere als Snowboarderin betätigt sie sich als Filmemacherin und gründete die Plattform „Save on Snow" zur Vermittlung von Lawinenrisiken.

Freeriderin Aline Bock

Risikomanagement heißt für mich, den Berg und seine Verhältnisse richtig einschätzen zu können. Ich snowboarde seit 25 Jahren und habe mich schon immer für Lawinenlageberichte interessiert und mich stets informiert, wie und aufgrund welcher Bedingungen sich Lawinen gelöst hatten. Mein Vater war Hochtourenführer beim DAV und Lawinen waren in unserer Familie immer ein Thema. Es gibt natürlich stets ein Restrisiko, wenn man irgendwo einen Hang hinabfährt. Und wenn man seit vielen Jahren in der Freeride-Szene unterwegs ist, verliert man leider auch immer regelmäßiger Freunde und Bekannte. So beschäftigt man sich jeden Winter wieder mit der Risikothematik. Meine persönliche Wahrnehmung hat sich diesbezüglich dann auch sehr verändert. Als ich mit dem Snowboarden begonnen habe, waren wir viel im Tiefschnee unterwegs. Wir hatten die schlechtesten Lawinensuchgeräte, natürlich kein Airbag-system, wir hatten eigentlich nichts. Wir haben trotzdem Sachen gemacht, die ich heute so nicht mehr machen würde. Je besser man einschätzen kann, welche Risiken auf einen zukommen, desto defensiver wird man. Ich hatte im Laufe der Jahre etliche Verletzungen und weiß mittlerweile, was es bedeutet, über ein Jahr lang zu brauchen, um wieder zurückzukommen. Die Erfahrung, den ganzen Sommer auf Krücken zu gehen, nichts machen zu können, trägt auch dazu bei, dass ich heute die Sachen nicht mehr mache, die ich vor 10 Jahren noch gemacht habe.

Bei der Evaluation des Risikos informiere ich mich über den Schneedeckenaufbau. Die veränderten Winter beispielsweise sorgen für eine immer schwierigere Schneedecke. Ich muss den Lawinenlagebericht kennen und mich informieren, wie es in den letzten Tagen dort ausgesehen hat. Ich spreche mit Freunden darüber, wie sie den Hang ein-schätzen. Das sind 3 Faktoren, auf die ich mich verlasse. Ich verlasse mich auch auf meine Ausrüstung. Ich gehe allerdings bewusst nicht mehr Risiko ein, wenn ich einen Lawinenairbag mittrage. Das ist das Dilemma der Industrie. Viele denken, dass sie mit einer Lawinenausrüstung ein größeres Risiko eingehen könnten. Sie denken, sie würden mit dem Lawinenrucksack auf einer Lawine oben mitschwimmen und es könne ihnen nichts passieren. Aber die meisten Leute sterben eigentlich aufgrund von Kopfver-letzungen oder Knochenbrüchen, weil sie über oder in Felsen fallen, und nicht direkt, weil eine Lawine sie verschüttet. Ich komme auch aus einer Generation, die früher nie mit Helm gefahren ist. Das war damals uncool. Heute fühle ich mich ein ganz kleines Stück sicherer, wenn ich einen Helm aufziehe. Vielleicht fahre ich sogar ein bisschen schneller über eine eisige Piste. Generell habe ich Vertrauen in mein eigenes Fahrkönnen und in mich selber. Ich habe aufgrund meiner schwerwiegenden Unfälle und Ver-letzungen gelernt, nicht über meine Fähigkeiten zu fahren. Ich weiß heute, was ich kann und was ich lieber sein lasse, welches Cliff ich herunterspringen und landen kann. Früher war ich viel risikobereiter, mich heftig hinzulegen. Vertrauen ist also für mich Selbstver-trauen aufgrund von Erfahrungen. Durch meine bisherigen Leistungen weiß ich, dass ich gut snowboarden kann. Ich weiß, was ich fahren kann, wie steil die Hänge sein können, was meine Wettbewerbsleistung ist. Früher war ich Kunstturnerin. Einige dieser Fähig-keiten, etwa Körperkoordination und Körperspannung, konnte ich ins Snowboarden transferieren. Über ein Cliff zu springen, heißt nämlich nicht, nach dem Sprung wegzu-fallen und irgendwo aufzukommen. Ich brauche eine gewisse Geschwindigkeit in der An-fahrt, muss abspringen, in der Luft durch Körperspannung stabil bleiben, und wenn ich im Tiefschnee lande, etwas Rückenlage haben, damit ich nicht vorne „einspitze". Das sind alles Sachen, die ich über die Jahre perfektioniert habe, über „Trial-and-Error", mit vielen Stürzen und Verletzungen. Es gibt natürlich immer wieder Situationen, die ich nicht vorhersehen kann. Bei meiner letzten Verletzung hatte sich ein Stein unter dem Tiefschnee verborgen. Ich kannte das Cliff, ich bin es schon oft gesprungen, es war tief verschneit. Ich wusste von diesem Stein nicht, und so war er in meiner Risikokalkulation überhaupt nicht vorhanden. In unserer Einschätzung war der Sprung keine große Sache. Doch ich bin auf dem Stein aufgekommen und habe mir komplett die Knochen zerstört. Nach dieser Erfahrung ist nun gefühlt unter jedem Cliff ein Stein, auf den man drauf-springen kann. Deswegen springe ich nun solche Cliffs nicht mehr so, wie ich sie damals gesprungen bin. Das ist das gewisse Restrisiko. Ich hatte Unglück, denn hätte sich der Stein nicht unter dem Schnee verborgen, hätte ich den Sprung perfekt gelandet. ◄

3.4 Interindividuelle Unterschiede in Risikowahrnehmung und -verhalten

Warum zieht es manche Personen trotz offensichtlicher Gefahren auf die höchsten Gipfel der Erde? Weshalb unterscheiden sich Menschen in ihrer Bereitschaft, bei manchen Bankgeschäften bestimmte Risiken einzugehen, oder warum genießen manche den Nervenkitzel einer schnellen Autofahrt? Bei der Beschreibung von Risikoverhalten stellt sich mitunter die Frage, welche Personen zu Risikoverhalten neigen, ob Risiken interindividuell unterschiedlich erlebt werden und ob es so etwas wie zeitstabile Risikopräferenzen über Domänen hinweg gibt (Chauvin et al., 2007; Fox & Tannenbaum, 2011).

Antworten auf diese Fragen sind nicht eindeutig mittels des psychometrischen Ansatzes allein zu klären, sondern liegen hauptsächlich im Bereich der empirischen Persönlichkeitspsychologie, auch differentielle Psychologie genannt. Diese Disziplin beschäftigt sich mit der Beschreibung von individuellen Besonderheiten in körperlicher Erscheinung, Verhalten und Erleben (Asendorpf, 2015) und kann somit Hinweise darauf geben, inwieweit Risikoneigung als individuelles Merkmal aufzufassen ist.

3.4.1 Risikobereitschaft und Persönlichkeit

Gemäß Nicholson et al. (2005) ist die Risikoneigung von Personen tief im Persönlichkeitsprofil-hinsichtlich Ausprägungen auf den Big-Five-Persönlichkeitsvariablen (auch als Fünf-Faktoren-Modell bekannt, ◘ Abb. 3.5) – verankert.

Besten Dank an Daniela Fischer für die Zeichnung

◘ **Abb. 3.5** Big Five OCEAN, v.l.n.r. Offenheit für Erfahrung (Openness), Gewissenhaftigkeit (Conscientiousness), Extraversion (Extraversion), Verträglichkeit (Agreeableness), Neurotizismus (Neuroticism)

▶ Das Fünf-Faktoren-Modell der Persönlichkeit

In einem sogenannten „lexikalischen Ansatz" suchten Gordon Allport und Louis Odbert (1936) im Webster's New International Dictionary nach Wörtern, welche Persönlichkeitseigenschaften beschrieben. Sie fanden 18.000 Wörter, welche in weiteren Schritten auf 100 Eigenschaftswörter reduziert wurden. Mittels Faktorenanalyse wurde anschließend überprüft, ob die vielen beobachtbaren Eigenschaftsvariablen auf wenigen beobachtbaren Persönlichkeitsfaktoren liegen. Goldberg (1981) bezeichnete die zugrunde liegenden fünf Persönlichkeitsfaktoren der 100 Eigenschaftswörter als „Big Five, sinnbildlich für die große Anzahl an spezifischen Persönlichkeitsmerkmalen. Folgende Eigenschaften zählen zu diesen „großen Fünf": Offenheit für Erfahrungen (Openness to Experience), Gewissenhaftigkeit (Conscientiousness), Extraversion (Extraversion), Verträglichkeit (Agreeableness), Neurotizismus (Neuroticism). Personen unterscheiden sich in der Ausprägung dieser Faktoren (Neyer & Asendorpf, 2018; Rammsayer & Weber, 2016):

- Personen mit hoher Ausprägung in Offenheit für Erfahrungen sind wissbegierig, unabhängig in ihrem Urteil, kreativ und kulturell interessiert. Außerdem korreliert Offenheit für Erfahrungen positiv mit Intelligenz und Bildung.
- Personen mit hoher Ausprägung in Gewissenhaftigkeit sind ordentlich, zuverlässig und beharrlich. Nachlässiges oder chaotisches Verhalten sowie Unpünktlichkeit oder Gleichgültigkeit korreliert negativ mit Gewissenhaftigkeit.
- Personen mit hoher Ausprägung in Extraversion sind gesprächig, herzlich, gesellig, optimistisch und abenteuerlustig. Introvertierte hingegen sind eher zurückhaltend, scheu und distanziert.
- Personen mit hoher Ausprägung in Verträglichkeit sind verständnisvoll, wohlwollend und kooperativ und zeigen altruistisches Verhalten. Weitere Eigenschaften sind Freundlichkeit, Hilfsbereitschaft und Wärme im Umgang mit anderen.
- Personen mit hoher Ausprägung in Neurotizismus zeichnen sich durch Gefühlsschwankungen aus, wobei Gefühle von Traurigkeit und Ängstlichkeit überwiegen. Weitere typische Eigenschaften sind Nervosität und Unsicherheit.

Eine differenzierte Analyse der Big-Five-Persönlichkeitsvariablen ist beispielsweise mit der revidierten Form des NEO-Persönlichkeitsinventars (NEO-PI-R) von Costa und McCrae (1992) bzw. der deutschen Übersetzung von Ostendorf und Angleitner (2004) möglich. ◀

Demnach weisen Personen mit höherer Risikoneigung hohe Werte in Extraversion und Offenheit für Erfahrungen auf und niedrige Werte in Neurotizismus, Verträglichkeit und Gewissenhaftigkeit. Dieser Persönlichkeitstyp setzt sich also einerseits aus einer hohen Motivation für Risikobereitschaft (hohe Werte in Extraversion und Offenheit für Erfahrungen) und andererseits aus geringem Schuldgefühl oder Angst vor negativen Folgen (tiefe Werte in Neurotizismus und Verträglichkeit) sowie einem geringen Bedürfnis nach Kontrolle, Risikoabschätzung und Konformität (tiefe Werte in Gewissenhaftigkeit) zusammen. Insbesondere die Extraversion-Facette „Stimulationssuchende" (auch verbreitet unter der englischen Bezeichnung „Sensation Seeking", siehe Zuckerman (1971)) zeigt einen starken Zusammenhang zu Risikobereitschaft gefolgt von der Offenheit-Facette „Actions".

Nicholson et al. (2005) unterscheiden hierbei drei Risikotypen: Stimulationssuchende, Erfolgsorientierte und Risikoadaptierte, wobei nur der erste Typ im weitesten Sinne als risikofreudig einzustufen ist.

- **Stimulationssuchende (Sensation Seeking):** Risiken sind für Personen mit einer hohen Ausprägung in diesem Bereich spannend und werden als anregend empfunden. Risiken heben ihre Stimulationsschwellen auf ein psychisch angenehmes Gefühl, sodass das Eingehen von Risiken als Vergnügen erlebt wird. Auch wenn es sich hierbei um eine Minderheit handelt, ist deren Einfluss nicht zu unterschätzen (z. B. in Casinos und Risikosportarten).
- **Erfolgsorientierte:** Für diese Personen ist das Risiko Mittel zum Zweck. Sie streben nach Erfolg, Bekanntheit oder nach Gewinn und sind bereit, dafür ein gewisses Risiko einzugehen. Ihre Risikobereitschaft ist eine Kombination aus emotionaler Coolness, Härte und Aktivität sowie einer Tendenz, Regeln und Vorschriften wie auch die eigene Kontrolle zu vernachlässigen.
- **Risikoadaptierte:** Diese Personen zeichnen sich durch Eigenschaften, Dispositionen und Fähigkeiten aus, welche sie in Situationen bringen, die ihre Risikoneigung fördern. Sie geraten beispielsweise in berufliche Rollen, welche ihr Risikoverhalten verstärken oder sie als Risikoträger ausbilden. Diese Personen müssen also aus beruflichen Gründen Risiken auf sich nehmen (z. B. Reporter aus Kriegsgebieten, aber auch Spezialisten im Finanzmarkt).

Zu dieser Typologie ist jedoch kritisch anzumerken, dass beispielsweise Chauvin und Kollegen (2007) oder auch Siegrist und Árvai (2020) in ihrer aktuellen Übersichtsarbeit betonen, dass die hier zugrunde liegenden Big-Five-Persönlichkeitsmerkmale bestenfalls schwach mit der Risikowahrnehmung der Menschen korreliert sind. Diese vereinfachende Untergliederung in Risikotypen ist daher eher als Orientierungshilfe zu verstehen und weniger als deterministische Zuordnung.

3.4.2 Alltägliche Risikobereitschaft: Geschlechtsunterschiede und Alterseffekte

Sind Männer risikofreudiger als Frauen und welchen Effekt hat unsere Lebenserfahrung bzw. das Alter auf unser alltägliches Risikoverhalten? Zur Beantwortung dieser Frage untersuchten Nicholson et al. (2005) anhand einer großen Stichprobenerhebung den Zusammenhang zwischen Risikobereitschaft und Persönlichkeit, indem alle Versuchspersonen einen Fragebogen zu alltäglichem Risikoverhalten sowie den NEO-PI-R von Costa und McCrae (1992) ausfüllten. Der Fragebogen zu Risikoverhalten wurde für sechs Bereiche auf einer Likert-Skala von 1 (nie) bis 5 (sehr häufig) erhoben:
1. Freizeit (z. B. Bergsteigen, Tauchen)
2. Gesundheit (z. B. Rauchen, ungesunde Ernährung, Alkoholkonsum)
3. Karriere (z. B. Kündigung ohne neue Stelle)
4. Finanzen (z. B. Glücksspiele, Risikoinvestitionen)
5. Sicherheit (z. B. schnell Auto fahren; Fahrrad fahren ohne Helm)
6. Soziales (z. B. sich politisch zur Wahl stellen, ein Gesetz öffentlich anfechten)

Die Ergebnisse zeigen, dass Männer insgesamt eine höhere alltägliche Risikobereitschaft aufweisen als Frauen. Dabei fällt auf, dass Männer in den Bereichen Freizeit, Gesundheit, Finanzen und Sicherheit höhere Risikobereitschaft angeben, während Frauen in den Bereichen Karriere und Soziales höhere Werte erzielen. Dies könnte gemäß Nicholson et al. (2005) auf einen *„survivor self-selection bias"* zurückzuführen sein, welcher aufzeigt, dass Frauen in der Wirtschaftswelt höhere soziale und karrierebezogene Risiken eingehen müssen, um geschlechterbezogene Gleichstellung zu erfahren.

Eine Abnahme der alltäglichen Risikobereitschaft in jedem der sechs Bereiche deutet auf Alterseffekte in der alltäglichen Risikobereitschaft hin, wobei die altersbezogene Risikominderung bei Männern deutlicher ist als bei Frauen.

Weitere Ergebnisse zeigen, dass sich die Risikobereitschaft auch in verschiedenen Berufsgruppen unterscheidet. So wiesen Angestellte im Bereich Human Resources (HR) oder Public Relations (PR) eher niedrige Risikobereitschaft auf, wogegen Berater die höchsten Werte erzielten. Künstler und Schauspieler zeigten insbesondere im Bereich Gesundheit eine hohe Risikobereitschaft, was auf eine Branche aufmerksam macht, in der erhöhter Alkoholkonsum und Rauchen eher der Norm entsprechen. Angestellte im Finanzsektor zeigten insbesondere im Bereich Finanzen hohe Risikobereitschaft, jedoch nicht in anderen Bereichen.

Auch bei diesen Ergebnissen gilt zu beachten, dass hier die Risikobereitschaft im Rahmen einer Selbstauskunft abgefragt wurde, was methodisch nicht unproblematisch ist, da das reale Verhalten hier durchaus abweichend erfolgen kann. Dieser methodische Ansatz bedingt auch, dass man nicht final erklären kann, ob etwa eine bestimmte Branche ein bestimmtes Risikoprofil anzieht oder ob dieses Profil durch die Tätigkeit in einem bestimmten Beruf noch (zusätzlich) verstärkt wird. Komplexe Wechselwirkungen, etwa durch eine bestimmte risikofreudige Arbeitskultur, müssen daher mittels anderer Ansätze erforscht werden.

3.4.3 Sicherheitsverhalten am Arbeitsplatz und Persönlichkeit

Neben alltäglichen Risiken beschäftigt sich die angewandte Risikoforschung auch mit der Thematik der Arbeitssicherheit. Auch hier stellt sich die Frage, ob bestimmte Personengruppen eher Sicherheitsrisiken in Kauf nehmen und dadurch überzufällig häufiger Arbeitsunfälle erleiden.

Beus et al. (2015) fanden in ihrer metaanalytischen Pfadanalyse zu Arbeitssicherheit und Persönlichkeit, dass Verträglichkeit und Gewissenhaftigkeit positiv mit Sicherheitsverhalten zusammenhängen, während Extraversion und Neurotizismus einen negativen Zusammenhang aufweisen. Diesbezüglich erhöhten Extraversion und Neurotizismus das Risiko für Arbeitsunfälle, während Verträglichkeit und Gewissenhaftigkeit das Risiko für Arbeitsunfälle reduzierten.

Personen mit hoher Ausprägung in Gewissenhaftigkeit zeigen demnach erhöhtes Sicherheitsverhalten, indem sie Sicherheitsvorschriften strikt befolgen. Personen mit hoher Ausprägung in Verträglichkeit engagieren sich eher für prosoziales Verhalten, wie die Beseitigung von Stolperfallen (z. B. herumliegende Kabel im Büro) oder das Berichten von Beinaheunfällen zur zukünftigen Unfallprävention.

Der Effekt der Persönlichkeitseigenschaften auf Arbeitsunfälle wurde somit über das Sicherheitsverhalten mediiert. Das heißt, Personen mit höherer Extraversion und Neurotizismus haben deshalb ein höheres Risiko für Arbeitsunfälle, weil sie ein geringeres Sicherheitsverhalten aufweisen.

Da die Metaanalyse von Beus et al. (2015) keine Längsschnittstudien beinhaltet, darf streng genommen keine Kausalität angenommen werden. Aufgrund hoher Stabilitäten der Big-Five-Faktoren über die Lebensspanne ist jedoch anzunehmen, dass eher die Persönlichkeit das Sicherheitsverhalten beeinflusst als umgekehrt.

Nichtsdestotrotz ist Sicherheitsverhalten, ob am Arbeitsplatz oder in alltäglichen Situationen, immer auch vom Umfeld abhängig. Ist ein Sicherheitsklima mit klaren Normen vorhanden oder wird Risikoverhalten gelebt und vorgemacht? Ein Sicherheits- bzw. Risikoklima am Arbeitsplatz sowie in alltäglichen Situationen könnte hier puffernd bzw. verstärkend auf das Risikoverhalten bei Personen mit erhöhter Risikobereitschaft wirken (Griffin & Curcuruto, 2016).

3.4.4 Verschiedene Persönlichkeits- und Risikotypen

Ob eine Person eher zu Risiken neigt oder Sicherheitsverhalten bevorzugt, ist also abhängig von ihrer Persönlichkeit. Asendorpf (2019) spricht in diesem Zusammenhang von Persönlichkeitsprofilen und meint damit unterschiedliche Ausprägungen in den Big-Five-Persönlichkeitsfaktoren. Einfacher verständlich als diese variablenzentrierten Persönlichkeitsprofile sind personenzentrierte Typenklassifikationen, auch Persönlichkeitstypen genannt.

In Anlehnung an Block (1971) nennt Asendorpf (2019) 3 verschiedene Persönlichkeitstypen (◘ Abb. 3.6), welche sich aus Clusteranalysen zu Big-Five-Persönlichkeitsprofilen ergeben haben. Während sich der überkontrollierte Typ durch hohe Werte in Neurotizismus und niedrige Werte in Extraversion auszeichnet, weist der unterkontrollierte Typ sehr niedrige Werte in Gewissenhaftigkeit auf. Im Zusammenhang mit der vorher besprochenen persönlichkeitsbedingten Risikobereitschaft würde der unterkontrollierte Typ vermutlich eher zu Risikoverhalten neigen als der überkontrollierte Typ.

Während der resiliente Typ Risikoverhalten im Sinne des erfolgsorientierten oder des adaptierten Risikotyps eingehen würde, könnte der unterkontrollierte Typ vermutlich eher dem stimulationssuchenden Typ („Sensation Seeking") zugeordnet werden.

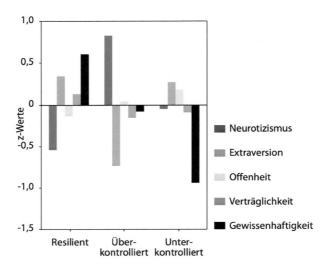

3

◘ Abb. 3.6 Prototypische Big-Five-Profile für 3 Persönlichkeitstypen (Asendorpf, 2015, S. 60)

3.4.5 Erklärungen für Risikopräferenzen

Wie lassen sich nun Risikopräferenzen erklären? Eine Variante besteht darin, hier eine gesetzmäßige Verbindung zwischen dem Aktivierungsniveau eines Risikos und der subjektiven Reaktion zu vermuten. Gemäß dem klassischen Yerkes-Dodson-Gesetz (Yerkes & Dodson, 1908) ist die Leistung bei mittlerer Aktivierung am höchsten, während eine zu niedrige Aktivierung (Langeweile) oder zu hohe Aktivierung (Nervosität) leistungshemmend wirkt. Introvertierte weisen eine niedrigere physiologische Aktivierungsschwelle auf als Extravertierte. Diesbezüglich ergibt sich ein nichtlinearer Zusammenhang zwischen Aktivierungspotenzial und emotionaler Qualität, der bei Intro- und Extravertierten aufgrund der unterschiedlichen Schwellen verschieden ausfällt. Extravertierte könnten gerade deshalb eher zu Risikoverhalten neigen, weil ihre Aktivierungsschwelle höher liegt als bei Introvertierten. In Anbetracht einer risikoreichen Situation würden Introvertierte daher früher und intensiver eine physiologische Stressreaktion bzw. erhöhten Puls, schnellere Atmung, Schweißausbruch (Kaluza, 2018) erleben als Extravertierte (Brebner, 2018) (◘ Abb. 3.7).

Während Introvertierte bei einem Ausflug an die Cliffs of Moher in Irland die Aussicht somit von der offiziellen Besucherplattform genießen würden, wäre das für Extravertierte zu langweilig. Um ein genussreiches Aktivierungslevel zu erreichen, würden diese eher die Absperrung umgehen und den verbotenen Pfad entlang der steilen Klippen wagen, um die beste Aussicht genießen zu können (◘ Abb. 3.8).

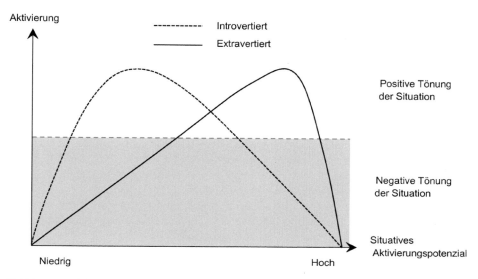

Abb. 3.7 Nichtlineare Zusammenhänge zwischen Aktivierungspotenzial der Situation und emotionalem Erleben (Asendorpf, 2015, S. 36)

Abb. 3.8 Cliffs of Moher, Irland

▶ **„Bei einer Soloexpedition bin ich der größte Risikofaktor"**

Die Ausdauer- und Extremsportlerin Anja Blacha über Risikomessung und Vertrauen. Anja Blacha ist Extremsportlerin und wurde unter anderem dafür bekannt, dass sie als jüngste Deutsche alle Seven Summits – jeweils die höchsten Berge der sieben Kontinente – besteigen konnte. 2019 erreichte sie als erste deutsche Frau den Gipfel des K2 (8611 m). 2020 durchquerte sie solo auf Langlaufskiern die 1381 km lange Strecke von der Küste der Antarktis bis zum Südpol.

Das Risiko ist für mich ist bei Expeditionen immer eine große Komponente. Man kann es nicht wegdenken. Das beginnt bei der Planung, bei der ich mir überlegen muss, auf welche Risiken ich bereit bin, mich einzulassen. Welche kann ich antizipieren, welche minimieren, und welche Risiken muss ich einfach akzeptieren? Bei der Begehung des K2 war ich konfrontiert mit Seracs, aus denen zu jeder Zeit kleine, aber auch gigantische Eisklötze hätten rausfallen können. Ich konnte daran nichts ändern, ich musste mich nur entscheiden, ob ich dieses Risiko annehme oder nicht. Es gibt mehrere Faktoren, die ich durchdenke. Ich selbst bin ein Risikofaktor. Bei einer Soloexpedition etwa bin ich selbst der größte Risikofaktor dieser Expedition. Wenn ich abends einschlafe, den Kocher anlasse und mich dabei im Zelt selbst vergifte, dann habe ich ein Problem. Oder wenn ich die Situation vor Ort oder meine Fähigkeiten falsch einschätze. Ein weiterer Risikofaktor ist das Equipment, die Ausrüstung. Klar schaue ich drauf, dass meine Ausrüstung in einem guten Zustand ist, doch auch dort kann immer etwas passieren. Dann ist die Natur ein großer Risikofaktor, von Gletscherspalten über Stürme bis zu Stein- und Eisschlag. Und schließlich sind es die Menschen, mit denen ich interagiere. Beispielsweise mein Team, dem ich, gerade bei Bergexpeditionen ganz stark vertrauen muss. Auch wenn ich Informationen von Dritten, etwa bei Wetterberichten oder sonstigen Informationen, zu Hilfe nehme, ist dies ein Risikofaktor.

Extrem Athletin Anja Blacha auf dem K2, Pakistan

Ich habe für vieles eine Excel-Tabelle, aber keine, in der ich Risiken bewerte. Doch gerade bei Teamexpeditionen spielt Risikomanagement eine große Rolle. Wir setzen im Vorfeld die Spielregeln fest, besprechen die kritischen Entscheidungspunkte und legen die Raster fest, wer was wann wie und wo zu machen hat. Während der Expedition ist man nicht so klar im Kopf und kann das alles nicht mehr leisten. Bei der Südpolexpedition hatte ich alle 24 h einen vorab geplanten Sicherheitsanruf. Den habe ich jeden Tag immer abwechselnd mit jemand anderem gemacht. Ich hatte immer zwei Kontaktpunkte für den ersten Monat, und im zweiten Monat kam dann ein anderer Mensch dazu, also jemand neues zusätzlich zum gewohnten Kontakt. Das war Risikomanagement. Eine einzelne Kontaktperson merkt nämlich nicht, wenn meine Stimme jeden Tag ein kleines bisschen schwächer, negativer und ausgelaugter wird. Dafür braucht man den Wechsel. Einmal die Woche musste ich einen medizinischen Check durchführen, wo ich eine Liste durchgehen und sagen musste, was alles in Ordnung oder nicht in Ordnung war. Das Terrain hatte ich vorher sehr genau angeschaut – ich wusste genau, an welchen Stellen mit hoher Wahrscheinlichkeit Gletscherspalten sind. Ich musste sehr vorsichtig sein oder konnte diese Stellen nur passieren, wenn die Sicht stimmte. Zusätzlich erhöhte ich die Taktung der Sicherheitsanrufe, für den Fall, dass ich in einer Gletscherspalte gelandet wäre.

Ich bewerte Risiken heute – mit mehr Erfahrung – eigentlich nicht anders als früher. Das liegt daran, dass meine Expeditionen immer größer, komplexer und facettenreicher geworden sind und ich das Risikomanagement daraufhin angepasst habe. Beim Aconcagua habe ich mich nicht detailliert auf Spaltenbergung vorbereitet, weil es dort kein wichtiges Thema ist. Aber ich habe es dann eben gelernt, als der Denali dazu kam. Ich glaube nicht, dass sich mein Risikoverhalten durch Erfahrungen stark verändert hat. Bei der K2-Winterbesteigung haben es beispielsweise zehn geschafft, fünf sind gestorben, zwei davon kannte ich. Da fragt man sich schon auch: Würde ich das wieder machen, würde ich meine Entscheidungen anders treffen? Und ich muss sagen: Nein, selbst dadurch hat sich nichts dran geändert.

Im Endeffekt ist jeder der Risikoparameter, die ich beschrieben habe, auch einer der Faktoren, auf die ich vertrauen muss. Ohne Vertrauen funktioniert es nicht. Wenn ich nicht in mich selber, meine Fähigkeiten und meine Selbsteinschätzung vertrauen kann, dann habe ich ein Problem. Wenn ich meinen Teamkollegen nicht vertrauen kann, dann habe ich ein Problem. Gerade bei Bergen, wo man irgendwann höhenkrank wird und selber nicht mehr klar denken und entscheiden kann, muss ich darauf vertrauen, dass die Teamkollegen um mich herum die Signale erkennen und mir einen Impuls geben. Vertrauen im zwischenmenschlichen Bereich entsteht, wenn ich das Gefühl habe, dass der Mensch absolut offen und ehrlich mit mir ist. Wichtig ist auch, wie die Personen in der Vergangenheit agiert und reagiert haben. Und genauso muss ich in die Ausrüstung vertrauen, denn auch wenn dort Prüfsiegel drauf sind, kann sie dennoch auch mal fehlerbehaftet sein. Ich verlasse mich also darauf, dass die Sachen, die ich nutze, und die Menschen, die mich umgeben, vertrauenswürdig sind. Sonst wirds schwierig.

Vertrauen ist für mich in gewisser Weise eine kalkulierte Abschätzung, wie beispielsweise bei der Methode der Induktion, die wir im Masterstudium Philosophie am Beispiel der Sonne gelernt haben. Die Sonne geht für uns jeden Tag auf. Jeder von uns glaubt daran, dass morgen zu einer gewissen Zeit die Sonne wieder aufgeht. Es gibt aber nichts, was beweist, dass es so ist. Es gibt nur die Wahrscheinlichkeit, dass es so sein wird. Ein bisschen so ist es auch mit dem Vertrauen für mich. Ich kann mich auf Erfahrungspunkte und Daten stützen und daraus abgeleitet eine Prognose treffen: Ich gehe davon aus, dass ich den Leuten vertrauen kann, weil sie in der Vergangenheit auch sinnvoll agiert haben. Ich kann darauf vertrauen, dass das Equipment hält, weil es gewissen Tests unterzogen wurde. Aber die letzte Gewissheit, dass es tatsächlich so sein wird, werde ich nicht haben. Vertrauen ist also datenbasiert. Ich nehme möglichst viele Daten aus der Vergangenheit und dem Jetzt und schließe daraus auf die Zukunft und glaube, dass sie mit einer hohen Wahrscheinlichkeit so eintreffen wird.

► www.anjablacha.com ◄

3.5 Fazit

Die Arbeiten zum psychometrischen Paradigma verdeutlichen, dass mit jeder neuen Technologie und jeder aufkommenden Bedrohung oder Gefahr unser persönliches Risikoempfinden neu justiert wird. Risikowahrnehmung ist eng mit psychologischen Lernprozessen verbunden, was auch die Dynamik erklärt. Die Systematik der identifizierten Einflussgrößen, welche eine hohe Vorhersagbarkeit erlaubt, ist eindrücklich. Die Subjektivität eines abstrakten Risikos wird mittels des psychometrischen Ansatzes greifbar und versteckt sich nicht in der kognitiven „Black Box".

Ist unsere Wahrnehmung im Bereich Risiko aber nun akkurat oder verlassen wir uns zu oft auf unseren subjektiven Eindruck? In vielen Situationen funktioniert unsere Risikowahrnehmung grundsätzlich hinreichend gut, aber es gibt durchaus Bereiche, in welchen unsere evolutionär angelegte Kognition an ihre Grenzen stößt. So ist beispielsweise gut dokumentiert, dass durch verzerrte Wahrnehmung des Faktors „Unbekanntheit" reale Risiken als zu wenig bedeutsam eingestuft werden können. Grund dafür ist hierbei beispielsweise eine falsch aufgefasste Form von Expertise, welche uns suggeriert, wir könnten bestimmte Gefahren valide einschätzen, obwohl wir tatsächlich nicht über ausreichend Informationen verfügen. In einer Zeit, welche unter anderem von aufkommenden Fake News und der Verbreitung von Verschwörungsmythen gekennzeichnet ist, besteht darin ein reales Problem (Kim & Kim, 2020). Falschinformationen können daher sowohl an der psychometrischen Paradigmadimension „Unbekanntheit" als auch an der „Schrecklichkeit" ansetzen und hier zu einer ungünstigen Einschätzung beitragen. Fake News kreieren also Fake Experten, welche dann fehlgeleitete Urteile und Entscheidungen treffen. Und auch die Untersuchungen zu individuellen Unterschieden zeigen deutlich, dass insbesondere der Faktor (wahrgenommene) Expertise als entscheidend für die Bewertung von Risiken anzusehen ist.

Diese Tatsache ist nicht nur ein individuelles Problem, sondern stellt auch eine immense Herausforderung für effektive Risikokommunikation dar, welche sich gegenüber Falschaussagen abgrenzen muss. In diesem Zug wird oftmals auf das sogenannte Brandolini-Gesetz – oder Bullshit-Asymmetrie-Gesetz – verwiesen (Williamson, 2016), welches im übertragenen Sinne besagt, dass der Aufwand, Fake News zu widerlegen, exorbitant höher ist, als diese zu produzieren. Die Schwierigkeit, etwa ein adäquates Risikobewusstsein für die anstehenden Herausforderungen des Klimawandels zu schaffen, liegt folglich nicht nur an der Problematik, dass die Gefahr individuell (noch) zu wenig spürbar ist, sondern auch in einer unausgereiften Funktionalität unserer Informationsauswahl und Verarbeitung (Constantino & Weber, 2021).

Nicht umsonst beschäftigt sich daher die aktuelle psychologische Risikoforschung viel mit der Frage, wie zukünftige Gefahren (etwa der Klimawandel, aber auch Technologiefolgenabschätzungen) für eine aktuelle Bewertung und effektive Kommunikation vermittelt werden können. So wird beispielsweise mit Ansätzen aus der sogenannten Construal-Level-Theory versucht, ein besseres Verständnis darüber zu erzielen, wie sich psychologische Distanz auf die Risikowahrnehmung auswirkt (Raue et al., 2015; Wang et al., 2019). Die Erforschung der mentalen Repräsentation zukünftiger Zustände und wie sich diese auf affektive Reaktionen auswirken bieten hierzu großes Forschungspotenzial.

❓ Wiederholungs-/Kontrollfragen

1. Welche theoretischen und gesellschaftlichen Anknüpfungspunkte sind für die Entstehung des psychometrischen Paradigmas entscheidend?
2. In welche drei Themenbereiche lässt sich die psychologische Risikoforschung unterteilen?
3. Was waren die wichtigsten Erkenntnisse von Chauncey Starr (1969), welche für die Entwicklung des psychometrischen Paradigmas aufgegriffen wurden?
4. Nennen Sie die zwei zentralen Ziele, welche bei der Entwicklung des psychometrischen Paradigmas verfolgt wurden.
5. Was wird unter dem Schlagwort „Risk-as-Feelings" verstanden?
6. Erläutern Sie die beiden wesentlichen Dimensionen der Risikobeurteilung aus Sicht des psychometrischen Paradigmas.
7. Wie lässt sich auf Basis der Affektheuristik die Beziehung zwischen Nutzen und Risiko erläutern?
8. Stellen Sie sich vor, die Big-Five-Persönlichkeitsfaktoren besuchen die Cliffs of Moher in Irland. Wer stellt sich direkt an die Klippen und wer schaut aus sicherer Distanz? Erstellen Sie eine Rangreihe von 1 bis 5.
9. Unterscheiden Sie die drei Begriffe „Persönlichkeitsfaktoren", „Persönlichkeitsprofile" und „Persönlichkeitstypen".
10. Beus et al. (2015) konnten in ihrer Studie zeigen, dass Personen mit hoher Ausprägung in Neurotizismus ein höheres Risiko für Arbeitsunfälle zeigen. Widerspricht dies dem Befund von Nicholson et al. (2005), dass Personen mit hoher Risikoneigung eher eine niedrige Ausprägung in Neurotizismus aufweisen?
11. Listen Sie die drei Persönlichkeitstypen (resilient, überkontrolliert, unterkontrolliert) der Reihe nach auf – von risikofreudig bis ängstlich – und ordnen Sie diese den drei Risikotypen (Stimulationssuchende, Erfolgsorientierte, Risikoadaptierte) von Nicholson (2005) zu.
12. Versetzen Sie sich in die Situation aus Frage 8 und zeichnen Sie dazu das Yerkes-Dodson-Gesetz mit Aktivierungspotenzial in der X-Achse und emotionaler Qualität in der Y-Achse für eine introvertierte und eine extravertierte Person, welche sich gemeinsam langsam den Klippen nähern.
13. Nennen Sie Beispiele für Sicherheitsverhalten am Arbeitsplatz von a) gewissenhaften Personen und b) verträglichen Personen. Nennen Sie Beispiele für Unsicherheitsverhalten von c) Personen mit hoher Ausprägung in Neurotizismus und d) extravertierten Personen.
14. Weshalb ist das Aufkommen von Fake News und Verschwörungsmythen für die Risikowahrnehmung bedeutsam?
15. Warum widmet sich aktuelle Risikoforschung verstärkt der Thematik der psychologischen Distanz?

Zusammenfassung

- Psychologische Risikowahrnehmung beschäftigt sich mit der Frage, wie – ausgehend von den Charakteristiken einer mehr oder weniger bekannten Gefahr – bestimmte affektiv geleitete Urteils- und Entscheidungsmechanismen verlaufen. Diese Prozesse zeichnen sich oftmals durch eine heuristische (d. h. vereinfachende) Art aus. Individuelle Unterschiede haben in diesem Ansatz insbesondere einen Einfluss auf die mit einer Risikoquelle assoziierten Befürchtungen und wirken sich dadurch auch auf die daraus resultierenden Urteile und Entscheidungen aus.
- Das Aufkommen der Kernkraft, aber auch die abstrakte Bedrohungslage durch den Kalten Krieg in den 1960er-Jahren waren wichtige Auslöser für die Forschung zur individuellen Risikowahrnehmung.
- Den konkreten Anstoß für die Entwicklung des psychometrischen Paradigmas gab die Arbeit des Ingenieurs Chauncey Starr (1969), der sich mit der Frage beschäftigte, wie Risiken mit Nutzen über verschiedene Aktivitäten hinweg abgewogen werden. Dazu verwendet er den sogenannten Ansatz der offenbarten Präferenzen, um das Ausmaß an Risiko und Nutzen einzelner Aktivitäten zu bestimmen.
- Basierend auf diesem Ansatz entwickelten Fischhoff und Kollegen (1978) einen analogen psychometrischen Fragebogen, der jedoch auf dem Ansatz der geäußerten Präferenzen basierte.
- Unter Psychometrie versteht man grundsätzlich messtheoretische Überlegungen zur Operationalisierung von psychologischen und nichtpsychologischen Variablen. Im weitesten Sinne geht es folglich bei Psychometrie um die Beziehung zwischen Reizen und den dadurch hervorgerufenen Erlebnissen.
- Mit der Entwicklung und Forschung zum psychometrischen Paradigma werden verschiedene Ziele verfolgt. Einerseits geht es darum, zu verstehen, welche Faktoren für die Bewertung von Risiken zentral sind und welche Risiken wie bewertet werden. Andererseits geht es aber auch darum, zu verstehen und zu prognostizieren, wie die Öffentlichkeit auf bestimmte Risiken reagiert, um in der Folge die Risikokommunikation für verschiedene Stakeholder zu verbessern.
- Die Beurteilung von Risiken basiert auf zwei wichtigen Säulen, welche die eben erwähnten Unterschiede in den Risikoeinschätzungen zwischen Experten und der Öffentlichkeit zu erklären vermögen: subjektive Gefühle und objektive Analysen.
- Die Affektheuristik besagt, dass eine summative affektive Bewertung gleichzeitig die Wahrnehmung von Nutzen und Risiko beeinflusst. Affekt wird dabei als „guter" oder „schlechter" subjektiver Gefühlszustand definiert, welcher einem Stimulus eine positive oder negative Qualität zuordnet.
- Die Persönlichkeitspsychologie, auch differentielle Psychologie genannt, beschäftigt sich mit interindividuellen Unterschieden in körperlicher Erscheinung, Verhalten und Erleben. Unterschiede in der Risikoneigung hängen mit unterschiedlichen Ausprägungen der Big-Five-Persönlichkeitsfaktoren zusammen.
- Personen mit hoher Motivation für Risikobereitschaft weisen eher hohe Werte in den Big-Five-Faktoren Extraversion und Offenheit für Erfahrungen auf und haben niedrige Werte in Neurotizismus, Verträglichkeit und Gewissenhaftigkeit.

- Nicholson et al. (2005) unterscheiden Stimulationssuchende, Erfolgsorientierte und Risikoadaptierte, wobei nur der erste dieser 3 Risikotypen im weitesten Sinne als risikofreudig einzustufen ist. Außerdem sind Männer tendenziell risikofreudiger als Frauen, wobei Männer in den Bereichen Freizeit, Gesundheit, Finanzen und Sicherheit höhere Risikobereitschaft angeben, während Frauen in den Bereichen Karriere und Soziales höhere Werte erzielen.
- Verträgliche und gewissenhafte Personen zeigen eher Sicherheitsverhalten am Arbeitsplatz (z. B. Sicherheitsvorschriften befolgen, Sturzgefahren proaktiv beseitigen) als Personen mit hoher Ausprägung in Extraversion und Neurotizismus (Beus et al., 2015).
- Mittels Yerkes-Dodson-Gesetz (1908) kann erklärt werden, dass Extravertierte (hohe Ausprägung des Big-Five-Faktors Extraversion) eine höhere Aktivierungsschwelle haben als Introvertierte (niedrige Ausprägung des Big-Five-Faktors Extraversion) und daher auch eher zu Risiken neigen. Introvertierte Personen erleben in risikoreichen Situationen daher früher eine physiologische Stressreaktion als extravertierte Personen.
- Falschinformationen („Fake News") können sowohl an der psychometrischen Paradigmadimension „Unbekanntheit" als auch an der „Schrecklichkeit" ansetzen und hier zu einer ungünstigen Einschätzung beitragen.

Literatur

Alhakami, A. S., & Slovic, P. (1994). A psychological study of the inverse relationship between perceived risk and perceived benefit. *Risk Analysis, 14*(6), 1085–1096. https://doi.org/10.1111/j.1539-6924.1994.tb00080.x

Allport, G. W., & Odbert, H. S. (1936). Trait names: A psycholexical study. *Psychological Monographs, 47*, 1 (Whole No. 211).

Asendorpf, J. B. (2015). Persönlichkeitspsychologie für Bachelor (3. Aufl.). Springer. https://doi.org/10.1007/978-3-662-46454-0_5

Asendorpf, J. B. (2019). *Persönlichkeitspsychologie für Bachelor.* Springer. https://doi.org/10.1007/978-3-662-57613-7

Aven, T. (2012). The risk concept – Historical and recent development trends. *Reliability Engineering & System Safety, 99*, 33–44. https://doi.org/10.1016/j.ress.2011.11.006

Balderjahn, I., & Wiedemann, P. M. (1999). *Bedeutung von Risikokriterien bei der Bewertung von Umweltrisiken.* Universität Potsdam.

Basel, J., Bürgi, D., & Pohl, M. (2015). Herausforderung Kleinanlegerschutz – eine explorative Untersuchung zu Verständnis und Akzeptanz in der Schweiz. *Zeitschrift für Bankrecht und Bankwirtschaft, 27*(4), 220–229. https://doi.org/10.15375/zbb-2015-0402

Basel, J. S., & Brühl, R. (2013). Rationality and dual process models of reasoning in managerial cognition and decision making. *European Management Journal, 31*(6), 745–754. https://doi.org/10.1016/j.emj.2013.07.004

Beus, J. M., Dhanani, L. Y., & McCord, M. A. (2015). A meta-analysis of personality and workplace safety: Addressing unanswered questions. *The Journal of Applied Psychology, 100*(2), 481–498. https://doi.org/10.1037/a0037916

Brebner, J. (2018). Personality factors in stress and anxiety. In C. D. Spielberger, R. Diaz-Guerrero, & J. Strelau (Hrsg.), *Cross-cultural anxiety* (S. 11–19). Taylor & Francis. https://doi.org/10.4324/9781315825724

Burdorf, A., Koppelaar, E., & Evanoff, B. (2013). Assessment of the impact of lifting device use on low back pain and musculoskeletal injury claims among nurses. *Occupational and Environmental Medicine, 70*(7), 491–497. https://doi.org/10.1136/oemed-2012-101210

Chauvin, B., Hermand, D., & Mullet, E. (2007). Risk perception and personality facets. *Risk Analysis: An International Journal, 27*(1), 171–185. https://doi.org/10.1111/j.1539-6924.2006.00867.x

Collins, J. W., Bell, J. L., Gronqvist, R., Courtney, T. K., Lombardi, D. A., Sorock, G. S., Chang, W., Wolf, L., Chiou, S., & Evanoff, B. (2008). Multidisciplinary research to prevent SLIP, TRIP, and FALL (STF) incidents among hospital workers. *Contemporary Ergonomics, 2008*, 693–698. https://doi.org/10.1201/9780203883259.ch111

Constantino, S. M., & Weber, E. U. (2021). Decision-making under the deep uncertainty of climate change: The psychological and political agency of narratives. *Current Opinion in Psychology, 42*, 151–159. https://doi.org/10.1016/j.copsyc.2021.11.001

Cori, L., Bianchi, F., Cadum, E., & Anthonj, C. (2020). Risk perception and COVID-19. *International Journal of Environmental Research and Public Health., 17*(9), 3114. https://doi.org/10.3390/ijerph17093114

Costa, P. T., Jr., & McCrae, R. R. (1997). Stability and change in personality assessment: The revised NEO Personality Inventory in the year 2000. *Journal of personality assessment, 68*(1), 86–94. https://doi.org/10.1207/s15327752jpa6801_7

Costa, P. T., & McCrae, R. R. (1992). The five-factor model of personality and its relevance to personality disorders. *Journal of Personality Disorders, 6*(4), 343–359. https://doi.org/10.1521/pedi.1992.6.4.343

Dunn, J. E., Rudberg, M. A., Furner, S. E., & Cassel, C. K. (1992). Mortality, disability, and falls in older persons: The role of underlying disease and disability. *American journal of public health, 82*(3), 395–400. https://doi.org/10.2105/ajph.82.3.395

Festinger, L. (1957). *A theory of cognitive dissonance* (S. xi, 291). Stanford University Press.

Finucane, M. L., Alhakami, A., Slovic, P., & Johnson, S. M. (2000). The affect heuristic in judgments of risks and benefits. *Journal of Behavioral Decision Making, 13*(1), 1–17. https://doi.org/10.1002/(SICI)1099-0771(200001/03)13:1<1::AID-BDM333>3.0.CO;2-S

Fischhoff, B., Slovic, P., Lichtenstein, S., Read, S., & Combs, B. (1978). How safe is safe enough? A psychometric study of attitudes towards technological risks and benefits. *Policy sciences, 9*(2), 127–152. https://doi.org/10.1007/BF00143739

Fox, C. R., & Tannenbaum, D. (2011). The elusive search for stable risk preferences. *Frontiers in psychology, 2*, 298. https://doi.org/10.3389/fpsyg.2011.00298

Gauchard, G. C., Chau, N., Touron, C., Benamghar, L., Dehaene, D., Perrin, P., & Mur, J. M. (2003). Individual characteristics in occupational accidents due to imbalance: A case-control study of the employees of a railway company. *Occupational and environmental medicine, 60*(5), 330–335. https://doi.org/10.1136/oem.60.5.330

Gilovich, T., Griffin, D., & Kahneman, D. (2002). *Heuristics and biases: The psychology of intuitive judgment*. Cambridge University Press.

Goldberg, L. R. (1981). Language and individual differences: The search for universals in personality lexicons. *Review of personality and social psychology, 2*(1), 141–165.

Griffin, M. A., & Curcuruto, M. (2016). Safety climate in organizations. *Annual Review of Organizational Psychology and Organizational Behavior, 3*, 191–212. https://doi.org/10.1146/annurev-orgpsych-041015-062414

Hsee, C. K., & Weber, E. U. (1997). A fundamental prediction error: Self–others discrepancies in risk preference. *Journal of Experimental Psychology: General, 126*(1), 45–53. https://doi.org/10.1037/0096-3445.126.1.45

Kahneman, D. (2011). *Thinking, fast and slow*. Macmillan.

Kaluza, G. (2018). *Stressbewältigung: Trainingsmanual zur psychologischen Gesundheitsförderung*. Springer.

Kemmlert, K., & Lundholm, L. (2001). Slips, trips and falls in different work groups – with reference to age and from a preventive perspective. *Applied ergonomics, 32*(2), 149–153. https://doi.org/10.1016/s0003-6870(00)00051-x

Kim, S., & Kim, S. (2020). The Crisis of public health and infodemic: Analyzing belief structure of fake news about COVID-19 pandemic. *Sustainability, 12*(23), 9904. https://doi.org/10.3390/su12239904

Leonard, R. J. (1995). From parlor games to social science: von Neumann, Morgenstern, and the creation of game theory 1928–1944. *Journal of economic literature, 33*(2), 730–761.

Leonhardt, R. (2016). Russell für Manager: Das Ganze umschließen …. In *Philosophie als Inspiration für Manager: Anregungen und Zitate großer Denker von Aristoteles bis Wittgenstein* (S. 191–196). Springer Fachmedien Wiesbaden. https://doi.org/10.1007/978-3-8349-4774-1_20

Loewenstein, G. F., Weber, E. U., Hsee, C. K., & Welch, N. (2001). Risk as feelings. *Psychological bulletin, 127*(2), 267. https://doi.org/10.1037/0033-2909.127.2.267

Moosbrugger, H., & Kelava, A. (2012). *Testtheorie und Fragebogenkonstruktion*. Springer. https://doi.org/10.1007/978-3-642-20072-4

Neyer, F. J., & Asendorpf, J. B. (2018). Persönlichkeit in Alltag, Wissenschaft und Praxis. In *Psychologie der Persönlichkeit* (S. 1–22). Springer. https://doi.org/10.1007/978-3-662-54942-1

Nicholson, N., Soane, E., Fenton-O'Creevy, M., & Willman, P. (2005). Personality and domain-specific risk taking. *Journal of Risk Research, 8*(2), 157–176. https://doi.org/10.1080/1366987032000123856

Nisbett, R. E., & Wilson, T. D. (1977). Telling more than we can know: Verbal reports on mental processes. *Psychological Review, 84*(3), 231–259. https://doi.org/10.1037/0033-295X.84.3.231

Nixon, R. (2011). Slow violence and the environmentalism of the poor. In *Slow violence and the environmentalism of the poor*. Harvard University Press.

Ostendorf, F., & Angleitner, A. (2004). *NEO-Persönlichkeitsinventar (revidierte Form, NEO-PI-R) nach Costa und McCrae*. Hogrefe.

Pfister, H.-R., Jungermann, H., & Fischer, K. (2017). *Die Psychologie der Entscheidung: Eine Einführung*. Springer. https://doi.org/10.1007/978-3-662-53038-2

Proske, D. (2022). *Katalog der Risiken. Risiken und ihre Darstellung* (2. Aufl.). Springer. https://doi.org/10.1007/978-3-658-37083-1

Psychometrie. (2021). In *Dorsch Lexikon der Psychologie*. https://dorsch.hogrefe.com/stichwort/psychometrie.

Rammsayer, T., & Weber, H. (2016). *Differentielle Psychologie – Persönlichkeitstheorien* (Bd. 1). Hogrefe. https://doi.org/10.1026/02717-000

Raue, M., Streicher, B., Lermer, E., & Frey, D. (2015). How far does it feel? Construal level and decisions under risk. *Journal of Applied Research in Memory and Cognition, 4*(3), 256–264. https://doi.org/10.1016/j.jarmac.2014.09.005

Renn, O. (1998). Three decades of risk research: Accomplishments and new challenges. *Journal of Risk Research, 1*(1), 49–71. https://doi.org/10.1080/136698798377321

Rüschendorf, L. (2013). *Mathematical risk analysis*. Springer. https://doi.org/10.1007/978-3-642-33590-7

Seligman, M. E. (1971). Phobias and preparedness. *Behavior therapy, 2*(3), 307–320. https://doi.org/10.1016/S0005-7894(71)80064-3

Siegrist, M., & Árvai, J. (2020). Risk perception: Reflections on 40 years of research. *Risk analysis, 40*(S1), 2191–2206. https://doi.org/10.1111/risa.13599

Sjöberg, L. (1996). A discussion of the limitations of the psychometric and cultural theory approaches to risk perception. *Radiation Protection Dosimetry, 68*(3-4), 219–225. https://doi.org/10.1093/oxfordjournals.rpd.a031868

Sjöberg, L., Moen, B.-E., & Rundmo, T. (2004). Explaining risk perception. An evaluation of the psychometric paradigm in risk perception research. *Rotunde publikasjoner Rotunde, 84*, 55–76.

Slovic, P. (1964). Assessment of risk taking behavior. *Psychological Bulletin, 61*(3), 220. https://doi.org/10.1037/h0043608

Slovic, P. (1987). Perception of risk. *Science, 236*(4799), 280–285. https://doi.org/10.1126/science.3563507

Slovic, P. (1993). Perceived risk, trust, and democracy. *Risk analysis, 13*(6), 675–682. https://doi.org/10.1111/j.1539-6924.1993.tb01329.x

Slovic, P. (1999). Trust, emotion, sex, politics, and science: Surveying the risk-assessment battlefield. *Risk analysis, 19*(4), 689–701. https://doi.org/10.1023/A:1007041821623

Slovic, P., & Tversky, A. (1974). Who accepts Savage's axiom? *Behavioral science, 19*(6), 368–373. https://doi.org/10.1002/bs.3830190603

Slovic, P., Fischhoff, B., & Lichtenstein, S. (1980). Facts and fears. Understanding perceiled risk. In R. C. Schwinn & W. A. Albers (Hrsg.), *Societal risk assessment: How safe is safe enough?* (S. 181–214). Plenum Press.

Slovic, P., Finucane, M. L., Peters, E., & MacGregor, D. G. (2004). Risk as analysis and risk as feelings: Some thoughts about affect, reason, risk, and rationality. *Risk Analysis: An International Journal, 24*(2), 311–322. https://doi.org/10.1111/j.0272-4332.2004.00433.x

Slovic, P., Finucane, M. L., Peters, E., & MacGregor, D. G. (2007). The affect heuristic. *European journal of operational research, 177*(3), 1333–1352. https://doi.org/10.1016/j.ejor.2005.04.006

Sparks, P., & Shepherd, R. (1994). Public perceptions of the potential hazards associated with food production and food consumption: An empirical study. *Risk Analysis, 14*(5), 799–806.

Starr, C. (1969). Social benefit versus technological risk: what is our society willing to pay for safety? *Science, 165*(3899), 1232–1238. https://doi.org/10.1126/science.165.3899.1232

SUVA. (2020). *Unfallstatistik UVG 2020*. https://www.suva.ch/de-CH/material/Dokumentationen/unfallstatistik-uvg-ssuv-2020

Thorndike, E. L. (1920). A constant error in psychological ratings. *Journal of Applied Psychology, 4*(1), 25–29. https://doi.org/10.1037/h0071663

Tsaousis, I., & Kerpelis, P. (2004). The traits personality questionnaire 5 (TPQue5). *European Journal of Psychological Assessment, 20*(3), 180–191. https://doi.org/10.1027/1015-5759.20.3.180

Wahren, H.-K. (2009). *Anlegerpsychologie*. Springer. https://doi.org/10.1007/978-3-531-91374-2

Wang, S., Hurlstone, M. J., Leviston, Z., Walker, I., & Lawrence, C. (2019). Climate change from a distance: An analysis of construal level and psychological distance from climate change. *Frontiers in psychology, 10*, 230. https://doi.org/10.3389/fpsyg.2019.00230

Weber, E. U. (2006). Experience-based and description-based perceptions of long-term risk: Why global warming does not scare us (yet). *Climatic Change, 77*(1–2), 103–120. https://doi.org/10.1007/s10584-006-9060-3

Weber, E. U. (2019). Chapter 2. "Risk as feelings" and "perception matters": Psychological contributions on risk, risk-taking, and risk management. In *The Future of Risk Management* (S. 30–47). University of Pennsylvania Press. https://doi.org/10.9783/9780812296228-003

Weber, E. U., & Stern, P. C. (2011). Public understanding of climate change in the United States. *American Psychologist, 66*(4), 315–328. https://doi.org/10.1037/a0023253

Weinstein, N. D., Slovic, P., Waters, E., & Gibson, G. (2004). Public understanding of the illnesses caused by cigarette smoking. *Nicotine & Tobacco Research, 6*(2), 349–355. https://doi.org/10.1080/14622200410001676459

Williamson, P. (2016). Take the time and effort to correct misinformation. *Nature, 540*(7632), 171–171. https://doi.org/10.1038/540171a

Yerkes, R. M., & Dodson, J. D. (1908). The relation of strength of stimulus to rapidity of habit formation. *Journal of Comparative Neurology & Psychology, 18*, 459–482. https://doi.org/10.1002/cne.920180503

Zuckerman, M. (1971). Dimensions of sensation seeking. *Journal of consulting and clinical psychology, 36*(1), 45. https://doi.org/10.1037/h0030478

3

Ansätze zur Messung von Risikowahrnehmung und Risikoeinstellung: das Beispiel touristische Reiseabsicht während einer Pandemie

Andreas Philippe Hüsser und Timo Ohnmacht

Inhaltsverzeichnis

4.1   Einleitung – 73

4.2   Sozialwissenschaftliche Forschungsstränge
im Themenfeld Risiko – 74
4.2.1   Risiko aus der Sicht der Erwartungsnutzentheorie zur
Erfassung der Risikoneigung – 76
4.2.2   Risiko aus der Sicht des psychometrischen Paradigmas – 78

4.3   Risikoforschung im Tourismus – 79
4.3.1   Erklärungsmodelle und psychometrische Skalen zur
Bestimmung der touristischen Reiseabsicht – 80
4.3.2   Ein Erklärungsmodell zur Vorhersage der Reiseabsicht
während einer Pandemie – 84

Die Originalversion dieses Kapitels wurde ursprünglich ohne Open Access veröffentlicht. Ein Erratum ist verfügbar unter https://doi.org/10.1007/978-3-662-65575-7_12

4.3.3   Methodik – 86

4.3.4   Zentrale empirische Befunde – 88

4.4   Risikoreduktion: Ausblick zu Interventionsstrategien für sicheres Reisen bei Pandemien – 90

4.5   Fazit – 93

Anhang – 94

Fragebogen – 94

Literatur – 102

Zusammenfassung

In diesem Kapitel werden Ansätze und Messverfahren zur Erfassung der Risikowahrnehmung und der Risikoeinstellung erörtert. Aus methodischer Sicht wird das psychometrische Paradigma zur Messung der subjektiven Risikowahrnehmung vorgestellt und vom objektiven (bekannten) Risiko aus der vorherrschenden ökonomischen Entscheidungstheorie abgegrenzt. Dabei werden eigene empirische Befunde aus einer repräsentativen Bevölkerungsstudie zur Risikowahrnehmung und Reiseabsicht während der Coronapandemie aus psychometrischer Perspektive präsentiert. Dieses Forschungsprojekt wurde im Rahmen des Nationalen Forschungsprogramms „Covid-19" (NFP 78) des Schweizerischen Nationalfonds (SNF) durchgeführt (Grant-N° 40784P_198336). Zum Schluss des Kapitels werden Ansatzpunkte für die evidenzbasierte Interventionsforschung für sicheres Reisen vorgestellt, die auf Theorien und Ergebnissen aus empirischen Studien gründen und denen somit Wirksamkeit attestiert werden kann.

▪ **Lernziele**
━ Das Risiko aus Sicht der ökonomischen Entscheidungstheorie erklären können
━ Das Risiko aus Sicht des psychometrischen Paradigmas verstehen
━ Die Einflussdimensionen des Health Belief Model kennen
━ Die Einflussdimensionen der Theorie des geplanten Verhaltens kennen
━ Den Zusammenhang zwischen Einflussdimensionen und Maßnahmengestaltung verstehen

4.1 Einleitung

In diesem Beitrag werden Ansätze und Messverfahren zur Erfassung der individuellen Risikowahrnehmung und Risikoeinstellung vorgestellt. Diese können das tatsächliche Risikoverhalten maßgeblich beeinflussen (siehe z. B. Hoffmann et al., 2015; Huang et al., 2020). Dabei liegt der Fokus auf der touristischen Reiseabsicht während der Coronapandemie. Aktuelle Theorien und Befunde werden diskutiert und empirische Erkenntnisse vorgestellt.

Aus methodischer Sicht stellen wir das psychometrische Paradigma vor. Dieses entstammt der verhaltenswissenschaftlichen und (sozial-)psychologischen Risikoforschung nach Slovic und Kollegen und verwendet Ratingskalen und multivariate Verfahren zur Erstellung von quantitativen Repräsentationen der Risikowahrnehmung und Risikoeinstellung für unterschiedliche Aktivitäten und Technologien (*cognitive maps*; vgl. Slovic, 1987, S. 281; Fischhoff et al., 1978; Slovic et al., 1984, 1986).

Daran anknüpfend werden psychometrische Skalen für ein kombiniertes Erklärungsmodell vorgestellt, das aus Elementen des Risikoverhaltens bei der Freizeitgestaltung (*DOSPERT*; Weber et al., 2002; Blais & Weber, 2006), des Health Belief Model (HBM; Rosenstock, 1960, 1974) und der Theorie des geplanten Verhaltens (*TPB*; Ajzen, 1991) besteht. Dieser gewählte Ansatz lässt sich methodisch und forschungslogisch dem psychometrischen Paradigma der Risikowahrnehmung nach Slovic und Kollegen und somit der in den Sozialwissenschaften vorherrschenden Theorie der Psychometrie (Raykov & Marcoulides, 2011) zuordnen.

Es werden eigene empirische Befunde aus einer repräsentativen Bevölkerungsstudie aus der Schweiz zum touristischen Reiseverhalten während der Coronapandemie vorgestellt. Dieses Forschungsprojekt wurde im Rahmen des Nationalen Forschungsprogramms „Covid-19" (NFP 78) des Schweizerischen Nationalfonds (SNF) durchgeführt (Grant-N° 407840_198336). Es beinhaltet aggregierte Einschätzungen der Schweizer Bevölkerung zur Risikowahrnehmung und Risikoeinstellung bezogen auf das touristische Reisen. So werden unter anderem Einschätzungen zum Ansteckungsrisiko mit dem Coronavirus während des Reisens sowie Einschätzungen zur Schwere eines eventuellen Krankheitsverlaufs bei einer Ansteckung sowie die generelle Einstellung zum Reisen während der Coronapandemie vorgestellt. Anhand dieses Forschungsbeispiels kann exemplarisch aufgezeigt werden, wie die Risikowahrnehmung und die Risikoeinstellung die Reiseabsicht unter Unsicherheiten beeinflusst.

Der Forschungsstrang des psychometrischen Ansatzes wird zu Beginn des Kapitels von der ökonomischen (statistischen) Entscheidungstheorie (Edwards, 1961; Laux et al., 2018) abgegrenzt. In der ökonomischen Entscheidungstheorie wird im Gegensatz zum psychometrischen Paradigma nach Slovic und Kollegen dem statistisch messbaren und objektiven (bekannten) Risiko eine wichtigere Rolle beigemessen, um so menschliche Fehlentscheide offenzulegen. So tendieren Individuen beispielsweise dazu, geringe Wahrscheinlichkeiten zu überschätzen und hohe Wahrscheinlichkeiten zu unterschätzen. Dieser Forschungsstrang der verhaltensökonomischen Entscheidungstheorie definiert das Konzept des Risikos ausgehend von der Erwartungsnutzentheorie über die Form der individuellen Nutzenfunktion, die zur Beschreibung der Risikoneigung von Personen herbeigezogen wird (Brachinger & Weber, 1997; Machina, 1982; Levy, 1992; Hershey & Schoemaker, 1980; Lopes, 1987; Edwards, 1961; Kahneman & Tversky, 1979, 1984; vgl. zu statistischen Modellen zur Messung der Risikowahrnehmung z. B. Jia et al., 1999).

Zum Schluss des Kapitels werden Ansatzpunkte für die evidenzbasierte Interventionsforschung für sicheres Reisen vorgestellt, die auf Theorien und den Ergebnissen aus empirischen Studien gründen und denen somit Wirksamkeit attestiert werden kann (für die Nachhaltigkeitsforschung siehe Ohnmacht et al., 2017).

4.2 Sozialwissenschaftliche Forschungsstränge im Themenfeld Risiko

Sozialwissenschaftliche Arbeiten prägen verschiedene Definitionen des Risikobegriffs. Generell lässt sich das Risiko ganz allgemein aus zwei Blickwinkeln betrachten (Aven & Renn, 2009):

Einerseits gibt es Definitionen und Konzeptualisierungen, die das Risiko mittels Wahrscheinlichkeit und Erwartungswert umschreiben. Allerdings herrscht in der Literatur keine Einigkeit darüber, wie das Risiko und die Risikowahrnehmung zu konzeptualisieren und zu messen sind (Carlstrom et al., 2000). So definiert beispielsweise Willis (2007) das terroristische Risiko als Schnittmenge aus der Wahrscheinlichkeit einer terroristischen Bedrohung, der Wahrscheinlichkeit einer daraus resultierenden Verletzlichkeit sowie dem daraus zu erwartenden Schaden (siehe ganz allgemein zur Konzeptualisierung eines ganzheitlichen Risikos eines Schadens Campbell, 2005). Aus diesem Blickwinkel lässt sich das Risiko im Gesundheitsbereich beispielsweise als die Wahrscheinlichkeit eines unerwünschten Ereignisses oder als die Wahrscheinlichkeit und die Schwere eines negativen Ausgangs definieren (Hayes, 1992; Carlstrom et al., 2000).

Andererseits wird das Risiko umschrieben in Form von Ereignissen sowie Konsequenzen, bei denen etwas für den Menschen Wichtiges (und damit auch der Mensch an sich) gefährdet und deren Ausgang mit Unsicherheit verbunden ist (Rosa, 1998; Aven & Renn, 2009). Aus diesem Blickwinkel wird die subjektive Risikowahrnehmung ausgehend von Bedrohungen und Aktivitäten quantitativ über Ratingskalen gemessen (Slovic et al., 1979).

Bezogen auf die Mikroebene des individuellen Risikoverhaltens lassen sich zwei Hauptforschungsstränge ausmachen. Dazu gehört zum einen die in der Ökonomie vorherrschende Entscheidungstheorie, bei denen Individuen risikobehaftete Entscheidungen treffen müssen (sogenannte Lotterien) und das Risiko objektiv aufgrund bekannter Wahrscheinlichkeiten und Geldbeträge quantifizierbar ist. So ist beispielsweise das Conjoint-Expected-Risk-Modell der Risikowahrnehmung von Luce und Weber (1986) eine gewichtete Funktion aus der Wahrscheinlichkeit eines Gewinns, eines Verlusts und des Status quo sowie aus dem erwarteten Gewinn und Verlust (vgl. auch Holtgrave & Weber, 1993). Menschliche Fehleinschätzungen und Fehlentscheide lassen sich somit vor dem Hintergrund des objektiven, d. h. mathematisch bestimmbaren Erwartungswerts aufzeigen. In diesem Forschungsstrang wird die Risikoeinstellung von Individuen basierend auf ihren Präferenzen für Lotterien anhand individueller Nutzenfunktionen definiert, die Individuen als risikoavers, risikoneutral oder risikofreudig beschreiben (Laux et al., 2018; Lopes, 1987; Kahneman & Tversky, 1979, 1984; Brachinger & Weber, 1997).

Auf der anderen Seite ist in der Sozialpsychologie das psychometrische Paradigma nach Slovic und Kollegen vorherrschend (Slovic, 1987; Fischhoff et al., 1978). Unter dem Begriff der Psychometrie versteht man in den Sozialwissenschaften ganz allgemein die Theorien und Methoden des Messens und der Entwicklung von Skalen und theoretischen (latenten) Konstrukten mittels multivariaten Analysemethoden (Raykov & Marcoulides, 2011). Das psychometrische Paradigma nach Slovic und Kollegen zielt dabei vor allem auf die subjektive Risikowahrnehmung und Risikoeinstellung gegenüber Bedrohungssituationen und Aktivitäten ab und versucht nachrangig das individuelle Verhalten darin zu begründen und vorherzusagen (Severson et al., 1993; Slovic & Weber, 2002). Diesem Verständnis von Risiko ist zu eigen, dass sich das Risiko in vielen Fällen nicht objektiv quantifizieren lässt (z. B. das Risiko ausgehend von Nuklearmächten oder das Risiko ausgehend von neuen Technologien wie z. B. Röntgenstrahlen oder Impfungen; Slovic, 1987, 1992).

Nachfolgend werden diese zwei Forschungsstränge näher betrachtet und voneinander abgegrenzt.

4.2.1 Risiko aus der Sicht der Erwartungsnutzentheorie zur Erfassung der Risikoneigung

Die Erwartungsnutzentheorie (*expected utility*) ist eine normative Theorie zur Beschreibung rationaler Entscheidungen unter Risiko, die auf die Autoren von Neumann und Morgenstern zurückgeht und erstmals 1944 im Klassiker *Theory of games and economic behavior* vorgestellt wurde. Die Theorie postuliert, dass Individuen bei der Wahl zwischen risikoreichen Optionen den erwarteten Nutzen maximieren, indem sie den Nutzen aus den jeweiligen Optionen mit der Eintretenswahrscheinlichkeit gewichten und diejenige Option mit der höchsten gewichteten Summe auswählen (Levy, 1992; Edwards, 1961; vgl. auch Hershey & Shoemaker, 1980). Dieser Forschungsstrang der ökonomischen und statistischen Entscheidungstheorie definiert die Risikoeinstellung ausgehend von der traditionellen Erwartungsnutzentheorie über die Form der individuellen Nutzenfunktion einer Person. Ist eine Person risikoavers, verläuft die Nutzenfunktion konkav. Mit anderen Worten: Der Grenznutzen aus einem zunehmenden Ergebnis nimmt ab. Bei risikoneutralen Personen verläuft die Nutzenfunktion linear, der Grenznutzen aus einem zunehmenden Ergebnis bleibt somit unverändert. Bei risikofreudigen Personen hingegen verläuft die Nutzenfunktion konvex, da der Grenznutzen aus einem zunehmenden Ergebnis zunimmt (Laux et al., 2018; Lopes, 1987; Levy, 1992). ◘ Abb. 4.1 veranschaulicht die verschiedenen Nutzenfunktionen.

◘ **Abb. 4.1**   Nutzenfunktion

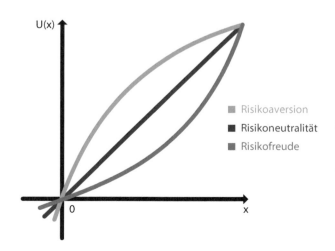

U(x)

■ Risikoaversion
■ Risikoneutralität
■ Risikofreude

0   x

Dies soll an einem Beispiel verdeutlicht werden (Kahneman & Tversky, 1984, S. 341ff.; Lopes, 1987, S. 256 ff.; Kahneman & Tversky, 1979, S. 264 ff.). Im Rahmen von Experimenten müssen sich Versuchsteilnehmende typischerweise zwischen einer risikoreichen und einer risikoarmen Alternative entscheiden, deren Ergebnis deskriptiv mit objektiven (bekannten) Wahrscheinlichkeiten und monetären Geldbeträgen beschrieben werden (sogenannte einfache Lotterien) (Laux et al., 2018; Kahneman & Tversky, 1984; Lopes, 1987). So haben Versuchspersonen bei einfachen Lotterien die Wahl zwischen einem sicheren monetären Betrag und einem höheren, unsicheren monetären Betrag. Dabei werden Versuchsteilnehmende beispielhaft gefragt, ob sie lieber einen Gewinn von 1000 sicher haben möchten, oder einen Gewinn von 2000 mit einer Wahrscheinlichkeit von 85 %. Die Mehrheit der Versuchsteilnehmenden haben eine klare Präferenz für den sicheren monetären Betrag von 1000 gegenüber dem unsicheren, höheren Betrag von 2000, obwohl der mathematische Erwartungswert für die risikoreichere Alternative höher liegt $(0,85 * 2000 + 0,15 * 0 = 1700)$ als bei der sicheren Alternative $(1 * 1000 + 0 * 0 = 1000)$.

Versuchsteilnehmer sind in diesem Beispiel also risikoavers, da sie eine klare Präferenz haben für die sichere Alternative. Allerdings sind Individuen nicht immer risikoavers, sondern können auch risikofreudig sein, besonders wenn negative Konsequenzen in Form von Verlusten zu befürchten sind. So präferieren die meisten Versuchsteilnehmenden einen Verlust von -4000 mit einer Wahrscheinlichkeit von 80 % gegenüber einem sicheren Verlust von -3000, obwohl der mathematische Erwartungswert aus dem unsicheren Verlust $(0,8 * -4000 + 0,2 * 0 = -3200)$ größer ist als der Erwartungswert aus dem sicheren Verlust $(1 * -3000 + 0 * 0 = -3000)$.

Diese Beispiele machen deutlich, dass Individuen ihre Entscheidungen nicht auf dem objektiv bestimmbaren, mathematischen Erwartungswert basieren (siehe z. B. Kahneman & Tversky, 1984; Laux et al., 2018; Lopes, 1987; Hershey & Schoemaker, 1980; Kahneman & Tversky, 1979; Levy, 1992).

Solche und weitere empirische Inkonsistenzen mit der Erwartungsnutzentheorie im Bereich von Lotterien und Versicherungen (siehe für einen Überblick z. B. Hershey & Shoemaker, 1980) veranlasste Daniel Kahneman und Amos Tversky (1979) zur Formulierung der Prospect Theory als Weiterentwicklung der traditionellen Erwartungsnutzentheorie. Dabei werden die objektiven (bekannten) Wahrscheinlichkeiten durch subjektive Wahrscheinlichkeiten (*decision weights*) ersetzt und den Gewinnen und Verlusten ein subjektiver Wert beigemessen (vgl. auch Machina, 1982, vgl. zu *subjective expected utility* z. B. Fishburn, 1981). So ist der Unterschied im subjektiven Wert zwischen einem Gewinn von 100 und 200 psychologisch größer als der Unterschied zwischen einem Gewinn von 10.100 und 10.200. Umgekehrt ist der Unterschied im subjektiven Wert zwischen einem Verlust von 200 und 100 psychologisch größer als der Unterschied zwischen einem Verlust von 10.200 und 10.100 (Kahneman & Tversky, 1979, 1984; Lopes, 1987). Individuen bewerten also den Wert eines Gewinnes oder eines Verlustes in Bezug auf die Abweichung vom Nettovermögen, das ihnen als Referenzpunkt dient. So halten Kahneman und Tversky (1979) fest: "the carriers of value are changes in wealth or welfare, rather than final states" (S. 277). Werden beide Wertefunktionen kombiniert, ergibt sich in der Prospect Theory eine *s*-förmige Wertefunktion, die im Gewinnbereich konkav und im Verlustbereich konvex verläuft. Personen sind also im Gewinnbereich risikoavers und im Verlustbereich risikofreudig. Dabei verläuft die Wertefunktion im Verlustbereich steiler als im Gewinnbereich. Dies begründet die Verlustaversion von Individuen, wonach ein Verlust von 100 mehr Widerwillen hervorruft als ein Gewinn von 100 attraktiv erscheint (Kahneman & Tversky, 1979, 1984).

4.2.2 Risiko aus der Sicht des psychometrischen Paradigmas

Das in der Sozialpsychologie dominante Paradigma zur empirischen Erhebung der Risikoeinstellungen und der subjektiven Risikowahrnehmung für unterschiedliche risikobehaftete Domänen und Gefahren ist das psychometrische Paradigma nach Slovic und Kollegen. Dabei geht es vornehmlich um die Beantwortung der Forschungsfrage, weshalb unterschiedliche Gefahren und Bedrohungen von Individuen unterschiedlich wahrgenommen und beurteilt werden (Slovic, 1987, 1992; Slovic et al., 1984, 1986; Siegrist et al., 2005, S. 211).

Dabei wird beim psychometrischen Paradigma die mit unterschiedlichen Gefahren und Bedrohungen einhergehende Risikoeinstellung empirisch mittels Ratingskalen erhoben. So müssen Individuen für eine Reihe unterschiedlicher Gefahren und Bedrohungen unter anderem subjektive Einschätzungen über die Neuheit des Risikos, die Unmittelbarkeit des Risikos und die Schwere der Konsequenzen abgeben (Fischhoff et al., 1978; Slovic, 1987; Siegrist et al., 2005). In diesem psychometrischen Paradigma wird das wahrgenommene Risiko als eine individuelle und somit als eine inhärent subjektive Wahrnehmungsvariable verstanden und konzeptualisiert (vgl. Slovic, 1992; Slovic & Weber, 2002; Krimsky & Golding, 1992). Im Gegensatz zur in ▶ Abschn. 4.2.1 vorgestellten Erwartungsnutzentheorie spielt hier das quantifizierbare und auch reale Risiko eine untergeordnete Rolle. In diesem Paradigma wird explizit festgehalten, dass das Risiko objektiv nicht messbar ist und Risiken von Personen unterschiedlich wahrgenommen und beurteilt werden, was sich beispielsweise darin zeigt, dass sich die öffentliche Risikowahrnehmung hinsichtlich Bedrohungen und Gefahren von denjenigen von Experten unterscheidet (Slovic et al., 1986).

Forschungslogisch und methodisch geht es in diesem Ansatz um die Bestimmung von Risikofaktoren, die die subjektive Risikowahrnehmung für unterschiedliche Gefahren und Bedrohungen beeinflussen können. Diese psychometrischen Studien haben anhand der aggregierten Personendaten zum Ziel, mittels multivariater Analyseverfahren (Hauptkomponentenanalyse; siehe z. B. Fischhoff et al., 1978; Slovic, 1992; Siegrist et al., 2005) die Risikofaktoren zu identifizieren, die das wahrgenommene Risiko von Individuen beeinflussen. So lassen sich im psychometrischen Paradigma nach Slovic und Kollegen die Ratingskalen zur Erfassung der Risikoeinstellungen hinsichtlich unterschiedlicher Gefahren und Bedrohungen auf zwei wesentliche Risikofaktoren reduzieren, die die Risikowahrnehmung maßgeblich beeinflussen. Der erste Risikofaktor, genannt „Dread Risk", umfasst Gefahren, die mit einem wahrgenommenen Kontrollverlust einhergehen, deren Katastrophenpotenzial als hoch und deren Konsequenzen als fatal sowie deren Konsequenzen und Nutzen gesellschaftlich als ungleich verteilt wahrgenommen werden. Der zweite Faktor, „Unknown Risk", umfasst Gefahren, die als unsichtbar, als nicht sehr bekannt oder neu eingestuft werden und deren Konsequenzen als nicht unmittelbar bewertet werden (Slovic, 1987; Siegrist et al., 2005).

Wie alle Ansätze hat auch das psychometrische Paradigma der Risikowahrnehmung nach Slovic und Kollegen seine Annahmen und Limitationen. So werden mit den Ratingskalen vordergründig die subjektiven Einschätzungen und somit die Kognitionen gegenüber Gefahren und Bedrohungen gemessen, und nicht etwa das aktuelle Risikoverhalten von Individuen (Slovic, 1992; vgl. zu weiteren Limitationen auch Siegrist et al., 2005).

4.3 Risikoforschung im Tourismus

Im Tourismus wird das Risiko definiert als die Gesamtheit der Wahrnehmungen und Erfahrungen von individuellen Touristen während des Kaufprozesses eines touristischen Produkts sowie die Wahrnehmungen und Erfahrungen von potenziell negativen Konsequenzen während des Reisens und beim Aufenthalt in der Reisedestination (Reisinger & Mavondo, 2005, 2006; Tsaur et al., 1997). Die Besonderheiten des touristischen Produkts, das aus einem Leistungsbündel aus immateriellen Dienstleistungen und touristischen Erlebnissen besteht, führen nicht nur zu einem höher wahrgenommenen Risiko als bei physischen Produkten, sondern machen auch die Beurteilung des Risikos für individuelle Touristen besonders schwierig. Anders als bei physischen Produkten lässt sich die Qualität des touristischen Produkts aufgrund der Intangibilität der Dienstleistung nicht vor der Kaufentscheidung beurteilen, sondern erst *nachdem* das touristische Produkt gekauft und erlebt wurde. Risiken und Unsicherheiten im Tourismus lassen sich dabei nicht nur aus der Sicht von individuellen Touristen, sondern auch aus der Sicht von Tourismusorganisationen und Destinationen betrachten (Eisenstein, 2014; Smith, 1994; Sirakaya & Woodside, 2005; Ritchie & Jiang, 2019; Williams & Baláž, 2013, 2015; Reisinger & Mavondo, 2006; Fuchs & Reichel, 2006; Yang & Nair, 2014; Mitchell & Greatorex, 1993).

Im Tourismus lässt sich ebenfalls die Unterscheidung zwischen dem realen oder objektiven (bekannten) Risiko und dem subjektiv wahrgenommenen (unbekannten) Risiko vornehmen. So lassen sich im Massentourismus basierend auf historischen Datensätzen beispielsweise die Wahrscheinlichkeiten für Wetter und Kriminalität reliabel einschätzen. Auf solche Wahrscheinlichkeiten stützen sich beispielsweise Tourismusorganisationen wie Reiseversicherer. Andererseits sind bei individuellen touristischen Erlebnissen viele Risiken nicht bekannt, wie die Wahrscheinlichkeit ruhestörender Hotelgäste oder möglicher Konflikte innerhalb einer Reisegruppe. Auch Tourismusorganisationen und Tourismusdestinationen sind unbekannten Risiken ausgesetzt, wie z. B. das Auftreten neuer Konkurrenten oder die Abwanderung von Personal. Zu den unbekannten Risiken gehören auch exogene Risiken, die nicht kontrolliert werden können. Dazu gehören unter anderem Naturkatastrophen wie beispielsweise Erdbeben oder Tsunamis (Williams & Baláž, 2015; S. 275 ff; vgl. auch Reisinger & Mavondo, 2005, 2006; Eisenstein, 2014).

Der Fokus in der Tourismusforschung liegt auf dem subjektiv wahrgenommenen Risiko und dessen Einfluss auf das touristische Verhalten und weniger auf dem realen oder objektiven (bekannten) Risiko. So ist die Entscheidungsfindung im Tourismus hauptsächlich durch die Risikowahrnehmung von Touristen und von Tourismusorganisationen sowie Destinationen beeinflusst (Ritchie & Jiang, 2019; Williams & Baláž, 2013; Yang & Nair, 2014; Kozak et al., 2007; Reisinger & Mavondo, 2005; Quintal et al., 2010; Wang & Ritchie, 2012; Wang et al., 2019). Die Risikowahrnehmung von individuellen Touristen hat beispielsweise einen Einfluss auf Reiseintentionen und die Wahl der Destination (Fuchs & Reichel, 2006; Reichel et al., 2007; Rittichainuwat & Chakraborty, 2009; Schroeder et al., 2013). Zu den Reiserisiken von Touristen gehören unter anderem gesundheitliche Risiken, ausrüstungstechnische Risiken, finanzielle Risiken, politische Risiken und auch terroristische Risiken (Huang et al., 2020; Yang & Nair, 2014; Pennington-Gray & Schroeder, 2013; Kozak et al., 2007; Roehl & Fesenmaier, 1992; Rittichainuwat & Chakraborty, 2009; Jonas et al., 2011). Allerdings sind sich individuelle Touristen nicht immer über alle Risiken bewusst und haben bestenfalls nur ein fragmentiertes und limitiertes Wissen über die Risiken und deren Wahrscheinlichkeiten. Dies verunmöglicht rationale Entscheidungen seitens individueller Touristen, weshalb bei Entscheidungen unter Unsicherheit Touristen oftmals auf kognitive Urteilsheuristiken zurückgreifen (Yang & Nair, 2014; Williams & Baláž, 2013, 2015; Gray & Wilson, 2009; vgl. für einen systematischen Überblick zu kognitiven Urteilsverzerrungen und Urteilsheuristiken im Tourismus Wattanacharoensil & Laornual, 2019; vgl. ganz allgemein zu kognitiven Urteilsheuristiken z. B. Tversky & Kahneman, 1974).

Im Tourismusbereich gibt es bislang nur vereinzelt Studien, die den Zusammenhang zwischen dem wahrgenommenen (Reise-)Risiko und der Reiseabsicht beziehungsweise Reisebereitschaft währen der Coronapandemie untersucht haben (z. B. Abraham et al., 2021; Chua et al., 2021; Sánchez-Cañizares et al., 2021). Andere Studien wiederum untersuchten beispielsweise den Einfluss der (Risiko-) Wahrnehmung hinsichtlich der Coronapandemie und der Angst vor Covid-19 auf das geplante Reiseverhalten (Bratić et al., 2021) oder aber den Einfluss der wahrgenommenen Gefahr durch Covid-19 auf die Reisevermeidung (Turnšek et al., 2020).

4.3.1 Erklärungsmodelle und psychometrische Skalen zur Bestimmung der touristischen Reiseabsicht

Dem Forschungsstrang des psychometrischen Paradigmas nach Slovic und Kollegen (Fischhoff et al., 1978; Slovic, 1992; Slovic et al., 1984) (▶ Abschn. 4.2.2) können weitere Erklärungsmodelle und dazugehörige Skalen zugeordnet werden, die forschungslogisch ebenfalls die Theorie der Psychometrie (Raykov & Marcoulides, 2011) zur Grundlage haben. Im Gegensatz zum psychometrischen Paradigma nach Slovic und Kollegen steht bei den nachfolgenden Erklärungsmodellen (HBM; Health Belief Model und TPB; Theory of Planned Behaviour) nicht nur die Erhebung von Kognitionen gegenüber Gefahren und Bedrohungen im Vordergrund, sondern das Erklären und Vorhersagen der Verhaltensabsicht und des darauffolgenden tatsächlichen (Risiko-)Verhaltens anhand von diversen Einflussdimensionen. Kurzum wird hierbei von Einstellungs-Verhaltens-Modellen gesprochen (Hüsser, 2016). Die empirische Erhebung und Analyse erfolgt ebenfalls durch Selbstauskünfte der Probanden mittels Ratingskalen und multivariater Analyseverfahren, wobei die individuellen Einschätzungen über alle Personendaten hinweg aggregiert und analysiert werden. Die nachfolgend vorgestellte psychometrische Skala zur Erhebung des Risikoverhaltens in unterschiedlichen Domänen (DOSPERT; Domain-Specific Risk-Taking Scale) wie z. B. Sport und Erholung sowie die Erklärungsmodelle zur Vorhersage der Verhaltensabsicht sowie des tatsächlichen Verhaltens können kombiniert und verwendet werden, um die touristische Reiseabsicht während einer Pandemie besser erklären und vorhersagen zu können. Dabei wird die Kombination unterschiedlicher Theorien in der psychologischen Forschung zum Gesundheitsverhalten als vielversprechend angesehen, um gesundheitsrelevante Verhaltensänderungen unter Risikosituationen und Interventionen besser verstehen zu können (Champion & Skinner, 2008; Aiken, 2011; vgl. auch Huang et al., 2020).

4.3.1.1 Die Domain-Specific Risk-Taking Scale (DOSPERT)

Eine psychometrische Skala zur Messung des Risikoverhaltens sowie des Risikonutzens, der aus dem risikoreichen Verhalten resultiert, ist die *Domain-Specific Risk-Taking Scale* (*DOSPERT*) nach Weber et al. (2002). Diese Skala zur Messung des Risikoverhaltens von Individuen wurde für die fünf Domänen (1) Finanzentscheidungen, (2) Gesundheit und Sicherheit, (3) Erholung und Sport, (4) Ethik sowie (5) Soziale Entscheidungen entwickelt und entsprechend validiert (Blais & Weber, 2006; Johnson et al., 2004; Weber et al., 2002). Dabei müssen Individuen mittels Ratingskalen ihre Einschätzungen über die Wahrscheinlichkeit abgehen, dass sie einer bestimmten Aktivität nachgehen oder ein bestimmtes Verhalten ausüben, wie beispielsweise bei einer Prüfung zu schummeln. Im Bereich der Tourismusforschung wurde diese Skala mehrfach angewandt, so z. B. zur Vorhersage des risikofreudigen Verhaltens von Touristen beim Reisen (Farnham et al., 2018) oder im Rahmen neuer mHealth-Technologien für mobile Gesundheitsfürsorge mittels Apps (Farnham et al., 2016) sowie zur Erklärung des risikoreichen Verhaltens von Natur- und Abenteuertouristen (Dinc & Tez, 2019). Im Bereich des gesundheitsrelevanten Verhaltens wurde die Domain-Specific Risk-Taking Scale (DOSPERT) mitunter zur Vorhersage und Erklärung von ungesunden und risikoreichen Verhaltensweisen herangezogen (Brailovskaia et al., 2018) oder beispielsweise zur Erklärung und Vorhersage von präventiven Verhaltensabsichten, wie das Tragen eines Helms beim Fahrradfahren (Quine et al., 1998), oder zur Erhöhung der Verhaltensabsicht, Kondome zu kaufen und zu benutzen (Montanaro & Bryan, 2014). In ◼ Tab. 4.1 finden sich Erklärungen mit Kernfragen aus den fünf Domänen der Skala.

◘ Tab. 4.1 Domänen der DOSPERT-Skala mit Beispielfragen

Domäne	Erklärung mit Kernfrage
Finanzent-scheidungen	Risikobereitschaft einer Person bezüglich Finanzentscheidungen: Würde sie beispielsweise 5 % des Jahreseinkommens in eine spekulative Aktie investieren?
Gesundheit und Sicherheit	Risikobereitschaft einer Person bezüglich ihrer Gesundheit und Sicherheit: Würde sie beispielsweise ohne Helm Motorrad fahren?
Erholung und Sport	Risikobereitschaft einer Person in ihrer Freizeit: Würde sie beispielsweise von einer hohen Brücke Bungee springen?
Ethik	Risikobereitschaft einer Person bezüglich ethischer Entscheidungen: Würde sie beispielsweise eine gefundene Brieftasche mit 200 € zurückgeben?
Soziale Ent-scheidungen	Risikobereitschaft einer Person bezüglich sozialer Entscheidungen: Würde sie beispielsweise in eine Stadt weit weg von der Familie umziehen?

Quelle: Eigene Darstellung

4.3.1.2 Das Health Belief Model (HBM)

Ein Modell zur Erklärung und Vorhersage des präventiven Gesundheitsverhaltens von Individuen, das sowohl in der Gesundheitsforschung als auch in der Tourismusforschung Anwendung findet, ist das Health Belief Model (HBM; Rosenstock, 1960, 1966, 1974; vgl. auch Champion & Skinner, 2008). Gemäß dem Health Belief Model hängt das Gesundheitsverhalten von Individuen hauptsächlich von der wahrgenommenen Anfälligkeit für einen unerwünschten Gesundheitszustand (*perceived susceptibility*) sowie von der wahrgenommenen Schwere eines unerwünschten Gesundheitszustands (*perceived severity*) ab. Auch hierbei handelt es sich nicht um das reale Risiko, sondern um subjektive Einschätzungen und somit um individuelle Überzeugungen (*beliefs*). Weitere Erklärungsvariablen im Modell sind der wahrgenommene Nutzen (*perceived benefits*) und die wahrgenommenen Barrieren (*perceived barriers*) bei der Ausführung eines präventiven Verhaltens zur Vermeidung eines unerwünschten Gesundheitszustands (Rosenstock, 1966, 1974; Champion & Skinner, 2008). Dazu gehört beispielsweise der wahrgenommene Nutzen aus dem Tragen eines Fahrradhelmes, um schwere Kopfverletzungen zu vermeiden (Quine et al., 1998), oder die wahrgenommenen Barrieren einer Diät, beispielsweise aufgrund fehlender Willenskraft (Urbanovich & Bevan, 2020). Ein weiteres Konstrukt des Health Belief Models (HBM), das als weitere unabhängige Einflussvariable vorgeschlagen wird, ist die Selbstwirksamkeit (*self-efficacy*). Mit der Selbstwirksamkeit sind Erwartungen an das eigene Verhalten sowie das Vertrauen in die eigenen Kompetenzen zur Ausführung des präventiven Verhaltens gemeint, das notwendig ist, um einen gewünschten Gesundheitszustand zu erlangen oder einen unerwünschten Gesundheitszustand zu vermeiden (Rosenstock et al., 1988; Bandura, 1977; vgl. auch Ajzen, 1991). So wurde das Health Belief Model im Tourismusbereich beispielsweise herangezogen zur Vorhersage der Reisevermeidung aufgrund von Ebola

▣ **Tab. 4.2** Anwendung des HBM auf den Forschungsgegenstand der Reiseabsicht während der Coronapandemie	
Dimension	**Erklärung mit Kernfrage**
Wahrgenommene Anfälligkeit	Beurteilungen von Personen bezogen auf das Ansteckungsrisiko mit dem Coronavirus beim Reisen: Besteht ein erhöhtes Risiko, beim Reisen mit dem Coronavirus in Kontakt zu kommen?
Wahrgenommene Schwere	Beurteilungen von Personen bezogen auf die Schwere einer möglichen Erkrankung und die Konsequenzen einer möglichen Ansteckung mit dem Coronavirus: Hätte eine Ansteckung ernsthafte Konsequenzen auf die Ausübung ihrer Arbeit?
Wahrgenommener Nutzen	Beurteilungen von Personen bezogen auf den Nutzen von Coronaschutzmaßnahmen beim Reisen: Reduzieren die Coronaschutzmaßnahmen das Ansteckungsrisiko beim Reisen?
Wahrgenommene Barrieren	Beurteilungen von Personen bezogen auf die Hürden von Coronaschutzmaßnahmen beim Reisen: Verunmöglichen die Coronaschutzmaßnahmen ein angenehmes Reisen?
Selbstwirksamkeit	Beurteilungen von Personen, inwiefern sie mit ihrem Verhalten einen Beitrag zur Beendigung der Pandemie leisten können: Glauben sie, durch ihr Verhalten Risikogruppen schützen zu können?

Quelle: Eigene Darstellung

in den USA (*travel avoidance*; Cahyanto et al., 2016). Die Einflussdimensionen der wahrgenommenen Anfälligkeit und der wahrgenommenen Schwere wurden ebenfalls zur Erklärung und Vorhersage der Reisevermeidung während der Coronapandemie herangezogen (Chua et al., 2021). Die Konstrukte des Health Belief Model werden in ▣ Tab. 4.2 bezogen auf den vorliegenden Forschungsgegenstand des Reisens während der Coronapandemie genauer vorgestellt.

4.3.1.3 Die Theorie des geplanten Verhaltens (TPB)

Eines der bekanntesten Erklärungsmodelle für den Zusammenhang zwischen Einstellungen und Verhalten ist die Theorie des geplanten Verhaltens (*theory of planned behavior*, TPB; Ajzen, 1991; Ajzen & Fishbein, 2005). Die Theorie postuliert, dass für das Verhalten eines Individuums die Verhaltensabsicht eine zentrale Einflussdimension darstellt. Grundlage für die Verhaltensabsicht und das darauffolgende Verhalten ist eine deliberative Auseinandersetzung mit den Kosten und Nutzen des geplanten Verhaltens sowie das Abwägen der möglichen positiven und negativen Konsequenzen, die mit dem geplanten Verhalten einhergehen können (Hüsser, 2016; vgl. auch Fazio, 1990). Die Verhaltensabsicht umfasst dabei die motivationalen Faktoren, ein geplantes Verhalten auszuführen, und wird wiederum durch 3 Einflussdimensionen bestimmt: (1) die Einstellung gegenüber dem geplanten Verhalten, (2) die subjektive Norm bezüglich des geplanten Verhaltens und (3) die wahrgenommene Verhaltenskontrolle über das geplante Verhalten (Ajzen,

◘ Tab. 4.3 Anwendung der TPB auf den Forschungsgegenstand der Reiseabsicht während der Coronapandemie

Dimension	Erklärung mit Kernfrage
Einstellung	Einstellung der Befragten zum Reisen während der Coronapandemie: Beurteilen sie das Reisen während der Coronapandemie als positiv oder negativ?
Subjektive Norm	Einfluss von Personen, die den Befragten wichtig sind: Unterstützen nahestehende Personen das Reisen während der Coronapandemie?
Wahrgenommene Verhaltenskontrolle	Verfügbarkeit der nötigen Ressourcen, um während der Coronapandemie zu reisen: Haben die Befragten genügend Geld, um während der Coronapandemie zu reisen?

Quelle: Eigene Darstellung

1991; Ajzen & Fishbein, 2005; Hüsser, 2016). Diese 3 Konstrukte werden in ◘ Tab. 4.3 wiederum bezogen auf den vorliegenden Forschungsgegenstand des Reisens während der Coronapandemie näher vorgestellt.

Die Theorie des geplanten Verhaltens wurde im touristischen Bereich nicht nur zur Vorhersage des Freizeitverhaltens (vgl. z. B. Ajzen & Driver, 1992) herangezogen, sondern in Kombination mit dem Health Belief Model auch zur Vorhersage und zur Erklärung des präventiven Gesundheitsverhaltens zur Vermeidung gesundheitlicher Risiken beim Reisen (z. B. Huang et al., 2020). Andere Autoren wiederum untersuchen beispielsweise den Einfluss von nichtpharmazeutischen Interventionen (NPIs) gegen Influenza, wie etwa Händewaschen und Abstandhalten, auf die Reiseabsichten von Touristen (Lee et al., 2012). Die Theorie des geplanten Verhaltens wurde zudem zusammen mit dem wahrgenommenen Risiko und der wahrgenommenen Unsicherheit bei der Wahl von Destinationen durch Touristen herangezogen (Quintal et al., 2010) als auch zur Erklärung der Reiseabsicht während der Coronapandemie (Sánchez-Cañizares et al., 2021).

4.3.2 Ein Erklärungsmodell zur Vorhersage der Reiseabsicht während einer Pandemie

Das vorliegende Erklärungsmodell zur Vorhersage der Reiseabsicht unter der Bedrohungssituation einer Pandemie kombiniert die DOSPERT-Skala zum Risikoverhalten bei Erholung und Sport, das Health Belief Model und die Theorie des geplanten Verhaltens. Die Kombination der beiden sozialpsychologischen Erklärungsmodelle des Health Belief Models und der Theorie des geplanten Verhaltens mit der Skala zur Messung des Risikoverhaltens bei Erholung und Sport (DOSPERT) soll empirische Grundlagen liefern zur Entwicklung geeigneter Maßnahmen für ein sicheres Reisen. ◘ Abb. 4.2 zeigt das kombinierte Modell.

In ◘ Tab. 4.4 werden die Wirkzusammenhänge genauer beschrieben.

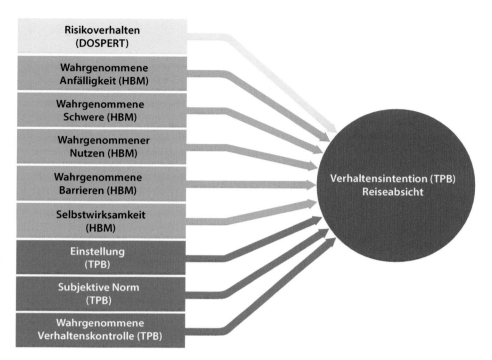

☐ Abb. 4.2 Das kombinierte Erklärungsmodell mit Reiseabsicht als abhängige Variable

☐ Tab. 4.4 Hypothetisierte Wirkzusammenhänge

Dimension	Wirkzusammenhang
Wahrgenommene An-fälligkeit	Je höher die wahrgenommene Anfälligkeit für das Coronavirus beim Reisen, desto tiefer die Reiseintention
Wahrgenommene Schwere	Je höher die wahrgenommene Schwere eines eventuellen Krankheits-verlaufs, desto tiefer die Reiseintention
Wahrgenommener Nutzen	Je höher der wahrgenommene Nutzen der Coronaschutzmaßnahmen beim Reisen, desto höher die Reiseintention
Wahrgenommene Barrieren	Je höher die wahrgenommenen Barrieren bei der Umsetzung der Co-ronaschutzmaßnahmen beim Reisen, desto tiefer die Reiseintention
Selbstwirksamkeit	Je höher die wahrgenommene Selbstwirksamkeit, desto höher die Reiseintention
Einstellung	Je besser die Einstellung gegenüber dem Reisen während der Corona-pandemie, desto höher die Reiseintention
Subjektive Norm	Je höher die subjektive Norm, desto höher die Reiseintention
Wahrgenommene Ver-haltenskontrolle	Je höher die wahrgenommene Verhaltenskontrolle, desto höher die Reiseintention

Quelle: Eigene Darstellung

4.3.3 Methodik

Anhand von empirischen Studien können die signifikanten Einflussdimensionen identifiziert werden, die die Reiseabsicht beeinflussen können. Dafür werden alle in ◘ Abb. 4.2 dargestellten Einflussvariablen auf der Grundlage von diversen Einzelitems auf reflektiven Messskalen mittels einer empirischen Befragung erhoben.

Die individuellen Einschätzungen zu den Befragungsitems wurden mittels 5-Punkte-Ratingskalen gemessen. Dabei wurden die Endpunkte, aber nicht die Abstufungen benannt. Die Items entstammen der einschlägigen Literatur (z. B. Cahyanto et al., 2016; Lee et al., 2012; Montanaro & Bryan, 2014; Quine et al., 1998) und wurden auf den vorliegenden Forschungsgegenstand adaptiert und im Vorfeld intensiv getestet. Die detaillierte Erhebung der Konstrukte findet sich im Anhang.

Die latenten Konstrukte ergeben sich jeweils durch die Bildung von Mittelwertindices aus den jeweiligen Items nach vorheriger Prüfung der faktoriellen Validität (Hauptachsenanalyse mit Promax-Rotation, $\kappa = 4$) sowie ihrer Reliabilität (Cronbachs Alpha) (Weiber & Mühlhaus, 2014; Jennrich, 2006). ◘ Tab. 4.5 veranschaulicht die Operationalisierung der latenten Konstrukte anhand von Beispielitems.

◘ **Tab. 4.5**   Die Dimensionen des Erklärungsmodells und jeweils ein dazugehöriges Beispielitem

Konstrukt	Beispielitem	Anzahl Items	Mittelwert (SD)	Cronbachs Alpha
Risikoverhalten (DOSPERT)	Würden Sie während der starken Wasserströmung im Frühling an einer Wildwasserschlauchboottour teilnehmen? (1 = *sehr unwahrscheinlich* bis 5 = *sehr wahrscheinlich*)	3	1,91(1,06)	,75
Wahrgenommene Anfälligkeit (HBM)	Das Reisen aktuell birgt ein hohes Risiko für eine Ansteckung mit dem Coronavirus. (1 = *stimme überhaupt nicht zu* bis 5 = *stimme voll und ganz zu*)	4	3,54(1,10)	,90
Wahrgenommene Schwere (HBM)	Eine Ansteckung mit dem Coronavirus hätte ernsthafte Auswirkungen auf meine körperliche Gesundheit. (1 = *stimme überhaupt nicht zu* bis 5 = *stimme voll und ganz zu*)	4	3,27(1,13)	,87
Wahrgenommener Nutzen NPI (HBM)	Die Coronaschutzmaßnahmen reduzieren das Ansteckungsrisiko beim Reisen. (1 = *stimme überhaupt nicht zu* bis 5 = *stimme voll und ganz zu*)	4	3,78(,91)	,83

◻ Tab. 4.5 (Fortsetzung)

Konstrukt	Beispielitem	Anzahl Items	Mittelwert (SD)	Cron-bachs Alpha
Wahrgenommene Barrieren NPI (HBM)	Die Coronaschutzmaßnahmen sind beim Reisen störend. (1 = *stimme überhaupt nicht zu* bis 5 = *stimme voll und ganz zu*)	4	2,98(1,13)	,82
Selbstwirksamkeit (HBM)	Es liegt in meinen Möglichkeiten, dass die Gesellschaft vor Corona geschützt wird. (1 = *trifft überhaupt nicht zu* bis 5 = *trifft voll und ganz zu*)	4	4,02,90)	,82
Einstellung Reisen (TPB)	Das Reisen im Jahr 2021 empfinde ich persönlich als … (1 = *schlecht/etc.* bis 5 = *gut/etc.*)	6	2,86(1,19)	,93
Subjektive Norm Reisen (TPB)	Die meisten Personen, die mir wichtig sind, befürworten das Reisen im Jahr 2021. (1 = *trifft überhaupt nicht zu* bis 5 = *trifft voll und ganz zu*)	5	2,54(1,06)	,92
Wahrgenommene Verhaltenskontrolle Reisen (TPB)	Ich habe die nötigen Möglichkeiten, um im Jahr 2021 zu reisen. (1 = *trifft überhaupt nicht zu* bis 5 = *trifft voll und ganz zu*)	3	3,56(1,21)	,85
Reiseabsicht (TPB)	Meine Absicht, im Jahr 2021 eine private Reise anzutreten, ist stark. (1 = *trifft überhaupt nicht zu* bis 5 = *trifft voll und ganz zu*)	5	3,13(1,47)	,97

Anmerkung. n = 1'644–1'669 (listenweiser Fallausschluss); *SD* = Standardabweichung

Um das postulierte Modell (siehe ◻ Abb. 4.1) zu überprüfen und somit für die Maßnahmengestaltung nutzbar zu machen, wurde eine dreisprachige und landesweite Befragung der Schweizer Wohnbevölkerung im Zeitraum von März bis Mai 2021 durchgeführt. Ein Einladungsschreiben zur Teilnahme an der Studie wurde postalisch an insgesamt 4530 zufällig ausgewählte in der Schweiz wohnhafte Personen versandt. Die Adressdaten wurden vom Bundesamt für Statistik (BfS) zur Verfügung gestellt. Von den insgesamt 4530 angeschriebenen Personen (Bruttostichprobe) wurden 164 als nicht erreichbar gemeldet (verzogen, verstorben, altersbedingt). Somit verblieb eine Nettostichprobe von 4366 Personen, von denen insgesamt 1683 Personen an der Befragung teilgenommen haben. Dies entspricht einer Rücklaufquote von rund 39 %. Die Struktur der Befragten entspricht derjenigen der schweizerischen

Wohnbevölkerung ab 18 Jahren im Hinblick auf Geschlecht, Alter und Sprachregion. Aufgrund von fehlenden Werten (*missings*) variiert die Fallzahl je nach Analyse zwischen 1573 und 1669 Observationen (listenweiser Fallausschluss).

4.3.4 Zentrale empirische Befunde

Das oben hypothetisierte Modell wurde mittels einer multiplen linearen Regression (OLS; Ordinary Least Squares) überprüft (n = 1573). Das Regressionsmodell weist eine hohe Modellgüte zur Erklärung der Reiseabsicht auf, $R^2_{korr.}$ = ,585; $F(11, 1561)$ = 202.189, p < ,001. Wie ◘ Tab. 4.6 zu entnehmen ist, gibt es insgesamt sechs Einflussvariablen, die die Reiseabsicht im Jahr 2021 signifikant vorhersagen können. So hat das Alter der befragten Personen einen signifikant negativen Einfluss auf die Reiseabsicht (β = −,040, SE = ,002, t = −2142, p < ,05): Je älter die befragten Personen sind, desto tiefer ist ihre Reiseabsicht. Gründe hierfür dürften sein, dass ältere Personen vermehrt der Risikogruppe angehören und deshalb das Reisen selbst-

◘ **Tab. 4.6** Multiple Regression (OLS) mit der Reiseabsicht als abhängige Variable

Effekt	b	SE	95 % KI		Beta	T	p
			UG	OG			
Konstante	,438	,230	−,014	,890		1901	,057
Geschlecht (0 = weiblich)	,003	,049	−,093	,100	,001	,067	,947
Alter in Jahren	−,004	,002	−,007	,000	−,040	−2142	,032
Risikoverhalten (DOSPERT)	,029	,026	−,021	,079	,021	1137	,256
Wahrgenommene Anfälligkeit (HBM)	−,195	,027	−,247	−,142	−,145	−7292	<,001
Wahrgenommene Schwere (HBM)	,006	,026	−,046	,057	,005	,223	,824
Wahrgenommener Nutzen NPI (HBM)	,096	,031	,036	,157	,059	3132	,002
Wahrgenommene Barrieren NPI (HBM)	−,030	,023	−,075	,014	−,023	−1335	,182
Selbstwirksamkeit (HBM)	,041	,031	−,020	,101	,025	1325	,185
Einstellung Reisen (TPB)	,436	,030	,378	,494	,351	14.697	<,001
Subjektive Norm Reisen (TPB)	,226	,032	,164	,289	,163	7115	<,001
Wahrgenommene Verhaltenskontrolle Reisen (TPB)	,351	,023	,305	,397	,287	15,022	<,001

Anmerkung. n = 1573 (listenweiser Fallausschluss). b = nicht standardisierte Koeffizienten; SE = Standardfehler; KI = Konfidenzintervall; UG = Untergrenze; OG = Obergrenze; *Beta* = standardisierte Koeffizienten; T = t-Wert; p = p-Wert; $R^2_{korr.}$ = ,585; $F(11, 1561)$ = 202.189, p < ,001

bestimmt meiden. Die Skala zum Risikoverhalten im Tourismus (DOSPERT) hingegen hat entgegen den Erwartungen keinen Einfluss auf die Reiseabsicht ($\beta = ,021$, $SE = ,026$, $t = 1137$, p = n.s.). Eine höhere allgemeine touristische Risikobereitschaft führt also nicht zu einer höheren Absicht, während einer Pandemie zu reisen. Bei den Konstrukten des Health Belief Models zeigt sich ein signifikant negativer Einfluss der wahrgenommenen Anfälligkeit ($\beta = -,145$, $SE = ,027$, $t = -7292$, $p < ,001$). Je höher die wahrgenommene Anfälligkeit für das Coronavirus beim Reisen ist, desto tiefer fällt die Reiseabsicht aus. Der wahrgenommene Nutzen der Coronaschutzmaßnahmen beim Reisen zeigt ebenfalls den erwarteten positiven Effekt ($\beta = ,059$, $SE = ,031$, $t = 3132$, $p < ,01$). Je höher der Nutzen der Coronaschutzmaßnahmen beim Reisen wahrgenommen wird, desto höher die Absicht, im Jahr 2021 zu reisen. Bei der Theorie des geplanten Verhaltens (TPB) haben sowohl die Einstellung zum Reisen ($\beta = ,351$, $SE = ,030$, $t = 14.697$, $p < ,001$), die subjektive Norm zum Reisen ($\beta = ,163$, $SE = ,032$, $t = 7115$, $p < ,001$) als auch die wahrgenommene Verhaltenskontrolle zur Ausübung des Reiseverhaltens ($\beta = ,287$, $SE = ,023$, $t = 15.022$, $p < ,001$) einen signifikanten Einfluss auf die Reiseabsicht. Je besser die Einstellung zum Reisen im Jahr 2021, je höher die Unterstützung des direkten Umfelds für das Reisen und je höher die wahrgenommene Verhaltenskontrolle zur Ausübung des Reiseverhaltens, desto höher fällt die Absicht aus, im Jahr 2021 zu reisen.

In ◻ Abb. 4.3 wird ein Effektenplot zur Veranschaulichung der signifikanten Einflüsse in ◻ Tab. 4.6 vorgestellt. Dabei handelt es sich um die isolierten Effekte unter Kontrolle der jeweilig anderen Einflussdimensionen im Modell.

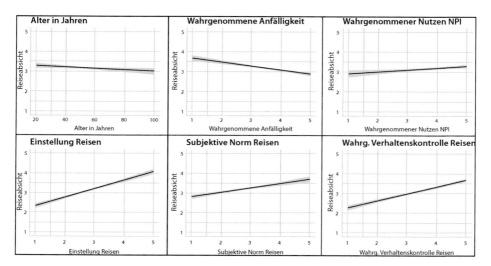

◻ **Abb. 4.3**   Effektenplot zur Veranschaulichung der Effekte

4.4   Risikoreduktion: Ausblick zu Interventionsstrategien für sicheres Reisen bei Pandemien

Insbesondere der Tourismus ist eine Ursache für grenzüberschreitende Ansteckungen mit dem Coronavirus. Die wohl wirksamste Maßnahme, um das Infektionsgeschehen zu unterbinden, um somit die epidemiologische Lage von Regionen, Ländern und Kontinenten unter Kontrolle zu bringen, ist die politisch verordnete Massenquarantäne („Lockdown"). Hiermit wird die Bewegungsfreiheit und somit das öffentliche Leben zeitlich eingeschränkt. Diese Extremmaßnahme reguliert auch Formen des Tourismus, um eine räumliche Distanzierung zur Reduktion von Infektionskrankheiten zu schaffen.

Die Einschränkung der Bewegungsfreiheiten stellt eine effektive, gerechtfertigte und kurzfristige Maßnahme zur Risikoreduktion meist zu Beginn einer noch unbekannten Pandemie dar. Es handelt sich hierbei jedoch um eine gesellschaftlich und wirtschaftlich unliebsame Notlösung. Denn das Reisen kann als ein menschliches Grundbedürfnis angesehen werden (Hennig, 1999), das einen Ausbruch aus dem Alltag erlaubt (Urry & Larsen, 2011), um so gesellschaftlichen Erwartungshaltungen (kurzzeitig) einen Freiraum entgegenzusetzen (vgl. Tourismuspsychologie in Opaschowski, 1998, S. 77 ff.). Zudem ist Tourismus von ökonomischer Bedeutung, weshalb die Verluste der touristischen Wertschöpfung durch die Bedrohungen der Gesundheit der Reisenden durch geeignete Schutzmaßnahmen zu minimieren sind.

Gezielte Maßnahmen, die lokal an (potenziellen) Infektionsherden ansetzen, werden aktuell in vielen Quell- und Zielländern des Tourismus praktiziert. Zukünftig dürfte das Reisen durch das Wechselspiel von pharmazeutischen und nichtpharmazeutischen Maßnahmen begleitet werden, damit Touristinnen und Touristen sich vor den Risiken von Pandemien schützen können.

Zu den **pharmazeutischen Maßnahmen** gehört der Impfschutz und dessen Auffrischung. Zu den **nichtpharmazeutischen Maßnahmen** gehören das Tragen von OP- und FFP2-Masken beim Aufenthalt in Verkehrsmitteln, Hotels und im öffentlichen Raum (Restaurants, Museen), das Beachten von Reisewarnungen für Risikoländer und -regionen, Testzentren an Grenzübergängen oder an Start- und Zielorten, um der Nachweispflicht für einen gültigen negativen PCR- oder Antigentest nachzukommen. Des Weiteren sind die Quarantänevorschriften bei An- und Rückreise den nichtpharmazeutischen Maßnahmen zuzuordnen. Wichtige Voraussetzung für die Wirksamkeit dieser Maßnahmen ist allerdings sowohl die Akzeptanz als auch die richtige Umsetzung der Maßnahmen durch die Reisenden.

Die Reiseabsicht bei einer weltweit vorherrschenden Pandemie ist jedoch beeinflusst von Entscheidungen unter Unsicherheit (vage Vorstellungen über die Eintretenswahrscheinlichkeit). Die empirische Erfassung der Risikowahrnehmung und Risikoeinstellung in Anlehnung an das psychometrische Paradigma ermöglicht einen Einblick, wie der individuelle Umgang mit den verbundenen Risiken der Coronapandemie die touristische Reiseabsicht beeinflussen kann. Die subjektive Risikowahrnehmung und die Risikoeinstellung stellen somit einen wichtigen Anknüpfungspunkt für die Maßnahmengestaltung im Bereich der evidenzbasierten Interventionsforschung dar.

Auf der Basis des Erklärungsmodells (◘ Abb. 4.2) und der empirisch bestätigten Einflussdimensionen sowie deren Effektstärken bezogen auf die Reiseabsicht während einer Pandemie (◘ Abb. 4.3 und ◘ Tab. 4.6) können Interventionsstrategien formuliert werden, die direkt bei der Risikowahrnehmung und Risikoeinstellung der Reisenden ansetzen können (für die Nachhaltigkeitsforschung siehe Ohnmacht et al., 2017). Wenn diese Abwägungsprozesse mit den wirksamen Maßnahmen in Verbindung gebracht werden, so ist die Brückenhypothese, dass hiermit sicheres Reisen begünstigt werden kann.

Mit Hilfe der statistischen Analysen können wir zwei Faktoren des Health Belief Model identifizieren, die eine Vorhersage über die Reiseabsichten erlauben. Dies ist zum einen die **wahrgenommene Anfälligkeit,** mit dem Coronavirus während des Reisens infiziert zu werden. Personen, die die Gefahren einer Ansteckung als höher einschätzen, haben geringere Reiseabsichten. Zum anderen hat sich der wahrgenommene Nutzen von Coronaschutzmaßnahmen während des Reisens als zentraler Einflussfaktor erwiesen. Werden die Coronaschutzmaßnahmen als nützlich eingeschätzt, steigen die Reiseabsichten (◘ Abb. 4.2). Somit kann die Maßnahmengestaltung sich auf zwei zur Reiseabsicht gegenläufige Aspekte konzentrieren: die Anfälligkeit, während des Reisens mit dem Coronavirus in Kontakt zu kommen, und der Nutzen, dass die Coronaschutzmaßnahmen das Ansteckungsrisiko beim Reisen reduzieren. Neben den beiden Einflussdimensionen des Health Belief Model erweisen sich die drei Einflussdimensionen der Theorie des geplanten Verhaltes TPB als gute Prädiktoren für die Reiseabsicht. Die generelle positive Einstellung, die Unterstützung im sozialen Umfeld sowie die zur Verfügung stehenden Voraussetzungen (Zeit, Ressourcen, Geld) im Jahre 2021 unter den Bedingungen der Coronapandemie können ebenfalls in Zusammenhang mit der Maßnahmengestaltung gebracht werden.

Das Wissen über die Art und Beschaffenheit von sozialpsychologischen Einflussdimensionen bildet so die Grundlage für den Einsatz von Maßnahmen, die sicheres Reisen unter Bedingungen von Pandemien begünstigen können. Dafür werden Maßnahmen mit den Einflussdimensionen in einen Zusammenhang gestellt, um eine direkte Ansprache bewirken zu können.

Zum Beispiel kann anhand der Interventionsstrategie der Dienstleistungen durch die Gesundheitsstellen über Risikogebiete laufend informiert werden. Dies beeinflusst die wahrgenommene Anfälligkeit negativ, sodass die Reiseabsicht in risikoarme Reiseregionen erhöht wird. Anhand der Interventionsstrategie der Vermittlung von Effektivitätswissen werden Labels an Tourismusdestinationen und deren Hotels vergeben, die wiederum signalisieren, dass die Standards der Hygienevorschriften strikt umgesetzt werden. Dies erhöht wiederum den wahrgenommenen Nutzen der Maßnahmen, was zu einer Reiseabsicht in Destinationen führt, die solche Labels verwenden.

◘ Abb. 4.4 zeigt exemplarisch diese Möglichkeiten für die Entwicklung von Maßnahmenfeldern auf, die die Einflussdimensionen des Modells ansprechen können. Diese Maßnahmen können theoretisch postuliert oder in weiteren Forschungsvorhaben auf die Größe ihrer Effektivität empirisch überprüft werden.

4

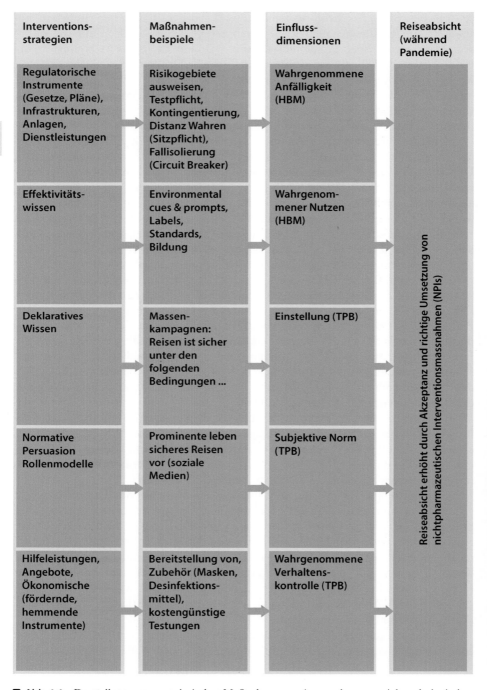

● **Abb. 4.4** Darstellung von exemplarischen Maßnahmen zur Ansprache von sozialpsychologischen Einflussdimensionen

4.5 Fazit

In der Literatur zur Risikoforschung finden sich unterschiedliche Konzeptualisierungen und Operationalisierungen des Risikobegriffs (Aven & Renn, 2009). Der vorliegende Beitrag fokussierte bei der Operationalisierung des wahrgenommenen Risikos auf die Theorie der Psychometrie (Raykov & Marcoulides, 2011) und kombinierte eine Skala zur Erfassung des Risikoverhaltens (Weber et al., 2002) mit dem Health Belief Model (Rosenstock et al., 1988) und der Theorie des geplanten Verhaltens (Ajzen, 1991), um aggregierte individuelle Risikowahrnehmungen und Risikoeinstellungen der Schweizer Bevölkerung zur Vorhersage der Reiseabsicht während der Coronapandemie basierend auf Ratingskalen empirisch zu erfassen. Die Kombination des Health Belief Model und der Theorie des geplanten Verhaltens erwies sich als vorteilhaft zur Bestimmung von deren Nützlichkeit und Vorhersagekraft im Kontext der Reiseabsicht während der Coronapandemie (vgl. hierzu auch Champion & Skinner, 2008). Die Bestimmung der relativen Wichtigkeit der jeweiligen Einflussdimensionen erlaubte es in einem zweiten Schritt, Maßnahmen für sicheres Reisen abzuleiten, die angelehnt an diesen Einflussdimensionen eine Verhaltensänderung beziehungsweise ein erwünschtes Verhalten beim Reisen herbeiführen können (siehe hierzu auch Aiken, 2011).

❓ Wiederholungs-/Kontrollfragen

1. Inwiefern weichen individuelle Risikopräferenzen für einfache Lotterien von der traditionellen Erwartungsnutzentheorie ab?
2. Welche zwei Risikofaktoren beeinflussen gemäß Slovic und Kollegen die subjektive Risikowahrnehmung?
3. Was versteht man genau unter der Psychometrie?
4. Wie lassen sich psychologische Modelle für die Maßnahmengestaltung nutzbar machen?

Zusammenfassung

- In der Literatur zur Risikoforschung gibt es keine einheitliche Konzeptualisierung und Operationalisierung des Risikobegriffs.
- In der vorherrschenden ökonomischen Entscheidungstheorie wird das Risiko bei einfachen Lotterien objektiv über bekannte Wahrscheinlichkeiten und monetäre Geldbeträge operationalisiert. Risikoeinstellungen werden ausgehend von der Erwartungsnutzentheorie über die Form der individuellen Nutzenfunktion bestimmt.
- Das psychometrische Paradigma der Risikowahrnehmung konzeptualisiert das Risiko als eine subjektive Wahrnehmungsvariable und bedient sich der Psychometrie zur Bestimmung der zugrunde liegenden Faktoren, die erklären können, weshalb verschiedene Bedrohungen und Gefahren hinsichtlich ihres Risikos unterschiedlich wahrgenommen werden.
- Der Begriff der Psychometrie umfasst alle Theorien und statistischen Methoden zur Entwicklung psychologischer Tests und psychometrischer Skalen sowie latenter theoretischer Konstrukte. Dazu gehören die klassische und die probabilis-

tische Testtheorie sowie multivariate Analysemethoden zur Ermittlung der Reliabilität und Validität von Messinstrumenten.

- Die Domain-Specific Risk-Taking Scale ist eine empirisch validierte Skala zur Erhebung des Risikoverhaltens in unterschiedlichen Domänen (Finanzen, Gesundheit, Freizeit) sowie zur Erhebung des wahrgenommenen Nutzens aus dem risikoreichen Verhalten.
- Das Health Belief Model ist eine Theorie zur Erklärung und Vorhersage des präventiven Verhaltens und der Verhaltensänderung im Gesundheitsbereich. Determinanten des präventiven Verhaltens oder einer Verhaltensänderung ist die wahrgenommene Anfälligkeit (*susceptibility*) für einen unerwünschten Zustand, die wahrgenommene Schwere (*severity*) eines unerwünschten Zustands, der wahrgenommene Nutzen (*benefits*) sowie die wahrgenommenen Barrieren (*barriers*) von Maßnahmen zur Vermeidung eines unerwünschten Zustands sowie die Selbstwirksamkeit (*self-efficacy*) zur Ausführung des präventiven Verhaltens oder der Verhaltensänderung.
- Die Theorie des geplanten Verhaltens ist eine Theorie zur Erklärung des Verhaltens in spezifischen Kontexten, bei denen Individuen deliberativ die Vor- und Nachteile sowie die positiven und negativen Konsequenzen des Verhaltens abwägen. Die Verhaltensintention umfasst alle motivationalen Komponenten zur Ausführung des Verhaltens und ist der Hauptprädiktor für das tatsächliche Verhalten. Die Verhaltensintention wiederum hängt von der Einstellung zum geplanten Verhalten, der subjektiven Norm zum geplanten Verhalten sowie von der wahrgenommenen Verhaltenskontrolle ab.
- Die Kombination verschiedener Theorien erweist sich als vorteilhaft zum besseren Verständnis der kognitiven Prozesse, die zu einem bestimmten (gesundheitsrelevanten) Verhalten führen. Daraus lassen sich in einem weiteren Schritt entsprechende Maßnahmen und Interventionen ableiten, die ein erwünschtes Verhalten oder eine Verhaltensänderung herbeiführen können.

Anhang

Fragebogen

Ihr Risikoverhalten in Ihrer Freizeit

Als Erstes geht es darum, Ihr Risikoverhalten im Bereich Freizeit zu erfassen. Bitte geben Sie nachfolgend für jede Aussage an, mit welcher Wahrscheinlichkeit Sie den genannten Aktivitäten oder Verhaltensweisen nachgehen würden.

Wählen Sie bitte das Kästchen „sehr unwahrscheinlich" bis „sehr wahrscheinlich" aus. Mit den Kästchen dazwischen können Sie Ihre Antwort abstufen.

	sehr unwahrscheinlich				sehr wahrscheinlich
Würden Sie in der Wildnis fernab von Zivilisation und Campingplätzen zelten?	☐	☐	☐	☐	☐
Würden Sie während der starken Wasserströmung im Frühling an einer Wildwasser-Schlauchboot-Tour teilnehmen?	☐	☐	☐	☐	☐
Würden Sie regelmäßig gefährlichen Sport treiben (wie z.B. Klettern, Fallschirmspringen etc.)?	☐	☐	☐	☐	☐

Ihre Einstellung zum Reisen im Jahr 2021

Nun interessiert uns Ihre Einstellung zum Reisen im Jahr 2021. Bitte geben Sie nachfolgend für jedes Gegensatzpaar an, welche der beiden Eigenschaften für Sie persönlich das *Reisen* im Jahr *2021* am besten beschreibt. Mit den Kästchen dazwischen lassen sich wiederum Abstufungen vornehmen.

Das Reisen im Jahr 2021 finde ich …

schlecht	☐	☐	☐	☐	☐	gut
nicht nützlich	☐	☐	☐	☐	☐	nützlich
nicht wünschenswert	☐	☐	☐	☐	☐	wünschenswert
negativ	☐	☐	☐	☐	☐	positiv
unwichtig	☐	☐	☐	☐	☐	wichtig
nicht sinnvoll	☐	☐	☐	☐	☐	sinnvoll

Ihre Einschätzung zum Einfluss von nahestehenden Personen auf Ihre Einstellungen zum Reisen im Jahr 2021

Nun würden wir gerne etwas darüber erfahren, wie Personen, die Ihnen wichtig sind, über das Reisen im Jahr 2021 denken.

Geben Sie bitte nachfolgend an, inwieweit die Aussagen zutreffen.

	trifft überhaupt nicht zu				trifft voll und ganz zu
Die meisten Personen, die mir wichtig sind, *befürworten* das Reisen im Jahr 2021.	☐	☐	☐	☐	☐
Die meisten Personen, die mir wichtig sind, *befinden es als gut*, im Jahr 2021 zu reisen.	☐	☐	☐	☐	☐
Die meisten Personen, die mir wichtig sind, denken es ist *in Ordnung*, im Jahr 2021 zu reisen.	☐	☐	☐	☐	☐
Die meisten Personen, die mir wichtig sind, *empfehlen generell* das Reisen im Jahr 2021.	☐	☐	☐	☐	☐
Die meisten Personen, die mir wichtig sind, *sind sich mit mir einig*, im Jahr 2021 auf Reisen zu gehen.	☐	☐	☐	☐	☐

Ihre Einschätzung zu Ihren Möglichkeiten, im Jahr 2021 zu reisen.

Nun interessiert uns, inwieweit Sie der Meinung sind, das Reisen im Jahre 2021 **umsetzen** zu können.

Geben Sie bitte wiederum an, inwieweit die nachfolgenden Aussagen auf Sie persönlich zutreffen oder nicht.

	trifft überhaupt nicht zu				trifft voll und ganz zu
Ich habe die nötigen *Möglichkeiten*, um im Jahr 2021 zu reisen.	☐	☐	☐	☐	☐
Ich habe die *Fähigkeit*, im Jahr 2021 zu reisen.	☐	☐	☐	☐	☐
Ich habe die nötige *Zeit*, um im Jahr 2021 zu reisen.	☐	☐	☐	☐	☐

Ihre Einschätzung zu Ihrer Reiseabsicht im Jahr 2021

Bitte geben Sie für jede der nachfolgenden Aussagen an, ob die Aussagen Ihrer Meinung nach auf Sie persönlich zutreffen oder nicht.

	trifft überhaupt nicht zu				trifft voll und ganz zu
Ich werde im Jahr 2021 *definitiv* eine private Reise antreten.	☐	☐	☐	☐	☐
Meine Absicht, im Jahr 2021 eine private Reise anzutreten, ist *stark*.	☐	☐	☐	☐	☐
Ich bin *gewillt*, im Jahr 2021 eine private Reise anzutreten.	☐	☐	☐	☐	☐
Ich *plane* im Jahr 2021 eine private Reise.	☐	☐	☐	☐	☐
Ich werde mich *bemühen*, im Jahr 2021 eine private Reise anzutreten.	☐	☐	☐	☐	☐

Ihre Einschätzung zum Risiko einer Ansteckung mit dem Coronavirus beim Reisen
Nun interessieren wir uns allgemein für Ihre aktuelle Einschätzung zum *Risiko einer Ansteckung* mit dem Coronavirus *beim Reisen*.

Bitte geben Sie nachfolgend für jede Aussage an, inwieweit Sie dieser Aussage zustimmen.

Bitte antworten Sie auf die Fragen auch dann, wenn Sie aktuell keine Reise planen.

	stimme überhaupt nicht zu				stimme voll und ganz zu
Es ist wahrscheinlich, dass ich beim Reisen aktuell dem Corona-Virus *ausgesetzt* bin.	▭	▭	▭	▭	▭
Das Reisen aktuell birgt ein hohes Risiko für eine *Ansteckung* mit dem Corona-Virus.	▭	▭	▭	▭	▭
Das Reisen aktuell birgt ein hohes Risiko, das Corona-virus *weiterzugeben*.	▭	▭	▭	▭	▭
Das Reisen aktuell birgt ein hohes Risiko, mit dem Corona-Virus *in Kontakt* zu kommen.	▭	▭	▭	▭	▭

Ihre Einschätzung zur Schwere des Krankheitsverlaufs bei einer Ansteckung mit dem Coronavirus

Nun geht es ganz allgemein um Ihre Einschätzung zur *Schwere des Krankheitsverlaufs* bei einer Ansteckung mit dem Coronavirus.

Bitte geben Sie wiederum an, inwiefern Sie den nachfolgenden Aussagen zustimmen.

	stimme überhaupt nicht zu				stimme voll und ganz zu
Eine Ansteckung mit dem Corona-Virus hätte ernsthafte Auswirkungen auf mein *Sozialleben* (Freunde, Verein, Sport).	☐	☐	☐	☐	☐
Eine Ansteckung mit dem Corona-Virus hätte ernsthafte Auswirkungen auf meine *körperliche Gesundheit*.	☐	☐	☐	☐	☐
Eine Ansteckung mit dem Corona-Virus hätte ernsthafte Auswirkungen auf mein *seelisches Wohlbefinden*.	☐	☐	☐	☐	☐
Eine Ansteckung mit dem Corona-Virus hätte ernsthafte Auswirkungen auf meine *geistige Leistungsfähigkeit*.	☐	☐	☐	☐	☐

Ihre Einschätzung zum Nutzen der Coronaschutzmaßnahmen beim Reisen
Nachfolgend interessieren wir uns für Ihre Einschätzung zum *Nutzen* sowie zu den *gesundheitlichen Vorteilen* der aktuellen Coronaschutzmaßnahmen beim Reisen (z. B. Maskentragen, Quarantäne bei der Einreise, Abstandhalten etc.).
Bitte geben Sie wieder an, inwiefern Sie den folgenden Aussagen zustimmen.

	stimme überhaupt nicht zu				stimme voll und ganz zu
Die Corona-Schutzmaßnahmen sind effektiv in der *Eindämmung* des Corona-Virus beim Reisen.	☐	☐	☐	☐	☐
Die Corona-Schutzmaßnahmen reduzieren das Ansteckungsrisiko beim Reisen.	☐	☐	☐	☐	☐
Mit den Corona-Schutzmaßnahmen *fühle* ich mich beim Reisen *sicher*.	☐	☐	☐	☐	☐
Mit der Umsetzung der Corona-Schutzmaßnahmen beim Reisen verhalte ich mich *verantwortungs-bewusst*.	☐	☐	☐	☐	☐

Ihre Einschätzung zu den Hindernissen bezogen auf die Umsetzung von Coronaschutzmaßnahmen beim Reisen

Nachfolgend interessieren wir uns für Ihre Einschätzung zu den *Hindernissen* bezogen auf die *Umsetzung* von Coronaschutzmaßnahmen beim Reisen (z. B. Maskentragen, Quarantäne bei der Einreise, Abstandhalten etc.).

Bitte geben Sie wiederum an, inwiefern Sie den folgenden Aussagen zustimmen oder nicht.

	stimme überhaupt nicht zu				stimme voll und ganz zu
Für mich sind die *Kosten* (Zeit, Geld, Komfort) zur Umsetzung der Corona-Schutzmaßnahmen beim Reisen *höher als deren Nutzen*.	☐	☐	☐	☐	☐
Für mich ist der *Aufwand* zur Umsetzung der Corona-Schutzmaßnahmen beim Reisen *höher als deren Nutzen*.	☐	☐	☐	☐	☐
Die Corona-Schutzmaßnahmen sind beim Reisen *störend*.	☐	☐	☐	☐	☐
Die Corona-Schutzmaßnahmen verhindern ein *angenehmes* Reisen.	☐	☐	☐	☐	☐

Ihre Einschätzung zu Ihrem Beitrag, die Pandemie eindämmen zu können
Nun interessiert uns Ihre Einschätzung darüber, wie Sie mit Ihrem *eigenen Verhalten* Einfluss auf eine Ansteckung nehmen können.
Geben Sie bitte nachfolgend an, inwieweit die Aussagen zutreffen.

	trifft überhaupt nicht zu				trifft voll und ganz zu
Mit meinem eigenen Verhalten kann ich bewirken, dass die *Ansteckungen* der Pandemie *nicht weiter zunehmen.*	☐	☐	☐	☐	☐
Ich kann einen Beitrag dazu leisten, dass die Pandemie ein *baldiges Ende* nimmt.	☐	☐	☐	☐	☐
Es liegt in meinen Möglichkeiten, dass die *Gesellschaft vor Corona geschützt* wird.	☐	☐	☐	☐	☐
Risikogruppen sind am besten *geschützt,* wenn ich die Maßnahmen einhalte.	☐	☐	☐	☐	☐

Literatur

Abraham, V., Bremser, K., Carreno, M., Crowley-Cyr, L., & Moreno, M. (2021). Exploring the consequences of COVID-19 on tourist behaviors: perceived travel risk, animosity and intentions to travel. *Tourism Review, 76*(4), 701–717. https://doi.org/10.1108/TR-07-2020-0344

Aiken, L. S. (2011). Advancing health behavior theory: The interplay among theories of health behavior, empirical modeling of health behavior, and behavioral interventions. In H. S. Friedman (Hrsg.), *The Oxford handbook of health psychology* (S. 612–636). Oxford University Press. https://doi.org/10.1093/oxfordhb/9780195342819.001.0001

Ajzen, I. (1991). The theory of planned behavior. *Organizational Behavior and Human Decision Processes, 50*(2), 179–211. https://doi.org/10.1016/0749-5978(91)90020-T

Ajzen, I., & Driver, B. L. (1992). Application of the theory of planned behavior to leisure choice. *Journal of Leisure Research, 24*(3), 207–224. https://doi.org/10.1080/00222216.1992.11969889

Ajzen, I., & Fishbein, M. (2005). The influence of attitudes on behavior. In D. Albarracín, B. T. Johnson, & M. P. Zanna (Hrsg.), *The handbook of attitudes* (S. 173–221). Lawrence Erlbaum Associates.

Aven, T., & Renn, O. (2009). On risk defined as an event where the outcome is uncertain. *Journal of Risk Research, 12*(1), 1–11. https://doi.org/10.1080/13669870802488883

Bandura, A. (1977). Self-efficacy: Toward a unifying theory of behavioral change. *Psychological Review, 84*(2), 191–215. https://doi.org/10.1037/0033-295X.84.2.191

Blais, A.-R., & Weber, E. U. (2006). A domain-specific risk-taking (DOSPERT) scale for adult populations. *Judgment and Decision Making, 1*(1), 33–47. https://ssrn.com/abstract=1301089. Letzter Zugriff am 23.06.2023.

Brachinger, H. W., & Weber, M. (1997). Risk as a primitive: A survey of measures of perceived risk. *OR Spektrum, 19*, 235–250. https://doi.org/10.1007/BF01539781

Brailovskaia, J., Schillack, H., Assign, H.-J., Horn, H., & Margraves, J. (2018). Risk-taking propensity and (un)healthy behavior in Germany. *Drug and Alcohol Dependence, 192*, 324–328. https://doi.org/10.1016/j.drugalcdep.2018.08.027

Bratić, M., Radivojević, A., Stojiljković, N., Simović, O., Juvan, E., Lesjak, M., & Podovšovnik, E. (2021). Should I stay or should I go? Tourists' COVID-19 risk perception and vacation behavior shift. *Sustainability, 13*(6), 3573. https://doi.org/10.3390/su13063573

Cahyanto, I., Wiblishauser, M., Pennington-Gray, L., & Schroeder, A. (2016). The dynamics of travel avoidance: The case of Ebola in the U.S. *Tourism Management Perspectives, 20*, 195–203. https://doi.org/10.1016/j.tmp.2016.09.004

Campbell, S. (2005). Determining overall risk. *Journal of Risk Research, 8*(7-8), 569–581. https://doi.org/10.1080/13669870500118329

Carlstrom, L. K., Woodward, J. A., & Palmer, C. G. S. (2000). Evaluating the simplified conjoint expected risk model: Comparing the use of objective and subjective information. *Risk Analysis, 20*(3), 385–392. https://doi.org/10.1111/0272-4332.203037

Champion, V. L., & Skinner, C. S. (2008). The health belief model. In K. Glanz, B. Rimer, & K. Viswanath (Hrsg.), *Health behavior and health education: Theory, research, and practice* (4. Aufl., S. 45–65). Jossey-Bass.

Chua, B.-L., Al-Ansi, A., Lee, M. J., & Han, H. (2021). Impact of health risk perception on avoidance of international travel in the wake of a pandemic. *Current Issues in Tourism, 24*(2), 985–1002. https://doi.org/10.1080/13683500.2020.1829570

Dinc, S. C., & Tez, O. Y. (2019). Investigation of the relationship between the dominant brain areas, risk-taking and alexithymia of outdoor adventure recreation participants. *Journal of Education and Learning, 8*(3), 1927–5269. https://doi.org/10.5539/jel.v8n3p44

Edwards, W. (1961). Behavioral decision theory. *Annual Review of Psychology, 12*, 473–498. https://doi.org/10.1146/annurev.ps.12.020161.002353

Eisenstein, B. (2014). Grundlagen des Destinationsmanagements. In A. Schulz, W. Berg, M. A. Gardini, T. Kirstges, & B. Eisenstein (Hrsg.), *Grundlagen des Tourismus. Lehrbuch in 5 Modulen* (2. Aufl., S. 127–171). Oldenbourg Wissenschaftsverlag. https://doi.org/10.1524/9783486779950

Farnham, A., Blanke, U., Stone, E., Puhan, M. A., & Hatz, C. (2016). Travel medicine and mHealth technology: A study using smartphones to collect health data during travel. *Journal of Travel Medicine, 23*(6), 1–6. https://doi.org/10.1093/jtm/taw056

Farnham, A., Ziegler, S., Blanke, U., Stone, E., Hatz, C., & Puhan, M. A. (2018). Does the DO-SPERT scale predict risk-taking behaviour during travel? A study using smartphones. *Journal of Travel Medicine, 25*(1), 1–7. https://doi.org/10.1093/jtm/tay064

Fazio, R. H. (1990). Multiple processes by which attitudes guide behavior: The MODE model as an integrative framework. In M. P. Zanna (Hrsg.), *Advances in experimental social psychology, 23* (S. 75–109). Academic Press.

Fischhoff, B., Slovic, P., Lichtenstein, S., Read, S., & Combs, B. (1978). How safe is safe enough? A psychometric study of attitudes towards technological risks and benefits. *Policy Science, 9*, 127–152. https://doi.org/10.1007/BF00143739

Fishburn, P. C. (1981). Subjective expected utility: A review of normative theories. *Theory and Decision, 13*, 139–199. https://doi.org/10.1007/BF00134215

Fuchs, G., & Reichel, A. (2006). Tourist destination risk perception: The case of Israel. *Journal of Hospitality & Leisure Marketing, 14*(2), 83–108. https://doi.org/10.1300/J150v14n02_06

Gray, J. M., & Wilson, M. A. (2009). The relative risk perception of travel hazards. *Environment and Behavior, 41*(2), 185–204. https://doi.org/10.1177/0013916507311898

Hayes, M. V. (1992). On the epistemology of risk: Language, logic and social science. *Social Science & Medicine, 35*(4), 401–407. https://doi.org/10.1016/0277-9536(92)90332-K

Hennig, C. (1999). *Reiselust. Touristen, Tourismus und Urlaubskultur.* Suhrkamp.

Hershey, J. C., & Schoemaker, P. J. H. (1980). Risk taking and problem context in the domain of losses: An expected utility analysis. *The Journal of Risk and Insurance, 47*(1), 111–132. https://doi.org/10.2307/252685

Hoffmann, A. O. I., Post, T., & Pennings, J. M. E. (2015). How investors perceptions drive actual trading and risk-taking behavior. *Journal of Behavioral Finance, 16*(1), 94–103. https://doi.org/10.10 80/15427560.2015.1000332

Holtgrave, D. R., & Weber, E. U. (1993). Dimensions of risk perception for financial and health risks. *Risk Analysis, 13*(5), 553–558. https://doi.org/10.1111/j.1539-6924.1993.tb00014.x

Huang, X., Dai, S., & Xu, H. (2020). Predicting tourists' health risk preventative behaviour and travelling satisfaction in Tibet: Combining the theory of planned behaviour and health belief model. *Tourism Management Perspectives, 33*, 1–10. https://doi.org/10.1016/j.tmp.2019.100589

Hüsser, A. P. (2016). Psychologische Modelle der Werbewirkung. In G. Siegert, W. Wirth, P. Weber, & J. A. Lischka (Hrsg.), *Handbuch Werbeforschung* (S. 243–277). Springer. https://doi.org/10.1007/978-3-531-18916-1_12

Jennrich, R. I. (2006). Rotation to simple loadings using component loss functions: The oblique case. *Psychometrika, 71*(1), 173–191. https://doi.org/10.1007/s11336-003-1136-B

Jia, J., Dyer, J. S., & Butler, J. C. (1999). Measures of perceived risk. *Management Science, 45*(4), 519–532. https://doi.org/10.1287/mnsc.45.4.519

Johnson, J. G., Wilke, A., & Weber, E. U. (2004). Beyond a trait view of risk taking: A domain-specific scale measuring risk perceptions, expected benefits, and perceived-risk attitudes in German-speaking populations. *Polish Psychological Bulletin, 35*(3), 153–163. https://ssrn.com/abstract=1301128. Letzter Zugriff am 23.06.2023.

Jonas, A., Mansfeld, Y., Paz, S., & Potasman, I. (2011). Determinants of health risk perception among low-risk-taking tourists traveling to developing countries. *Journal of Travel Research, 50*(1), 87–99. https://doi.org/10.1177/0047287509355323

Kahneman, D., & Tversky, A. (1979). Prospect theory: An analysis of decision under risk. *Econometrica, 47*(2), 263–291. https://doi.org/10.1142/9789814417358_0006

Kahneman, D., & Tversky, A. (1984). Choices, values, and frames. *American Psychologist, 39*(4), 341–350. https://doi.org/10.1037/0003-066X.39.4.341

Kozak, M., Crotts, J. C., & Law, R. (2007). The impact of the perception of risk on international travellers. *International Journal of Tourism Research, 9*, 233–242. https://doi.org/10.1002/jtr.607

Krimsky, S., & Golding, D. (Hrsg.). (1992). *Social theories of risk*. Praeger.

Laux, H., Gillenkirch, R. M., & Schenk-Mathes, H. Y. (2018). *Entscheidungstheorie*. Springer. https://doi.org/10.1007/978-3-642-23511-5

Lee, C. K., Song, H. J., Bendle, L. J., Kim, M. J., & Han, H. (2012). The impact of non-pharmaceutical interventions for 2009 H1N1 influenza on travel intentions: A model of goal-directed behavior. *Tourism Management, 33*(1), 89–99. https://doi.org/10.1016/j.tourman.2011.02.006

Levy, J. S. (1992). An introduction to prospect theory. *Political Psychology, 13*(2), 171–186. https://www.jstor.org/stable/3791677. Letzter Zugriff am 23.06.2023.

Lopes, L. L. (1987). Between hope and fear: The psychology of risk. In L. Berkowitz (Hrsg.), *Advances in Experimental Social Psychology* (Bd. 20, S. 255–295). Academic Press. https://doi.org/10.1016/S0065-2601(08)60416-5

Luce, R. D., & Weber, E. U. (1986). An axiomatic theory of conjoint, expected risk. *Journal of Mathematical Psychology, 30*, 188–205. https://doi.org/10.1016/0022-2496(86)90013-1

Machina, M. J. (1982). "Expected Utility" analysis without the independence axiom. *Econometrica, 50*(2), 277–323. https://doi.org/10.2307/1912631

Mitchell, V.-M., & Greatorex, M. (1993). Risk perception and reduction in the purchase of consumer services. *The Services Industries Journal, 13*(4), 179–200. https://doi.org/10.1080/02642069300000068

Montanaro, E. A., & Bryan, A. D. (2014). Comparing theory-based condom interventions: Health belief model versus theory of planned behavior. *Health Psychology, 33*(10), 1251–1260. https://doi.org/10.1037/a0033969

Ohnmacht, T., Schaffner, D., Weibel, C., & Schad, H. (2017). Rethinking social psychology and intervention design: A model of energy savings and human behavior. *Energy Research & Social Science, 26*, 40–53. https://doi.org/10.1016/j.erss.2017.01.017

Opaschowski, H. (1998). *Tourismusforschung*. Leske + Budrich. https://doi.org/10.1007/978-3-322-97198-2

Pennington-Gray, L., & Schroeder, A. (2013). International tourist's perceptions of safety & security: The role of social media. *Matkailututkimus, 9*(1), 7–20. https://journal.fi/matkailututkimus/article/view/90880. Letzter Zugriff am 23.06.2023.

Quine, L., Rutter, D. R., & Arnold, L. (1998). Predicting and understanding safety helmet use among schoolbox cyclists: A comparison of the theory of planned behaviour and the health belief model. *Psychology and Health, 13*(2), 251–269. https://doi.org/10.1080/08870449808406750

Quintal, V. A., Lee, J. A., & Soutar, G. N. (2010). Risk, uncertainty and the theory of planned behavior: A tourism example. *Tourism Management, 31*(6), 797–805. https://doi.org/10.1016/j.tourman.2009.08.006

Raykov, T., & Marcoulides, G. A. (2011). *Introduction to psychometric theory*. Routledge. https://doi.org/10.4324/9780203841624

Reichel, A., Fuchs, G., & Uriely, N. (2007). Perceived risk and the non-institutionalized tourist role: The case of Isreali student ex-backpackers. *Journal of Travel Research, 46*, 217–226. https://doi.org/10.1177/0047287507299580

Reisinger, Y., & Mavondo, F. (2005). Travel anxiety and intentions to travel internationally: Implications of travel risk perception. *Journal of Travel Research, 43*(3), 212–225. https://doi.org/10.1177/0047287504272017

Reisinger, Y., & Mavondo, F. (2006). Cultural differences in travel risk perception. *Journal of Travel & Tourism Management, 20*(1), 13–31. https://doi.org/10.1300/J073v20n01_02

Ritchie, B. W., & Jiang, Y. (2019). A review of research on tourism risk, crisis and disaster management: Launching the annals of tourism research curated collection on tourism risk, crisis and disaster management. *Annals of Tourism Research, 79*, 102812. https://doi.org/10.1016/j.annals.2019.102812

Rittichainuwat, B. N., & Chakraborty, G. (2009). Perceived travel risks regarding terrorism and disease: The case of Thailand. *Tourism Management, 30*(3), 410–418. https://doi.org/10.1016/j.tourman.2008.08.001

Roehl, W. S., & Fesenmaier, D. R. (1992). Risk perceptions and pleasure travel: An exploratory analysis. *Journal of Travel Research, 30*(4), 17–26. https://doi.org/10.1177/004728759203000403

Rosa, E. A. (1998). Metatheoretical foundations for post-normal risk. *Journal of Risk Research, 1*(1), 15–44. https://doi.org/10.1080/136698798377303

Rosenstock, I. M. (1960). What research in motivation suggests for public health. *American Journal of Public Health, 50*(3), 295–302. https://doi.org/10.2105/AJPH.50.3_Pt_1.295

Rosenstock, I. M. (1966). Why people use health services. *The Milbank Memorial Fund Quarterly, 44*(3), 94–127. https://doi.org/10.1111/j.1468-0009.2005.00425.x

Rosenstock, I. M. (1974). The health belief model and preventive health behavior. *Health Education Monographs, 2*(4), 354–386. https://doi.org/10.1177/109019817400200405

Rosenstock, I. M., Strecher, V. J., & Becker, M. H. (1988). Social learning theory and the health belief model. *Health Education Quarterly, 15*(2), 175–183. https://doi.org/10.1177/109019818801500203

Sánchez-Cañizares, S. M., Cabeza-Ramírez, L. J., Muñoz-Fernández, G., & Fuentes-García, F. J. (2021). Impact of the perceived risk from Covid-19 on intention to travel. *Current Issues in Tourism, 24*(7), 970–984. https://doi.org/10.1080/13683500.2020.1829571

Schroeder, A., Pennington-Gray, L., Kaplanidou, K., & Zhan, F. (2013). Destination risk perceptions among U.S. Residents for London as the host city of the 2012 Summer Olympic Games. *Tourism Management, 38*, 107–119. https://doi.org/10.1016/j.tourman.2013.03.001

Severson, H. H., Slovic, P., & Hampson, S. (1993). Adolescents perception of risk: Understanding and preventing high risk behavior. *Advances in Consumer Research, 20*, 177–182. https://doi.org/10.1016/S0899-3289(10)80015-X

Siegrist, M., Keller, C., & Kiers, H. A. L. (2005). A new look at the psychometric paradigm of perception of hazards. *Risk Analysis, 25*(1), 211–222. https://doi.org/10.1111/j.0272-4332.2005.00580.x

Sirakaya, E., & Woodside, A. G. (2005). Building and testing theories of decision making by travellers. *Tourism Management, 26*, 815–832. https://doi.org/10.1016/j.tourman.2004.05.004

Slovic, P. (1987). Perception of risk. *Science, 236*, 280–285. https://doi.org/10.1126/science.3563507

Slovic, P. (1992). Perceptions of risk: Reflections on the psychometric paradigm. In S. Krimsky & D. Golding (Hrsg.), *Social theories of risk* (S. 117–152). Praeger.

Slovic, P., & Weber, E. U. (2002). *Perception of risk posed by extreme events. Retrieved from*. https://www.ldeo.columbia.edu/chrr/documents/meetings/roundtable/white_papers/slovic_wp.pdf. Letzter Zugriff am 23.06.2023.

Slovic, P., Fischhoff, B., & Lichtenstein, S. (1979). Rating the risks. *Environment: Science and Policy for Sustainable Development, 21*(3), 26–39. https://doi.org/10.1080/00139157.1979.9933091

Slovic, P., Fischhoff, B., & Lichtenstein, S. (1984). Behavioral decision theory perspectives on risk and safety. *Acta Psychologica, 56*, 183–203. https://doi.org/10.1016/0001-6918(84)90018-0

Slovic, P., Fischhoff, B., & Lichtenstein, S. (1986). The psychometric study of risk perception. In V. T. Covello, J. Menkes, & J. L. Mumpower (Hrsg.), *Risk Evaluation and Management* (S. 3–24). Springer. https://doi.org/10.1007/978-1-4613-2103-3_1

Smith, S. L. J. (1994). The tourism product. *Annals of Tourism Research, 21*(3), 582–595. https://doi.org/10.1016/0160-7383(94)90121-X

Tsaur, S.-H., Tzeng, G.-H., & Wang, K.-W. (1997). Evaluating tourist risks from fuzzy perspectives. *Annals of Tourism Research, 24*(2), 796–812. https://doi.org/10.1016/S0160-7383(97)00059-5

Turnšek, M., Brumen, B., Rangus, M., Gorenak, M., Mekinc, J., & Štuhec, T. L. (2020). Perceived threat of COVID-19 and future travel avoidance: Results from an early convenient sample in Slovenia. *Academica Turistica-Tourism and Innovation Journal, 13*(1), 3–19. https://doi.org/10.26493/2335-4194.13.3-19

Tversky, A., & Kahneman, D. (1974). Judgment under uncertainty: Heuristics and biases. *Science, 185*(4157), 1124–1131. https://doi.org/10.1126/science.185.4157.1124

Urbanovich, T., & Bevan, J. L. (2020). Promoting environmental beahviors: Applying the health belief model to diet change. *Environmental Communication, 14*(5), 657–671. https://doi.org/10.1080/17524032.2019.1702569

Urry, J., & Larsen, J. (2011). *The Tourist Gaze 3.0*. Sage. https://doi.org/10.4135/9781446251904

Von Neumann, J., & Morgenstern, O. (1944). *Theory of games and econoimc behavior*. Princeton University Press.

Wang, J., & Ritchie, B. W. (2012). Understanding accommodation managers' crisis planning intention: An application of the theory of planned behaviour. *Tourism Management, 33*, 1057–1067. https://doi.org/10.1016/j.tourman.2011.12.006

Wang, J., Liu-Lastres, B., Ritchie, B. W., & Pan, D.-Z. (2019). Risk reduction and adventure tourism safety: An extension of the risk perception attitude framework (RPAF). *Tourism Management, 74*, 247–257. https://doi.org/10.1016/j.tourman.2019.03.012

Wattanacharoensil, W., & La-ornual, D. (2019). A systematic review of cognitive biases in tourist decision. *Tourism Management, 75*, 353–369. https://doi.org/10.1016/j.tourman.2019.06.006

Weber, E., Blais, A.-R., & Betz, N. E. (2002). A domain-specific risk-attitude scale: Measuring risk perceptions and risk behaviors. *Journal of Behavioral Decision Making, 15*, 263–290. https://doi.org/10.1002/bdm.414

Weiber, R., & Mühlhaus, D. (2014). *Strukturgleichungsmodellierung* (2. Aufl.). Springer. https://doi.org/10.1007/978-3-642-35012-2

Williams, A., & Baláž, V. (2013). Tourism, risk tolerance and competences: Travel organizations and tourism hazards. *Tourism Management, 35*, 209–221. https://doi.org/10.1016/j.tourman.2012.07.006

Williams, A. M., & Baláž, V. (2015). Tourism risk and uncertainty: Theoretical reflections. *Journal of Travel Research, 54*(3), 271–287. https://doi.org/10.1177/0047287514523334

Willis, H. H. (2007). Guiding ressource allocations based on terrorism risk. *Risk Analysis, 27*(3), 597–606. https://doi.org/10.1111/j.1539-6924.2007.00909.x

Yang, C. L., & Nair, V. (2014). Risk perception study in tourism: Are we really measuring perceived risk? *Procedia – Social and Behavioral Sciences, 144*, 322–327. https://doi.org/10.1016/j.sbspro.2014.07.302

4

Risikoneigung und Risikoverhalten

Ute Vanini

Inhaltsverzeichnis

5.1   Einleitung – 110

5.2   Konzepte und Messung der Risikoneigung
        von Entscheidern – 112

5.3   Einflussfaktoren auf die Risikoneigung – 116

5.4   Auswirkungen der Risikoneigung auf
        das Risikoverhalten von Entscheidern – 118

5.5   Implikationen für die Unternehmenspraxis und die
        Wissenschaft – 121

        Literatur – 125

Zusammenfassung

In diesem Kapitel werden verschiedene Konzepte der Risikoneigung, deren Messung sowie mögliche Einflussfaktoren vorgestellt. Zudem wird der Einfluss der Risikoneigung auf das Risikoverhalten von Entscheidern untersucht. Dafür werden überblicksartig zentrale Befunde ausgewählter Studien diskutiert, wobei der Schwerpunkt auf Entscheidungen im Unternehmenskontext, z. B. Gründungs- oder Investitionsentscheidungen, gelegt wird. Risikofreudige Entscheider gründen eher Unternehmen, führen risikoreichere Investitionen durch und bauen geringere Puffer in ihre Budgetplanung oder Informationsnachfrage ein. Neben der Risikoneigung wird das Risikoverhalten von Entscheidern allerdings durch eine Vielzahl weiterer Faktoren – insbesondere ihre Risikowahrnehmung – bestimmt. Aus den Ergebnissen lassen sich Konsequenzen für die Gestaltung von Entscheidungsprozessen z. B. bei Investitionen oder im Rahmen der Planung und Budgetierung ableiten.

5

▪ **Lernziele**

▬ Die Begriffe Risikoverhalten und Risikoneigung definieren und voneinander abgrenzen können
▬ verschiedene Ausprägungen der Risikoneigung sowie Verfahren zu deren Messung unterscheiden können
▬ Die Wirkung zentraler Einflussfaktoren auf die Risikoneigung erklären können
▬ Den Zusammenhang zwischen der Risikoneigung und dem Risikoverhalten für ausgewählte Beispiele wie Gründungsentscheidungen etc. beschreiben können
▬ Implikationen für die Unternehmenspraxis ableiten können

5.1 Einleitung

Unter Verhalten werden alle angeborenen oder erlernten Aktivitäten eines Menschen verstanden (vgl. Wiswede, 2021). Menschliches Verhalten umfasst damit sowohl ein unbewusstes Reagieren als auch absichtliches, vom Willen gesteuertes Handeln. Letzteres setzt eine Entscheidung im Sinne einer kognitiv gesteuerten Auswahl zwischen mindestens zwei Aktivitäten voraus. Idealerweise erfolgt eine Entscheidung auf der Grundlage eines systematischen Informationsauswertungsprozess und genügt den Anforderungen der Rationalität und der Nutzenmaximierung des Entscheiders (vgl. auch im Folgenden Eisenführ et al., 2010).

Die präskriptive Entscheidungslehre nimmt an, dass sich eine Entscheidung in folgende Komponenten zerlegen lässt:

- mindestens zwei Alternativen, z. B. verschiedene Investitionsobjekte,
- Erwartungen über die zukünftigen Entwicklungen der relevanten (unsicheren) Umwelt, z. B. die Entwicklung von Faktorpreisen, und
- deren Wirkung auf die Alternativen (erwartete Zielerreichung), z. B. den Kapitalwert der Investitionsobjekte.

In Abhängigkeit von den Zielen und Präferenzen des Entscheiders sollte dann die Alternative ausgewählt werden, für die unter den erwarteten Umweltentwicklungen eine bestmögliche Zielerreichung prognostiziert wird. Aufgrund der Unsicherheit über die Umweltentwicklung kann die mögliche Zielerreichung einer Alternative als Verteilung mit entsprechenden Eintrittswahrscheinlichkeiten dargestellt werden. Entscheidungskriterien sind dann die erwartete Zielerreichung gemessen als Erwartungswert dieser Verteilung und ihr Risiko gemessen als Abweichung von oder Streuung möglicher Zielerreichungen um diesen Erwartungswert. Die Auswahl einer Alternative hängt dann von der Risikoneigung des Entscheiders ab, d. h. inwieweit ein Entscheider bereit ist, für einen höheren Erwartungswert der Zielerreichung eine höhere potenzielle Abweichung zu akzeptieren (vgl. Eisenführ et al., 2010).

In den Wirtschaftswissenschaften wird vielfach ein risikoscheuer Entscheider angenommen, dem für die Übernahme von Risiken eine Prämie gezahlt werden muss (vgl. Arrow, 1965). So geht der Prinzipal-Agenten-Ansatz von risikoscheuen Managern aus, die durch ein Anreizsystem zum Eingehen von Risiken im Interesse der eher risikofreudigen Anteilseigner angereizt werden müssen (vgl. Jensen & Meckling, 1976). Allerdings wird die Annahme eines konsistent risikoscheuen Entscheiders in den Verhaltenswissenschaften angezweifelt. So zeigen Kahneman und Tversky (1979), dass die Risikoneigung von den Rahmenbedingungen einer Entscheidung abhängt. In ihrem Experiment verhielten sich die Probanden in Gewinnsituationen eher risikoscheu und in Verlustsituationen eher risikofreudig.

Entscheidungen unter Unsicherheit und damit das Risikoverhalten von Entscheidern werden somit von ihrer Risikoneigung beeinflusst. In diesem Beitrag werden daher das Konzept der Risikoneigung von Entscheidern und mögliche Messverfahren vorgestellt. Anschließend werden anhand der Ergebnisse empirischer Studien Einflussfaktoren auf die Risikoneigung sowie der Zusammenhang zwischen der Risikoneigung und dem Risikoverhalten von Entscheidern für ausgewählte ökonomische Fragestellungen wie z. B. Unternehmensgründungen beschrieben. Der Beitrag endet mit der Diskussion möglicher Implikationen für die Unternehmenspraxis z. B. bei der Personalauswahl sowie die Forschung und Lehre, z. B. die Problematisierung der häufig getroffenen Annahme risikoaverser Entscheider. Ziel ist es dabei, die Studierenden für mögliche Auswirkungen der Risikoneigung und weiterer Einflussfaktoren auf das Risikoverhalten von Entscheidern zu sensibilisieren.

5.2 Konzepte und Messung der Risikoneigung von Entscheidern

Der Begriff der Risikoneigung wird in der Psychologie, der Entscheidungslehre, der Finanzierungs- und Kapitalmarkttheorie und der Managementlehre aufgegriffen (vgl. Weber & Johnson, 2008). Daher ist der Begriff in der Literatur nicht einheitlich definiert. Zudem gibt es eine Vielzahl ähnlicher und verwandter Begriffe, die teilweise synonym verwendet werden, z. B. Risikohaltung, Risikopräferenz, Risikoeinstellung oder Risikoappetit. Im Folgenden wird durchgängig der Begriff der Risikoneigung verwendet. Die Begriffsdefinitionen reichen von relativ vagen Beschreibungen wie „a tendency of a decision maker with regard to those uncertainties that could either lead to take or avoid risks" (Sitkin & Pablo, 1992) bis zu mathematisch-funktionalen Beschreibungen z. B. durch den Verlauf der Nutzenfunktion eines Entscheiders (vgl. Blais & Weber, 2006). Zudem werden verschiedene Kategorien der Risikoneigung unterschieden: risikoaverse Entscheider wählen eher sichere Alternativen und verlangen für die Übernahme von Risiken eine Entschädigung in Form einer Risikoprämie, risikofreudige bzw. -affine Entscheider sind dagegen bereit, Risiken zu übernehmen, um von den damit verbundenen Chancen zu profitieren (vgl. Eisenführ et al., 2010).

Es gibt drei Ansätze zur Erklärung der Risikoneigung (vgl. Weber & Johnson, 2008; Weber, 2010): die Erwartungsnutzentheorie von Neumann und Morgenstern (1944, 1947), die Portfoliotheorie nach Markowitz (1952) und psychologische Ansätze. Die Erwartungsnutzentheorie wurde als Antwort auf das Sankt-Petersburg-Paradoxon entwickelt und geht davon aus, dass Entscheider unter mehreren unsicheren Alternativen diejenige mit dem höchsten erwarteten Nutzen wählen. Der Zusammenhang zwischen der Konsequenz einer Entscheidung und dem Nutzen des Entscheiders wird durch seine Nutzenfunktion beschrieben (siehe ◘ Abb. 5.1), aus deren Verlauf sich dann die Risikoneigung eines Entscheiders herleiten lässt (vgl. auch im Folgenden Eisenführ et al., 2010).

Liegt eine lineare Nutzenfunktion u(x) des Entscheiders vor, ist er risikoneutral, d. h., der Nutzen einer Alternative nimmt für ihn proportional zum Zielerreichungsgrad der Alternative zu. Bei einer konvexen Nutzenfunktion wird der Entscheider als risikofreudig bezeichnet, d. h., der Nutzen einer Alternative nimmt überproportional zum Zielerreichungsgrad zu. Umgekehrt wird eine konkave Nutzenfunktion mit Risikoaversion gleichgesetzt. Hier ist die 1. Ableitung der Nutzenfunktion positiv, d. h., eine zunehmende Konsequenz einer Alternative bringt für den Entscheider zwar noch einen höheren Nutzen, der Grenznutzen ist jedoch abnehmend (negative 2. Ableitung).

Das Ausmaß der Risikoneigung lässt sich also durch die Stärke und die Krümmung der Nutzenfunktion bestimmen. Ein Maß ist die absolute Risikoaversion (ARA) (vgl. Pratt, 1964):

(1) $ARA(x) = -u''(x)/u'(x)$

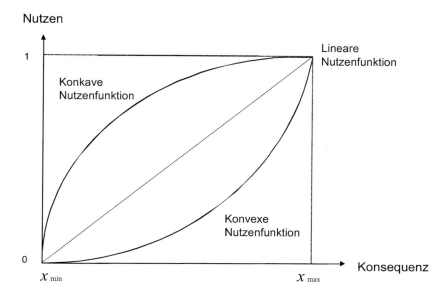

□ Abb. 5.1 Lineare, konvexe und konkave Nutzenfunktionen

Die absolute Risikoaversion gilt über alle Konsequenzen einer Alternative unabhängig von ihrer absoluten Zielausprägung. Allerdings wird angenommen, dass
die meisten Menschen eine fallende absolute Risikoaversion haben (vgl. Weber,
2010). Daher misst die relative Risikoaversion (RRA) den prozentualen Wert seines Vermögens, den ein Nutzenmaximierer mit zunehmendem erwartetem Ergebnis bereit ist, ins Risiko zu stellen (vgl. auch Gleißner, 2009). Es wird angenommen,
dass die meisten Menschen eine zunehmende relative Risikoaversion haben.
(2) $\text{RRA}(x) = -(x*u''(x))/u'(x)$

Die Portfoliotheorie von Markowitz (1952) modelliert Risikopräferenzen als „wil-
lingness to pay" (WTP). Die WTP eines Entscheiders für eine riskante Alternative
x ist ein Trade-off zwischen dem erwarteten Ertrag und dem Risiko dieser Option
(vgl. Weber, 2010):
(3) $\text{WTP}(x) = V(x) - b* R(x)$

mit b = Maß für die Risikoaversion eines Entscheiders, V(x) = die erwartete Rendite einer Alternative x und R(x) = Varianz der Rendite von x.
  Das Risikomaß b drückt die Risikoneigung eines Anlegers dann in einer Zahl
und unabhängig von der Anlagesumme aus. Das Risiko einer Anlage wird durch
die Streuung um ihre erwartete Rendite gemessen, d. h., je größer die Streuung und
damit die positiven und negativen Abweichungen sind, desto größer ist das Risiko.
Die Portfoliotheorie geht ebenfalls von einem risikoaversen Anleger aus, der durch
Diversifikation seines Anlageportfolios seinen Nutzen maximieren möchte.

Das Problem der Erwartungsnutzen- und der Kapitalmarkttheorie ist, dass sie das Risikoverhalten durch einen einzigen Parameter – die Risikoneigung des Entscheiders – erklären, der zudem als unabhängig vom Entscheidungskontext angesehen wird. Allerdings gibt es Hinweise, dass die Risikoneigung keine stabile persönliche Eigenschaft ist, sondern zahlreichen Einflussfaktoren unterliegt (vgl. ► Abschn. 5.3).

Die Psychologie betrachtet das Konzept der Risikoneigung als die Haltung eines Individuums zu Unsicherheit und Risiken von Entscheidungen. Es wird diskutiert, ob die Risikoneigung eine persönliche und damit zeitlich stabile Eigenschaft von Individuen ist (*trait approach*) oder als Ergebnis des kognitiven Prozesses der Risikowahrnehmung zu verstehen ist (*cognitive approach*) (vgl. Botella et al., 2008; Gilmore et al., 2004). Dann kann sie durch Faktoren wie die Darstellung von Risiko- und Renditeinformationen, die Vertrautheit mit Entscheidungen oder Anreize beeinflusst werden (vgl. Weber, 2010). Zudem betrachtet die Psychologie nicht nur ökonomisches Risikoverhalten, sondern geht von verschiedenen Risikobereichen (Risikodomänen) – z. B. Karriere, Gesundheit, Freizeit etc. – aus, wobei die Risikoneigung eines Individuums nicht über alle Domänen stabil sein muss (vgl. Rohrmann, 2002). Neben der individuellen Risikoneigung wird auch die Risikoneigung von Organisationen als „innerhalb eines Unternehmens verankertes Einstellungsbündel" (Baldauf & Rank, 2008) betrachtet.

Die individuelle Risikoneigung kann durch verschiedene Verfahren gemessen werden (vgl. MacCrimmon & Wehrung, 1990; Krahnen et al., 1997):

In der Entscheidungslehre wird die Risikoneigung häufig durch Lotterien gemessen (vgl. Krahnen et al., 1997; Eisenführ et al., 2010). Hier wird die Risikoneigung durch die Entscheidung zwischen einer oder mehreren Lotterien und ggf. einem sicheren Betrag abgebildet. Es gibt sehr viele Möglichkeiten, derartige Lotterien zu konstruieren (für eine Übersicht vgl. Krahnen et al., 1997). Das Ausmaß der Risikoneigung kann z. B. durch die Risikoprämie (RP) bestimmt werden, die die Differenz zwischen dem Erwartungswert einer unsicheren Alternative (x) und einem Sicherheitsäquivalent (SÄ) darstellt (vgl. Eisenführ et al., 2010):

(4) $RP = EW(x) - SÄ$

Ist die Risikoprämie gleich Null, ist der Entscheider risikoneutral. Ist die Risikoprämie positiv, ist er risikoavers, ansonsten risikofreudig.

In der Sozial- und Persönlichkeitspsychologie werden Personen dagegen direkt oder indirekt nach ihrer Risikoeinstellung gefragt. Dabei können die Probanden die Stärke ihrer Risikoneigung auf einer Likert-Skala bewerten. Alternativ können sie auf einer Skala die Wahrscheinlichkeit einschätzen, bestimmte riskante Verhaltensweisen zu ergreifen (vgl. Botella et al., 2008), oder Wahldilemmafragen beantworten, bei denen sich der Proband zwischen Alternativen mit unterschiedlichem Risiko entscheiden muss (vgl. Kogan & Wallach, 1964). Eine weitere Möglichkeit ist die Frage nach der Zustimmung zu bestimmten risikobezogenen Aussagen. Aus der Intensität der Zustimmung wird dann auf die Risikoneigung geschlossen.

Ein häufig eingesetztes Verfahren zur Messung der Risikoneigung ist die Holt-Laury-Lotterie (HLL) (vgl. ◼ Tab. 5.1) (vgl. Holt & Laury, 2002). Bei dieser Me-

◘ Tab. 5.1	Grundaufbau einer HLL		
Runde	**Lotterie A**	**Lotterie B**	**Unterschied im Erwartungswert A–B**
1	10 % $ 2,00; 90 % 1,60$	10 % $ 3,85; 90 % 0,10$	$ 1,17
2	20 % $ 2,00; 80 % 1,60$	20 % $ 3,85; 80 % 0,10$	$ 0,83
3	30 % $ 2,00; 70 % 1,60$	30 % $ 3,85; 70 % 0,10$	$ 0,50
4	40 % $ 2,00; 60 % 1,60$	40 % $ 3,85; 60 % 0,10$	$ 0,16
5	50 % $ 2,00; 50 % 1,60$	50 % $ 3,85; 50 % 0,10$	–$ 0,18
6	60 % $ 2,00; 40 % 1,60$	60 % $ 3,85; 40 % 0,10$	–$ 0,51
7	70 % $ 2,00; 30 % 1,60$	70 % $ 3,85; 30 % 0,10$	–$ 0,85
8	80 % $ 2,00; 20 % 1,60$	80 % $ 3,85; 20 % 0,10$	–$ 1,18
9	90 % $ 2,00; 10 % 1,60$	90 % $ 3,85; 10 % 0,10$	–$ 1,52
10	100 % $ 2,00; 0 % 1,60$	100 % $ 3,85; 0 % 0,10$	–$ 1,85

(In Anlehnung an Holt und Laury (2002), S. 1647)

thode müssen die Probanden 10-mal zwischen zwei Lotterien A und B wählen. A hat eine geringe Streuung und damit ein geringeres Risiko als B.

Ein risikoneutraler Proband wählt stets die Lotterie mit dem höchsten Erwartungswert und damit zunächst 4-mal die Lotterie A und anschließend die Lotterie B. Wechselt ein Proband früher zur Lotterie B, ist er risikofreudig. Wechselt er später, wird er als risikoavers eingestuft. Die Häufigkeit der Auswahl von Lotterie A bestimmt die relative Risikoneigung r und die Klassifikation der Risikoneigung eines Entscheiders (vgl. ◘ Tab. 5.2).

Die HLL ist relativ einfach anzuwenden, die gewonnenen Werte lassen sich zudem leicht interpretieren. Außerdem ermöglicht sie die direkte Bestimmung kritischer Werte für die konstanten absoluten und relativen Risikoaversionskoeffizienten (vgl. Ewald et al., 2012).

Insgesamt sind die Reliabilität und die Validität der einzelnen Messmethoden unklar. So ist die direkte Bewertung ihrer Risikoneigung durch die Probanden sehr subjektiv und kann durch das Phänomen der sozialen Erwünschtheit verzerrt sein (vgl. Krahnen et al., 1997). Lotterien können dagegen von Versuchspersonen als

◻ **Tab. 5.2**   Klassifikation der Risikoneigung nach der HLL

Häufigkeit der Auswahl von Lotterie A	Range der relativen Risikoneigung r	Klassifikation der Risikoneigung
0–1	r < –0,95	Hoch risikofreudig
2	–0,95 < r < –0,49	Sehr risikofreudig
3	–0,49 < r < –0,15	Risikofreudig
4	–0,15 < r < 0,15	Risikoneutral
5	0,15 < r < 0,41	Leicht risikoavers
6	0,41 < r < 0,68	Risikoavers
7	0,68 < r < 0,97	Sehr risikoavers
8	0,97 < r < 1,37	Hoch risikoavers
9–10	1,37 < r	Stay in bed

(Quelle: Holt und Laury (2002), S. 1649)

rein hypothetische Entscheidungssituationen wahrgenommen werden, sodass diese nicht zu einer realistischen Meinungsbildung über ihre Risikopräferenzen in der Lage sind. Zudem sind viele Lotterien relativ komplex, was ebenfalls die konsistente Ermittlung der Risikoneigung erschwert. Auch wird vermutet, dass die Konzentration der Probanden speziell bei der Durchführung der HLL aufgrund der Vielzahl der notwendigen Entscheidungen abnimmt (vgl. Krahnen et al., 1997). Letztendlich wird durch Lotterien die Risikoneigung über das beobachtete Risikoverhalten abgebildet. Unklar sind zudem die zeitliche Stabilität der Risikoneigung und die Wirkung von Einflussfaktoren wie der Risikowahrnehmung auf das Risikoverhalten (vgl. Dave et al., 2010; de Wild, 2013).

5.3   Einflussfaktoren auf die Risikoneigung

Vanini (2016) untersucht mehrere Studien zu möglichen Einflussfaktoren auf die Risikoneigung. Im Folgenden werden die wichtigsten Befunde zusammenfassend diskutiert:

- Mehrere Studien ermitteln einen negativen Zusammenhang zwischen dem Alter und der Risikoneigung, d. h., ältere Menschen sind risikoaverser als jüngere (Nicholson et al., 2005; Dohmen et al., 2011). Hier ergibt sich ein Widerspruch zu der Beobachtung, dass Studierende risikoaverser als Manager und Selbstständige sind. Möglicherweise überlagert sich hier auch die Wirkung von zwei Einflussfaktoren. So weisen MacCrimmon und Wehrung (1990) in ihrer Studie einen negativen Zusammenhang zwischen der Erfahrung von Managern und ihrer Risikoneigung (vgl. auch Günther & Detzner, 2012) nach, d. h., mit

zunehmender Erfahrung mit bestimmten Entscheidungen sinkt die Risikoaversion und kehrt den altersbedingten Einfluss dann um.

— Einige Untersuchungen unterstützen die weitverbreitete Annahme, dass Frauen
risikoaverser sind als Männer (vgl. Byrnes et al., 1999; Nicholson et al., 2005;
Macko & Tyszka, 2009; Dohmen et al., 2011; Ewald et al., 2012). Andere Studien finden dagegen keinen signifikanten Einfluss des Geschlechts auf die
Risikoneigung (vgl. Günther & Detzner, 2009; Masclet et al., 2009; Lohse &
Qari, 2014; Pavic et al., 2014; Menkhoff & Sakha, 2014). Möglicherweise gibt
es auch hier überlagernde Effekte. So finden Byrnes et al. (1999) unterschiedliche Risikoneigungen von Männern und Frauen in verschiedenen Risikodomänen sowie einen abnehmenden Unterschied zwischen der Risikoneigung
beider Geschlechter im Zeitablauf.

— Unter den entscheidungskontextspezifischen Faktoren haben u. a. die konkreten Inhalte einer Entscheidung, ihr wahrgenommenes Risiko sowie der Einbezug einer Gruppe einen wesentlichen Einfluss auf die individuelle Risikoneigung. In der Studie von Sasaki et al. (2006) handeln die Probanden in Kauf-
experimenten risikoaverser als in Verkaufsexperimenten. Schwartz und Hasnain
(2002) belegen in ihrem Experiment, dass die Auswahl einer riskanten Alternative wesentlich von der Risikowahrnehmung abhängt und die Risikoneigung
daher eher eine stabile menschliche Eigenschaft ist. In Abhängigkeit von der
Darstellung der Risikosituation wurde diese von den Probanden eher als riskant oder weniger riskant bewertet. Risikoaverse Teilnehmer wählten dann die
von ihnen als weniger risikoreich wahrgenommene Alternative, risikofreudige
Teilnehmer eher die risikoreichere Alternative aus. Nosic und Weber (2007)
kommen darüber hinaus zu dem Ergebnis, dass sich die empfundene Kontrolle
über die Einflussparameter einer Entscheidung (Kontrollillusion) positiv auf
die Risikoneigung auswirkt. Die Risikoneigung und damit das Risikoverhalten
von Individuen werden durch ihre Peer Group beeinflusst. So stufen Masclet
et al. (2009) in ihrem Experiment fast alle in Gruppen getroffene Entscheidungen
als risikoavers ein. Der risikoreduzierende Einfluss von Gruppen auf das Risikoverhalten wird auch durch die Untersuchung von Viscusi et al. (2011) unterstützt. Allerdings kommen die Autoren auch zu dem Ergebnis, dass Individuen
ihre Risikoneigung auch in Richtung einer höheren Risikoaffinität der Gruppen anpassen.

— In Bezug auf die Bedeutung externer Faktoren deuten die Studien darauf hin,
dass die Unternehmensgröße und die Risikoneigung der Entscheider positiv
korreliert sind (vgl. MacCrimmon & Wehrung, 1990; Baldauf & Rank, 2008;
Günther & Detzner, 2009). Zudem scheint die Risikoneigung auch durch die
Position im Unternehmen und die Branche beeinflusst. So sind Controller weniger risikofreudig als Manager. Manager aus mittleren Führungshierarchien
sind risikofreudiger als Manager aus der Geschäftsleitungsebene (vgl. Günther
& Detzner, 2009). Angestellte im öffentlichen Dienst sind risikoaverser als Angestellte in privaten Unternehmen (vgl. Masclet et al., 2009). In Milchbetrieben
sind Qualitätsmanager risikoaverser als Produktionsleiter, während die Geschäftsführung als eher risikoneutral bis leicht risikoavers einzustufen ist (vgl.
Scharner & Pöchtrager, 2013).

▬ Weitere externe Einflussfaktoren auf die Risikoneigung sind die Erfolgs-situation des Unternehmens, das vorhandene Anreiz- und Vergütungssystem und die Nationalität. Laughhunn et al. (1980) zeigen in ihrer Untersuchung der Risikopräferenzen von Managern von Unternehmen mit unterdurchschnitt-licher Erfolgssituation, dass diese bei nicht existenzbedrohenden Verlusten zu 71 % risikofreudig handeln, aber bei existenzbedrohenden Risiken wieder ein höheres Ausmaß an Risikoaversion aufweisen. In der Studie von Günther und Detzner (2012) entscheiden Manager jedoch sehr unterschiedlich in Gewinn-und-Verlust-Situationen; den von Kahneman und Tversky (1979) ermittelten Dispositionseffekt können die Autoren nur für ein Drittel ihrer Probanden be-stätigen. Der Einfluss des Anreiz- und Vergütungssystems auf die Risiko-neigung wird von de Wild (2013) und Bellemare und Shearer (2006) unterstützt. Länderkulturelle Faktoren scheinen ebenfalls die Höhe der Risikoneigung zu beeinflussen. So fanden Ewald et al. (2012) systematische Unterschiede in der Risikoneigung von deutschen und kasachischen Landwirten. Weber und Hsee (1998) kamen auf der Grundlage ihrer Experimente mit Studierenden ver-schiedener Nationalitäten zu dem Ergebnis, dass chinesische Studierende risiko-freudiger als polnische, deutsche und US-amerikanische Studierende sind. Diese Unterschiede verschwanden allerdings, wenn um den Einfluss der Risiko-wahrnehmung kontrolliert wurde. So nahmen chinesische Studierende Risiken weniger stark wahr als ihre internationalen Kommilitonen.

Insgesamt lassen die Ergebnisse der o. g. Studien den Schluss zu, dass die Risiko-neigung von zahlreichen Faktoren beeinflusst wird, deren Wirkung sich zudem teil-weise überlagern. Daher kann nicht davon ausgegangen werden, dass die Risiko-neigung eine grundsätzlich zeitlich stabile Eigenschaft ist.

5.4 Auswirkungen der Risikoneigung auf das Risikoverhalten von Entscheidern

Obwohl der Zusammenhang zwischen der Risikoneigung und dem Risikoverhalten auf der Hand liegt, gibt es bisher nur wenige Studien zu diesem Thema, deren Er-gebnisse in ◘ Tab. 5.3 zusammengefasst sind. Nach den Ergebnissen lassen sich die Studien in zwei Gruppen unterteilen: Eine Gruppe untersucht Unterschiede in der Risikoneigung zwischen Gründern und Selbstständigen einerseits sowie an-gestellten Managern andererseits. Die restlichen Studien untersuchen mögliche Auswirkungen der Risikoneigung auf das Risikoverhalten von Managern im Unternehmen, z. B. bei Investitionen.

In Bezug auf Unterschiede in der Risikoneigung von Gründern und Unter-nehmern im Vergleich zu Nichtgründern bzw. unselbstständig Beschäftigten kom-men die Untersuchungen zu widersprüchlichen Ergebnissen. Ein Teil der Studien unterstützt den vermuteten Zusammenhang zwischen der höheren Risikofreude und der Unternehmensgründung (vgl. z. B. Macko & Tyszka, 2009; Masclet et al., 2009; Dohmen et al., 2011; Brachert & Hyll, 2014), andere können den Zusammen-

◘ Tab. 5.3   Auswirkungen der Risikoneigung auf das Risikoverhalten

Autoren (Jahr)	Ergebnisse
1. Auswirkungen auf die Gründungsaktivität und Selbstständigkeit	
Brockhaus (1980)	Es gibt keine signifikanten Unterschiede der Risikoneigung von Unternehmensgründern und Managern.
Simon et al. (1999)	Gründerstudierende haben keine höhere Risikoaffinität als Nichtgründer, nehmen jedoch Risiken weniger stark wahr.
Macko und Tyszka (2009)	Gründerstudierende sind optimistischer als Nichtgründer.
Masclet et al. (2009)	Selbstständige sind risikofreudiger als Angestellte.
Dohmen et al. (2011)	Es gibt einen signifikanten und schwach positiven Zusammenhang zwischen der Risikoneigung und der Selbstständigkeit.
Brachert und Hyll (2014)	Unternehmer werden nach der Existenzgründung noch risikofreudiger, angestellte Mitarbeiter risikoscheuer.
2. Auswirkungen auf Managemententscheidungen	
Young (1985)	Eine höhere Risikoneigung führt zu größeren Budgetpuffern, der Effekt ist stärker bei vorliegender Informationsasymmetrie.
Kim (1992)	Eine höhere Risikoneigung führt zu größeren Budgetpuffern von Managern. Die Höhe der Budgetpuffer ist abhängig von einem Referenzpunkt.
Bricker und DeBruine (1993)	Risikoscheue Anleger verzichten auf zusätzlichen Ertrag, um durch weitere Informationen ihr Anlagerisiko zu verringern.
Deckop et al. (2004)	Die Risikoneigung ist signifikant positiv mit der Kündigungswahrscheinlichkeit und signifikant negativ mit der Bezahlungszufriedenheit und der Identifikation mit dem Unternehmen korreliert.
Sauner-Leroy (2004)	Das Ausmaß der Investitionstätigkeit in französischen kleinen und mittleren Unternehmen ist positiv mit der Risikoneigung der Manager und negativ mit der Umweltunsicherheit korreliert.
Nosic und Weber (2010)	Es gibt eine signifikant positive Korrelation zwischen der Risikoneigung und dem Umfang risikoreicher Aktienanlagen eines Investors.
Weber et al. (2012)	Veränderungen des Risikoverhaltens (Portfolioanlageentscheidungen) sind abhängig von subjektiven Risiko- und Renditeerwartungen von Investoren, während die Risikoneigung zeitlich stabil ist.
De Wild (2013)	Eine feste Vergütung führt zu einer höheren Risikoaversion von Entscheidern und zu höheren Ausgaben für die Risikoreduktion. Eine variable Vergütung führt nicht immer zu einer übermäßigen Risikoübernahme von Entscheidern.
Kaufmann et al. (2013)	Es gibt eine signifikant positive Korrelation zwischen der Risikoneigung und dem Risiko von Investitions-/Anlageentscheidungen; ein weiterer relevanter Einflussfaktor ist die Risikowahrnehmung.

(Fortsetzung)

◻ **Tab. 5.3** (Fortsetzung)

Autoren (Jahr)	Ergebnisse
Efing et al. (2015)	Ein höherer Bonusanteile im Kapitalmarktbereich von Banken ist mit einem höheren relativen Handelsergebnis, aber auch mit einer höheren Ergebnisvolatilität (Risiko) korreliert.
Vanini und Rieg (2021b)	Risikoscheue Entscheider fragen mehr (irrelevante) Informationen nach, um ihre Investitionsentscheidung abzusichern.

(In Erweiterung von Vanini 2016, S. 344 f.)

5

hang nicht bestätigen (Brockhaus, 1980; Simon et al., 1999). Möglicherweise sind weniger Unterschiede in der Risikoneigung als in der Risikowahrnehmung für die Gründungsentscheidung relevant. Gründer gehen also nicht bewusst ein höheres Risiko ein, sondern nehmen das Gründungsrisiko weniger stark wahr als Nichtgründer (vgl. Simon et al., 1999). Zudem scheinen Unternehmer nach der Gründung aufgrund ihrer zunehmenden Erfahrung im Umgang mit risikoreichen Entscheidungen noch risikofreudiger zu werden, während die Risikobereitschaft von Angestellten tendenziell weiter abnimmt (vgl. Brachert & Hyll, 2014).

Analysiert man die Ergebnisse der Studien zum Risikoverhalten aufgrund konkreter Managemententscheidungen, so lassen sich diese Studien in drei Gruppen unterteilen: Studien zum Zusammenhang zwischen Risikoneigung und Investitions- bzw. Anlageentscheidungen, Studien zum Einfluss der Gestaltung von Anreizsystemen auf die Risikoneigung und das Risikoverhalten sowie Studien zum Einfluss der Risikoneigung auf Entscheidungen im Rahmen der Unternehmenssteuerung. Die Risikoneigung hat einen Einfluss auf Investitions- und Anlageentscheidungen. So treffen risikofreudige Anleger eher riskantere Anlageentscheidungen (vgl. z. B. Nosic & Weber, 2010; Weber et al., 2012; Kaufmann et al., 2013). Risikofreudige Manager führen eher Investitionsentscheidungen durch (Sauner-Leroy, 2004). Allerdings sind die Darstellung von Risikoinformationen, die Risikowahrnehmung sowie Rendite- und Risikoerwartungen weitere wichtige Einflussfaktoren auf das Risikoverhalten (vgl. Weber et al., 2012).

Andere Studien untersuchen den Zusammenhang zwischen der Risikoneigung, der Gestaltung von Anreizsystemen und dem Risikoverhalten. Deckop et al. (2004) kommen zum Ergebnis, dass risikofreudige Mitarbeiter eher unzufrieden mit ihrer Bezahlung sind und eine höhere Kündigungsneigung haben. Die Gewährung einer variablen Barvergütung kann allerdings zu einer Übernahme zusätzlicher Risiken führen. So zeigen Efing et al. (2015), dass höhere Bonusanteile im Kapitalmarktbereich von Banken mit einem höheren relativen Handelsergebnis, aber auch mit einer höheren Ergebnisvolatilität korreliert sind. Je höher das Verhältnis von variabler Barvergütung zu Festgehalt (Anreizintensität) und je größer die Risikoneigung des Managers ist, desto eher ist er zur zusätzlichen Risikoübernahme bereit, um die vereinbarten Ziele zu erreichen. Werden risikofreudigen Managern hohe finanzielle Anreize in Aussicht gestellt, kann es zum Phänomen des „Excessive Risk-Taking" kommen. Diese Manager gehen übermäßig hohe Risiken ein, um ihre Vergütung zu maximieren (vgl. Brink et al., 2016). Dieser Effekt kann durch eine abweichende Zeitpräferenz zwischen Prinzipal und Agent noch verstärkt werden, z. B. wenn ein Manager aufgrund eines auslaufenden Vertrages kurzfristige Zahlungen gegenüber dem langfristigen Unternehmenserfolg präferiert. In einem gewissen Widerspruch zu den o. g. Befunden steht die Studie von de Wild (2013), die zeigt, dass Anreizsysteme mit fester Vergütung zu einer höheren Risikoaversion und daher zu höheren Ausgaben für die Risikoreduktion insbesondere für Risiken mit niedriger Eintrittswahrscheinlichkeit und höherem Schadensausmaß führen. Zudem kommt er ebenfalls zu dem Ergebnis, dass eine variable Vergütung nicht zwangsläufig zu einer übermäßigen Risikoübernahme durch die Entscheider führt.

Eine letzte Gruppe von Studien untersucht den Einfluss der Risikoneigung auf Entscheidungen von Managern im Rahmen der Unternehmenssteuerung. So integrieren risikoscheue Manager größere Puffer in ihre Budgets, um ihre Unsicherheit zu reduzieren (vgl. z. B. Young, 1985; Kim, 1992). Dieser Zusammenhang ist umso stärker, je größer die wahrgenommenen Informationsasymmetrien im Budgetierungsprozess sind. Zudem fragen risikoscheue Entscheider mehr Informationen z. B. in Form von Kennzahlen nach, um ihre Entscheidungen abzusichern, selbst wenn diese Informationen für die eigentliche Entscheidung irrelevant sind und daher *information slack* darstellen (vgl. z. B. Bricker & DeBruine, 1993; Vanini & Rieg, 2021b).

Insgesamt lassen die Ergebnisse der o. g. Studien den Schluss zu, dass die Risikoneigung erwartungsgemäß das Risikoverhalten von Entscheidern beeinflusst, dieses allerdings ebenfalls von zahlreichen Faktoren wie z. B. der Risikowahrnehmung der Entscheider beeinflusst wird. Damit lässt sich das Risikoverhalten von Entscheidern aber auch durch gezielte Maßnahmen beeinflussen, wie in ▶ Abschn. 5.5 diskutiert wird.

5.5   Implikationen für die Unternehmenspraxis und die Wissenschaft

Insgesamt zeigen die Ergebnisse der ausgewerteten Studien, dass sich die individuelle Risikoneigung durchaus von Entscheider zu Entscheider unterscheidet und durch zahlreiche Faktoren beeinflusst wird. Daher kann vermutet werden, dass die Risikoneigung keine stabile persönliche Eigenschaft, sondern zumindest teilweise das Ergebnis kognitiver Prozesses ist (vgl. auch die Diskussion bei Das & Teng, 2001). Die individuelle Risikoneigung hat einen Einfluss auf das Risikoverhalten. Vereinfacht gesagt gründen risikofreudige Entscheider häufiger ein Unternehmen und führen es dann auch weiter. Sie investieren eher in risikoreichere Anlagen und Investitionsprojekte, bauen eher seltener Puffer in ihre Plan- und Budgetgrößen ein und fragen weniger Informationen als Entscheidungsgrundlage nach. Allerdings werden diese Effekte durch andere Einflussgrößen überlagert. Insbesondere die Risikowahrnehmung und damit die Darstellung von Rendite- und Risikoinformationen scheinen einen wesentlichen Einfluss auf die Risikoneigung und damit das Risikoverhalten zu haben.

Die Bedeutung der Risikowahrnehmung für das Management strategischer Risiken wird durch die Metaanalyse von Cooper und Faseruk (2011) unterstützt. Auch March und Shapira (1987) erklären die zeitlich instabilen Risikopräferenzen von Managern durch die Risikowahrnehmung, die vor allem durch die Reihenfolge der Präsentation von Risiko- und Renditeinformationen bestimmt wird. Weber et al. (2005) kommen in ihrer Untersuchung zu dem Ergebnis, dass die geschätzte zukünftige Volatilität und damit das wahrgenommene Risiko von Wertpapieranlagen wesentlich vom Format der Darstellung der historischen Renditen des Wertpapiers sowie ihrer Bezeichnung und der Vertrautheit des Anlegers mit der Anlage abhängig ist. Klos et al. (2005) zeigen ebenfalls, dass die Risikowahrnehmung nicht von der geschätzten Standardabweichung der Ergebnisverteilung von risikobehafteten Anlagealternativen, sondern von ihrer (häufig überschätzten) Verlustwahrscheinlichkeit sowie dem mittlerem Verlust und dem Variationskoeffizient abhängen.

Auch die uneinheitlichen Befunde zur Risikoneigung von Männern und Frauen sowie von Unternehmensgründern und angestellten Managern lassen sich möglicherweise durch Unterschiede in der Risikowahrnehmung erklären. Basierend auf ihrem Review empirischer Studien kommt Schubert (2006) zu dem Resultat, dass Frauen weniger sensitiv in Bezug auf die Eintrittswahrscheinlichkeiten der verschiedenen Konsequenzen einer Alternativen sind und sich eher auf die absolute Höhe der Ergebniskonsequenzen konzentrieren. Zudem weist die Autorin auf Folgendes hin: „Insights from social psychology show that women esteem events less controllable than men, that they are less confident, that they overestimate the probability of unpleasant events and that they rather overestimate the probability of bad things happening to themselves" (Schubert, 2006). Frauen schätzen somit Risiken und erwartete Verluste höher ein als Männer und handeln daher risikoaverser.

Wie schon Kahneman und Tversky (1979) gezeigt haben, weisen Personen in Gewinn-und-Verlust-Situationen eine unterschiedliche Risikoneigung auf. Die Bewertung, ob es sich beim Ergebnis einer Alternative um einen Gewinn oder Verlust handelt, wird häufig ausgehend von einem sogenannten Referenzpunkt vorgenommen. March und Shapira (1987) weisen darauf hin, dass in der Unternehmenssteuerung das mit einem Manager vereinbarte Ziel einen derartigen Referenzpunkt definieren kann. Ist die tatsächliche Performance des Managers über dem Zielwert, wird er alle Aktionen unterlassen, die ihn unter den Zielwert bringen können, und daher eher ein risikoaverses Verhalten aufweisen. Unterhalb des vereinbarten Ziels wird er eher durch risikofreudige Maßnahmen versuchen, seine Ziele doch noch zu erreichen. Die Bedeutung von Referenzpunkten als Einflussfaktoren für die organisationale Risikoneigung und damit für die Bewertung und Auswahl von Innovations- und Wettbewerbsstrategien wird auch von Shoham und Fiegenbaum (2002) hervorgehoben: „When organizations perceive themselves above their SRP (*strategic reference point* SPC; Anm. des Verf.) they will perceive new issues as threats, engage in constricted, rigid and centralized decision-making processes, and behave in a risk-averse, conservative, and defensive manner."

Grundsätzlich ist eine Risikoübernahme durch das Management notwendig, da ansonsten keine Investitionen getätigt oder Innovationen durchgeführt werden und dann langfristig kein Unternehmenserfolg generiert werden kann (vgl. March & Shapira, 1987). Ein gewisses Ausmaß der Risikoneigung des Managements ist somit für eine erfolgreiche Unternehmensführung notwendig. Aus den Ergebnissen der vorliegenden Studien lassen sich daher folgende Implikationen für die Unternehmenspraxis ableiten:

- Zum einen ist eine Transparenz in Bezug auf die Risikoneigung der Unternehmenseigentümer und des (Top-)Managements notwendig. Die Risikoneigung der Unternehmenseigentümer ist z. B. ein wesentlicher Einflussfaktor für die Ableitung der Risikodeckungsmasse und des geplanten Risiko-Rendite-Profils wesentlicher Investitionsprojekte oder sogar des gesamten Unternehmens im strategischen Risikomanagement (vgl. Vanini & Rieg, 2021a). Zudem können bewusst Mitarbeiter mit unterschiedlicher Risikoneigung in verschiedenen Positionen im Unternehmen eingesetzt werden, z. B. risikoaversere Mitarbeiter in der internen Revision, im Risiko- oder im Qualitätsmanagement. Dagegen sind risikofreudigere Mitarbeiter ggf. eher für den Vertrieb geeignet.
- Die Risikoneigung beeinflusst zudem den Aufbau von Puffern. So haben die Studien gezeigt, dass risikoaversere Manager sowohl Puffer in ihren Plan- und Budgetgrößen als auch in ihrer Informationsnachfrage einbauen. Dies kann zur Beeinträchtigung der Wirtschaftlichkeit führen, da diese Puffer streng genommen Ineffizienzen darstellen. Die Nachfrage nicht entscheidungsrelevanter Informationen durch Manager kann zudem zu einem *information overload* und damit zu Fehlentscheidungen führen. Letztendlich helfen auch hier nur eine systematische Identifikation dieser Puffer sowie eine umfangreiche Schulungs- und Aufklärungstätigkeit (vgl. u. a. Vanini & Rieg, 2021b).
- Die Referenzpunktabhängigkeit der Risikoneigung kann in der Unternehmenssteuerung Probleme verursachen. So könnten Manager in Gewinnsituationen zu risikoavers agieren und dann den künftigen Unternehmenserfolg z. B. durch zu wenig risikoreiche Investitionen beeinträchtigen. Andererseits kann ein zu risikofreudiges Verhalten in Verlustsituationen die Unternehmensexistenz gefährden. Neben der Schaffung von Transparenz in Bezug auf die Referenzpunktabhängigkeit sollte insbesondere in Verlust- und Krisensituationen auf eine konsequente Risikobegrenzung geachtet werden. Günther und Detzner (2012) empfehlen zudem ein umfassendes Managementtraining zum Umgang mit Risiko- und Renditeinformationen (vgl. auch March & Shapira, 1987).
- Die meisten Anreiz- und Vergütungssysteme gehen von der Prämisse eines risikoscheuen Managers aus. Daher sollten Unternehmen mögliche dysfunktionale Verhaltensweisen, die durch ihr Anreiz- und Vergütungssystem ausgelöst werden können, insbesondere für eher risikofreudige Manager kritisch prüfen und ggf. Risikoindikatoren als Bemessungsgrundlage in das System integrieren oder Manager ebenfalls an ihren Verlusten beteiligen (für eine umfassende Diskussion der Zusammenhänge zwischen Vergütung, Risikoneigung und Risikoverhalten vgl. Vanini, 2018).

— Zwischen der Risikowahrnehmung und der Risikoneigung bestehen vielfache Interaktionseffekte. Auf der Grundlage einer Literaturanalyse leitet Sjöberg (2000) verschiedene Einflussfaktoren auf die Risikowahrnehmung ab. Das durch einen Risikoindikator gemessene Risiko einer Alternative beeinflusst insbesondere die Risikowahrnehmung von Personen, die bereits Erfahrungen in der Bewertung und Steuerung von Risiken haben. Daneben wird die Risikowahrnehmung als Ergebnis kognitiver Prozesse durch zahlreiche Heuristiken, wie z. B. die Repräsentativitäts-, die Verfügbarkeits- und die Ankerheuristik (zur Bedeutung von Heuristiken für Entscheidungen unter Unsicherheit vgl. Mousavi & Gigerenzer, 2014), sowie durch Affekte, z. B. das gefühlte Ausmaß der persönlichen Betroffenheit (zur Bedeutung von Affekten auf die Risikowahrnehmung vgl. Slovic et al., 2004), beeinflusst. Auch hier ist ein umfassendes Entscheidungstraining des Managements zur Begrenzung möglicher dysfunktionaler Effekte und Unterstützung einer möglichst objektiven Risikowahrnehmung notwendig.

Aus der Auswertung der Studien zur Risikoneigung lassen sich auch Implikationen für die Wissenschaft ableiten: Zum einen muss die weitverbreitete Annahme eines risikoscheuen Entscheiders verworfen werden. Hier ist zu prüfen, in welchen Modellen diese Annahme relevant ist und welche Implikationen geänderte Annahmen für die Aussagen des Modells haben. Als ein Beispiel sei hier der Prinzipal-Agenten-Ansatz genannt, der u. a. variable Anreizsysteme für die als risikoavers angenommenen Agenten zur Überwindung der Zielkonflikte zwischen Prinzipal und Agent vorsieht. Auch das Zusammenwirken mehrerer Entscheider mit unterschiedlicher Risikoneigung bei komplexen Managemententscheidungen wie z. B. einer Unternehmensakquisition ist noch nicht abschließend erforscht.

❓ Wiederholungs-/Kontrollfragen

— Erläutern Sie die Merkmale unsicherer Managemententscheidungen anhand eines selbst gewählten Beispiels.

— Nehmen wir an, ein Entscheider könnte an einer Lotterie teilnehmen, bei der er mit jeweils 50 % Wahrscheinlichkeit 10 € bzw. 100 € gewinnen kann. Alternativ wird ihm eine sichere Zahlung angeboten. Ab einer angebotenen sicheren Zahlung von 50 € verzichtet er auf die Teilnahme an der Lotterie und entscheidet sich für die sichere Zahlung. Wie hoch ist die Risikoprämie des Entscheiders? Ist er risikoavers, -neutral oder -freudig?

— Erläutern Sie anhand zweier selbst gewählter Beispiele die Wirkungsweisen möglicher Einflussfaktoren auf die Risikoneigung.

— Aufgrund der durchgeführten Lotterie wissen Sie, dass der Vertriebsleiter Ihres Unternehmens sehr risikofreudig ist. Diskutieren Sie mögliche Auswirkungen auf seine Informationsnachfrage für eine Investitionsentscheidung sowie seine Budgetplanung. Welche Risiken können daraus für das Unternehmen entstehen?

— Durch welche Maßnahmen können Sie diese Risiken begrenzen?

Zusammenfassung

- Risikoverhalten umfasst sowohl ein unbewusstes Reagieren als auch absichtliches, vom Willen gesteuertes Handeln als Ergebnis einer Entscheidung unter Unsicherheit.
- Es gibt keine einheitliche Definition des Begriffs der Risikoneigung in der Wissenschaft.
- In den Wirtschaftswissenschaften wird vielfach ein risikoaverser Entscheider angenommen; tatsächlich gibt es jedoch risikofreudige, risikoneutrale und risikoscheue Entscheider.
- Die Risikoneigung wird durch Befragungen, das Lösen von Dilemmaentscheidungen sowie Lotterien gemessen, wobei alle Verfahren Vor- und Nachteile aufweisen.
- Die Risikoneigung ist keine stabile menschliche Eigenschaft, sondern wird durch zahlreiche persönliche und situative Faktoren wie z. B. das Alter, das Geschlecht, die Nationalität, die Position im Unternehmen oder den Entscheidungskontext, deren Auswirkungen sich überlagern können, beeinflusst.
- Die Risikoneigung beeinflusst das Risikoverhalten, d. h. risikoscheue Entscheider fragen mehr und z. T. auch überflüssige Informationen zur Absicherung einer Entscheidung nach. Sie bauen höhere Planungs- und Budgetpuffer ein, führen weniger riskante Investitionen bzw. Anlageentscheidungen durch und haben eine niedrigere Gründungswahrscheinlichkeit. Zudem werden sie weniger stark durch monetäre Anreize zur Risikoübernahme angereizt als risikofreudige Entscheider, da ihre Risikoprämie höher ist.
- Die Risikoneigung wichtiger Entscheider im Unternehmen sollte bekannt sein und durch geeignete Maßnahmen an die Risikoneigung der Eigentümer sowie die Risikotragfähigkeit des Unternehmens angepasst werden.

Literatur

Arrow, K. J. (1965). *Aspects of the theory of risk-bearing.* Yrjö Hahnsson Foundation, Helsinki.

Baldauf, A., & Rank, O. N. (2008). Ressourcen, Risikoneigung und Unternehmenserfolg – Eine Analyse von international tätigen kleinen und mittleren Schweizer Unternehmen. *Die Unternehmung, 62*(6), 542–572.

Bellemare, C., & Shearer, B. S. (2006). Sorting, incentives and risk preferences: Evidence from a field experiment; IZA Discussion Papers, No. 2227, July 2006, IZA Bonn.

Blais, A.-R., & Weber, E. U. (2006). A domain-specific risk-taking (DOSPERT) scale for adult populations. *Judgement and Decision Making, 1*(1), 33–47.

Botella, J., Narváez, M., Martinez-Molina, A., Rubio, V. J., & Santacreu, J. (2008). A dilemmas task for eliciting risk propensity. *The Psychological Record, 58*, 529–546.

Brachert, M., & Hyll, W. (2014). On the stability of preferences; repercussions of entrepreneurship on risk attitudes. SOEP papers on Multidisciplinary Panel Data Research Nr. 667, DIW Berlin.

Bricker, R., & DeBruine, M. (1993). The effects of information availability and cost on investment strategy selection: An experiment. *Behavioral Research in Accounting, 5*, 30–57.

Brink, A. G., Hobson, J. L., & Stevens, D. E. (2016). The effect of high power financial incentives on excessive risk-taking behavior: An experimental examination. *Journal of Management Accounting Research, 29*(1), 13–29.

Brockhaus, R. H. (1980). Risk taking propensity of entrepreneurs. *The Academy of Management Journal, 23*(3), 509–520.

Byrnes, J. P., Miller, D. C., & Schafer, W. D. (1999). Gender differences in risk taking: A meta-analysis. *Psychological Bulletin, 125*(3), 367–383.

Cooper, T., & Faseruk, A. (2011). Strategic risk, risk perception and risk behaviour: Meta-analysis. *Journal of Financial Management and Analysis, 24*(2), 20–29.

Das, T. K., & Teng, B.-S. (2001). Strategic risk behaviour and its temporalities: Between risk propensity and decision context. *Journal of Management Studies, 38*(4), 515–534.

Dave, C., Eckel, C. C., Johnson, C. A., & Rojas, C. (2010). Eliciting risk preferences: When is simple better? *Journal of Risk and Uncertainty, 41*(3), 219–243.

De Wild, A. (2013). Unraveling risk appetite – Applications of decision theory in the evaluation of organizational risk appetite. PhD Thesis, University of Rotterdam, Rotterdam University Press, Rotterdam/The Netherlands.

Deckop, J. R., Merriman, K. K., & Blau, G. (2004). Impact of variable risk preferences on the effectiveness of control by pay. *Journal of Occupational and Organizational Psychology, 77*, 63–80.

Dohmen, T., Falk, A., Huffman, D., Sunde, U., Schupp, J., & Wagner, G. G. (2011). Individual risk attitudes: Measurement, determinants and behavorial consequences. *Journal of European Economic Association, 9*(3), 522–550.

Efing, M., Hau, H., Kampkötter, P., & Steinbrecher, J. (2015). Die Dosis macht das Gift – eine Analyse zum Einfluss auf die Profitabilität und das Risiko von Banken. *ifo Schnelldienst,* ISSN 0018-974x, *68*(3), 23–31.

Eisenführ, F., Weber, M., & Langer, T. (2010). *Rationales Entscheiden* (5. Aufl.). Springer, Berlin/Heidelberg.

Ewald, J., Maart, S. C., & Mußhoff, O. (2012). Messung der subjektiven Risikoeinstellung von Entscheidern: Existieren Methoden- und Personengruppenunterschiede? *German Journal of Agricultural Economics, 61*(3), 148–161.

Gilmore, A., Carson, D., & O'Donnell, A. (2004). Small business owner-managers and their attitude to risk. *Marketing Intelligence & Planning, 23*(3), 349–360.

Gleißner, W. (2009). Risikowahrnehmung, Risikomaße und Risikoentscheidungen: theoretische Grundlagen. In O. Everling & M. Müller (Hrsg.), *Risikoprofiling von Anlegern* (S. 305–343). Bank-Verlag Medien, Köln.

Günther, T., & Detzner, M. (2009). Risikoverhalten von Managern – Ergebnisse empirischer Controllingforschung. *CFO aktuell, 24*(Juni), 124–129.

Günther, T., & Detzner, M. (2012). Sind Manager und Controller risikoscheu? Ergebnisse einer empirischen Untersuchung. *Controlling, 24*(4/5), 247–254.

Holt, C. A., & Laury, S. K. (2002). Risk aversion and incentive effects. *American Economic Review, 92*(5), 1644–1655.

Jensen, M., & Meckling, W. (1976). Theory of the firm: Managerial behavior, agency costs and ownership structure. *Journal of Financial Economics, 3*(4), 305–360.

Kahneman, D., & Tversky, A. (1979). Prospect theory: An analysis of decision under risk. *Econometrica, 47*(2), 263–292.

Kaufmann, C., Weber, M., & Haisley, E. (2013). The role of experience sampling and graphical displays on one's investment risk appetite. *Management Science, 59*(2), 323–340.

Kim, D. C. (1992). Risk preferences in participative budgeting. *The Accounting Review, 67*(2), 303–318.

Klos, A., Weber, E. U., & Weber, M. (2005). Investment decisions and time horizon: Risk perception and risk behavior in repeated gambles. *Management Science, 51*(12), 1777–1790.

Kogan, N., & Wallach, M. A. (1964). *Risk-taking: A study in cognition and personality*. Holt, Newyork/US.

Krahnen, J. P., Rieck, C., & Theissen E. (1997). Messung individueller Risikoeinstellungen, CFS Working Paper No. 1997/03, Center for Financial Studies (CFS), Goethe University Frankfurt.

Laughhunn, D. J., Payne, J. W., & Crum, R. (1980). Managerial risk preferences for below-target returns. *Management Science, 26*(12), 1238–1249.

Lohse, T., & Qari, S. (2014). Gendereffekte bei Risikoneigung und Lügen – Evidenz aus einem Compliance-Experiment. *Wirtschaftswissenschaftliches Studium, 43*(2), 91–97.

MacCrimmon, K. R., & Wehrung, D. A. (1990). Characteristics of risk taking executives. *Management Science, 36*(4), 422–435.

Macko, A., & Tyszka, T. (2009). Entrepreneurship and risk taking. *Applied Psychology: An International Review, 58*(3), 469–487.

March, J. G., & Shapira, Z. (1987). Managerial perspectives on risk and risk taking. *Management Science, 33*(11), 1404–1418.

Markowitz, H. M. (1952). Portfolio selection. *Journal of Finance, 7*, 77–91.

Masclet, D., Colombier, N., Denant-Boemont, L., & Lohéac, Y. (2009). Group and individual risk preferences: A lottery-choice experiment with self-employed and salaried workers. *Journal of Economic Behavior & Organization, 70*, 470–484.

Menkhoff, L., & Sakha, S. (2014). Multi-item risk measures. Kiel Institute for World Economy, Working Paper, Kiel, No. 1980.

Mousavi, S., & Gigerenzer, G. (2014). Risk, uncertainty, and heuristics. *Journal of Business Research, 67*, 1671–1678.

Nicholson, N., Soane, E., Fenton-O'Creevy, & Willman, P. (2005). Personality and domain-specific risk taking. *Journal of Risk Research, 8*(2), 157–176.

Nosic, A., & Weber, M. (2007). *Determinants of risk taking behavior: The role of risk attitudes, risk perceptions and beliefs* (Working Paper, Sonderforschungsbereich 504). Universität Mannheim.

Nosic, A., & Weber, M. (2010). How risky do I invest: The role of risk attitudes, risk perceptions and overconfidence. *Decision Analysis, 7*(3), 282–301.

Pavic, I., Pervan, M., & Visic, J. (2014). Personal characteristics as determinants of risk propensity of Business Economics Students – An Empirical study. Paper presented at the 8th International Days of Statistics and Economics, Prague, September 11–13, 2014.

Pratt, J. W. (1964). Risk aversion in the small and in the large. *Econometrica, 32*, 122–136.

Rohrmann, B. (2002). Risk attitude scales: Concepts and questionnaires. Project Report, University of Melbourne/Australia.

Sasaki, S., Xie, S., Ohtake, F., Qin, J., & Tsutsui, Y. (2006). Experiments on risk attitude: The case of Chinese Students. Osaka University, The Institute of Social and Economic Research, Discussion Paper No. 664, Osaka/Japan.

Sauner-Leroy, J.-B. (2004). Managers and productive investment decisions: The impact of uncertainty and risk aversion. *Journal of Small Business Management, 42*(1), 1–18.

Scharner, M., & Pöchtrager, S. (2013). Risikowahrnehmung von Führungskräften in österreichischen Molkereien. *Jahrbuch der Österreichischen Gesellschaft für Agrarökonomie, 22*(1), 173–182.

Schubert, R. (2006). Analyzing and managing risk – On the importance of gender differences in risk attitudes. *Managerial Finance, 32*(9), 706–715.

Schwartz, A., & Hasnain, M. (2002). Risk perception and risk attitude in informed consent. *Risk Decision and Policy, 7*, 121–130.

Shoham, A., & Fiegenbaum, A. (2002). Competitive determinants of organizational risk-taking attitude: The role of strategic reference points. *Management Decision, 40*(2), 127–141.

Simon, M., Houghton, S. M., & Aquino, K. (1999). Cognitive biases, risk perception, and venture formation: How individuals decide to start companies. *Journal of Business Venturing, 15*, 113–134.

Sitkin, S. B., & Pablo, A. L. (1992). Reconceptualizing the determinants of risk behavior. *Academy of Management Review, 17*(1), 9–38.

Sjöberg, L. (2000). Factors in risk perception. *Risk Analysis, 20*(1), 1–11.

Slovic, P., Finucane, M. L., Peters, E., & MacGregor, D. G. (2004). Risk as analysis and risk as feelings: Some thoughts about affect, reason, risk and rationality. *Risk Analysis, 24*(2), 311–322.

Vanini, U. (2016). Risikoneigung und Unternehmenssteuerung – Ergebnisse empirischer Studien. In L. Nadig & U. Egle (Hrsg.), *CARF Luzern 2016, Konferenzband, Schriften aus dem Institut für Finanzdienstleistungen Zug, IFZ Band 35* (S. 319–362). Verlag IFZ, Hochschule Luzern.

Vanini, U. (2018). Manager an ihren Risiken beteiligen. *Controlling & Management Review, 62*(4), 50–55.

Vanini, U., & Rieg, R. (2021a). *Risikomanagement* (2. Aufl.). Schaeffer-Poeschel, Stuttgart.

Vanini, U., & Rieg, R. (2021b). Risk attitude, information selection, and information use in capital budgeting decisions. *International Journal of Managerial and Financial Accounting, 13*(3/4), 253–278.

Viscusi, W. K., Philipps, O. R., & Kroll, S. (2011). Risky investment decisions: How are individuals influenced by their groups? *Journal of Risk and Uncertainty, 43*(2), 81–106.

Von Neumann, J., & Morgenstern, O. (1944, 1947). *Theory of games and economic behavior*. Princeton University Press, Pinceton/NY.

Weber, E. U. (2010). Risk attitude and preference. *Advanced Review, 1*(1), 79–88.

Weber, E. U., & Hsee, C. (1998). Cross-cultural differences in risk perception, but cross-cultural similarities in attitudes towards perceived risk. *Management Science, 44*(9), 1205–1217.

Weber, E. U., & Johnson, E. J. (2008). Decisions under uncertainty: Psychological, economic, and neuroeconomic explanations of risk preference. In P. Glimcher, C. Camerer, E. Fehr, & P. Poldrack (Hrsg.), *Neuroeconomics: Decision making and the brain*. Elsevier.

Weber, E. U., Siebenmorgen, N., & Weber, M. (2005). Communicating asset risk: How name recognition and the format of historic volatility information affect risk perception and investment decisions. *Risk Analysis, 25*(3), 598–609.

Weber, M., Weber, E. U., & Nosic, A. (2012). Who takes risks when and why: Determinants of changes in investor risk taking. *Review of Finance, 17*(3), 847–883.

Wiswede, G. (2021). *Einführung in die Wirtschaftspsychologie* (6. Aufl.). Munich.

Young, S. M. (1985). Participative budgeting: The effects of risk aversion and asymmetric information on budgetary slack. *Journal of Accounting Research, 23*(2), 829–842.

5

Die Komplexität der Risiko- kommunikation

Philipp Henrizi

Inhaltsverzeichnis

6.1   Ziele und Herausforderungen der
        Risikokommunikation – 130

6.2   Theorien und Modelle der Risikokommunikation – 134

6.3   Risikodarstellung und Risikokompetenz – 138
6.3.1   Relative versus absolute Risikogrößen – 142
6.3.2   Wahrscheinlichkeiten versus Häufigkeiten – 142
6.3.3   Relation – 143
6.3.4   Referenzklasse – 143
6.3.5   Framing – 144
6.3.6   Verbale Wahrscheinlichkeit – 144

6.4   Akteure der Risikokommunikation – 146

6.5   Exkurs: Nudging – Sanft zu „besserem" Verhalten
        stupsen? – 150

6.6   Schlussfolgerung – 153

        Anhang: Fragebogen „Selbstexperiment
        Wachstumsraten" – 156

        Literatur – 158

Die Originalversion des Kapitels wurde revidiert. Ein Erratum ist verfügbar unter
https://doi.org/10.1007/978-3-662-65575-7_13

6

Zusammenfassung

In diesem Kapitel werden die Ziele und Herausforderungen der Risikokommunikation erläutert. Es lassen sich hierbei 4 wesentliche Aufgabenfelder unterscheiden. Zudem werden die Herausforderungen anhand von theoretischen Modellen und Theorien der Risikokommunikation beschrieben. Unterschiedliche Formen der Risikodarstellung erhöhen die Komplexität und die notwendige Risikokompetenz, um die Informationen angemessen zu interpretieren. Dabei erweist sich die Darstellung in natürlichen Häufigkeiten und in absoluter Form als am verständlichsten. Auch werden die verschiedenen Akteure der Risikokommunikation näher beleuchtet und die jeweiligen Herausforderungen sowie Bedürfnisse aufgezeigt. Schließlich wird in einem kurzen Exkurs der Ansatz des Nudgings innerhalb der Risikokommunikation eingehend betrachtet. Zusätzlich werden durch eine experimentell orientierte Fallaufgabe die Interpretationsunterschiede bei statistischen Angaben am Beispiel von Wachstumsraten aufgezeigt.

▪ **Lernziele**
━ Die Ziele und Herausforderungen der Risikokommunikation umschreiben können
━ Die Theorien und Modelle der Risikokommunikation kennen und erläutern können
━ Die Unterschiede in der Risikodarstellung erkennen können und die Auswirkungen verstehen
━ Die Rollen der verschiedenen Akteure in der Risikokommunikation erklären können
━ Den Nutzen und die Grenzen von Nudging in der Risikokommunikation kennen

6.1 Ziele und Herausforderungen der Risikokommunikation

》 „Effective risk communication is critical to effective risk management." Vincent T. Cavello (2010, S. 143)

Neben den individuellen, sozialen oder kulturellen Faktoren beeinflusst vor allem auch die unterschiedliche Darstellung des Risikos seine Wahrnehmung. Häufig zeichnen wissenschaftliche Risikoforschung, Regulatoren und Behörden, Industrieunternehmen oder Massenmedien höchst kontroverse Bilder der Risikorealität, was zu Verunsicherung und Misstrauen führt. Inhalt, Form und Struktur sowie die Art und Weise der Risikokommunikation wirken sich auf die Risikowahrnehmung und schließlich auf die Überzeugung und Akzeptanz aus, was wiederum einen ganz unterschiedlichen Umgang mit diesen Risiken nach sich zieht (vgl. Wahlberg & Sjoberg, 2000). Daher nimmt die Risikodarstellung innerhalb der Risikokommunikation eine wichtige Rolle in Bezug auf die Risikowahrnehmung ein.

Risikokommunikation beinhaltet typischerweise Versuche, Wahrnehmung, Überzeugungen, Einstellungen, Gefühle und schließlich Verhalten zu ändern, aber auch Ansätze zur Bestätigung von angemessenen Wahrnehmungen und Auffassungen (vgl. Breakwell, 2014, S. 144). Eine zentrale Aufgabe der Risikokommunikation ist es, zielgerichtet über Risiken zu informieren, um Kenntnisse über die Art, Bedeutung und Kontrollierbarkeit eines Risikos zu vermitteln. Durch Aufklärung und Sensibilisierung soll zukünftigen und unbekannten Ereignissen vorgebeugt oder diese zumindest entsprechend vorbereitet werden. Dabei sollen auch die bestehenden Unsicherheiten und Ungewissheiten über potenzielle Schäden thematisiert werden. Risikokommunikation kann zudem als Austausch von Informationen, Empfehlungen und Meinungen zwischen verschiedenen Interessengruppen betrachtet werden. Dabei kann der Fokus der Informationsvermittlung unterschiedlich gewählt sein, beispielsweise in einer statistischen Darstellung in Form von Eintretenswahrscheinlichkeit und Schadensausmaß (vgl. ▶ Kap. 2, ▶ Abschn. 2.2.2) oder als Beschreibung der zugrunde liegenden Sachlage. Letzteres versucht, weitere Aspekte näher darzulegen, statt sich auf reine Risikobeurteilung zu beschränken, so unter anderem den adäquaten Umgang, die Zurechnung von Verantwortlichkeiten, rechtliche Aspekte, Formen des Risikomanagements, die unterschiedlichen Interessenslagen oder verschiedene Ideologien, um auf diese Weise eine Einschätzung des Risikos zu ermöglichen oder eben dessen Akzeptanz zu erhöhen (vgl. Wiedemann, 1991, S. 371). Ziel der Risikokommunikation sollte stets sein, zu einer informierten Abwägung des Risikos und dadurch zu einer eigenen reflektierten Entscheidung im Umgang mit diesem zu verhelfen (Dickmann et al., 2007; Wiedemann, 2010). Hierbei lassen sich im Wesentlichen 4 Aufgabenbereiche der Risikokommunikation unterscheiden (vgl. Covello et al., 1987, S. 112):

- **Darstellung:** Dieser Aspekt ist am geläufigsten und versucht, durch Informationen und Erklärungen den Wissensstand über ein Risiko und damit die zugrunde liegende Risikoabschätzung zu verbessern. Durch die Informationsvermittlung werden Sachverhalte als Risiken gekennzeichnet und bewertet. Beispiele sind die Aufklärung der Bevölkerung über die Gesundheitsrisiken bestimmter Ernährungsgewohnheiten (z. B. fettreiches Essen) oder die Information über technologische Risiken (z. B. Atomkraft). Die Bewertung und damit die Darstellung hängen von der jeweiligen Sichtweise und Wahrnehmung ab und können unterschiedlich ausfallen. So können die verschiedenen Interessengruppen das gleiche Risiko ganz anders beschreiben und bewerten.

- **Appell:** Dieser Aspekt beabsichtigt in erster Linie eine Initiierung von Verhaltensänderungen und Vorsorgemaßnahmen. Gezieltes Ansteuern von Emotionen, wie Ängste, Empörung oder Bedrohungsgefühle, verstärkt die Motivation zu bestimmten Verhaltensweisen (vgl. Haie & Dillard, 1995; Barth & Bengel, 1998; Witte & Allen, 2000). Beispiele sind Maßnahmen zur Veränderung von gesundheitsgefährdenden Verhaltensweisen (z. B. Warnsignale auf Zigarettenpackung in visueller oder textlicher Form) oder die Förderung von Vorsorge- oder Schutzmaßnahmen gegen Gefährdungen (z. B. Tragen von Hygienemaske gegen die Verbreitung von Covid-19). Die Aufklärung über das

Risiko liegt hierbei nicht im Vordergrund, sondern vielmehr die Veränderung der Gewohnheiten. Das genaue Verständnis des Risikos ist hierbei nur dann relevant, wenn es für das erwünschte Vermeidungsverhalten bedeutsam ist.

- **Warnung:** Dieser Aspekt kommt am ehesten bei der Krisenkommunikation zum Tragen, wenn kurzfristige Reaktionen und das Vermitteln von Verhaltensregeln erforderlich sind. Hauptaufgabe besteht darin, bei Notfällen oder Katastrophen die betroffenen Personen schnell und effektiv zu warnen, d. h. über die Art der bestehenden Risiken (z. B. Emission toxischer Substanzen bei einem Chemieunfall) und über mögliche Schutzmaßnahmen (z. B. Fenster und Türen schließen) zu informieren sowie durch Information die Koordination von Notfallmaßnahmen zu unterstützen (z. B. Evakuierung der Bevölkerung). Der Fokus liegt hierbei auf den Anweisungen und den möglichen Folgen der Risiken, ebenso auf dem Verdeutlichen der Relevanz der Vorgaben zur Erhöhung ihrer Befolgung.

- **Dialog:** Dieser Aspekt hat die Aufgabe, Kompromisse zwischen den Interessengegensätzen und Wertekonflikten unterschiedlicher Parteien zu erzielen, ohne dass eine Partei ausgeschlossen oder ihre Interessen oder Werte unberücksichtigt bleiben. Schließlich werden durch Kommunikation Beziehungen der Akteure definiert und verändert, z. B. durch die Einbeziehung der Öffentlichkeit in die Entscheidungsfindung. Aufgabe ist dabei, gemeinsam in einem interaktiven Austausch Problem- und Konfliktlösungen zu erarbeiten. Beispiele sind etwa Konflikte um die Platzierung von Mobilfunksendeanlagen oder Lagerung von radioaktiven Abfällen. Damit umfasst dieses Aufgabenfeld weit mehr als die bloße Auskunft über die jeweiligen Gesundheits- und Umweltrisiken.

Die Grenzen zwischen diesen verschiedenen Aufgaben lassen sich nicht immer scharf ziehen. Es gibt eine Reihe von Kommunikationsproblemen, die alle 4 Aufgabenfelder betreffen. Die zentrale Herausforderung besteht auf alle Fälle in der Frage, wie Risiken kommuniziert werden müssen, damit die Art, das Ausmaß und die Bedeutung eines Risikos verständlich und für jeden beurteilbar werden (vgl. Wiedemann & Schütz, 2010, S. 2 f.). Insbesondere Cavello (2010) hat sich mit diesen Anforderungen auseinandergesetzt und hierbei untersucht, wie die Öffentlichkeit zielgerichtet informiert werden muss, um in der Lage zu sein, sich selbst und andere zu schützen – also risikokompetent und risikomündig zu handeln. Seine Erkenntnisse stützen sich auf verschiedene Modelle und Theorien und zeigen die wesentlichen Herausforderungen in der Risikokommunikation auf:

Die **Theorie der Risikowahrnehmung** („Risk Perception Model") beispielsweise beschreibt das Paradoxon, dass die Wahrnehmung von Risiken oftmals nicht mit dem tatsächlichen Schweregrad des Risikos korreliert. Vielmehr beeinflussen emotionale Faktoren wie z. B. der Grad an moralischer Empörung oder die gefühlte Hilflosigkeit die empfundene Gefahr. Aber auch viele weitere psychologische, soziologische und kulturelle Faktoren beeinflussen die individuelle Risikowahrnehmung und führen zu Fehlwahrnehmungen oder Fehlinterpretationen (siehe ► Kap. 3, ► Abschn. 3.4). Auch diese Heuristiken und Bias müssen bei der Risikokommunikation beachtet werden.

Das **Modell der negativen Dominanz** („Negative Dominance Model") basiert auf der Beobachtung, dass positive und negative Informationen in hochgradig besorgniserregenden oder gefühlsgeladenen Situationen unterschiedlich aufgefasst werden. Negative Informationen erhalten signifikant mehr Aufmerksamkeit und werden länger im Gedächtnis behalten (vgl. Covello & Sandman, 2001). Hinweise auf Gefahren sollten daher eher mit lösungsorientierten und positiven Botschaften vermittelt werden.

Die **Theorie des psychischen Lärms** („Mental Noise Model") zeigt auf, wie Rezipienten Informationen unter Stresssituationen verarbeiten. Diesem Modell nach sind Menschen, wenn sie unter Bedrohung oder Stress stehen, in ihrer Wahrnehmung und Informationsverarbeitung stark beeinträchtigt. Daher müssen die Botschaften klar und verständlich, gut strukturiert und leicht zugänglich sein. Ebenso können Wiederholungen und Visualisierungen die Klarheit der Kommunikation erhöhen. Insbesondere bei Warnungen ist dieser Aspekt zu berücksichtigen.

Die **Theorie der Vertrauensbestimmung** („Trust Determination Model") unterstreicht die zentrale Bedeutung von Vertrauen in einer effektiven Risikokommunikation. Nur wenn Vertrauen aufgebaut ist, kann die Risikokommunikation einen Konsens und Dialog ermöglichen. Vor allem Unsicherheiten und eine unvollständige Informationslage können die Glaubwürdigkeit der Informationen beeinträchtigen. Die größte Herausforderung besteht darin, allfällige Skepsis gegenüber Risikoinformationen abzubauen und das Vertrauen in diese zu erhöhen. Um glaubwürdig zu sein, muss die Kommunikation empathisch, transparent und kompetent geführt werden (vgl. Renn & Levine, 1991; Covello, 1993).

Eine zunehmende Herausforderung stellen vor allem die wachsende Informationsdichte und Informationsvielfalt dar, welche durch die Massenmedien und die sozialen Medien weiter verstärkt werden. Dies wurde insbesondere auch in der Covid-19-Pandemie deutlich (vgl. Loss et al., 2021). Die rasante Ausbreitung der Pandemie hat zu einer Flut von offiziellen Mitteilungen, Experteneinschätzungen und Medienberichten geführt. Kommuniziert wurde auf verschiedenen Ebenen: von der Wissenschaft über Behörden und Politik bis hin zu Journalisten und Nachrichtenorganen sowie in großem Umfang auf sozialen Medien (vgl. Eysenbach, 2020; Ratzan et al., 2020). Vor allem hier handelte die Öffentlichkeit innerhalb ihrer Netzwerke selber die Bedeutung der Risiken und Schutzfaktoren in Bezug auf Covid-19 aus (vgl. Lim & Nakazato, 2020). Die schiere Menge an Informationen erfordert zudem, die relevanten und richtigen Informationen herauszufiltern (vgl. Eysenbach, 2020; Mheidly & Fares, 2020). Insbesondere weil sich Fehlinformationen und Spekulationen rasch verbreiten und die technischen Fortschritte in der Kommunikation sowie die weitverbreitete Nutzung von sozialen Medien die Auswirkungen von Falschmeldungen und Gerüchten verstärken, erfordert eine effektive Risikokommunikation den offenen Diskurs, den transparenten Umgang mit Unsicherheiten bei der Risikoeinschätzung und eine dynamische Anpassung an die bestehenden Unsicherheiten in Bezug auf das Risiko. Dies verlangt ebenso eine kontinuierliche Evaluation der Risikowahrnehmung in der Bevölkerung, um die Kommunikation gezielt danach auszurichten (vgl. Loss et al., 2021).

6.2 Theorien und Modelle der Risikokommunikation

Ein einheitlicher und spezifisch theoretischer Rahmen für Risikokommunikation existiert nicht, vielmehr muss neben den Theorien der Risikowahrnehmung auch auf die allgemeinen Theorien und Modelle der Kommunikation zurückgegriffen werden (vgl. Wiedemann & Schütz, 2010; Bostrom et al., 2018). Wiedemann (2010) analysierte die Risikokommunikation als wissenschaftlichen Forschungsgegenstand und stellte dabei fest, dass je nach konkreter Problemlage auf Theorien und Modelle aus unterschiedlichen Disziplinen zurückgegriffen werden muss. Es lassen sich 3 Schwerpunkte unterscheiden: (1) die Organisation von Risikokommunikation im Kontext von Risikomanagement, (2) der Inhalt von Risikokommunikation und (3) die dem Verständnis und der Reaktion auf Risikoinformation zugrunde liegenden individuellen Informationsverarbeitungsprozesse (vgl. Wiedemann, 2010).

Zur Strukturierung der vielfältigen Probleme bei der Risikokommunikation wird mitunter auf das Kommunikationsmodell von Shannon und Weaver (1949) zurückgegriffen, welches den grundlegenden Verlauf von Kommunikation als Flussdiagramm zwischen Sender und Empfänger darstellt (siehe ◻ Abb. 6.1). Selten können Risiken direkt an die Adressaten kommuniziert werden, weshalb dies in der Regel über einen vermittelnden Kanal erfolgt, wie z. B. die Medien. Das ursprüngliche Modell wurde durch eine Rückkopplungsschleife zwischen Empfänger und Sender erweitert (z. B. Cvetkovich et al., 1989). Diese Rückkopplung kann auf zwei Arten erfolgen: entweder als direkte Botschaft über einen Kanal zurück an den Sender oder als Reaktion und Verhalten. Der Sender kann daraufhin wiederum seine Handlungen und Kommunikationsinhalte sowie -strategien anpassen. Aus dieser Darstellung werden bereits einige Probleme bei der Risikokommunikation deutlich (siehe auch Covello et al., 1986, S. 171), welche anhand von beispielhaften Untersuchungen in ◻ Tab. 6.1 zusammengetragen sind.

In dieser problemorientierten Betrachtungsweise bleiben die einzelnen Kommunikationsprobleme und Herausforderungen jedoch meist unvermittelt nebeneinander stehen. Ansatzpunkte für eine gesamthafte Betrachtung und die Integration der verschiedenen Aspekte können zwei psychologische Theorien bzw. Modelle aus der persuasiven Kommunikation liefern. Diese Modelle versuchen im Kontext einer Kommunikation, die primär auf die Beeinflussung und Überredung des Empfängers ausgerichtet ist, den Zusammenhang zwischen der Intensität der Informationsverarbeitung (Elaboriertheit) und der Stabilität der Einstellungs-

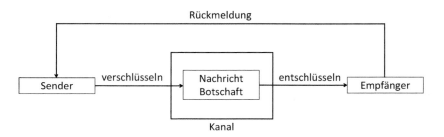

◻ **Abb. 6.1**   Sender-Empfänger-Modell. (In Anlehnung an Shannon & Weaver, 1949)

◘ Tab. 6.1   Probleme der Risikokommunikation

Problem-quelle	Art des Problems in der Risikokommunikation
Sender	– Vertrauen in die und Glaubwürdigkeit der für das Risikomanagement verantwortlichen Personen oder Institutionen (Renn & Levine, 1991; Siegrist et al., 2000) – Expertendissens (Schütz & Wiedemann, 2005)
Botschaft	– Komplexität der Information (Doble, 1995) – Unsicherheiten in der Datenlage (Bottorff et al., 1998; Johnson & Slovic, 1995)
Kanal	– Selektive oder verzerrte Berichterstattung durch die Medien (Combs & Slovic, 1979; Kepplinger, 1989; Singer & Endreny, 1993)
Empfänger	– Eigenarten der Risikowahrnehmung (Slovic et al., 1980) – Vorstellungen zur Risikogenese (Bostrom et al., 1992; Jungermann et al., 1988) – Übermäßiges Vertrauen in die eigenen Möglichkeiten zur Risikovermeidung (Weinstein, 1984, 1989)

(Quelle: Wiedemann, 2010, S. 68)

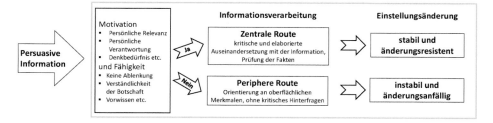

◘ Abb. 6.2   Elaboration-Likelihood-Model. (Nach Petty & Cacioppo, 1986a)

änderung (Überzeugung) zu erklären: zum einen das **Elaboration Likelihood Model** (ELM) von Petty und Cacioppo (1986a) und zum anderen das **Heuristic-Systematic Model** (HSM) von Chaiken et al. (1989) (siehe auch Chaiken, 1980). Beide Modelle wurden unabhängig voneinander entwickelt, sind in ihrer zentralen Annahme aber ähnlich und lassen sich mühelos auf das Feld der Risikokommunikation anwenden (vgl. Wiedemann, 2010; Wiedemann & Schütz, 2010).

Das **Elaboration-Likelihood-Model** (ELM) (auch Verarbeitungs-Wahrscheinlichkeits-Modell) versucht, den Prozess der Einstellungsbildung und Einstellungsänderung zu erklären und unterscheidet dabei zwischen einem zentralen und einem peripheren Weg der Informationsverarbeitung. Wie in ◘ Abb. 6.2 dargestellt, ist der beschrittene Weg insbesondere von der Motivation und der kognitiven Fähigkeit des Empfängers zur Informationsverarbeitung abhängig. Der zentrale Weg beschreibt eine elaborierte Informationsverarbeitung, d. h eine gründliche und systematische Abwägung der erhaltenen Botschaft und vor dem Hintergrund des eigenen Wissens hinterfragende Informationsverarbeitung (vgl. Wiedemann, 2010). Einstellungen werden auf diesem Weg durch eine intensive und kritische Auseinandersetzung mit der Information gebildet und verändert. Für die Motivation ist neben verschiedenen individuellen und situationalen Faktoren vor allem das Bedürfnis nach Kognition und die Betroffenheit entscheidend, d. h. die Bedeutsamkeit des Themas. Auch externe Faktoren wie z. B. Zeitdruck beeinflussen die Motivation und Fähigkeit zur Informationsverarbeitung. Sind Motivation oder Fähigkeit zur intensiven Informationsverarbeitung gering, wird die Information eher über den flüchtigeren, peripheren Weg verarbeitet. In diesem Fall können die Einstellungen häufig statt durch die reinen Fakten auch durch sachfremde und periphere Merkmale beeinflusst werden. Ihnen können sowohl kognitive Mechanismen wie Heuristiken als auch affektive Mechanismen wie klassische und operante Konditionierung zugrunde liegen. Zwar kann es auch über diese wenig intensive Informationsverarbeitung zur Einstellungs- und Urteilsbildung kommen, der zentrale Weg der Informationsverarbeitung führt aber zu deutlich stabileren und resistenteren Überzeugungen bzw. Einstellungen oder Verhaltensänderungen. Diese Transformationen erfolgen nämlich bewusst (vgl. Petty & Cacioppo, 1986b). Es ist deshalb bei Überzeugungsprozessen, die nachhaltig wirken sollen, von erheblicher Bedeutung, die Informationen so zu vermitteln, dass der Empfänger motiviert und fähig ist, die Argumentation zu verstehen und nachzuvollziehen (vgl. Frey et al., 2015).

Das **Heuristic-Systematic Model** (HSM) (auch heuristisch-systematisches Modell) ist ebenfalls als duales Prozessmodell der Informationsverarbeitung konzipiert und unterscheidet zwischen der systematischen und der heuristischen Informationsverarbeitung (siehe ◘ Abb. 6.3). Bei der systematischen Informationsverarbeitung wird mit großem kognitivem Aufwand versucht, die Inhalte zu verstehen und zu analysieren. Dies setzt sowohl die kognitiven Fähigkeiten voraus, die zum Verständnis der Information erforderlich sind, als auch die Möglichkeit, diese kognitiven Fähigkeiten einzusetzen, sowie die Motivation, einen solchen Aufwand zu betreiben. Das Ausmaß der Motivation folgt dem Suffizienzprinzip, d. h., erst ab einer als ausreichend erachteten Evidenz kommt es zu einer Urteilsbildung und Überzeugung. Ist die erforderliche kognitive Kapazität vorhanden, wird die Informationsverarbeitung so lange intensiv betrieben, bis die gewünschte Konfidenz erreicht ist (vgl. Eagly & Chaiken, 1993, S. 330). Sind Fähigkeit oder Motivation zur systematischen Informationsverarbeitung dagegen gering oder nicht gegeben, so werden persönliche Einstellungen und Meinungen nach Annahme des

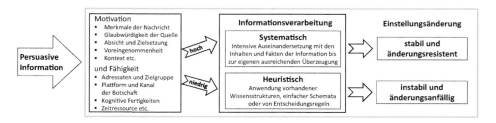

◘ **Abb. 6.3**   Heuristic-Systematic Model. (Basierend auf Chaiken et al., 1989)

HSM durch eine weniger aufwändige Auseinandersetzung mit den Inhalten und eher mittels vorhandener Wissensstrukturen, einfacher Schemata oder Entscheidungsregeln entwickelt, den sogenannten kognitiven Heuristiken (vgl. Chaiken et al., 1989). Die Annahme des HSM ist in diesem Punkt enger als die des ELM, wo gemäß diesem die heuristische Informationsverarbeitung nur eine von verschiedenen Strategien der peripheren Informationsverarbeitung ist. Ein weiterer Unterschied liegt im Prozess der Informationsverarbeitung. Während das ELM die zwei Wege der Informationsverarbeitung als getrennt beschreibt, können nach dem HSM systematische und heuristische Informationsverarbeitung gemeinsam auftreten und interagieren (vgl. Wiedemann, 2010).

Ausgehend vom HSM haben Griffin et al. (1999) ein Modell der Risikoinformationssuche und -verarbeitung (*risk information seeking and processing model*; RISP) entwickelt, das Erkenntnisse aus der Risikowahrnehmungsforschung, der Kommunikationsforschung und der sozialpsychologischen Forschung zusammenführen soll (siehe ◘ Abb. 6.4). Das RISP-Modell bietet einen Rahmen und stellt die Schlüsselfaktoren dar, die dazu veranlassen, relevante Risikoinformationen systematischer oder überlegter zu suchen und zu verarbeiten – unter der Annahme, dass eine durchdachtere Informationsverarbeitung zu einer größeren Befolgung der in Risikomeldungen ausgesprochenen Empfehlungen führt, unabhängig vom Format der Meldung. Das RISP-Modell geht davon aus, dass die aktive Suche und die systematische Verarbeitung von Risikoinformationen in erster Linie durch das psychologische Bedürfnis nach ausreichender Information (Informationssuffizienz) motiviert ist. Dieser Gedanke wurde weitestgehend vom Suffizienzprinzip des HSM übernommen. Die Informationssuffizienz wird zum einen beeinflusst von affektiven Reaktionen (wie Besorgnis oder Angst) des Empfängers, die wiederum vor allem von dessen Risikowahrnehmung (die wahrgenommene Wahrscheinlichkeit oder die wahrgenommene Schwere der Konse-

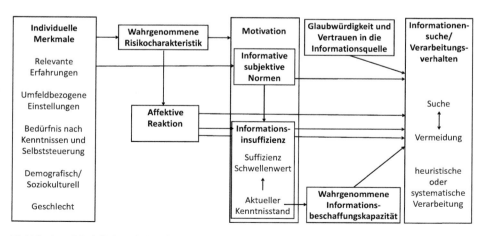

◘ **Abb. 6.4** Modell der Risikoinformationssuche und -verarbeitung. (Griffin et al., 1999)

quenzen) abhängt sowie vom Vertrauen in Institutionen und dem wahrgenommenen Ausmaß eigener Kontrolle in Bezug auf ein Risiko. Zum anderen wird die Informationssuffizienz von informationsbezogenen subjektiven Normen beeinflusst, z. B. vom wahrgenommenen sozialen Druck und der Verantwortung, die Informationssuche und -verarbeitung mit einer gewissen Intensität zu betreiben. Risikowahrnehmung und informationsbezogene subjektive Normen ihrerseits werden beeinflusst von individuellen Charakteristika (z. B. risikobezogene Erfahrungen) oder soziodemografischen Variablen (z. B. Geschlecht oder Bildung) (vgl. Griffin et al., 1999; Wiedemann, 2010).

In einer Reihe von Studien haben Griffin et al. die Annahmen ihres Modells geprüft und diese zumindest teilweise bestätigen können (vgl. Neuwirth et al., 2000; Griffin et al., 2002, 2004; Kahlor et al., 2003). So zeigte sich in der Tat ein positiver Zusammenhang zwischen der Informationsinsuffizienz und der Tendenz zu systematischer Informationsverarbeitung. Die erwartete negative Beziehung zwischen Informationsinsuffizienz und der Tendenz zu heuristischer Informationsverarbeitung ließ sich allerdings nicht nachweisen (vgl. Kahlor et al., 2003). Der erwartete positive Zusammenhang wiederum zwischen Risikowahrnehmung (wahrgenommener Wahrscheinlichkeit bzw. wahrgenommener Schwere der Konsequenzen) und affektiven Reaktionen (Besorgnis oder Angst) konnte bestätigt werden. Zu weiteren Elementen des Modells existieren hingegen unterschiedliche Ergebnisse. So ließ sich unter anderem der erwartete positive Zusammenhang zwischen affektiver Reaktion (Besorgnis) und Informationsinsuffizienz sowie den informationsbezogenen subjektiven Normen und Informationsinsuffizienz nur vereinzelt belegen. Zudem zeigte sich kein statistisch signifikanter Zusammenhang zur wahrgenommenen eigenen Kontrolle (vgl. Griffin et al., 2004).

Insgesamt bleibt allerdings festzuhalten, dass Erkenntnisse aus der Risikowahrnehmungsforschung einen weitaus stärkeren Einfluss auf die Forschung zur und insbesondere auf die Praxis der Risikokommunikation ausgeübt haben als die hier aufgeführten psychologischen Modelle der Informationsverarbeitung. Ausschlaggebend war dabei der einfache, aber richtige Gedanke, dass jede Aufklärung über Risiken blind ist ohne das Wissen, wie Laien Risiken überhaupt wahrnehmen (vgl. Wiedemann & Schütz, 2010).

6.3 Risikodarstellung und Risikokompetenz

Eine transparente Risikokommunikation fördert einen informierten, kritischen und reflektierten Umgang mit Risiken (vgl. Gigerenzer, 2020). Allerdings lassen sich Risiken unterschiedlich beschreiben und darstellen, was je nach verwendeter Form einer höheren Risikokompetenz bedarf, um die Informationen richtig zu erfassen und das eigene Verhalten daran anzupassen. Risikokompetenz wird grundsätzlich als Gefahrenbewusstsein und als Selbststeuerungsfähigkeit verstanden. Dabei stellt das Gefahrenbewusstsein die Fähigkeit dar, Gefahren wahrzunehmen bzw. zu erkennen und diese angemessen zu beurteilen. Durch eine kompetente Selbststeuerung kann individuell entschieden werden, wie mit diesen Gefahren am sichersten umgegangen und wie das eigene Handeln geeignet daran angepasst werden sollte. Unter der Risikokompetenz ist also eine solche Kombination aus Gefahrenbewusstsein und Selbststeuerungsfähigkeit zu verstehen, die in einer bestimmten Situation zu einem optimalen Risikoumgang führt. Insbesondere das Gefahrenbewusstsein kann durch eine verständliche Kommunikation von Risiken verbessert werden. Denn wie bereits in ▶ Abschn. 6.1 erläutert, ist eine zentrale Aufgabe der Risikokommunikation jene, Sachinformationen über Gefahrenquellen so zu vermitteln, dass sie zu einem protektiven Verhalten motiviert (vgl. Renner & Schwarzer, 2000). Dabei muss ein Sachverhalt (wie beispielsweise der Zusammenhang zwischen Rauchen und Herz-Kreislauf-Erkrankungen) möglichst verständlich dargestellt und vermittelt werden. Nur so kann das Gefahrenbewusstsein verbessert werden, also Wahrnehmung und Beurteilung des Risikos möglichst verzerrungsfrei erfolgen (vgl. Renner et al., 2017).

Jedoch können im Rahmen der Kommunikation über ein Risiko nur in sehr seltenen Fällen simultan alle Aspekte der Gefahrenquelle ausreichend beschrieben und berücksichtigt werden. Vor allem Unsicherheit und unklare oder widersprüchliche Erkenntnisse aus der Wissenschaft stellen eine große Herausforderung für die effektive Vermittlung wissenschaftlicher Informationen an die breite Öffentlichkeit dar und sind für viele Laien schwer nachzuvollziehen (vgl. Rabinovich & Morton, 2012). Ein Grund für diese Schwierigkeit ist, dass stochastische Unsicherheit und insbesondere die Sprache der Wahrscheinlichkeitstheorie für Laien häufig unverständlich oder irreführend sind (vgl. Borgida & Nisbett, 1977; Utts, 2003; Roten, 2006; Pidgeon & Fischhoff, 2011). Ein weiterer Grund ist, dass Laien sichere und eindeutige Informationen suchen und bevorzugen, um sich bei ihren täglichen Entscheidungen davon leiten zu lassen (vgl. Rabinovich & Morton, 2012). Gerade auch die Eigenschaften des wissenschaftlichen Diskurses, welche die Wissenschaftler zur Qualitätssicherung verwenden, wie z. B. die explizite Angabe von Unsicherheiten oder einschränkenden Bedingungen, können von der Öffentlichkeit als verwirrend, nicht vertrauenswürdig oder disqualifizierend angesehen werden (vgl. Johnson & Slovic, 1998; Frewer et al., 2003).

Auch variieren Risikoinformationen teilweise erheblich in Bezug auf das Darstellungsformat und die dargestellten Aspekte. Eine verbreitete Form der Darstellung ist der numerische Ansatz, der Risikoinformationen als statistische Zusammenhänge in Form von Wahrscheinlichkeiten ausdrückt (vgl. Renner et al., 2017). Wie numerische Wahrscheinlichkeitsinformationen verarbeitet und verstanden werden, hängt jedoch in hohem Maße von der Kompetenz des Empfängers ab (vgl. Rakow et al., 2015). Ein häufiges Phänomen ist, dass unterschiedliche numerische Ausdrücke (wie z. B. Wahrscheinlichkeiten, Prozentsätze, relative Häufigkeiten oder Quoten), obwohl sie mathematisch äquivalent sind, nicht als identisch interpretiert werden und unterschiedliche Urteile hervorrufen (vgl. Hoffrage, 2003; Teigen, 2012; Hoffrage & Garcia-Retamero, 2018). So haben die beiden folgenden Aussagen statistisch betrachtet zwar die gleiche Bedeutung, aber eine völlig unterschiedliche Wirkung: Verhalten A erhöht die Sterblichkeitsrate um 30 %, das Verhalten B erhöht die Sterblichkeitsrate von 1 pro 10.000 auf 1,3 pro 10.000 (vgl. Renner et al., 2007). Die Information von 30 % hat eine deutlich höhere Auswirkung auf die Risikoeinschätzung als die Erhöhung von 1 auf 1,3 von 10.000. In der ersten Aussage erfolgt die Darstellung der Sterblichkeitsrate als Wahrscheinlichkeit in relativer Form und in der zweiten Aussage als Häufigkeit in absoluter Form.

▶ **Case Study „Selbstexperiment Wachstumsraten"**

Martin Schonger

In der Psychologie und anderen Verhaltens- und Sozialwissenschaften ist es oft möglich, zuerst an sich selbst etwas „auszuprobieren". Gerne laden wir Sie ein, ein solches „Selbstexperiment" zu machen. Das Selbstexperiment basiert auf einer Studie, die während des harten Lockdowns aufgrund der COVID-19 Pandemie mit Schweizer Studierenden durchgeführt wurde. Für das Selbstexperiment füllen Sie zunächst – möglichst bevor Sie die unten stehenden Erläuterungen zur Auswertung lesen –Fragebogen I und Fragebogen II im Anhang aus. Idealerweise zeitversetzt, denn ein zeitlicher Abstand zwischen den beiden Fragebögen ist wichtig, damit Sie das „Selbstexperiment" möglichst so erleben, wie es auch die Teilnehmer in der Studie erlebt haben.

Auswertung

Nachdem Sie das „Selbstexperiment" abgeschlossen haben, also Fragebogen I und Fragebogen II beantwortet haben, können Sie Ihre Antworten hier auswerten. Füllen Sie dafür die sechs weißen Felder mit Ihren Antworten aus.

Beide Fragebögen behandeln exponentielles Wachstum. Die beiden Fragebögen sind identisch bis auf die Art und Weise, wie exponentielles Wachstum kommuniziert wird, d. h. das sogenannte **Framing**. In Fragebogen I wird die Geschwindigkeit exponentiellen Wachstums mit täglichen Wachstumsraten kommuniziert, in Fragebogen II dagegen mit den äquivalenten Verdopplungszeiten. Man kann Verdopplungszeiten in Tagen exakt in tägliche Wachstumsraten umrechnen. Es gibt aber auch eine nützliche Faustregel, die für unsere Zwecke völlig ausreicht: Um die Verdopplungszeit zu erhalten, teilt man 72 durch die Wachstumsrate. So ist beispielsweise bei Frage L (*low growth*) die Wachstumsrate 9 % und damit die Verdopplungszeit etwa 72/9 = 8 Tage. Bei Frage H (*high growth*) ist die Wachstumsrate 26 %, und damit die Verdopplungszeit 72/26 = 3 Tage. Die Regel von 72 kann man also im Kopf anwenden. Ihre Herleitung ist schwieriger, aber ihr Zweck ist ja gerade, dass man sie ohne Herleitung schnell verwenden kann! Die erste schriftliche Erwähnung der Regel von 72 findet sich 1494 in der Summa de Arithmetica (Pacioli, 1494)

Dieses Experiment wurde als Studie mit über 200 Teilnehmern durchgeführt (Schonger & Sele, 2020). Anders als im Selbstexperiment sah ein Teilnehmer entweder nur Fragen in Verdopplungszeiten oder nur Fragen in Wachstumsraten. Welches dieser Framings ein Teilnehmer sah, bestimmte der Zufall. Man bezeichnet ein solches Experimentaldesign als Randomized Controlled Trial (RCT). In ◼ Tab. 6.2 sehen Sie jeweils die Medianantwort. Anhand der Daten können wir zwei Beobachtungen machen.

Die erste Beobachtung ist, dass die meisten Teilnehmer Antworten geben, die viel zu niedrig sind. Lediglich bei Frage L – und dann auch nur, wenn sie in Verdopplungszeiten gestellt wird – ist dies nicht der Fall. Wie sieht das bei Ihren Antworten aus? Da die Fragen intuitiv beantwortet werden sollten, ist es natürlich nicht überraschend, dass die Antworten der Teilnehmer und vermutlich auch Ihre Antwort nicht genau richtig sind. Bemerkenswert ist, dass die meisten Teilnehmer systematisch und deutlich zu niedrige Antworten geben. Dieses Phänomen ist als **Exponential Growth Bias** (EGB) bekannt. Ein Bias ist eine Verzerrung, eine systematisch falsche Wahrnehmung. EGB manifestiert sich bei der menschlichen Wahrnehmung vieler exponentieller Prozesse, sei es die Verzinsung von Krediten oder bei der Wahrnehmung natürlicher Phänomene.

Die zweite Beobachtung ist, dass die Antworten beim Framing der Fragen mit Hilfe von Verdopplungszeiten deutlich näher am wahren Wert liegen. War das bei Ihren Antworten auch so? Das heißt, das Ausmaß des Exponential Growth Bias hängt vom Framing ab. Diese Beobachtung könnte helfen, Menschen exponentielles Wachstum leichter einschätzbar zu machen. Stellen Sie sich beispielsweise vor, sie könnten einen Kredit bei Bank A zu 6 % oder bei Bank B zu 9 % aufnehmen. Bank B scheint aber viel besseren Service zu haben und wird den Kreditantrag schneller bearbeiten. Im Framing von Verdopplungszeiten hört sich die gleiche Situation so an: Bei Bank A verdoppeln sich Ihre Schulden alle 12 Jahre, bei Bank B alle 8 Jahre, Bank B bearbeitet den Kredit aber schneller. Mit der Regel von 72 können Sie rasch sehen, dass die Situationen identisch sind, nur das Framing wurde geändert (6 % Zins pro Jahr entspricht einer Verdopplungszeit von 72/6 = 12 Jahren, 9 % Zins einer Verdopplungszeit von 72/9 = 8 Jahren). Welches Framing erscheint Ihnen klarer? Die Ergebnisse der Studie legen nahe, dass das Framing in Verdopplungszeiten verständlicher ist. Vielleicht sollte öfters in Verdopplungszeiten kommuniziert werden (Schonger & Sele, 2021)? Oder vielleicht könnten wir alle die Regel von 72 lernen und so selbst das Framing wählen, das wir bevorzugen. ◄

◘ Tab. 6.2 Auswertung des Selbstexperiments

Framing	Antworten: Sie/Studienteilnehmer (Median)				
	Fragebogen I		Fragebogen II		
	Wachstumsraten		Verdopplungszeiten		
	Sie	Studie	Sie	Studie	Tatsächlicher Wert
Frage L (8 Tage ≙ 9 %)	(IL)	5000	(IIL)	15.000	ca. 13.000
Frage H (3 Tage ≙ 26 %)	(IH)	15.000	(IIH)	256.000	ca. 1.000.000
Frage M	(IM)	8600	(IIM)	82.000	ca. 985.000

6.3.1 Relative versus absolute Risikogrößen

Zu einer verzerrten Risikowahrnehmung trägt insbesondere eine intransparente Risikobeschreibung bei, die häufig durch die verwendete Bezugsgröße bei der Darstellung des Risikos verursacht wird (vgl. Hoffrage, 2003). So kann beispielsweise der Nutzen eines medizinischen Tests so dargestellt werden, dass 25 % der Personen, die bei Nichtteilnahme sterben würden, durch eine Teilnahme gerettet werden. Die Angabe ist zwar nicht falsch, würde aber in einer absoluten Form, wie 0,1 % der teilnehmenden Personen, zu einer dramatisch abweichenden Auffassung führen. Beide Angaben beschreiben den identischen Nutzen, allerdings anhand unterschiedlicher Bezugsgrößen: nämlich im ersten Fall in einer relativen und im zweiten Fall in einer absoluten Risikoreduktion. Beide Aussagen basieren auf den gleichen Ausgangsdaten: Ohne den Test sterben in den nächsten 10 Jahren 4 von 1000 Personen, mit dem Test sind es 3 von 1000. So kann also durch den Test eine von 4 Personen, die durch Nichtteilnahme sterben würde, gerettet werden (relative Risikoreduktion von 25 %). In gleicher Weise ist zutreffend, dass eine von 1000 teilnehmenden Personen durch den Test gerettet wird (absolute Risikoreduktion von 0,1 %) (vgl. Renner et al., 2007). Verschiedene Arbeiten konnten wiederholt zeigen, dass beide Arten der Darstellung zu sehr unterschiedlichen Bewertungen von Risiken führen: Relative Risikoinformationen erwiesen sich als deutlich überzeugender im Vergleich zu absoluten und verzerren die objektive Risikoeinschätzung (vgl. Edwards et al., 2001; Hoffrage, 2003).

6.3.2 Wahrscheinlichkeiten versus Häufigkeiten

Nicht nur bei Laien, sondern auch bei Experten kann sich bereits eine Abweichung in der Darstellung erheblich auswirken. So beurteilen gemäß der Studie von Slovic et al. (2000) forensische Psychologen und Psychiater einen psychisch kranken Patienten strenger, wenn ihm eine Wahrscheinlichkeit von 20 % für die Verübung eines Gewaltverbrechens zugeschrieben wurde, als wenn diese Wahrscheinlichkeit mit 20 zu 100 angegeben wurde. In verschiedenen Untersuchungen konnte gezeigt werden, dass Häufigkeiten grundsätzlich verständlicher sind als Wahrscheinlichkeiten. So konnten Experten wie Nichtexperten Risikoinformationen adäquater interpretieren, wenn diese als natürliche Häufigkeiten (z. B. 10 von 1000 Frauen erkranken an Brustkrebs) und nicht als Wahrscheinlichkeiten (z. B. die Erkrankungswahrscheinlichkeit für Brustkrebs beträgt 0,01) dargestellt wurden (vgl. Gigerenzer & Hoffrage, 1995; Hoffrage, 2003). Aus diesem Grund entwickelt das Harding-Zentrum für Risikokompetenz sogenannte Faktenboxen (siehe ◘ Abb. 6.5), damit Risiken, mit denen Menschen täglich konfrontiert werden, besser verstanden und schließlich kompetenter gemeistert werden können. Hierbei werden konsequent die Wahrscheinlichkeiten in natürlichen Häufigkeiten und in absoluter Form dargestellt.

Grippeschutzimpfung

○○○ HARDING-ZENTRUM FÜR
○○○ **RISIKOKOMPETENZ**
○○●

Diese Faktenbox vergleicht Personen zwischen 16 und 65 Jahren ohne Grippeimpfung (linke Seite) und mit Grippeimpfung (rechte Seite). Alle wurden in Studien über einen Zeitraum von bis zu einem Jahr beobachtet.

	Von je 100 Personen <u>ohne</u> Grippeimpfung	Von je 100 Personen <u>mit</u> Grippeimpfung
Nutzen		
Wie viele infizierten sich mit einer echten Grippe als das Virus …		
… wenig verbreitet war?	2	1
… stark verbreitet war?	10	4
Nebenwirkungen		
Wie viele litten durch die Impfung vorübergehend an …		
… Muskelschmerzen?		6
… Fieber?		1

Kurz zusammengefasst: Bei Kontakt mit dem Grippevirus kann die Impfung vor einer echten Grippe (z.B. hohes Fieber, Husten) schützen, aber nicht vor grippeähnlichen Erkrankungen. Der Impfschutz schwankt je nach Übereinstimmung vom Impfstoff und den verbreiteten Viren, sodass man jeden Herbst erneut entscheiden muss, ob man die Impfung auffrischt. Typische Impfreaktionen, die den Arm oder den ganzen Körper betreffen können, klingen in der Regel nach ein bis zwei Tagen ab. Es ist unbekannt, inwieweit durch die Impfung schwere Erkrankungen verhindert werden.

Quellen: Demichelli et al. Cochrane Database Syst Rev 2018;2:CD001269. IQWiG 2019.

Letztes Update: Juli 2023 | Mehr Informationen unter: www.hardingcenter.de/de/faktenboxen
Harding-Zentrum für Risikokompetenz (Fakultät für Gesundheitswissenschaften Brandenburg, Universität Potsdam)

■ **Abb. 6.5** Faktenbox Grippeschutzimpfung für Erwachsene. (Harding-Zentrum, 2023). https://www.hardingcenter.de/sites/default/files/2023-03/Grippeschutzimpfung%20f%C3%BCr%20gesunde%20junge%20Menschen_NEW_DESIGN_20230323.pdf

6.3.3 Relation

Aber selbst das gleiche Format, wie z. B. die relative Häufigkeit, kann je nach den verwendeten Relationen eine unterschiedliche Wirkung haben. So klingt beispielsweise eine Wahrscheinlichkeit von 1 zu 100 für ein unerwünschtes Ereignis weniger riskant als 10.000 zu 1 Mio. (vgl. Teigen, 2012). Zu den Bemühungen, diese Volatilität in der Interpretation von Wahrscheinlichkeiten zu verringern, gehört die Entwicklung standardisierter Skalen und Relationen (z. B. Lermer et al., 2013; Woloshin et al., 2000). Ebenso können die Werte für einen kurzen Zeitraum (Einjahresrisiko) oder aber kumuliert über einen längeren Zeitraum angegeben werden (Zehnjahresrisiko). Das Risiko, dass beispielsweise eine 40-jährige Kanadierin innerhalb des nächsten Jahres an Brustkrebs erkrankt, beträgt ca. 0,08 %, während das Risiko, innerhalb der nächsten 10 Jahre zu erkranken, bei 1,25 % liegt, was zu einer unterschiedlichen Wahrnehmung und Risikobeurteilung führt (vgl. Bryant & Brasher, 1999).

6.3.4 Referenzklasse

Um Wahrscheinlichkeiten richtig interpretieren zu können, ist es notwendig, die Referenzgröße zu kennen. Worauf bezieht sich die Wahrscheinlichkeitsangabe? Häufig fehlen diese Angaben oder sind nicht eindeutig, weshalb Missverständnisse und Fehlinterpretationen entstehen. Beispielsweise warb ein Plakat für einen staatlich subventionierten Pensionssparplan mit 9 %. In einer Zeit niedriger Zinssätze sind 9 % spektakulär. Allerdings stellen diese 9 % keinen Zinssatz dar, sondern eine Prämie. Die Prämie sollte einmal jährlich auf den im jeweiligen Jahr in den Pensionsplan eingezahlten Betrag ausgeschüttet und zusätzlich angelegt werden. Der eigentliche Sparbetrag wurde dabei nicht verzinst. Die fehlende Referenzklasse verleitet den Anleger, in diesen Sparplan zu investieren, obwohl dieser deutlich wenig lukrativ ist, als beim ersten Anschein der Fall (vgl. Gigerenzer, 2020).

6.3.5 Framing

Neben dem numerischen Format ist auch die Perspektive bzw. das Darstellungsformat (*framing*) der Risikoinformation entscheidend für die Wahrnehmung (vgl. Devos-Comby & Salovey, 2002). Framing bezieht sich hier auf die Art und Weise, wie eine bestimmte Information in der Kommunikation präsentiert (oder gerahmt) wird (vgl. Scheufele & Iyengar, 2012; Cacciatore et al., 2016). So kann beispielsweise eine Behandlungsmethode als 60 %ige Chance beschrieben werden, basierend darauf, dass 60 von 100 Personen durch diese Behandlung geheilt werden können. Oder aber als 40 %iges Risiko, basierend auf der Anzahl nicht geheilter Personen (40 von 100). Beide Informationen unterscheiden sich nur in der Perspektive, nicht aber in der Darstellung oder im Informationsgehalt. Je nach Darstellungsformat der Auswirkungen entscheiden sich sowohl Ärzte als auch Patienten für die eine oder die andere Behandlungsmethode (vgl. McNeil et al., 1982).

Genauso kann aber auch die gleiche Wahrscheinlichkeit je nach Ausgangslage und Bezugspunkt als Chance oder als Risiko angesehen und interpretiert werden. Eine 20 %ige Regenwahrscheinlichkeit wird bei einem geplanten Gartenfest als Risiko wahrgenommen, in einer Trockenperiode hingegen als Chance.

6.3.6 Verbale Wahrscheinlichkeit

Um das Verständnis von Risikoinformationen zu unterstützen und mehr Aufmerksamkeit auf die Information zu lenken, kommt alternativ oder ergänzend zum numerischen Ansatz häufig auch ein stärker auf den Kontext bezogener Ansatz der Risikokommunikation zur Anwendung. Dabei werden häufig verbale Beschreibungen für das Ausmaß eines Risikos verwendet (z. B. Fischer & Jungermann, 2003). So hat beispielsweise der Zwischenstaatliche Ausschuss für Klimaänderungen (IPCC) sorgfältige Richtlinien für die Übersetzung von Wahrscheinlichkeiten in verbale Ausdrücke (z. B. *very unlikely*, *unlikely*, *likely*, *very likely*) in seinen Bewertungsberichten entwickelt. Allerdings werden auch diese verbalen Wahrscheinlichkeiten häufig missverständlich und unterschiedlich hinsichtlich dessen interpretiert, welche numerische Wahrscheinlichkeit sie ausdrücken. Bandbreiten der Interpretationen von Wahrscheinlichkeitsausdrücken sind in ◘ Abb. 6.6 dargestellt. Verbale Beschreibungen von Wahrscheinlichkeiten sind demnach mehrdeutig in Bezug darauf, welche numerische Wahrscheinlichkeit darunter verstanden wird. Einige Ausdrücke sind zudem mehrdeutig und decken einen ziemlich

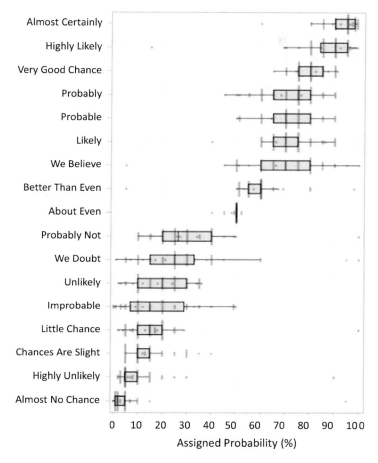

◘ Abb. 6.6 Bandbreite der Interpretationen von verbalen Wahrscheinlichkeiten. (Kent, 1964)

breiten Wahrscheinlichkeitsbereich ab (z. B. „möglich"); andere sind enger gefasst (z. B. „unwahrscheinlich") (vgl. Wallsten & Budescu, 1995; Budescu et al., 2014).

Ferner tragen sowohl individuelle als auch situationsbedingte Faktoren zu Variationen in der Interpretation von verbalen Wahrscheinlichkeitsformeln bei. Zwei dieser Faktoren sind die wahrgenommene Basisrate (die Wahrnehmung, wie häufig ein Ergebnis ist) und die Schwere eines Ergebnisses (vgl. Weber & Hilton, 1990). So werden Wahrscheinlichkeitsausdrücke wie „wahrscheinlich" oder „möglich" unterschiedlich interpretiert, je nachdem, als wie häufig bzw. wie selten und wie banal bzw. wie ernst das Zielereignis wahrgenommen wird. Zum Beispiel „Es ist möglich, dass es heute in Zürich regnet" im Vergleich zu „Es ist möglich, dass zu unseren Lebzeiten ein Asteroid in Zürich einschlägt". Studien zu den Auswirkungen von zusätzlichen numerischen Angaben neben rein verbalen Wahrscheinlichkeiten deuten darauf hin, dass so die beabsichtigten Wahrscheinlichkeiten trotz der erhöhten kognitiven Belastung effektiver vermittelt werden können (z. B. Budescu et al.,

2012). Im Allgemeinen zeigen die Studienergebnisse, dass Menschen bei der Suche nach Informationen eher Wahrscheinlichkeitsangaben in numerischer Form bevorzugen, aber verbale Wahrscheinlichkeiten verwenden, wenn sie Risiken anderen mitteilen (vgl. Erev & Cohen, 1990; Wallsten et al., 1993). Mögliche Gründe für die Bevorzugung der numerischen Darstellung sind, dass Menschen numerischen Informationen mehr vertrauen und sich hiermit sicherer fühlen als mit verbalen Angaben (vgl. Berry et al., 2004; Gurmankin et al., 2004).

Verbale Wahrscheinlichkeitsausdrücke weisen insofern eine Richtungsabhängigkeit auf, als einige Ausdrücke sich auf das Eintreten des Ereignisses konzentrieren (positive Richtungsabhängigkeit, z. B. „vielleicht"), während andere Ausdrücke den Fokus auf das Nichteintreten des Ereignisses richten (negative Richtungsabhängigkeit, z. B. „unwahrscheinlich"), was nachfolgende Urteile und Entscheidungen beeinflusst (vgl. Teigen & Brun, 1999). Im Allgemeinen beschreiben positive Ausdrücke höhere Wahrscheinlichkeiten als negative, aber einige positive und negative Ausdrücke decken ähnliche Wahrscheinlichkeitsbereiche ab. Zum Beispiel beziehen sich die Ausdrücke „möglich" und „etwas unsicher" beide auf eine Wahrscheinlichkeit von etwa 40 % (vgl. Teigen, 2012). Positive und negative Ausdrücke unterscheiden sich in ihrer argumentativen Richtung; sie vermitteln Optimismus und Ermutigung (z. B. eine medizinische Behandlung, deren Erfolg möglich ist) gegenüber Pessimismus und Entmutigung (z. B. eine Behandlung, deren Erfolg eher unsicher ist). Eine wichtige Erkenntnis ist, dass Risikobotschaften nicht nur Informationen über Fakten (die Wahrscheinlichkeit eines Ergebnisses) vermitteln, sondern auch pragmatische Informationen über die Auswirkungen, wie z. B. Ermutigung oder Entmutigung.

Die Entscheidung, wie ungewisse Risiken am besten quantitativ kommuniziert werden können, ist nicht einfach, da es nur wenige allgemein anerkannte Faustregeln gibt. Rakow et al. (2015) stellen zutreffend fest, dass für eine wirksame quantifizierte Risikokommunikation die potenzielle Mehrdeutigkeit solcher Botschaften berücksichtigt werden muss – zum einen die Bewertbarkeit der quantitativen Informationen im Hinblick auf die Schwere der implizierten Risiken und zum anderen die kognitiven Fähigkeiten des Adressaten (vgl. Bostrom et al., 2018).

6.4   Akteure der Risikokommunikation

In der Risikodebatte spielen überdies die sehr unterschiedlichen Verständnisse, Argumentationsmuster und Kommunikationsstrategien verschiedener Akteursgruppen eine zentrale Rolle. Sie sind verantwortlich für eine Vielzahl an Problemen, die sich in der Risikokommunikation ergeben (vgl. BfR, 2010, S. 30). Diskrepanzen in der Risikowahrnehmung und -bewertung zwischen den unterschiedlichen Akteuren, insbesondere im direkten Vergleich von „Experten" und „Laien", werden von der jeweils anderen Gruppe oftmals als Irrationalität oder Täuschung gewertet (vgl. Slovic, 1992; Slovic et al., 1995; Schütz & Peters, 2002, S. 40). Jede Akteursgruppe verfolgt innerhalb des Kommunikationsprozesses unterschiedliche Ziele und damit unterschiedliche Strategien. In Anlehnung an Hennen (1990) sind die folgenden fünf Akteure an der Risikokommunikation beteiligt:

- **Öffentlichkeit und Gesellschaft**

Diese Akteursgruppe umfasst die Gesamtheit der interessierten Bevölkerung sowie einzelner Interessengruppen der Öffentlichkeit. Hennen (1990) unterscheidet hierbei zwischen den Exponierten, also den von einem Risiko direkt betroffenen Personen, sowie der allgemeinen Öffentlichkeit. Für beide Gruppen gilt, dass ihre Risikobewertung durch eine subjektive Risikowahrnehmung geprägt ist, die durch individuelle Einstellungen und Werte sowie durch Charakteristika der bewerteten Risiken beeinflusst wird (vgl. dazu ▶ Kap. 3, ▶ Abschn. 3.4). Bei der Gruppe der Exponierten kommt dazu noch eine besondere Sensibilisierung durch die subjektive Betroffenheit.

Ihre Rolle in der Risikokommunikation ist aus der klassischen Sicht die der Empfänger (siehe ▶ Abschn. 6.2). Sie beurteilen nach Schütz und Peters (2002) Informationen über Risiko und Gefahrenpotenziale nach eigenen Plausibilitätsüberlegungen und der Einschätzung der Glaubwürdigkeit der Quellen. Eine Herausforderung stellt die häufig stark divergierende Risikokompetenz innerhalb dieser Akteursgruppe dar. Die besonderen Kommunikationsbedürfnisse der Öffentlichkeit beinhalten in erster Linie Handlungshinweise zur Risikoreduktion, Vermeidung der Exposition und Gefahrenabwehr sowie Hinweise darauf, wem im Gesamtprozess der Risikoregulierung zu vertrauen ist (BfR, 2010, S. 32).

- **Wissenschaft**

Die Gruppe der Wissenschaft hat im Prozess der Risikokommunikation hauptsächlich die Rolle der Wissensgenerierung und -vermittlung inne. Durch eine wissensbasierte Risikoabschätzung soll eine Basis für Entscheidungen im Umgang mit dem Risiko geschaffen werden. Diese Rolle untersteht vor allem dem Anspruch an Objektivität, sie muss also Kriterien der Unabhängigkeit, Überparteilichkeit sowie der Werturteilsfreiheit erfüllen und größtmögliche Transparenz bei ihrer wissenschaftlichen Methodik und Erkenntnisgewinnung herstellen (vgl. Renn & Zwick, 1997, S. 105 f.).

Ziel ist eine quantitative Beschreibung des Risikos, um eine objektive Abschätzung zu ermöglichen und nötige Maßnahmen daran anzupassen. Je nach Risiko, z. B. Gesundheitsrisiko oder Risiko eines technischen Systems, werden unterschiedliche Bewertungsparameter und Operationalisierungen eingesetzt. Ein zentrales Problem wissenschaftlicher Risikoabschätzung ist der Umgang mit Unsicherheiten. Aufgrund von fehlenden oder unterschiedlichen Daten müssen Annahmen getroffen werden, die zu abweichenden Beurteilungen führen können. Unterschiedlicher Umgang mit Unsicherheit sowie die unterschiedliche disziplinäre Ausrichtung und Anwendung von Methoden kann dazu führen, dass zu einem Risiko unterschiedliche, teilweise widersprüchliche Expertenmeinungen entstehen. Dies hat in der Kommunikationspraxis oft zur Folge, dass sich sowohl Entscheidungsträger als auch Medien und Öffentlichkeit jeweils auf die Quellen berufen, die ihrem eigenen Standpunkt am ehesten entsprechen, um diesen zu legitimieren (vgl. Mohr, 1996; Ruddat et al., 2005). Die besonderen Kommunikationsbedürfnisse der Wissenschaft lassen sich unter den Aspekten der Kommunizierbarkeit von Risiken, systemischer Merkmale sowie unterschiedlicher Methoden und Unsicherheit der Datenlage zusammenfassen (BfR, 2010, S. 30).

■ **Wirtschaft und Industrie**

Wirtschaft oder Industrie nehmen im Prozess der Risikokommunikation insbesondere im Falle technischer Risiken die Rolle des Risikoverursachers bzw. -betreibers oder des Risikonutzers ein und sind daher oft der Kontrolle und Kritik durch die Öffentlichkeit ausgesetzt. Aus diesem Grund sieht sich die Risikokommunikation von Unternehmen zahlreichen Ansprüchen gegenüber: der Transparenz unternehmerischer Entscheidungen gegenüber der Öffentlichkeit, einer prinzipiellen Offenheit in der Kommunikation gegenüber der potenziellen Risikohaftung ihrer Handlungen sowie der Akzeptanz von Unternehmensentscheidungen bei der ansässigen Bevölkerung durch Dialog. Es wird eine aktive Risikokommunikation erwartet, was oft dadurch erschwert wird, dass die Wirtschaft oder Industrie durch die Öffentlichkeit zuweilen als „Gegner" wahrgenommen wird (vgl. Meier, 1996). Als Risikoverursacher ist das Industrieunternehmen der primäre Nutznießer des Risikos, welches jedoch häufig von der Öffentlichkeit zu tragen ist. Durch dieses Missverhältnis entstehen eine gewisse Grundskepsis und eine Abwehrhaltung.

Die Kommunikationserfordernisse dieser Akteursgruppe beruhen in erster Linie auf belastbaren Risikoabschätzungen seitens der Wissenschaft, möglichen Vorschlägen zu Risikoreduzierungen sowie Fragen der Haftung im Fall akzeptabler bzw. tolerierbarer Risiken. Handelt es sich um Endanbieter bestimmter Produkte, so erweitern sich die Aufgaben um Ratschläge für Konsumenteninformationen und Strategien der Risikobewältigung (BfR, 2010, S. 33).

■ **Medien**

Die Medien dienen in der Risikokommunikation nicht nur als Quelle der Information und Wissensvermittlung, sondern tragen auch zur Meinungsbildung bei und prägen die Grundhaltung gegenüber risikorelevanten Themen, stellen also den Kanal für die öffentliche Diskussion von Risiken. Neben der Popularisierung von Risikoanalysen und Informationen spielt in der Medienberichterstattung auch die Verstärkung sozialer Prozesse eine tragende Rolle, wie z. B. Konflikte über Risiken (vgl. Kasperson, 1992). Das Risikoverständnis der Medien wird hier geprägt von Funktionen des Warnens und Aufrüttelns sowie des Aufdeckens von Fehlverhalten seitens Staat, Wirtschaft oder anderen Akteuren (vgl. Schütz & Peters, 2002).

Die Risikokommunikation der verschiedenen Medien, wie Tagesschau, Zeitungen, Massenmedien oder soziale Medien, unterscheidet sich stark und orientiert sich primär an den Bedürfnissen der jeweiligen Zielgruppe. Daher unterscheidet sich auch die Erwartung in Bezug auf Transparenz und Glaubwürdigkeit je nach Informationsquelle. Einheitlich ist allerdings, dass die Risikodarstellung in der Medienberichterstattung primär von den Entscheidungskontexten geprägt ist, in deren Rahmen die Risiken betrachtet werden – und weniger vom eigentlichen Risikomaß. Das hat unter anderem zur Konsequenz, dass der journalistische Fokus eher auf den Aspekten liegt, die als relevant für die Urteilsbildung und Entscheidung der jeweiligen Mediennutzer angesehen werden. Schuldfragen, insbesondere die Suche nach bestimmbaren Schuldigen sowie (vermeintliche) Vertuschungsversuche, Konflikte zwischen betroffenen Parteien sowie eine große Zahl möglicher Betroffener stellen die Hauptauslöser für eine Medienberichterstattung dar (vgl. Bennett, 1999). Eine Emotionalisierung der Risikothemen ist die Folge. Studien haben gezeigt, dass der Umfang der Medienberichterstattung über bestimmte Risiken kaum mit der Einschätzung der Größe des Risikos durch Experten korreliert, wodurch eine verzerrte Risikowahrnehmung in der Öffentlichkeit noch verstärkt werden kann (u. a. Eldridge & Reilly, 2003).

Die wesentliche Leistung der Medien ist die Transformation von Bedrohungen in die öffentliche Wahrnehmung und weniger die wissenschaftsnahe Charakterisierung dieses Risikos. Die besonderen Kommunikationsbedürfnisse der Medien umfassen demnach die Fokussierung auf Maßnahmen seitens der Industrie und der regulierenden Behörden, die Identifizierung von Risikoquellen sowie die Fokussierung auf Schäden und potenzielle Opfer (BfR, 2010, S. 33).

- **Behörden und staatliche Instanzen**

Das politische System hat die Funktion, gesellschaftliche Bedürfnisse aufzugreifen, öffentlich zu diskutieren, in verbindliche Regelungen umzusetzen und ihre Einhaltung zu kontrollieren (vgl. Renn & Zwick, 1997, S. 101 f.). Die Funktion der behördlichen Risikokommunikation ist es, wissenschaftlich fundierte Informationen für die politischen Entscheidungsträger zu generieren sowie bei Bürgerinnen und Bürgern das Vertrauen in kompetente staatliche Regulierung und Vorsorge zu fördern. Ziel der Risikokommunikation bzw. des gesamten Regulierungsprozesses ist die Legitimation und Akzeptanz des Risikomanagements auf einer gemeinsam vereinbarten Basis der beteiligten Akteure sowie die Sicherstellung individuellen Schutzes und die Förderung von sozialer Stabilität.

Handlungsdruck entsteht für die Behörden oft durch die Medienberichterstattung sowie die öffentliche Risikowahrnehmung, wodurch häufig über Risiken kommuniziert werden muss, bei denen noch keine (ausreichenden) wissenschaftlichen Bewertungen vorliegen bzw. die Experten noch zu keiner abgeschlossenen oder einheitlichen Risikoabschätzung gekommen sind. Dies bedeutet für die behördliche Risikokommunikation zuweilen, dass politische Entscheidungskraft trotz fehlender wissenschaftlicher Sicherheit notwendig ist (vgl. Schütz & Peters, 2002). Dies kann einen Vertrauensverlust von Seiten der Verbände sowie der Öffentlichkeit zur Folge haben. Letztendlich muss von den Behörden und den staatlichen Instanzen die Verantwortung für die beschlossenen Maßnahmen getragen werden.

Die besonderen Risikokommunikationsbedürfnisse der Behörden bzw. der regulativen Instanzen konzentrieren sich folglich auf die Darstellung der Bandbreite vertretbarer Risikoabschätzungen aus der Wissenschaft, der Bestimmung sinnvoller Vorsorgemaßnahmen im Zusammenhang mit der Abschätzung der Tolerierbarkeit bestimmter Risiken und die Beachtung rechtlicher Anforderungen bei der Risikoregulierung (BfR, 2010, S. 32).

6.5   Exkurs: Nudging – Sanft zu „besserem" Verhalten stupsen?

Anna-Lena Köng

Menschen handeln nicht immer rational, zum Glück! Dies stellt allerdings eine Herausforderung für jene dar, die versuchen, Verhaltensweisen vorherzusagen und in eine bestimmte Richtung zu lenken. Dabei findet die Anwendung von Ansätzen, wie z. B. sogenannten Nudges, immer mehr Gehör. „Nudges" sind konkrete Maßnahmen, mit denen ein spezifisches Verhalten angestupst und erleichtert werden soll – und das möglichst subtil, um wenig „Denkaufwand" zu verursachen und gar das Gewohnheitsverhalten zu durchbrechen. Wo macht das Sinn – und wo liegen die Grenzen?

Haben Sie heute die Straße an einer Stelle überquert, wo es einen Fußgängerstreifen gab? Haben Sie im Geschäft, ohne groß zu überlegen, nach dem Apfel gegriffen, der Ihnen auf Augenhöhe präsentiert wurde? Oder haben Sie im Straßenverkehr oder auf der Schlittenpiste schon mal ein Geschwindigkeitsfeedback in Form von Smilies erhalten? Dann wurden Sie vermutlich „genudgt".

■ **Was ist eigentlich Nudging?**

Verhaltensforschung wird bereits seit vielen Jahren betrieben. Viele haben ein Interesse daran, zu verstehen, wieso und warum der Mensch so handelt, wie er es tut, und wie man das Verhalten beeinflussen kann. Die Persuasionsforschung und auch die klassische Risikokommunikation fokussieren dabei auf die argumentative und rationale Verhaltensänderung über Einstellungsänderung (z. B. über Aufklärungsfilme, Infobroschüren etc.). Weiter kann Verhalten schlichtweg über Regulierungen und Vorschriften beeinflusst werden. Daneben existieren aber auch psychologische Ansätze, um das Verhalten der Menschen subtil in eine Richtung zu lenken. Dieses subtile Lenken nennt man „Nudging". Der Begriff „Nudging" stammt aus der Verhaltensökonomie und wurde 2008 von Wirtschaftswissenschaftler Richard Thaler und Rechtswissenschaftler Cass Sunstein folgendermaßen definiert:

» „Unter Nudge verstehen wir […] alle Massnahmen, mit denen Entscheidungsarchitekten das Verhalten von Menschen in vorhersagbarer Weise verändern können, ohne irgendwelche Optionen auszuschliessen oder wirtschaftliche Anreize stark zu verändern. Ein Nudge muss zugleich leicht und ohne grossen Aufwand zu umgehen sein. Er ist nur ein Anstoss, keine Anordnung. Das Obst in der Kantine auf Augenhöhe zu drapieren, zählt als Nudge. Junkfood aus dem Angebot zu nehmen hingegen nicht." (Thaler & Sunstein, 2017, S. 15)

Die Definition zeigt, dass Nudges primär auf das individuelle, freiwillige Verhalten abzielen. Wichtig ist dabei, dass die Entscheidungsfreiheit erhalten bleibt, gleichzeitig die Menschen aber in eine Richtung geschubst werden, die ihrem eigenen Wohl dient. Die Autoren sprechen von „libertärem Paternalismus". Dieser baut auf der Annahme aus der Psychologie auf, dass das Verhalten von Menschen nicht immer auf rationalen Entscheidungsprozessen beruht (Thaler & Sunstein, 2017).

- **Wie werden wir durch Nudges beeinflusst?**

Der Psychologe Daniel Kahneman (2012) unterscheidet zwei Systeme des menschlichen Denkens: System 1 beschreibt er als schnell, automatisch, immer aktiv, emotional, stereotypisierend und unbewusst – System 2 als langsam, anstrengend, selten aktiv, logisch, berechnend und bewusst. Die meiste Zeit ist bei den Menschen das System 1 aktiv, beispielsweise bei Gewohnheiten oder wenn schnelle, wenig relevante Entscheidungen getroffen werden müssen. Um trotzdem zu wahrscheinlich adäquaten oder praktikablen Lösungen zu kommen, bedienen sich Menschen einfacher Faustregeln – auch Heuristiken genannt (Tversky & Kahneman, 1974). Menschen könnten beispielsweise die Erfahrung gemacht haben, dass man Aussagen von Expert*innen mehr vertrauen kann als Aussagen von Laien. Automatisch wird einer Aussage mehr Wahrheitsgehalt zugesprochen, wenn sie von Expert*innen gemacht wurden (Jonas et al., 2007). Eine weitere Heuristik ist beispielsweise „Herdenverhalten". Sie beschreibt den Effekt, dass Menschen dem Verhalten der Masse folgen. Dem zugrunde liegt die implizite Annahme, dass die Mehrheit sich „richtig" entscheidet. So verschickte beispielsweise die Steuerbehörde von Großbritannien Mahnbriefe mit der Bemerkung: „Neun von zehn Briten zahlen ihre Steuern pünktlich, und in Ihrer Nachbarschaft haben die meisten schon bezahlt." Drei Monate später hatten 83 % der Empfänger:innen ihre Steuern bezahlt, während es in der Vergleichsgruppe lediglich 68 % waren. Diese Formulierung zielt auf den Drang, soziale Normen zu befolgen und nicht aus der Herde hervorzustechen (Thaler & Sunstein, 2017). Solche Heuristiken sind in den meisten Fällen nützlich, da wir durch sie Zeit sparen und nicht alle Argumente selbstständig gegeneinander abwägen müssen. Jedoch könne sie auch systematischen Irrtümern – sogenannten „kognitiven Bias" - unterliegen. Dies führt dazu, dass Menschen oftmals auch schlechte Entscheidungen treffen, die sie nicht treffen würden, wenn sie sich mehr Zeit dazu nehmen würden.

Aufgrund dieser Heuristiken und Bias kommt es dazu, dass sich Menschen in bestimmten Situationen auf vorhersagbare Weise verhalten. Dieses Wissen macht sich Nudging zunutze, um weitgehend unreflektierte und automatisierte Verhaltensentscheidungen von Menschen in eine bestimmte Richtung zu lenken (Högg & Köng, 2016).

Neben dem Einsatz von Nudging im Kontext von klassischen Marketingmaßnahmen werden Nudges in den Bereichen Umwelt und Nachhaltigkeit, Ernährung und Gesundheit oder auch im Kontext Bildung eingesetzt, um „bessere" Entscheidungen zu unterstützen. In jüngster Vergangenheit wird der Einsatz von Nudging auch im Kontext der strategischen Risikokommunikation, spezifisch im Rahmen von Präventionsbemühungen, intensiver diskutiert. International anerkannte Arbeiten weisen aktuell verstärkt darauf hin, dass das Potenzial von alternativen Verhaltensmodellierungsansätzen, welche eher auf das unbewusste oder automatische Handeln abzielen, auch im Bereich Risikoprävention groß ist.

- **Gibt es Rahmenbedingungen, die beim Nudging beachtet werden sollten?**

Im Zusammenhang mit Nudging schwingt häufig der Verdacht der Manipulation mit – gerade, weil die Maßnahmen oft sehr subtil erfolgen und kaum aktiv wahrgenommen werden. Je nach Art bzw. Kontext des Nudgings sind derartige Vermutungen durchaus kritisch zu prüfen. Daher ist eine zentrale Rahmenbedingung, sicherzustellen, dass die Absicht des Nudge möglichst im Sinne der genudgten Person ist. Nur so ist Nudging ethisch vertretbar und als Methode zu evaluieren. Dieser wichtigste Knack- und Kritikpunkt ließ sich auch bereits im verwendeten Titel erkennen: Sanft zu „besserem" Verhalten stupsen. Wer definiert denn, was „besser", „gesünder", „umweltbewusster" oder „sicherer" ist? Vertrauen spielt hier eine enorm wichtige Rolle. Je größer das Vertrauen der genudgten Personen in die nudgende Organisation ist, desto eher vertrauen diese darauf, dass diese Organisation die richtige Entscheidung für sie trifft. Dieses Vertrauen hängt stark mit einer offenen und transparenten Kommunikation zusammen (Högg & Köng, 2016). Besonders bei staatlich nudgenden Organisationen ist darüber hinaus die demokratische Grundlage des mit dem Nudge angestrebten Ziels eine wichtige Voraussetzung. Das heißt, wenn beispielsweise eine kantonale Behörde die Grundeinstellung bei einem neuen Stromabonnement auf Ökostrom setzt (mit Möglichkeit zu wechseln), dann hilft es hinsichtlich Akzeptanz, wenn sich die kantonale Bevölkerung im Rahmen einer Abstimmung mehrheitlich für eine nachhaltige Energieversorgung ausgesprochen hat. Weitere zentrale Erkenntnisse aus der Studie zu Nudging der Stiftung Risiko-Dialog sind (Högg & Köng, 2016):

- Die Wirksamkeit hängt von der Art der Verhaltensänderung ab: Nudging zielt auf das unreflektierte, automatische Verhalten ab. Wird der Nudge entfernt, entfällt die Wirkung des Nudges, außer: 1. Der Nudge führt zu einer neuen sozialen Norm. 2. Der Nudge führt zu einer langsamen, aber langfristigen Einstellungsänderung. 3. Der Nudge verändert automatisiertes Verhalten. Adäquate Evaluationsmaßnahmen zur Beurteilung von Akzeptanz und Wirksamkeit stellen dabei zentrale Aspekte dar.
- Die Umsetzung von Nudges ist stets den situativen und zielgruppenspezifischen Rahmenbedingungen anzupassen: Nudgingansätze lassen sich nicht ungeprüft von einer geografischen oder sozialen Umgebung in eine andere versetzen.
- Je persönlicher desto freiwilliger: Wenn es um Verhaltensänderungen in sehr persönlichen Bereichen wie beispielsweise der Gesundheit, Ernährung, Verhalten in der eigenen Wohnung etc. geht, dann ist es besonders wichtig, dass der Nudge unaufdringlich ist. Das Bereitstellen von kleinen Schöpfutensilien an Buffets wird beispielsweise vermutlich eher als unaufdringlicher Nudge angesehen, während das Installieren eines Wasser- und Energiezählgerätes in der Dusche im eigenen Zuhause womöglich eher als ein aufdringlicher Nudge angesehen wird.

■ Nudging in der Risikoprävention

Bereits heute werden Nudges im Rahmen der Arbeitssicherheit, im Gesundheitsschutz oder der Krisenkommunikation eingesetzt. Zum Beispiel durch Aufkleber mit Fußabdrücken am Boden, die die Mitarbeitenden in der Lagerhalle auf den Verkehrsweg für Personen lenken, oder aber durch emotionale Hinweise auf vergangene Unfälle im Kontext der Unfallverhütung. Dabei gilt es die oben beschriebenen Rahmenbedingungen zu berücksichtigen. In der Risikoprävention kann aber üblicherweise davon ausgegangen werden, dass Nudges in erster Linie dem Wohl der genudgten Personen dienen und die Freiwilligkeit des Verhaltens beziehungsweise der Entscheidungen erhalten bleibt. Eine transparente und proaktive Kommunikation zum Einsatz allfälliger Nudges spielt dennoch eine äußerst wichtige Rolle, um jegliche Bedenken aus dem Weg zu räumen.

Nudging stellt einen vielversprechenden Ansatz dar, der in der Risikoprävention vor allem da ansetzen kann, wo herkömmliche Präventionskampagnen an ihre Grenzen stoßen. Dabei gilt es stets zielgruppenspezifische Bedürfnisse und Kosten-Nutzen-Abwägungen zu evaluieren. Nudges können uns aber dabei unterstützen, sicheres oder gesundes Verhalten verstärkt intuitiv und mit wenig Aufwand auszuführen – und vielleicht bringen sie zusätzlich sogar mehr Humor in den Alltag.

6.6 Schlussfolgerung

Wie aus den obigen Ausführungen ersichtlich ist, geht es beim Erreichen der Kommunikationsziele um mehr als um gute Absichten. Risikobotschaften durchlaufen eine Reihe von Verarbeitungsstufen – von der Exposition und Aufmerksamkeit über das Verständnis und die Bewertung bis hin zu Verhaltensanpassungen. Wie sich eine Kommunikation auswirkt, hängt vor allem von ihrer Wirkung in jeder dieser Phasen ab: Risiken und bestimmte Merkmale der Kommunikation können Aufmerksamkeit erregen oder eben nicht; Risiko kann sowohl verständlich als auch interpretierbar kommuniziert sein; Risikokommunikation kann korrekte Schlussfolgerungen ermöglichen oder zu falschen Schlüssen führen; sie kann als vertrauenswürdig angesehen oder als von einer glaubwürdigen Quelle stammend wahrgenommen werden oder auch nicht. Und ob eine Risikokommunikation wirksame Risikoentscheidungen und -maßnahmen unterstützt, hängt überdies von den Eigenschaften der jeweiligen Zielgruppe ab.

Die Ermittlung der Ziele einer bestimmten Risikokommunikation oder Risikokommunikationskampagne ist für den Erfolg und auch für die Bewertung des Erfolgs von wesentlicher Bedeutung. Die Risikokommunikation reicht von der Aufforderung an ein Kind, die Straße erst bei grünem Ampelsignal zu überqueren, bis hin zu internationalen Kooperationen und Debatten über beispielsweise den Klimawandel. Wir wissen bereits, wie die Offenheit gegenüber Risikobotschaften von den jeweiligen Kommunikationszielen abhängt, wie die Merkmale der Botschaften (z. B. numerisch, visuell) oder wie die Charakteristik der Zielgruppe (z. B. kulturelle Überzeugungen, Demografie) die Verarbeitung der Risikoinformation beeinflussen. Dennoch zeigen bisherige Studien, dass Strategien, die zu wirksamen Ergebnissen führen sollten, unerwartet negative Folgen haben können oder, was vielleicht noch häufiger vorkommt, bei einigen Bevölkerungsgruppen wirksam sind, bei anderen Gruppen keine Wirkung zeigen und bei manchen Menschen sogar kontraproduktiv sind. Eine gute Botschaft für Studierende kann bei älteren Bevölkerungsgruppen unwirksam sein. Ein zentrales Ziel der Risikokommunikation muss jedenfalls eine Erhöhung der Akzeptanz von Unsicherheit sein, welche zwangsläufig immer bei Risiken vorliegt; insbesondere die Vermittlung eines angemessenen Umgangs mit der bestehenden Unsicherheit.

Die Herausforderung bei der Gestaltung von Risikokommunikationsbotschaften besteht darin, die Ziele der Kommunikation mit dem Hintergrund der Zielgruppe so abzustimmen, dass die Botschaft vom Empfänger effektiv verarbeitet werden kann. Trotz der Flut von Metaanalysen zur Risikokommunikation in den letzten Jahren wissen wir wenig darüber, wie diese Faktoren zusammenwirken, um zu beeinflussen, was gehört, verstanden und befolgt wird. Es besteht ein anhaltender Bedarf an integrativer multivariater Forschung, die Psychologie der Risikokommunikation über das gesamte Kontinuum zwischen Botschaft und Handlung untersucht, um besser zu verstehen, wie die Interpretation von Risiken mit dem Handeln zusammenhängt. Risikointerpretation und Handeln können Risiken mindern, aber auch kurz- und längerfristig Risiken mitproduzieren (vgl. Eiser et al., 2012; Tierney, 2014). Eine eher systemische Sichtweise der Risikokommunikation erkennt die komplexen Wechselwirkungen zwischen den Komponenten des Kommunikationsprozesses an.

6

❓ Wiederholungs-/Kontrollfragen

1. Wie lassen sich die Ziele und Aufgaben der Risikokommunikation beschreiben?
2. Wie lässt sich die Komplexität der Risikokommunikation mit theoretischen Modellen und Theorien erläutern?
3. In welchen unterschiedlichen Formen lassen sich Risiken darstellen und welche Interpretationsschwierigkeiten entstehen dabei?
4. Welche Erwartungen werden an die jeweiligen Akteure der Risikokommunikation gestellt und mit welchen Herausforderungen sind sie jeweils konfrontiert?
5. Wo liegen die Grenzen des Nudgings in Bezug auf Risikokommunikation?

Zusammenfassung

- Ziel der Risikokommunikation ist neben der Aufklärung über Risiken auch ein Schaffen von Vertrauen und die Aufrechterhaltung der Glaubwürdigkeit.
- Auf allen Ebenen der vielfältigen und sich oft überschneidenden Risikokommunikation kommt es häufig zu Missverständnissen, Fehlinterpretationen und Konflikten.
- Das kommunizierte Risiko kann ganz unterschiedlich und individuell aufgefasst werden und wird durch viele verschiedene individuelle und soziale Faktoren der Risikowahrnehmung beeinflusst. Die Risikokommunikation muss daher auf die spezifischen Bedürfnisse unterschiedlicher Gruppen zugeschnitten sein.
- Die unterschiedlichen und sich verändernden Wahrnehmungsmuster machen eine regelmäßige Überprüfung des Verständnisses und der Auffassung eines Risikos notwendig, um die Risikokommunikation daran anzupassen.
- Da sich einmal gefundene Einstellungen und Überzeugungen häufig hartnäckig halten und die Aufnahme und Umsetzung neuer Informationen prägen, ist eine möglichst frühe, proaktive und kontinuierliche Kommunikation anzustreben.
- Aufgrund einer Vielzahl von individuellen Unwägbarkeiten und bestehenden Unsicherheiten unter konfligierenden Umständen muss die Risikokommunikation dynamisch, sich stetig weiterentwickelnd, anpassungsfähig und kurzfristig veränderbar sein.

- Die Planung der Kommunikation sollte ein integraler Bestandteil der Risiko-bewertung und des Risikomanagements sein. Dabei muss das gesamte Spektrum der betroffenen Interessengruppen identifiziert und analysiert werden, um die Kommunikationsstrategie danach auszurichten.
- Die Darstellung der Eintrittswahrscheinlichkeit bei Risiken ist in natürlichen Häufigkeiten und in absoluter Form am verständlichsten.
- Der Inhalt der Botschaft sollte neben den Risikoinformationen auch die Werte und den Gemütszustand der Empfänger berücksichtigen. Der emotionale Ton der Botschaft ist wichtig für deren Erfolg. Dabei muss auch eine Balance zwischen Alarmierung und Beruhigung gefunden werden.
- Die Art der Risikokommunikation kann dazu beitragen, Vertrauen in Botschaften und Institutionen herzustellen, z. B. indem fundierte, akkurate Informationen zeitnah, kompetent und verständlich vermittelt werden. Die Botschaften müssen zudem empathisch sein und die betroffenen Bevölkerungsgruppen respekt- und verständnisvoll ansprechen
- Nicht nur die technische Kompetenz und die Fähigkeit, mit Risiken verantwortungsvoll umgehen zu können, beeinflussen die Glaubwürdigkeit und das Vertrauen in die Risikokommunikation, sondern auch Faktoren wie Offenheit, Objektivität, Fairness im Umgang mit anderen Meinungen sowie der Konsistenz der vertretenen Auffassung und der Orientierung an gesellschaftlichen Werten.
- Um komplexe kulturelle und sozioökonomische Unterschiede sowie die unterschiedlich ausgeprägte Risikokompetenz und Risikomündigkeit innerhalb der Adressatengruppe zu verstehen und zu berücksichtigen, ist es sinnvoll, betroffene Bevölkerungsvertretungen und Multiplikatoren in die Formulierung von Botschaften einzubinden.
- Vernetzungen mit anderen Institutionen und Experten können genutzt werden, um Informationen auszutauschen und die Kommunikation aufeinander abzustimmen. Wenn die Botschaften zwischen verschiedenen Experten und Akteuren nicht konsistent sind, führt das zu Misstrauen in der Bevölkerung.
- Medien folgen in Bezug auf die Risikokommunikation einer eigenen Logik, die sich nicht zwingend an der eigentlichen Relevanz des Risikos orientiert. Hierdurch wird die Kommunikation der übrigen Akteure beeinträchtigt und die Wahrnehmung in der Öffentlichkeit verzerrt.
- Effektive Risikokommunikation ist ein dynamischer, interaktiver und adaptiver Prozess. Die Reaktion der Bevölkerung kann sich nämlich verändern, z. B. indem Gerüchte entstehen oder Fehlinformationen kursieren. Das Widerlegen von falschen oder verzerrten Informationen gehört daher auch zu einer gelingenden Risikokommunikation.
- Unsicherheit ist Bestandteil von Risiken und sollte so auch in der Risikokommunikation berücksichtigt werden, indem transparent aufgezeigt wird, was bekannt ist und wozu die Kenntnisse bislang noch nicht ausreichen oder unsicher sind. Gleichzeitig darf die Unsicherheit nicht dazu führen, dass die Bevölkerung zusätzlich beunruhigt wird. Ziel von Risikokommunikation muss sein, dass sich Menschen innerhalb der Grenzen verfügbaren Wissens angemessen informiert fühlen und Handlungshinweise erhalten.

Anhang: Fragebogen „Selbstexperiment Wachstumsraten"

Füllen Sie diesen Fragebogen allein aus. Im Folgenden werden die Instruktionen analog zur durchgeführten Studie von Schonegger und Sele wiedergegeben. Die Originalstudie wurde im Jahr 2020 mit Schweizer Studierenden während des harten Lockdowns aufgrund der Covid-19-Pandemie durchgeführt (Schonger & Sele, 2020).

Diese Studie untersuchte die menschliche Wahrnehmung der Ausbreitung von ansteckenden Krankheiten wie z. B. der durch das neuartige Coronavirus übertragenen Erkrankung. Die in der Studie verwendeten Zahlen beziehen sich nicht auf die derzeitige Situation in der Schweiz. Das Ziel war dabei, zu untersuchen, wie Menschen die Übertragung solcher Krankheiten einschätzen, ohne Hilfsmittel wie Taschenrechner, das Internet oder Papier und Bleistift zu verwenden.

Im Folgenden werden Ihnen mehrere Situationen zur Ausbreitung einer ansteckenden Krankheit beschrieben. Ihnen werden dann mehrere Fragen gestellt.

Sie könnten vermutlich einige oder alle dieser Fragen genau richtig beantworten, wenn Sie einen Taschenrechner benutzen würden. Vielleicht könnten Sie die Fragen auch ziemlich genau beantworten, wenn Sie länger Im Kopf rechnen würden. Darum geht es in dieser Studie aber nicht. Vielmehr geht es um Ihre gefühlsmäßige Einschätzung. Beantworten Sie die Fragen also bitte basierend auf Ihrer gefühlsmäßigen Einschätzung, also Ihrer Intuition. Verwenden Sie bitte insbesondere keine Hilfsmittel.

In der Studie wurde jede Frage separat auf einem neuen Bildschirm angezeigt. Hier ist jede Frage in einem separaten Kasten. Die Reihenfolge der Fragen war zufällig.

Nachdem Sie Fragebogen I ausgefüllt haben, warten Sie am besten mindestens einen Tag, besser eine Woche, bevor Sie Fragebogen II ausfüllen. Sie sollten beide Fragebögen ausgefüllt haben, bevor Sie die Auswertung und Erläuterung in der Case Study „Selbstexperiment Wachstumsrate" im ► Abschn. 6.3 lesen.

Fragebogen I

In einem Land haben sich bisher 974 Menschen angesteckt. Die Zahl der angesteckten Menschen steigt jeden Tag um 9%.

Wie viele Menschen werden sich in 30 Tagen angesteckt haben? _____ (Frage IL)

Hinweis:

Bei der Anzahl angesteckter Menschen zählen Sie bitte auch Genesene und Verstorbene dazu. Antworten Sie mit Ihrer gefühlsmäßigen Einschätzung, also Ihrer Intuition.

In einem Land haben sich bisher 974 Menschen angesteckt. Die Zahl der angesteckten Menschen steigt jeden Tag um 26%.

Wie viele Menschen werden sich in 30 Tagen angesteckt haben? _____ (Frage IH)

Hinweis:

Bei der Anzahl angesteckter Menschen zählen Sie bitte auch Genesene und Verstorbene dazu. Antworten Sie mit Ihrer gefühlsmäßigen Einschätzung, also Ihrer Intuition.

In einem Land haben sich bisher 974 Menschen angesteckt. Die Zahl der angesteckten Menschen steigt jeden Tag um 26%

Das Land möchte, dass sich in 30 Tagen so wenig Menschen wie möglich angesteckt haben. Deshalb wird überlegt, Maßnahmen wie vermehrtes Händewaschen und Social Distancing zu ergreifen. Durch diese Maßnahmen würde die Zahl der angesteckten Menschen nur noch um 9% pro Tag steigen verdoppeln.

Wie viele Ansteckungen könnten durch diese Maßnahmen in den folgenden 30 Tagen vermieden werden? _____ (Frage IM)

Hinweis:

Bei der Anzahl angesteckter Menschen zählen Sie bitte auch Genesene und Verstorbene dazu. Antworten Sie mit Ihrer gefühlsmäßigen Einschätzung, also Ihrer Intuition.

Fragebogen II

In einem Land haben sich bisher 974 Menschen angesteckt. Die Zahl der angesteckten Menschen verdoppelt sich alle 8 Tage.

Wie viele Menschen werden sich in 30 Tagen angesteckt haben? _____ (Frage IIL)

Hinweis:

Bei der Anzahl angesteckter Menschen zählen Sie bitte auch Genesene und Verstorbene dazu. Antworten Sie mit Ihrer gefühlsmäßigen Einschätzung, also Ihrer Intuition.

6

In einem Land haben sich bisher 974 Menschen angesteckt. Die Zahl der angesteckten Menschen verdoppelt sich alle 3 Tage.

Wie viele Menschen werden sich in 30 Tagen angesteckt haben? _____ (Frage IIH)

Hinweis:

Bei der Anzahl angesteckter Menschen zählen Sie bitte auch Genesene und Verstorbene dazu. Antworten Sie mit Ihrer gefühlsmäßigen Einschätzung, also Ihrer Intuition.

In einem Land haben sich bisher 974 Menschen angesteckt. Die Zahl der angesteckten Menschen verdoppelt sich alle 3 Tage.

Das Land möchte, dass sich in 30 Tagen so wenig Menschen wie möglich angesteckt haben. Deshalb wird überlegt, Maßnahmen wie vermehrtes Händewaschen und Social Distancing zu ergreifen. Durch diese Maßnahmen würde sich die Zahl der angesteckten Menschen nur noch alle 8 Tage verdoppeln

Wie viele Ansteckungen könnten durch diese Maßnahmen in den folgenden 30 Tagen vermieden werden? _____ (Frage IIM)

Hinweis:

Bei der Anzahl angesteckter Menschen zählen Sie bitte auch Genesene und Verstorbene dazu. Antworten Sie mit Ihrer gefühlsmäßigen Einschätzung, also Ihrer Intuition.

Literatur

Barth, J., & Bengel, J. (1998). *Prävention durch Angst? Stand der Furchtappellforschung.* Bundeszentrale für gesundheitliche Aufklärung.

Bennett, P. (1999). Understanding responses to risk: Some basic findings. In P. Bennett & K. Calman (Hrsg.), *Risk communication of public health* (S. 3–19). Oxford University Press.

Berry, D., Raynor, T., Knapp, P., & Bersellini, E. (2004). Over the counter medicines and the need for immediate action: A further evaluation of European Commission recommended wordings for communicating risk. *Patient Education and Counseling, 53*(2), 129–134. https://doi.org/10.1016/S0738-3991(03)00111-3

Borgida, E., & Nisbett, R. E. (1977). The differential impact of abstract vs. concrete information on decisions. *Journal of Applied Social Psychology, 7*(3), 258–271. https://doi.org/10.1111/j.1559-1816.1977.tb00750.x

Bostrom, A., Fischhoff, B., & Morgan, M. (1992). Characterizing mental models of hazardous processes: A methodology and an application to radon. *Journal of Social Issues, 48*(4), 85–100. https://doi.org/10.1111/j.1540-4560.1992.tb01946.x

Bostrom, A., Böhm, G., & O'Connor, R. E. (2018). Communicating risks: Principles and challenges. In M. Raue, E. Lermer, & B. Streicher (Hrsg.), *Psychological perspectives on risk and risk analysis* (S. 251–277). Springer. https://doi.org/10.1007/978-3-319-92478-6_11

Bottorff, J. L., Ratner, P. A., Johnson, J. L., Lovato, C. Y., & Joab, S. A. (1998). Communicating cancer risk information: The challenges of uncertainty. *Patient Education and Counseling, 33*(1), 67–81. https://doi.org/10.1016/S0738-3991(97)00047-5

Breakwell, G. M. (2014). *The psychology of risk*. Cambridge University Press.

Bryant, H. E., & Brasher, P. (1999). Risks and probabilities of breast cancer: Short-term versus lifetime probabilities. *Canadian Medical Association Journal, 150*, 211–216.

Budescu, D. V., Por, H. H., & Broomell, S. B. (2012). Effective communication of uncertainty in the IPCC reports. *Climatic Change, 113*, 181–200. https://doi.org/10.1007/s10584-011-0330-3

Budescu, D. V., Por, H. H., Broomell, S. B., & Smithson, M. (2014). The interpretation of IPCC probabilistic statements around the world. *Nature Clim Change, 4*, 508–512. https://doi.org/10.1038/nclimate2194

Bundesinstitut für Risikobewertung (BfR). (2010). *Kommunikation von Risiko und Gefährdungspotenzial aus Sicht verschiedener Stakeholder* (Herausgegeben von Ulbig, E., Hertel, R. F., & Böl, G.-F.) BfR-Hausdruckerei.

Cacciatore, M. A., Scheufele, D. A., & Iyengar, S. (2016). The end of framing as we know it … and the future of media effects. *Mass Communication and Society, 19*(1), 7–23. https://doi.org/10.1080/15205436.2015.1068811

Cavello, V. T. (2010). Strategies for overcoming challenges to effective risk communication. In R. L. Heath & H. D. O'Hair (Hrsg.), *Handbook of risk and crisis communication* (S. 143–167). Routledge.

Chaiken, S. (1980). Heuristic versus systematic information processing and the use of source versus message cues in persuasion. *Journal of Personality and Social Psychology, 39*(5), 752–766. https://doi.org/10.1037/0022-3514.39.5.752

Chaiken, S., Liberman, A., & Eagly, A. H. (1989). Heuristic and systematic processing within and beyond the persuasion context. In J. S. Uleman & J. A. Bargh (Hrsg.), *Unintended thought* (S. 212–252). The Guilford Press.

Combs, B., & Slovic, P. (1979). Newspaper Coverage of Causes of Death. *Public Opinion Quarterly, 56*(4), 837–843 & 849. https://doi.org/10.1177/107769907905600420

Covello, V. T. (1993). Risk communication and occupational medicine. *Journal of Occupational Medicine, 35*(1), 18–19.

Covello, V. T., & Sandman, P. M. (2001). Risk communication: Evolution and revolution. In A. Wolbarst (Hrsg.), *Solutions to an environment in peril* (S. 164–178). Johns Hopkins University Press.

Covello, V. T., von Winterfeldt, D., & Slovic, P. (1986). Risk communication: A review of literature. *Risk Abstracts, 3*, 171–181.

Covello, V. T., von Winterfeldt, D., & Slovic, P. (1987). Communicating scientific information about health and environmental risks: Problems and opportunities from a social and behavioral perspective. In J. C. Davies, V. T. Covello, & F. W. Allen (Hrsg.), *Risk communication. Proceedings of the national conference on risk communication* (S. 109–134). The Conservation Foundation.

Cvetkovich, G., Vlek, C., & Earle, T. C. (1989). Designing technological hazard information programs: Torwards a model of risk-adaptive decision making. In C. Vlek & G. Cvetkovich (Hrsg.), *Social decision methodology for technological projects* (S. 253–276). Kluwer Academic Publishers.

Devos-Comby, L., & Salovey, P. (2002). Applying persuasion strategies to alter HIV-relevant thoughts and behavior. *Review of General Psychology, 6*, 287–304. https://doi.org/10.1037/1089-2680.6.3.287

Dickmann, P., Wildner, M., & Dombrowsky, W. (2007). Risikokommunikation. In Bundesamt für Bevölkerungsschutz und Katastrophenhilfe & Robert Koch-Institut (Hrsg.), *Biologische Gefahren I: Handbuch zum Bevölkerungsschutz* (S. 323–341). BBK.

Doble, J. (1995). Public opinion about issues characterized by technological complexity and scientific uncertainty. *Public Understanding of Science, 4*(2), 95–118. https://doi.org/10.1088/0963-6625/4/2/001

Dunwoody, S. (1992). The media and public perception of risk: How journalists frame risk stories. In D. W. Bromley & K. Segerson (Hrsg.), *The social response to environmental risk. Recent economic thought*. Springer. https://doi.org/10.1007/978-94-011-2954-1_4

Eagly, A. H., & Chaiken, S. (1993). *The psychology of attitudes*. Wadsworth.

Edwards, A., Elwyn, G., Covey, J., Matthews, E., & Pill, R. (2001). Presenting risk information. A review of the effects of „framing" and other manipulations on patient outcomes. *Journal of Health Communication, 6*, 61–82. https://doi.org/10.1080/10810730150501413

Eiser, J. R., Bostrom, A., Burton, I., Johnston, D. M., McClure, J., Paton, D., van der Pligt, J., & White, M. P. (2012). Risk interpretation and action: A conceptual framework for responses to natural hazards. *International Journal of Disaster Risk Reduction, 1*, 5–16. https://doi.org/10.1016/j.ijdrr.2012.05.002

Eldridge, J., & Reilly, J. (2003). Risk and relativity: BSE and the British Media. In N. Pidgeon, R. Kasperson, & P. Slovic (Hrsg.), *The social amplification of risk* (S. 138–155). Cambridge University Press. https://doi.org/10.1017/CBO9780511550461.007

Erev, I., & Cohen, B. L. (1990). Verbal versus numerical probabilities: Efficiency biases, and the preference paradox. *Organizational Behavior and Human Decision Processes, 45*(1), 1–18. https://doi.org/10.1016/0749-5978(90)90002-Q

Eysenbach, G. (2020). How to fight an infodemic: The four pillars of infodemic management. *Journal of Medical Internet Research, 22*(6). https://doi.org/10.2196/21820

Fischer, K., & Jungermann, H. (2003). „Zu Risiken und Nebenwirkungen fragen Sie Ihren Arzt oder Apotheker": Kommunikation von Unsicherheit im medizinischen Kontext. *Zeitschrift für Gesundheitspsychologie, 11*, 78–98. https://doi.org/10.1026//0943-8149.11.3.87

Frewer, L. J., Hunt, S., Brennan, M., Kuznesof, S., Ness, M., & Riston, C. (2003). The views of scientific experts on how the public conceptualize uncertainty. *Journal of Risk Research, 6*(1), 75–85. https://doi.org/10.1080/1366987032000047815

Frey, D., Fischer, P., Kastenmüller, A., Greitemeyer, T., & Moser, K. (2015). Erfolgreiches Überzeugen durch Argumente. In K. Moser (Hrsg.), *Wirtschaftspsychologie* (2. Aufl., S. 51–65). Springer.

Gigerenzer, G. (2020). *Risiko – Wie man die richtigen Entscheidungen trifft*. Pantheon.

Gigerenzer, G., & Hoffrage, U. (1995). How to improve Bayesian reasoning without instruction: Frequency formats. *Psychological Review, 102*, 684–704. https://doi.org/10.1037/0033-295X.102.4.684

Griffin, R. J., Dunwoody, S., & Neuwirth, K. (1999). Proposed model of the relationship of risk information seeking and processing to the development of preventive behaviors. *Environmental Research, 80*(2), 280–245. https://doi.org/10.1006/enrs.1998.3940

Griffin, R. J., Neuwirth, K., Giese, J., & Dunwoody, S. (2002). Linking the Heuristic-Systematic Model and depth of processing. *Communication Research, 29*(6), 705–732. https://doi.org/10.1177/009365002237833

Griffin, R. J., Neuwirth, K., Dunwoody, S., & Giese, J. (2004). Information sufficiency and risk communication. *Media Psychology, 6*(1), 23–61. https://doi.org/10.1207/s1532785xmep0601_2

Gurmankin, A. D., Baron, J., & Armstrong, K. (2004). The effect of numerical statements of risk on trust and comfort with hypothetical physician risk communication. *Medical Decision Making, 24*(3), 265–271. https://doi.org/10.1177/0272989X04265482

Haie, J. L., & Dillard, J. P. (1995). Fear appeals in health promotion campaigns: Too much, too little, or just right? In E. Maibach & R. L. Parrott (Hrsg.), *Designing health messages: Approaches from communication theory and public health practice* (S. 65–80). SAGE.

Hennen, L. (1990). Risiko-Kommunikation: Informations- und Kommunikationstechnologien. In H. Jungermann, B. Rohrmann, & P. M. Wiedemann (Hrsg.), *Risikokontroversen – Konzepte, Konflikte, Kommunikation* (S. 209–258). Springer.

Hoffrage, U. (2003). Risikokommunikation bei Brustkrebsfrüherkennung und Hormonersatztherapie. *Zeitschrift für Gesundheitspsychologie, 11*, 76–86. https://doi.org/10.1026//0943-8149.11.3.76

Hoffrage, U., & Garcia-Retamero, R. (2018). Improving understanding of health-relevant numerical information. In M. Raue, E. Lermer, & B. Streicher (Hrsg.), *Psychological perspectives on risk and risk analysis* (S. 279–298). Springer. https://doi.org/10.1007/978-3-319-92478-6_12

Högg, R., & Köng, A.-L. (2016). Nudging im Bereich Umwelt und Nachhaltigkeit – Erfahrungen aus der Schweiz und Empfehlungen für PraktikerInnen.

6

https://www.hardingcenter.de/sites/default/files/2023-03/Grippeschutzimpfung%20f%C3%BCr%20gesunde%20junge%20Menschen_NEW_DESIGN_20230323.pdf

Johnson, B. B., & Slovic, P. (1995). Presenting uncertainty in health risk assessment: initial studies of its effects on risk perception and trust. *Risk Analysis, 15*(4), 485–494. https://doi.org/10.1111/j.1539-6924.1995.tb00341.x

Johnson, B. B., & Slovic, P. (1998). Lay views on uncertainty in environmental health risk assessment. *Journal of Risk Research, 1*(4), 261–279. https://doi.org/10.1080/136698798377042

Jonas, K., Stroebe, W., & Hewstone, M. (2007). *Sozialpsychologie* (5. Aufl.). Springer Medizin.

Jungermann, H., Schütz, H., & Thüring, M. (1988). Mental models in risk assessment: Informing people about drugs. *Risk Analysis, 8*(1), 147–155. https://doi.org/10.1111/j.1539-6924.1988.tb01161.x

Kahlor, L., Dunwoody, S., Griffin, R. J., Neuwirth, K., & Giese, J. (2003). Studying heuristic-systematic processing of risk communication. *Risk Analysis, 23*(2), 355–368. https://doi.org/10.1111/1539-6924.00314

Kahneman, D. (2012). *Schnelles denken, langsames Denken* (1. Aufl.). Siedler.

Kasperson, R. E. (1992). The social amplification of risks: Progress in developing an integrative framework. In S. Krimsky & S. Golding (Hrsg.), *Social theories of risk* (S. 153–178). Preager.

Kent, S. (1964). Words of estimative probability. *Studies in Intelligence, 8*(4), 49–65.

Kepplinger, H.-M. (1989). *Künstliche Horizonte. Folgen, Darstellung und Akzeptanz von Technik in der Bundesrepublik*. Campus Verlag.

Köng, A.-L., Osuna, E., & Holenstein, M. (2019). *Nudging zur Erhöhung der Arbeitssicherheit. Nudging in Theorie und Praxis*. Unveröffentlichter Schlussbericht, Suva, Luzern.

Lermer, E., Streicher, B., Sachs, R., & Frey, D. (2013). How risky? The impact of target person and answer format on risk assessment. *Journal of Risk Research, 16*(7), 903–919. https://doi.org/10.1080/13669877.2012.761267

Lim, S., & Nakazato, H. (2020). The emergence of risk communication networks and the development of citizen health-related behaviors during the COVID-19 pandemic: Social selection and contagion processes. *International Journal of Environmental Research and Public Health, 17*(11). https://doi.org/10.3390/ijerph17114148

Loss, J., Boklage, E., Jordan, S., Jenny, M. A., Weishaar, H., & Bcheraoui, C. E. (2021). Risikokommunikation bei der Eindämmung der COVID-19-Pandemie: Herausforderungen und Erfolg versprechende Ansätze. *Bundesgesundheitsblatt – Gesundheitsforschung – Gesundheitsschutz, 3*(64), 294–303. https://doi.org/10.1007/s00103-021-03283-3

McNeil, B. J., Pauker, S. G., Sox, H. C., & Tversky, A. (1982). On the elicitation of preferences for alternative therapies. *New England Journal of Medicine, 306*, 1259–1262. https://doi.org/10.1056/NEJM198205273062103

Meier, W. A. (1996). Risiko-Kommunikation und Katastrophen: Herausforderungen für Medien und Wirtschaftsunternehmen. In W. A. Meier & M. Schanne (Hrsg.), *Gesellschaftliche Risiken in den Medien: Zur Rolle des Journalismus bei der Wahrnehmung und Bewältigung gesellschaftlicher Risiken* (S. 121–142). Seismo.

Mheidly, N., & Fares, J. (2020). Leveraging media and health communication strategies to overcome the COVID-19 infodemic. *Journal of Public Health Policy, 41*, 410–420. https://doi.org/10.1057/s41271-020-00247-w

Mohr, H. (1996). Das Expertendilemma. In H.-U. Nennen & D. Garbe (Hrsg.), *Das Expertendilemma: Zur Rolle wissenschaftlicher Gutachter in der öffentlichen Meinungsbildung* (S. 3–24). Springer.

Münscher, R., Vetter, M., & Scheuerle, T. (2016). A review and taxonomy of choice architecture techniques. *Journal of Behavioral Decision Making, 29*(5), 511–524. https://doi.org/10.1002/bdm.1897

Neuwirth, K., Dunwoody, S., & Griffin, R. J. (2000). Protection motivation and risk communication. *Risk Analysis, 20*(5), 721–734. https://doi.org/10.1111/0272-4332.205065

Pacioli, L. (1494). *Summa de arithmetica, geometria, proportioni et proportionalita*. Paganino Paganini.

Petty, R. E., & Cacioppo, J. T. (1986a). *Communication and persuasion. Central and peripheral routes to attitude change*. Springer.

Petty, R. E., & Cacioppo, J. T. (1986b). The elaboration likelihood model of persuasion. In L. Berkowitz (Hrsg.), *Advances in experimental social psychology* (Bd. 19, S. 124–205). Academic.

Pidgeon, N., & Fischhoff, B. (2011). The role of social and decision sciences in communicating uncertain climate risks. *Nature Clim Change, 1*, 35–41. https://doi.org/10.1038/nclimate1080

Rabinovich, A., & Morton, T. A. (2012). Unquestioned answers or unanswered questions: Beliefs about science guide responses to uncertainty in climate change risk communication. *Risk Analysis, 32*(6), 99–1002. https://doi.org/10.1111/j.1539-6924.2012.01771.x

Rakow, T., Heard, C. L., & Newell, B. R. (2015). Meeting three challenges in risk communication: Phenomena, numbers, and emotions. *Policy Insights from the Behavioral and Brain Sciences, 2*(1), 147–156. https://doi.org/10.1177/2372732215601442

Ratzan, S. C., Sommariva, S., & Rauh, L. (2020). Enhancing global health communication during a crisis: Lessons from the COVID-19 pandemic. *Public Health Research & Practice, 30*(2). https://doi.org/10.17061/phrp3022010

Renn, O., & Levine, D. (1991). Credibility and trust in risk communication. In R. E. Kasperson & P. J. M. Stallen (Hrsg.), *Communicating risks to the public. Technology, risk, and society* (An International Series in Risk Analysis, Bd. 4). Springer. https://doi.org/10.1007/978-94-009-1952-5_10

Renn, O., & Zwick M. M. (1997). Risiko- und Technikakzeptanz. In Deutscher Bundestag, Enquete-Kommission „Schutz des Menschen und der Umwelt" (Hrsg.), *Konzept Nachhaltigkeit,* Springer.

Renner, B., & Schwarzer, R. (2000). Gesundheit: Selbstschädigendes Handeln trotz Wissen. In H. Mandl & J. Gerstenmaier (Hrsg.), *Die Kluft zwischen Wissen und Handeln: Empirische und theoretische Lösungsansätze* (S. 26–50). Hogrefe.

Renner, B., Panzer, M., & Oeberst, A. (2007). Gesundheitsbezogene Risikokommunikation. In U. Six, U. Gleich, & R. Gimmler (Hrsg.), *Kommunikationspsychologie – Medienpsychologie* (S. 251–270). Beltz.

Roten, F. C. (2006). Do we need a public understanding of statistics? *Public Understanding of Science, 15*(2), 243–249. https://doi.org/10.1177/0963662506061883

Ruddat, M., Sautter, A., Ulmer, F., Renn, O., & Pfenning, U. (2005). *Abschlussbericht zum Forschungsprojekt „Untersuchung der Kenntnis und Wirkung von Informationsmaßnahmen im Bereich Mobilfunk und Ermittlung weiterer Ansatzpunkte zur Verbesserung der Information verschiedener Bevölkerungsgruppen".* https://www.emf-forschungsprogramm.de/forschung/risikokommunikation/risikokommunikation_abges/risiko_035_AB.pdf. Zugegriffen am 29.11.2021.

Scheufele, D. A., & Iyengar, S. (2012). The state of framing research: A call for new directions. In K. Kenski & K. H. Jamieson (Hrsg.), *The Oxford handbook of political communication theories* (S. 1–26). Oxford University Press.

Schonger, M., & Sele, D. (2020). How to better communicate the exponential growth of infectious diseases. *PLoS One, 15*(12). https://doi.org/10.1371/journal.pone.0242839

Schonger, M., & Sele, D. (2021). Intuition and exponential growth: bias and the roles of parameterization and complexity. *Math Semesterber, 68*, 221–235. https://doi.org/10.1007/s00591-021-00306-7

Schütz, H., & Peters, H. P. (2002). Risiken aus der Perspektive von Wissenschaft, Medien und Öffentlichkeit. *Aus Politik und Zeitgeschichte.* Beilage zur Wochenzeitung „Das Parlament", 10–11, 40–45.

Schütz, H., & Wiedemann, P. M. (2005). How to deal with dissent among experts. Risk evaluation of EMF in a scientific dialogue. *Journal of Risk Research, 8*(6), 531–545. https://doi.org/10.1080/13669870500064283

Shannon, C. E., & Weaver, W. (1949). *A mathematical model of communication.* University of Illinois Press.

Siegrist, M., Cvetkovich, G., & Roth, C. (2000). Salient value similarity, social trust, and risk/benefit perception. *Risk Analysis, 20*(3), 353–362. https://doi.org/10.1111/0272-4332.203034

Singer, E., & Endreny, P. (1993). *Reporting on Risk. How the Mass Media Portray Accidents, Diseases, Disasters, and Other Hazards.* Russell Sage Foundation.

Slovic, P. (1992). Perceptions of risk: Reflections on the psychometric paradigm. In S. Krimsky & D. Golding (Hrsg.), *Social theories of risk* (S. 117–152). Praeger.

Slovic, P., Fischhoff, B., & Lichtenstein, S. (1980). Facts and fears: Understanding perceived risk. In R. C. Schwing & W. A. Albers (Hrsg.), *Societal risk assessment: How safe is safe enough?* (S. 181–214). Plenum Press.

6

Slovic, P., Malmfors, T., Krewski, D., Mertz, C. K., Neil, N., & Bartlett, S. (1995). Intuitive toxicology 2: Expert and lay judgements of chemical risks in Canada. *Risk Analysis, 15,* 661–657. https://doi.org/10.1111/j.1539-6924.1995.tb01338.x

Slovic, P., Monahan, J., & MacGregor, D. G. (2000). Violence risk assessment and risk communication: The effects of using actual cases, providing instruction, and employing probability versus frequency formats. *Law and Human Behavior, 24*(3), 271–296. https://doi.org/10.1023/A:1005595519944

Stahlberg, D., & Frey, D. (1993). Das Elaboration-Likelihood-Modell von Petty und Cacioppo. In D. Frey & M. Irle (Hrsg.), *Theorien der Sozialpsychologie, Bd. I: Kognitive Theorien* (S. 327–359). Huber.

Teigen, K. H. (2012). Risk communication in words and numbers. In K. P. Knutsen, S. Kvam, P. Langemeyer, A. Parianou, & K. Solfjeld (Hrsg.), *Narratives of risk: interdisciplinary studies* (S. 240–254). Waxmann.

Teigen, K. H., & Brun, W. (1999). The directionality of verbal probability expressions: Effects on decisions, predictions, and probabilistic reasoning. *Organizational Behavior and Human Decision Processes, 80*(2), 155–190. https://doi.org/10.1006/obhd.1999.2857

Thaler, R. H., & Sunstein, C. R. (2017). *Nudge – Wie man kluge Entscheidungen anstößt* (7. Aufl.). Ullstein.

Tierney, K. J. (2014). *The social roots of risk: Producing disasters, promoting resilience.* Stanford Business Books.

Tversky, A., & Kahneman, D. (1974). Judgment under uncertainty: Heuristics and biases. *Science, 185*(4157), 1124–1131. https://doi.org/10.1126/science.185.4157.1124

Utts, J. (2003). What educated citizens should know about statistics and probability. *The American Statistician, 57*(2), 74–79. https://doi.org/10.1198/0003130031630

Wahlberg, A. A. F., & Sjoberg, L. (2000). Risk perception and the media. *Journal of Risk Research, 3*(1), 31–50. https://doi.org/10.1080/136698700376699

Wallsten, T. S., & Budescu, D. V. (1995). A review of human linguistic probability processing: General principles and empirical evidence. *The Knowledge Engineering Review, 10*(1), 43–62. https://doi.org/10.1017/S0269888900007256

Wallsten, T. S., Budescu, D. V., Zwick, R., & Kemp, S. M. (1993). Preferences and reasons for communicating probabilistic information in verbal or numerical terms. *Bulletin of the Psychonomic Society, 31,* 135–138. https://doi.org/10.3758/BF03334162

Weber, E. U., & Hilton, D. J. (1990). Contextual effects in the interpretations of probability words: Perceived base rate and severity of events. *Journal of Experimental Psychology: Human Perception and Performance, 16*(4), 781–789. https://doi.org/10.1037/0096-1523.16.4.781

Weinstein, N. D. (1984). Why it won't happen to me: Perceptions of risk factors and susceptibility. *Health Psychology, 3,* 431–457. https://doi.org/10.1037//0278-6133.3.5.431

Weinstein, N. D. (1989). Optimistic biases about personal risks. *Science, 246,* 1232–1233. https://doi.org/10.1126/science.2686031

Weinstein, N. D. (1999). What does it mean to understand a risk? Evaluating risk comprehension. *Journal of National Cancer Institute Monographs, 25,* 15–20. https://doi.org/10.1093/oxford-journals.jncimonographs.a024192

Wiedemann, P. M. (1991). Strategien der Risiko-Kommunikation und ihre Probleme. In H. Jungermann, B. Rohrmann, & P. M. Wiedemann (Hrsg.), *Risikokontroversen – Konzepte, Konflikte, Kommunikation* (S. 371–394). Springer.

Wiedemann, P. M. (2010). Risikokommunikation als Gegenstand wissenschaftlicher Forschung. In P. M. Wiedemann (Hrsg.), *Vorsorgeprinzip und Risikoängste* (S. 65–73). VS.

Wiedemann, P. M., & Schütz, H. (2010). Risikokommunikation als Aufklärung: Informieren über und Erklären von Risiken. In V. Linneweber, E.-D. Lantermann, & E. Kals (Hrsg.), *Spezifische Umwelten und umweltbezogenes Handeln. Enzyklopädie der Psychologie, Umweltpsychologie* (Bd. 2, S. 787–816). Hogrefe.

Witte, K., & Allen, M. (2000). A meta-analysis of fear appeals: Implications for effective public health campaigns. *Health and Education Behavior, 27,* 591–615. https://doi.org/10.1177/109019810002700506

Woloshin, S., Schwartz, L. M., Byram, S., Fischhoff, B., & Welch, H. G. (2000). A new scale for assessing perceptions of chance: A validation study. *Medical Decision Making, 20*(3), 298–307. https://doi.org/10.1177/0272989X0002000306

Risikodialog – Komplexität und Unsicherheit kommunizieren

Akzeptanz in der Gesundheits- und Sicherheitskommunikation

Sabine Witt und Sonja Kolberg

Inhaltsverzeichnis

7.1   Einleitung – 166

7.2   Geschichte eines Perspektivenwechsels:
        Von Rezipienten zu Akteuren – 168

7.3   Akzeptanz von Unsicherheit – 170

7.4   Einfluss von Risikowahrnehmung und -kompetenz
        auf die Akzeptanz – 172

7.5   Akzeptanz in Gruppen – 174

7.6   Entscheidung für partizipative
        Risikokommunikation – 178

7.7   Formen der Beteiligung – 180

7.8   Akzeptable Botschaften formulieren – 181

7.9   Diskussion – 188

        Literatur – 191

J. Basel, P. Henrizi (Hrsg.), *Psychologie von Risiko und Vertrauen*,
https://doi.org/10.1007/978-3-662-65575-7_7

Zusammenfassung

In diesem Kapitel wird beleuchtet, welchen Nutzen partizipative Verfahren in der Risikokommunikation haben können. Es werden die methodischen Entwicklungslinien, die psychologischen Voraussetzungen, das Verhalten in Gruppen sowie mögliche Anwendungsfelder und Vorgehensweisen reflektiert. Besonderes Augenmerk wird dabei auf die Rolle von Akzeptanz in Kommunikationsprozessen gelegt. Vieles deutet darauf hin, dass durch die Beteiligung von Mitarbeitenden und weiteren Stakeholdern die Akzeptanz in Risikokommunikationsprozessen erhöht werden kann. An 3 Beispielen aus der Gesundheits- und der Sicherheitskommunikation wird der Einsatz von partizipativen Methoden dargestellt.

■ **Lernziele**

- Den methodischen Wandel von Rezipienten zu Akteuren nachvollziehen können
- Die Bedingungen der Akzeptanz von kommunizierten Unsicherheiten kennen
- Die emotionalen und kognitiven Aspekte von Risikowahrnehmung differenzieren können
- Die Einsatzmöglichkeiten partizipativer Risikokommunikation abwägen können
- Die spezifischen Verständlichkeitsanforderungen akzeptabler Botschaften kennenlernen

7.1 Einleitung

» „Risk communication addresses probabilities and potential situations of harm and danger (…). Risk communication messages almost always address likely (future) consequences, are based on some form of persuasive and compelling evidence and are intended to prevent or modify specific behaviors and practices." (Bennington, 2014, S. 32)

Die Aufgabe der Risikokommunikation ist es demnach, evidenzbasiert und vorausschauend Konzepte und Strategien etwa für Pandemiefälle oder auch Finanzkrisen zu entwickeln, um in einer akuten Situation gefährdete Ressourcen wie Gesundheit, Sicherheit oder Finanzen sichern zu helfen. Die Covid-19-Pandemie hat uns deutlich vor Augen geführt, wie schwierig es ist, in einer Zeit voll unsicherer Aussichten behördliche Maßnahmen so zu kommunizieren, dass sie breit akzeptiert und umgesetzt werden. Individuelle Faktoren wie unterschiedliche Wahrnehmungen von Risiken und den damit verbundenen Unsicherheiten sowie Kompetenzen im Umgang mit Risiken können die erfolgreiche Implementierung von Maßnahmen zur Risikominderung behindern. Deshalb ist es hilfreich, die Bedingungen von Akzeptanz in der Risikokommunikation zu klären.

Lucke (1995) definiert Akzeptanz als Potenzial, „für bestimmte Meinungen, Maßnahmen, Vorschläge und Entscheidungen bei einer identifizierbaren Personengruppe ausdrückliche oder stillschweigende Zustimmung zu finden" oder zumindest „unter angebbaren Bedingungen aussichtsreich auf deren Einverständnis rechnen zu können". Akzeptanz sei dann gegeben, wenn Mitglieder der Gesellschaft dem *Akzeptanzobjekt* affirmativ gegenüberstünden, emotional „zugeneigt" seien, Vorschläge, Argumente, Maßnahmen vorbehaltlos billigten (Lucke, 1995, S. 104; zit. nach Bentele et al., 2015, S. 5; Hervorh. i. O.). Dieser Akzeptanzbegriff geht im Grunde davon aus, dass diejenigen, von denen Akzeptanz gegenüber einem Gegenstand oder einer Sache, d. h. dem Akzeptanzobjekt, erwartet wird, diesem nicht von vornherein billigend oder positiv gegenüberstehen. Insofern spielt die Kommunikation bei der Herstellung von Akzeptanz eine zentrale Rolle. Bentele et al. (2015) definieren Akzeptanz mit dem Fokus auf kommunikativen Prozessen: „Akzeptanz ist das Ergebnis eines komplexen, permanenten, sich über den gesamten Lebenszyklus eines Akzeptanzobjektes erstreckenden Kommunikations- und Handlungsprozesses zwischen Akzeptanzsubjekten und Akzeptanzobjekten" (S. 5).

Befördert durch die neuen Kommunikationsmöglichkeiten fordern die Menschen in unserer Gesellschaft die Mitgestaltung und Mitbestimmung von solchen Prozessen immer mehr ein. Dieser Trend macht vor Unternehmenstoren nicht halt. Beispielhaft für ein großes Infrastrukturprojekt, das durch Bürgerproteste stark gebremst wurde, ist der Bahnhofumbau „Stuttgart 21". Das Projekt steht für die schwindende Akzeptanz und Legitimation des Handelns von Behörden in der Öffentlichkeit. Hier wurden erst nach dem Höhepunkt der andauernden Protestdemonstrationen im Jahr 2010 Gespräche mit den Bürgerinnen und Bürgern aufgenommen. Das spiegelt offenbar den kommunikativen Umgang der Behörden mit der Bevölkerung. In einer repräsentativen Umfrage in Deutschland von 2013 gaben 86 % der Befragten an, dass sie im Zusammenhang mit Projekten in Wirtschaft und Gesellschaft von Seiten der Politik, Wirtschaft und Verwaltung unzureichend informiert würden. Die Akteure würden nur so viel wie absolut nötig kommunizieren (Bentele et al., 2015, S. 9). Dabei ist gerade eine transparente, dialogische Haltung gegenüber den Anspruchsgruppen heutzutage wichtig für die Legitimation von Organisationen gegenüber der Öffentlichkeit (Bentele et al., 2015, S. 16).

Die Ausgangshypothese der folgenden Überlegungen ist, dass partizipative Ansätze auch in der Risikokommunikation ihre Vorteile entfalten können. Das betrifft vor allem die größere Akzeptanz, die sich in gewünschten Verhaltensweisen in Risikosituationen niederschlagen sollte. Die Akzeptanzhürden können dabei unterschiedliche Ursachen haben: Bei einer Impfkampagne können die Risiken für Laien schwer verständlich kommuniziert sein. Bei der Errichtung eines Windparks werden möglicherweise individuell wahrgenommene Gesundheitsrisiken oder Umweltrisiken nicht genug berücksichtigt. Oder in einem Unternehmen können neue Sicherheitsinstruktionen auf Widerstand treffen, weil die Erfahrungen von langjährigen Mitarbeitenden nicht einbezogen werden.

Im Folgenden werden deshalb die Potenziale und Grenzen von partizipativen Ansätzen für unterschiedliche Anwendungsfelder und verschiedene Aspekte der Risikokommunikation ausgelotet. Nach einem kurzen Überblick über den Perspektivenwechsel in der Risikoforschung werden folgende Fragen theoretisch vertieft: Wie lässt sich die Akzeptanz von kommunizierter Unsicherheit erhöhen? Welchen Einfluss hat die Risikowahrnehmung auf die Akzeptanz von kommunizierten Risiken? Was unterscheidet die Akzeptanz von Risikokommunikation in Gruppen von der Akzeptanz des Einzelnen? Wann ist es sinnvoll, sich für einen partizipativen Risikokommunikationsprozess zu entscheiden? Welcher Zusammenhang besteht zwischen der Verständlichkeit von Botschaften und deren Akzeptanz? Anschließend werden diese Überlegungen auf Praxisbeispiele aus der Sicherheits- und Gesundheitskommunikation angewendet.

7.2   Geschichte eines Perspektivenwechsels: Von Rezipienten zu Akteuren

Die Erforschung des Umgangs mit Risiken blickt auf eine relativ lange Geschichte zurück. Dabei setzte sie anfänglich beim Kommunikationsverhalten der kommunizierenden Organisation an. So zeigt die Forschung in den 1930er-Jahren, dass Unsicherheiten und mangelnde Führung zu Gerüchten führen. Ein Pionier der sozialpsychologischen Erforschung von Gerüchten war Jamuna Prasad, der deren Entstehensbedingungen nach einem großen Erdbeben von 1934 in Indien untersuchte und dabei vor allem eine starke Übertreibung der Auswirkungen nachwies, sofern sie nicht unmittelbar überprüfbar waren. Sowohl er wie auch nachfolgende Forscher und Forscherinnen sahen eine wesentliche Ursache in den fehlenden Informationen von offiziellen Stellen. Gerüchte stellen „improvised news" dar, wie der Soziologe Tamotsu Shibutani es 1966 beschrieb. Menschen würden den Mangel an Informationen in einer beängstigenden und unsicheren Situation durch eine informelle Interpretation kompensieren (Bordia & DiFonzo, 2002, S. 53). Aus solchen Befunden leiteten etwa Mirowsky und Ross (1983) vor allem bildungsbezogene Handlungsstrategien an die Adresse der Kommunizierenden ab, mit dem Ziel, die „Wissenslücken" der Zielgruppen zu stopfen und ihr Verhalten zu optimieren. Dem lag die Vorstellung von einer Einwegkommunikation von den Experten zu den Laien zugrunde (Bourrier, 2018, S. 5).

Rogers und Kincaid (1981) nahmen in ihrem Convergence Communication Approach auch die Empfänger in einem Kommunikationsprozess in den Blick. Sie verbanden die Netzwerk- mit der Kommunikationstheorie und betrachteten Kommunikation als einen langzeitigen, wechselseitigen Prozess, der von den Werten der Organisation und der Empfänger geprägt wird. Beide Seiten würden mit der Zeit durch den wechselseitigen Austausch von Informationen einen gemeinsamen Nenner finden. Nach diesem Ansatz müssen die Empfänger in den Risikokommunikationsprozess involviert werden. Erst durch fortlaufende Feedbacks und Interpretationen werde die Kommunikation effizient (Lundgren & McMakin, 2013, S. 15). Covello et al. (1986) rekapitulierten den Stand der Risikokommunikation und stellten eine Typologie nach Aufgaben und gewünschten Effekten der Risikokommunikation auf: 1. Die generelle Bildung und Information über Risiken und Risikoeinschätzung. 2. Die Ermunterung zu individuellem risikovermeidenden Verhalten durch Kampagnen. 3. Die Warnung vor Gefahren und Verhaltensanleitungen in Gefahren- und Katastrophensituationen. 4. Die Problemlösung mit Einbezug der Öffentlichkeit in Risikomanagemententscheidungen in Gesundheits-, Sicherheits- oder Umweltkontroversen (S. 173).

Ausgehend von diesem Grundverständnis von Risikokommunikation stellten in der Folge Covello und Allen (1988) sieben Kardinalregeln auf, die einen breiten Konsens fanden in der Risikokommunikation vieler Unternehmen und Organisationen und bis heute angewandt werden, z. B. in der Risikoprävention von Kliniken, bei der Beurteilung von Umweltbelastungen, so im amerikanischen Umweltprogramm Superfund (Hoover, 2016), oder in Bezug auf die Kommunikation von Lebensmittelrisiken durch das deutsche Bundesinstitut für Risikobewertung (Böl, 2012): 1. Beziehen Sie die Öffentlichkeit partnerschaftlich mit ein. 2. Planen Sie Ihre Maßnahmen sorgfältig und evaluieren Sie diese. 3. Hören Sie auf die spezifischen Sorgen der Öffentlichkeit. 4. Seien Sie ehrlich, freimütig und offen. 5. Arbeiten Sie zusammen mit anderen glaubwürdigen Quellen. 6. Berücksichtigen Sie die Bedürfnisse der Medien. 7. Sprechen Sie klar und leidenschaftlich (Covello & Allen, 1988; Bourrier, 2018, S. 6).

Nach dieser Pionierphase der Forschung zur Risikokommunikation wurde in den 1990er-Jahren noch deutlicher die Rolle der Expertinnen und Experten herausgefordert. Mit einem wechselseitigen Austausch war nicht mehr gemeint, dass die Experten mit der technischen Expertise Maßnahmen erarbeiten, auf welche die Rezipienten mit Werten, Glauben oder Emotionen reagieren. Vielmehr betrachteten Forschende wie Waddell (1995) die Rezipienten als selbst am Wissensprozess beteiligt. Einen wesentlichen Schritt zur Erweiterung der Einweg-Perspektive unternahmen mit dem Mental-Model-Ansatz Fischhoff und Morgan (Morgan et al., 2002). Zentral sei zu verstehen, was das Publikum bereits über ein Risiko weiß, d. h. welche mentalen Repräsentationen es davon bildet, und was die Kultur des Publikums ist, um Strategien der Vermeidung von Risiko überhaupt diskutieren zu können. Fischhoff und Morgan forderten deshalb ein mehrschrittiges Vorgehen mit in die Tiefe gehenden qualitativen Interviews vor der Ausarbeitung von Risikokommunikationsprogrammen. Nur so kann ihrer Meinung nach sichergestellt werden, dass Botschaften passend und verständlich seien für die Rezipienten (Morgan et al., 2002, S. 21 f.; Bourrier, 2018, S. 5). Die stärkere Fokussierung auf das Verhalten von Rezipienten hatte nicht nur mit dem Einfluss von Psychologen auf die Risikoforschung zu tun, sondern auch mit Forderungen der Öffentlichkeit nach verantwortungsvollem und transparentem Risikomanagement durch die Verantwortlichen als Reaktion auf Umweltkatastrophen – wie 1976 in der Chemiefabrik im italienischen Seveso oder 1986 im ukrainischen Tschernobyl.

Als weiteres Thema tritt „Vertrauen" in den Vordergrund der Risikokommunikation. Earle und Cvetkovich (1995) betonen die Rolle von sozialem Vertrauen, auf das die Menschen angewiesen seien, da die meisten Aufgaben auf dem Gebiet des Risikomanagements zu groß und komplex für Individuen seien, um sie vollständig zu verstehen. Damit ist zugleich die Forderung an die Organisationen verbunden, die mit der Vermeidung von Risiken betraut sind, vertrauenswürdig zu handeln (Bourrier, 2018, S. 8).

Auch Sandman (2003) und Covello (2010) rückten mit psychologischen Ansätzen die Rezipienten in den Fokus. Während Sandman auf Seiten der Rezipienten nicht nur deren Sicht auf die Gefahr (*hazard*), sondern auch deren Emotionen (*outrage*) reflektierte, stellte Covello fest, dass Menschen angesichts eines Risikos dramatisch weniger aufnahmefähig seien für externe Informationen – bis zu 80 % (Bourrier, 2018, S. 5).

Im Zusammenhang mit der zunehmenden Bedeutung der neuen Medien für die öffentliche Meinungsbildung richtet sich seit 2010 das Forschungsinteresse verstärkt auf die Darstellungsform von Risikoinformationen. Auch hier stehen mit der Verständlichkeit die Rezipienten im Fokus. Vorher wurden nichtnarrativ vermittelte Informationen als objektiver und damit glaubwürdiger betrachtet. Inzwischen haben diverse Untersuchungen gezeigt, dass narrative Formen, insbesondere Storytelling, von den Rezipienten leichter verarbeitet und in den Social Media häufiger geteilt werden (Hinyard & Kreuter, 2007; Green & Sestir, 2008; Bourrier, 2018, S. 10). Nicht die Exaktheit der Informationen sei entscheidend im organisationalen Kontext, sondern von deren Kommunizierbarkeit hänge die Einflussmöglichkeit ab. Das Potenzial von Storytelling für die Risikokommunikation liege vor allem in der Erhöhung des Commitments, in der Sinnstiftung und der Abrufbarkeit von Wissen (Kampmann, 2020, S. 23, S. 103 f.).

Seit Ende der 1990er-Jahre hat sich der Fokus in der Risikokommunikation also von der Einweg- zur dialogischen Kommunikation verschoben. Als „gute" Risikokommunikation wurde fortan jene betrachtet, die in einer Risikosituation durch einen wechselseitigen Austausch aller Informationen zwischen den Beteiligten diese zu verantwortungsvollen Entscheidungen befähigt. Ganz im konstruktivistischen Sinne soll dabei berücksichtigt werden, dass Wissen zwar subjektiv, aber durch die Reflexion im sozialen Kontext konstruiert wird (Merten, 2015, S. 179). Trotz dieser konzeptionellen Weiterentwicklung hat sich aber die Risikokommunikation in der Praxis noch nicht vollkommen gewandelt. Fest verankert ist der Wunsch, Botschaften vollständig zu kontrollieren und eine beabsichtigte Verhaltensänderung herbeizuführen. Fisher beschrieb bereits 1991 den Ansatz der „Ermächtigung" (*empowerment*) als definitive Form der Risikokommunikation, da diese die Menschen dazu befähigen könne, über verschiedene Risiken nachzudenken, eigene Entscheidungen zu treffen und fundierte Informationen in Risikomanagementprozesse einzubringen (Jardine & Driedger, 2014, S. 259).

7.3 Akzeptanz von Unsicherheit

Akzeptanz zu erzielen, verstanden als „positive Einstellung gegenüber einzelnen Entscheidungen, Aussagen und Technologien", ist schwierig, wenn das Ausmaß und die Eintretenswahrscheinlichkeit einer Gefahr unsicher sind (Ruhrmann, 2015, S. 986). Ein grundlegendes Problem beim Feststellen von Risiken ist nämlich, dass Daten über Gefahren unvollständig, komplex oder widersprüchlich sind. Bei Unsicherheiten werden Risiken auf der Basis von Annahmen und Modellen geschätzt (Martignon, 2019, S. 259). Ungeachtet bestehender Unsicherheiten müssen aber Entscheidungen getroffen werden. Ein wichtiger Aspekt in der Risikokommunikation ist deshalb die transparente Charakterisierung einer Unsicherheit. Sie ist nicht nur zentral für eine fundierte Entscheidungsfindung für das Risikomanagement, sondern kann auch eine fundierte Konsensbildung unter den Betroffenen von Risikoentscheidungen unterstützen. Menschen, die ein Flugzeug betreten oder sich gegen Grippe impfen lassen, haben ein Recht zu erfahren, welche Maßnahmen zu ihrer Sicherheit getroffen wurden und auf welchen – limitierten – Informationen diese Maßnahmen basieren. Darüber hinaus schafft die Charakterisierung einer Unsicherheit Transparenz, macht ein bestimmtes Vorgehen glaubwürdiger und legitimiert die Maßnahmen. Sie erleichtert betroffenen Individuen auch, für sich selbst eine bessere Entscheidung zu treffen (Yoe, 2012, S. 114).

Eine wesentliche Herausforderung im Umgang mit Unsicherheiten besteht darin, dass Menschen diese unterschiedlich bewerten und dass sich ihre Bewertung im Laufe eines Prozesses auch wandeln kann. Damit beschäftigt sich besonders die Uncertainty Management Theory, die Quellen von Unsicherheit und den Umgang mit ihnen untersucht (Brashers, 2001). Gemäß dieser Theorie, die vor allem auf der Basis von empirischen Untersuchungen der Kommunikation von Gesundheitsrisiken beruht, besteht kein zwingender Zusammenhang zwischen der Menge an zur Verfügung gestellten Informationen und dem Gefühl von Unsicherheit. Eine Patientin kann eine Unsicherheit als positiv bewerten, weil diese ihr Hoffnung gibt. Die Unsicherheit kann aber auch als negativ empfunden werden, wenn sie aufgrund einer geplanten Operation beispielsweise Angst oder Stress auslöst. Außerdem gibt es Situationen, in denen Patienten die Unsicherheit einfach als eine Tatsache des Lebens akzeptieren. Die Bemühungen der Patientinnen und Patienten Unsicherheit durch zusätzliche Informationen abzubauen oder eben nicht, hängt von ihrer Bewertung der Unsicherheit ab. Auch für den Umgang mit Risiken innerhalb einer Organisation ist es zentral, wie Unsicherheiten bewertet werden, ob genügend und verständliche Informationen bereitgestellt und vermittelt werden, die geeignet sind, die Wahrnehmung von Unsicherheiten zu beeinflussen (Brashers, 2001, S. 482 f.).

Der Umgang mit Unsicherheiten unterscheidet sich nach den unterschiedlichen Risikosituationen. In der (partizipativen) Konsenskommunikation werden die beteiligten Personen oft mit einbezogen in die Risikoanalyse und bestimmen mit, welche Typen von Unsicherheit als akzeptabel gelten. In der Gesundheitskommunikation hingegen werden die ermittelten Risiken von den meisten Menschen für glaubwürdig und akzeptabel gehalten (Lundgren & McMakin 2013, S. 77). In einer komplexen Krisensituation wie etwa der Covid-19-Pandemie jedoch sind viele Menschen schnell überfordert von der Fülle an Risiken und Unsicherheiten. Deswegen braucht es hier fortlaufend aktualisierte Informationen über die Risiken, etwa einer Ansteckung, von möglichen Impfnebenwirkungen, von Krankheitsverläufen, Hygienemaßnahmen oder der Entwicklung der Virenaktivitäten. Um Entwicklungen einer Pandemie vorhersagen zu können, werden zumeist mehrere Szenarien über mehrere Monate in Abhängigkeit von verschiedenen Einflussfaktoren modelliert. Die Gleichzeitigkeit verschiedener Szenarien ist ein Ausdruck der bestehenden Unsicherheiten, aufgrund derer keine eindeutige Antwort auf die Frage nach der Sicherheit und dem Erfolg von Maßnahmen gegeben werden kann. Aber dieses Vorgehen ist allemal besser, als wenn sich eine – unter nicht transparent gemachter Unsicherheit – getroffene Entscheidung später als falsch herausstellt und das Vertrauen in die kommunizierende Organisation, hier: den Staat, gestört wird.

7.4   Einfluss von Risikowahrnehmung und -kompetenz auf die Akzeptanz

Bei der Gestaltung des Kommunikationsprozesses sind die Potenziale für Akzeptanz bei den Rezipienten zu berücksichtigen. „Im Prozess der Risikowahrnehmung, -bewertung und -kommunikation lässt sich die Akzeptanz als *Resultat* eines selektiven Prozesses der politischen Informationsverarbeitung sehen" (Ruhrmann, 2015, S. 986; Hervorh. i. Original). Gemäß dieser Definition von Akzeptanz müssen in einem Risikoprozess Reaktionen antizipiert werden, die auf eine erschwerte Verständigung hindeuten können. Grundsätzlich richtet die Frage nach der Akzeptanz von Entscheidungen den Fokus auf die Kompetenz und Wahrnehmung der Anspruchsgruppe.

Eine Besonderheit von Risikosituationen besteht in den zwei Dimensionen, die von Menschen unterschiedlich interpretiert werden. Auf der einen Seite gibt es die technische Seite einer Gefahr, die sich auf die Wahrscheinlichkeit des Eintretens und das mögliche Ausmaß eines Ereignisses bezieht. In der Regel analysieren und berechnen Expertinnen oder Experten solche Gefahren. Laien bzw. die Öffentlichkeit hingegen verstehen oft nicht viel davon. Vielmehr sind sie emotional betroffen von den möglichen persönlichen oder sozialen Auswirkungen im Zusammenhang mit einem Risiko. Der Sozialpsychologe Paul Sandman hat 1989 aus diesem Grund die gängige Definition von „Risiko" um den Begriff „Outrage" (Aufregung) erweitert (Sandman, 1989, 2012, S. 7). Gemäß seiner Theorie von „Hazard and Outrage" stellen die technischen und die emotionalen Aspekte in einem Risikoprozess zwei Perspektiven der Wahrnehmung dar. Aus Sicht von Experten erfordert eine reale, mehr oder weniger berechenbare Gefahr in einer Risikosituation ein bestimmtes Verhalten. Es zeigt sich aber, dass Menschen in wirklich riskanten Situationen apathisch reagieren und in anderen mit relativ überschaubaren Risiken sich sehr stark ängstigen und aufregen. Sandman leitet aus diesen empirisch gewonnenen Erkenntnissen Handlungsstrategien ab. Je nach Gefahrenlage und Intensität der Reaktionen sollte die notwendige Kommunikationsstrategie gewählt werden (vgl. ◘ Abb. 7.1).

Besteht nur wenig Gefahr und sind die Menschen wenig aufgeregt, genügen für die Kommunikation Public-Relations-Maßnahmen. Ist eine Gefahr hingegen groß, die Menschen nehmen sie aber nicht wahr oder ernst, bedarf es Präventionskampagnen (Precaution Advocacy). Wenn die Gefahr groß ist und die Menschen sehr geängstigt und aufgebracht sind, muss die Krisenkommunikation aufgeboten werden. Ein Beispiel für eine Situation, in der kurzzeitig ein Krisenmanagement zum Einsatz kam, ist ein tödlicher Unfall wegen einer nicht funktionierenden Zug-

◪ Abb. 7.1 Abhängigkeit der Kommunikationsstrategien von der Intensität von Outrage und Hazard

tür bei der Schweizerischen Bundesbahn (SBB) 2019 (hal, 2019; SRF, 2019). Die Empörung der Öffentlichkeit über die mangelnde Wartung der Züge schlug sich in den Medien nieder und in den Social Media sowie in einer Gedenkkundgebung mit Hunderten von Menschen im Zürcher Hauptbahnhof zehn Tage nach dem Ereignis. Das Unternehmen handelte in dieser Situation, indem es durch einen Vertreter der Unternehmensleitung auf der Kundgebung sein Beileid bekundete, Verständnis für das aufgebrachte Personal äußerte und rasch flächendeckende Überprüfungen der Technik ankündigte. Tatsächlich war die technische Gefahr hinsichtlich der Wahrscheinlichkeit eines weiteren tödlichen Unfalls eher gering – verglichen etwa mit dem Risiko, mit dem Velo auf der Straße zu verunglücken –, so dass die Kommunikation schnell wieder den Krisenmodus verlassen konnte. Hingegen wurde die Aufregung ernst genommen und ein aktives Outrage Management betrieben, d. h. kommunikativ auf die große emotionale Betroffenheit der Menschen reagiert.

Warum Menschen auf Risiken emotional ganz verschieden reagieren, untersuchten Fischhoff et al. (1980) in einer grundlegenden Studie. Die unterschiedlichen Haltungen – von extremer Ablehnung bis hin zu völliger Gleichgültigkeit – gegenüber Risiken haben demnach mit bestimmten Faktoren zu tun: Je schrecklicher oder unbekannter eine Gefahr zu sein scheint, desto stärker reagieren Menschen darauf. Unkontrollierbarkeit, tödliche Folgen, globale katastrophale Auswirkungen, Nichtbeobachtbarkeit, fehlende wissenschaftliche Kenntnisse sind einige der zentralen Faktoren (Yoe, 2012, S. 138).

Angst ist eine natürliche Reaktion, die angesichts eines Risikos ebenfalls die Akzeptanz reduzieren kann. Wird ein hohes Risiko wahrgenommen und werden Abwehrmaßnahmen als zu wenig wirksam eingestuft, reagieren Menschen mit Angst. Allerdings sind verängstigte Menschen motiviert, sich zu informieren, was der Kommunikation wiederum hilft. Angst zu haben angesichts eines Risikos ist legitim, was in der Kommunikation auch thematisiert werden sollte, um etwa eine aus wachsender Angst resultierende Verweigerung zu verhindern. Ermutigung und Befähigung zu Handlungen wirken einer Verweigerungshaltung entgegen. Die Rolle von Angst in Risikosituationen ist allerdings bereits Anfang der 1970er-Jahre relativiert worden. Der Psychologe Leventhal (1970) stellte experimentell fest, dass in Gefahrensituationen kognitive und emotionale Prozesse weitgehend unabhängig voneinander parallel ablaufen. Er formulierte aus dieser Erkenntnis das duale Parallel-Process-Modell, gemäß dem eine Gefahren- oder Risikosituation eine (kognitive) Gefahrenkontrolle und eine (emotionale) Furchtkontrolle stimuliere. Leventhals Grundannahme ist, dass die Angst nur ein Hinweisreiz auf eine Gefahr ist und nach relativ kurzer Zeit wieder verschwindet. Die kognitive Repräsentation hingegen ist relativ stabil, so dass diese den Hebel zu Einstellungsänderungen bietet (Spektrum, o. J.).

Die individuelle Abschätzung von Risiken hängt nicht allein ab von psychischen Vorgängen. In der Risikokompetenzforschung werden diese zwar als einer von vier grundlegenden Faktoren betrachtet. Hinzukommt aber als zweiter Faktor das heuristische Denken, das hilft, mit unbekannten, nicht berechenbaren Risiken aufgrund von analogen Erfahrungen umzugehen. Ein dritter Faktor sind erlerntes Wissen und Denkweisen wie das statistische Denken, das befähigt, statistische Evidenz zu finden und kritisch zu beurteilen, beispielsweise wie wahrscheinlich eine Impfnebenwirkung ist. Als vierter Faktor spielt das Systemwissen für die Risikokompetenz eine Rolle. Dieses betrifft das Wissen vom Funktionieren einer Organisation, von deren strukturellen Zusammenhängen, Dynamiken, Ziel- und Interessenskonflikten von Akteuren und damit verbunden transparenten oder irreführenden Informationsstrategien (Jenny, 2017, S. 225).

Zusammen bilden diese Kompetenzen die Grundlage für gute Entscheidungen. Organisationen müssen, wenn sie die Risikokompetenz ihrer Mitarbeitenden stärken oder einbeziehen wollen, einerseits berücksichtigen, wie individuelle Entscheidungsprozesse funktionieren. Andererseits müssen sie dafür sorgen, dass die Mitarbeitenden überhaupt ein Verständnis von vorhandenen Unsicherheiten haben.

7.5 Akzeptanz in Gruppen

Für eine einzelne Person ist es mitunter schwierig und verunsichernd, in komplexen und gefährdenden Situationen optimal zu entscheiden. Als „Helden des Alltags" beispielsweise werden Menschen ausgezeichnet, die in einer extremen Situation eine hochriskante Entscheidung getroffen und damit andere Menschen aus einer lebensbedrohlichen Situation gerettet haben. Diese Entscheidungen werden bewundert, weil sie mutig sind und die meisten Menschen in einer solchen Situation eben nicht so gehandelt hätten, sondern den Verlust der eigenen Unversehrtheit stärker gewichtet, weil als wahrscheinlicher eingestuft hätten. Wenn Menschen hingegen in Gruppen entscheiden können, gleichen sie ihre Entscheidungen untereinander ab, was das Entscheiden für das Individuum erleichtert. So kam es beispielsweise im November 2021 in Zürich zu einer ungewöhnlichen Rettungsaktion durch eine ganze Gruppe von Menschen. Ein Autofahrer hatte sein Auto mitten in der Stadt in den Fluss Limmat gelenkt. Zwölf Passanten, die das beobachtet hatten, sprangen in das zwölf Grad kalte Wasser und schafften es gemeinsam, das Auto umzudrehen und den bewusstlosen Lenker zu befreien (Bischofberger & Manz, 2021). Die Menschen hatten sich in dieser Situation spontan aneinander orientiert und waren bereit, ein erhöhtes Risiko einzugehen. Vermutlich wären nicht alle so risikofreudig gewesen, wenn sie allein diese Situation beobachtet hätten. Durch das Abgleichen von Entscheidungen in einer Gruppe können sich Menschen demnach nicht nur gegen das Eingehen eines Risikos entscheiden, sondern auch dafür.

Menschen sind sich der Freiheit und Eigenverantwortung ihrer Entscheidungen in der Regel bewusst. Das birgt zugleich immer auch das Risiko, eine unangemessene Entscheidung zu treffen, was sie verunsichern kann. Dagegen versuchen sich Menschen zu schützen, indem sie sich an anderen orientieren. Es lässt sich sogar zuspitzen, dass Menschen lieber einer irrigen Meinung folgen, als von einer Gruppe ausgeschlossen zu werden (Garfinkel, 1967; Merten, 2015, S. 178 f.).

Der Umgang mit Unsicherheiten in komplexen Entscheidungssituationen ist für Menschen in Gruppen entlastend. Das spricht dafür, dass Organisationen und Unternehmen sich die Mühe machen sollten, Mitarbeitende oder Stakeholder in Risikoprozesse einzubeziehen (Umansky, 2017).

> ▶ „Vertrauen entsteht dann, wenn jeder weiß, was der andere kann, und jeder seine Verantwortung im Team übernimmt."

Markus Rieder als Flight Safety Officer Helikopter über Risk and Safety bei der Rega.

Ein gewisses Restrisiko fliegt bei allen Rettungseinsätzen mit. Wir versuchen, dieses so niedrig wie möglich zu halten, indem wir standardisierte Verfahren anwenden und die Situation während des Einsatzes laufend neu beurteilen. Die Risiken, mit denen wir bei den Einsätzen konfrontiert sind, sind vielseitig. Im Frühling und Herbst steigt die Gefahr von Kollisionen mit Vögeln. Kann der Pilot am Tag, sofern er die gefiederten Luftraumbenützer sieht, ausweichen, ist dies in der Nacht nicht möglich. Bei den meisten Kollisionen mit Vögeln, sogenannten Birdstrikes, wird der Helikopter nicht beschädigt und er kann nach einer umfassenden optischen Kontrolle wieder für den Flugbetrieb freigegeben werden. Größere Vögel können aber durchaus die Frontscheiben durchschlagen oder das Rotorsystem beschädigen und so zu einem Sicherheitsrisiko für die Besatzungen und den Patienten im Helikopter werden. Rund die Hälfte der „Birdstrikes" ereignet sich in der Nacht.

Naturgefahren begleiten die Retter täglich. So gilt es, zusammen mit erfahrenen Bergrettern, die Steinschlaggefahr an einer Felswand abzuschätzen und die Lawinensituation zu beurteilen. Andere Risiken hängen mit dem Faktor Wetter zusammen. Wolken und Nebel können die Sicht beeinträchtigen und so zu einem Abbruch des Einsatzes führen. Dann kommen Bergretter des Schweizer Alpen-Club SAC zum Einsatz, die versuchen, den Patienten terrestrisch zu erreichen und medizinisch zu versorgen. Zusätzlich erschweren im Winter aufwirbelnder Schnee und diffuses Licht das räumliche Orientierungsvermögen. Es ist viel Erfahrung erforderlich, solche Gefahren früh zu erkennen, damit sie nicht zu einem Sicherheitsrisiko werden.

Luftfahrthindernisse wie Hochspannungsleitungen, Seilbahnen und Heuseile, mit denen die Landwirte im Sommer das Heu ins Tal bringen, können die Flugsicherheit vor allem in den Alpen und Voralpen beeinträchtigen. Dank einer umfassenden und laufend aktualisierten Hindernisdatenbank, die auf die Navigationsgeräte geladen wird, können sich die Besatzungsmitglieder bereits im Anflug zum Einsatzort ein Bild über die Kabelsituation vor Ort machen und so Luftfahrthindernissen ausweichen.

Abb. 7.2 Zusammenspiel von Risikobewertung und Vertrauen

Jeder Einsatz ist anders und so sind auch die Herausforderungen unterschiedlich. Wir wurden für die Evakuation von Bergsteigern von einem Gipfel von knapp 4000 m über Meer alarmiert. Nach dem Rekognoszierungsflug galt es, auf dem Gletscher einen Zwischenlandeplatz zu finden, bei dem wir nicht benötigtes Material deponieren konnten. Dieser musste aber wegen des herrschenden Windes weiter weg vom Einsatzort als vorgesehen gewählt werden. Mit der Gewichtsreduktion des Helikopters und der dadurch verbesserten Leistung war es möglich, die erschöpften Kletterer ohne Leistungsprobleme mit der Rettungswinde zu evakuieren und zum Zwischenlandeplatz zu fliegen. Da die Rettungsaktion länger als erwartet dauerte, wurde der Treibstoff langsam knapp. Gemäß der neuen Berechnung sollte der Flug ins Spital und zurück zur Basis möglich sein. Noch einmal überrascht wurden wir von der fast geschlossenen Hochnebeldecke über dem Tal. Dank einem Loch im Nebel steuerte der Pilot ohne große Umwege das Spital an. Die Landung auf der Basis bei einbrechender Dunkelheit erfolgte mit der notwendigen Treibstoffreserve. Dauernd fand ein Risikomanagement statt, bei dem alle Besatzungsmitglieder gefordert waren.

Unser Motto ist: „Mission First, Safety always". Jeden Morgen machen wir ein Briefing und besprechen die möglichen bekannten Risiken des Tages. Dieses beinhaltet Themen wie die Luftraumstruktur, Meteo, Lawinensituation und ob sich jedes Crewmitglied „fit to fly" fühlt. Jedes Besatzungsmitglied hat jederzeit das Recht und auch die Pflicht auszusprechen, wenn das Risiko in der aktuellen Situation als zu hoch empfunden wird. So kann auch während eines Einsatzes eine Zwischenlandung und ein Rebriefing erforderlich werden. Es ist wichtig, dass man trotz der Notlage von Patienten die Grenzen der Crew, des Helikopters und der Umwelt kennt und diese auch respektiert. Wenn wir zum Einsatz starten, ist der Patient bereits in einer Notlage. Das können wir nicht ändern. Wir können nur versuchen, schnell und sicher medizinische Hilfe zu bringen. Dafür dürfen wir aber nicht eine Besatzung und einen Helikopter leichtfertig aufs Spiel setzen. Eine verunfallte Crew kann keinem weiteren Patienten mehr helfen. Es ist oft eine Herausforderung, das Risiko zwischen maximaler Sicherheit und optimaler Hilfeleistung korrekt zu kalkulieren.

Nach den Einsätzen, oder wenn es sich um Routineaufträge handelte am Ende des Tages, findet ein Debriefing innerhalb der Besatzung statt. Zwischenfälle und erkannte Sicherheitsrisiken werden mittels Air Safety Report erfasst und an die Flight Safety Officers weitergeleitet. Ihnen obliegt es dann, den Schweregrad des Vorfalls einzuschätzen sowie Trends zu analysieren. Anlässlich von Piloten-, Rettungssanitäter-, Einsatzleiter- und Mechanikermeetings werden die Vorfälle besprochen und die Crews wird sensibilisiert. An den jährlich stattfindenden Checkwochen werden auch die Ärzte und Bergretter des Schweizer Alpen-Club SAC über aktuelle Ereignisse im Bereich Flug- und Arbeitssicherheit aufdatiert. Regelmäßige schriftliche Publikationen runden die Safety-Kommunikation ab. Bei Beginn des Arbeitsverhältnisses mit der Rega durchlaufen die Crewmitglieder einen Aeronautical-Crew-Ressource-Management-Kurs. Dieser ist Bestandteil der Just Culture – Fehler und Unterlassungen sollen kommuniziert werden, ohne Einfluss auf die Qualifikation der Mittarbeitenden.

Die Risikowahrnehmung und -bereitschaft ist nicht bei allen Besatzungsmitgliedern gleich und ändert sich mit den Jahren sowie den gemachten Erfahrungen. Vorfälle und Unfälle innerhalb und außerhalb einer Organisation können die Risikobereitschaft jedes Einzelnen kurz-, mittel- oder langfristig beeinflussen. Je mehr Zeit nach einem Vorkommnis verstrichen ist, desto mehr sinkt in der Regel das Risikobewusstsein. Daher ist es wichtig, die Risikowahrnehmung immer wieder anhand von Vorfällen, die keine gravierenden Konsequenzen hatten, zu schärfen. So soll die Wahrscheinlichkeit von Unfällen in Zukunft möglichst reduziert werden.

Gegenseitiges Vertrauen innerhalb einer Crew ist im Einsatz der Schlüssel zum Erfolg. Ein Beispiel für uneingeschränktes Vertrauen unter den Besatzungsmitgliedern sind Einsätze mit der Rettungswinde. Der Pilot teilt den Anflug ein und sucht mit seinen Augen Referenzen im Gelände. Den Bereich unter dem Helikopter, wo in der Regel der zu bergende Patient liegt, kann er nicht einsehen. Er muss dem Windenoperator vertrauen, der ihn mit seinen Kommandos an die richtige Stelle im Gelände einweist. Gleichzeitig muss der Windenoperator dem Piloten vertrauen, dass dieser seine Kommandos auch ausführt. Nur so ist es möglich, dass der Arzt, der an einem dünnen Stahlkabel bis zu 90 Meter unter dem Helikopter hängt, sanft in der Nähe des Patienten abgesetzt werden kann.

Vertrauen entsteht dann, wenn jeder weiß, was der andere kann, und jeder seine Verantwortung im Team übernimmt. Dazu gehört auch, eigene Bedenken zu äußern und andere Einwände ernst zu nehmen. Bei Rettungseinsätzen in der dritten Dimension ist auch Risikomanagement Teamwork (◘ Abb. 7.3).

► http://www.rega.ch ◄

7

◘ Abb. 7.3   Rettungsoperation der Rega

7.6   Entscheidung für partizipative Risikokommunikation

Partizipatorische Modelle fokussieren auf den Einfluss der Zielgruppe durch die Einbindung als Mitentwickelnde in Risikoprozessen. Sie gehen von der Erkenntnis aus, dass Menschen besser lernen, wenn sie die Informationen an Erfahrungen anknüpfen können, dass sie eher bereit sind, bestimmte Verhaltensweisen anzunehmen, wenn die Informationen auf ihre Bedürfnisse und soziale Situation zugeschnitten sind, und dass es für sie notwendig ist, das anfänglich bekannte, individuelle Risikowissen mit dem objektiveren Wissen in Verbindung bringen zu können (Neuhauser & Paul, 2011, S. 130). Bisher sind partizipative Kommunikationsprozesse vor allem dort etabliert, wo die Öffentlichkeit in Projekte involviert ist bzw. diese gefährden könnte, etwa wenn es zu Abstimmungen kommen könnte, die ganze Bauvorhaben zunichtemachen würden. Für den 2022 fertiggestellten Bau der Limmattalbahn in den Kantonen Zürich und Aargau beispielsweise wurde nach einer jahrelangen Planung ein weiteres Jahr allein darauf verwendet, Runde Tische zu veranstalten und einvernehmliche Lösungen für Eingaben von Anwohnern und Gemeinden zu finden. Ohne diese Lösungen wäre die Gefahr zu groß gewesen, dass das ganze Projekt unmittelbar vor Baubeginn an der Urne gescheitert wäre. Gescheitert ist die Partizipation im Beispiel der Lagerung von radioaktivem Abfall in Nidwalden 2014. In der Folge wurde die Frage der Endlagerung als übergeordnetes gesellschaftliches Problem gesetzlich der Abstimmungsmöglichkeit entzogen.
    Innerhalb von Unternehmen kommen zunehmend partizipative Elemente zum Einsatz, besonders in Change-Prozessen, die zu starken Veränderungen führen, aber mit möglichst großer Zustimmung der Belegschaft durchgeführt werden sollen. Untersuchungen zeigen, dass Menschen, die in Veränderungsprozesse ein-

gebunden sind, eher bereit sind, ihr Verhalten zu ändern. Zudem steigt die Qualität von Entscheidungen, wenn die Betroffenen eingebunden sind, und deren Wohlbefinden steigert sich. Auch in der betrieblichen Gesundheitsförderung wird zunehmend Potenzial gesehen, etwa wenn zusammen mit Mitarbeitenden Belastungen am Arbeitsplatz analysiert und Lösungen für deren Beseitigung gefunden werden (Bronner & Schröter, 2018, S. 4 f.).

Die Haltung eines Unternehmens spielt für das Gelingen partizipativer Kommunikation eine wichtige Rolle. Wenn die Kommunikatoren eines Unternehmens oder einer Organisation davon überzeugt sind, dass eine Stakeholder-Beteiligung nützlich ist, müssen sie die Unternehmensleitung davon überzeugen. Würde diese nicht voll dahinterstehen, würden die Beteiligten Vorbehalte spüren. Die Unternehmensleitung könnte befürchten, Macht abgeben zu müssen und nicht die Kontrolle über den Prozess zu haben. Das kann durch eine klare Zielsetzung und Eingrenzung des Auftrags verhindert werden. Zudem können zeitliche, personelle und finanzielle Ressourcen gegen einen aufwändigen und langwierigen Beteiligungsprozess sprechen. Gründe hingegen für die Entscheidung für eine Beteiligung könnten sein, dass die Mitarbeitenden oder weitere Stakeholder besondere Sichtweisen auf ein Problem haben, die wertvoll für das Risikomanagement sein können, oder sie eigene Erfahrungen mit dem Problem haben. Neben Change-Prozessen bieten sich partizipative Prozesse demnach besonders bei Themen der betrieblichen Gesundheit oder auch Sicherheit an, welche die Arbeitsprozesse der Mitarbeitenden betreffen. Partizipative Prozesse machen vor allem dann Sinn, wenn es um Entscheidungen geht, die von allen Mitarbeitenden mitgetragen werden müssen. Die Entscheidung für einen partizipativen Prozess sollte in Abhängigkeit von den Zielen festgelegt werden:
- Werte der Stakeholder in Entscheidungen einbeziehen,
- die Qualität von Entscheidungen verbessern,
- Konflikte zwischen konkurrierenden Interessen beilegen,
- Vertrauen in Institutionen aufbauen,
- die Öffentlichkeit bzw. Mitarbeitende bilden und informieren.

Die Vorteile der Stakeholder-Beteiligung sind, dass etwa überraschende Entscheidungen vermieden werden können, die zu einer Ablehnung und Verweigerung von Maßnahmen führen würden. Zudem haben Beteiligungsprozesse eine Konsensfindung zwischen allen Beteiligten zum Ziel, was praktisch mit keiner anderen Methode zu erreichen ist. Auch können eventuell Kosten vermieden werden und das Vertrauen in die Organisation wird gestärkt (Lundgren & McMakin, 2013, S. 228). Werden die Stakeholder in die Diskussion, Analyse oder das Management eines Risikos eingebunden, können sie selbst sehen, was über ein Risiko bekannt ist, wie es gemanagt werden soll und wie Entscheidungen getroffen werden (Lundgren & McMakin, 2013, S. 122). In einer experimentellen Studie hat Arvai (2003) nachgewiesen, dass partizipativ getroffene Entscheidungen eher akzeptiert werden – selbst von Menschen, die nicht am partizipativen Prozess teilgenommen haben, wenn sie über das Zustandekommen informiert werden. So wurden für die Studie Menschen mit einer Affinität zur Raumfahrt gebeten, in einem Fragebogen ihre Haltung gegenüber einer umstrittenen Raumfahrtmission anzugeben. Ein kontroverses Thema war die geplante Ausstattung des Raumschiffs mit einem atomaren Generator zur Energiegewinnung. Die zu beurteilenden Unterlagen wichen voneinander im Punkt der beschriebenen Entscheidungsfindung ab: In einer Ausgabe wurde diese angeblich allein von erfahrenen Experten getroffen, in der anderen angeblich in einem partizipativen Verfahren. Dieser Unterschied schlug sich deutlich in der Zustimmung der Befragten nieder. Die erste Gruppe hielt Vorteile und Nachteile für ausgewogen, die zweite stimmte der partizipativ gefundenen Entscheidung deutlich stärker zu. Die Resultate der Studie zeigen unter anderem, dass partizipative Prozesse bei einer Entscheidungsfindung breiter akzeptiert sind.

Beteiligungsprozesse können so strukturiert werden, dass sie für verschiedene und diverse Publika passen, selbst solche mit ablehnender Haltung. Wenn also das Ziel ist, die Chancen zu erhöhen, dass eine Risikoentscheidung den Bedürfnissen des Publikums entspricht, ist dieser Ansatz besonders geeignet. Der große Gewinn an Akzeptanz und Dauerhaftigkeit von Entscheidungen wiegt den Mehraufwand auf (Lundgren & McMakin, 2013, S. 123). Damit partizipative Prozesse aber gelingen können, müssen die Beteiligten darauf vorbereitet sein, sie dürfen nicht überrumpelt werden und ihre Ideen und Vorschläge müssen ernst genommen werden.

7.7   Formen der Beteiligung

Die effektivste Form der Beteiligung sind Workshops, in denen das Publikum ein bestimmtes Risikothema bearbeitet. Am wenigsten wirkungsvoll ist im Gegensatz dazu ein offizielles Statement, das aufgrund einer Anhörung oder eines vom Management festgesetzten Meetings verfasst und daraufhin in den Risikomanagementprozess integriert wird (Lundgren & McMakin, 2013, S. 227). Wichtig ist auch, dass die Anspruchsgruppe in einem frühen Stadium einbezogen wird, wenn die zentralen Weichen gestellt werden, und nicht erst, wenn das Management den Kurs bereits festgelegt hat.

Neben Workshops oder Meetings werden auch Focus Groups und andere Interviewformen eingesetzt, im Prinzip alle Formen, die Rückmeldungen gegenüber dem Management erlauben. Dabei bestehen partizipative Techniken nicht mehr nur aus Präsenzveranstaltungen. So wie sich die Arbeitsformen zunehmend kollaborativ gestalten, können auch virtuelle Kollaborationstools eingesetzt werden, etwa Webkonferenzen, interaktive Websites oder sonstige Apps, die geteilte virtuelle Räume bzw. Interaktionen ermöglichen (Yoe, 2012, S. 160).

Bei allen eingesetzten Techniken gilt es aber, einige Grundsätze zu berücksichtigen:

- Die Stakeholder werden früh und während des gesamten Prozesses informiert.
- Die Sorgen und Bedenken der Stakeholder werden ernst genommen und berücksichtigt.
- Wenn möglich sollen die Stakeholder an Risikomanagemententscheidungen beteiligt werden.
- Feedbackmechanismen zwischen Kommunikatoren und Stakeholdern sollten effizient funktionieren.
- Verschiedene Interessen zwischen Stakeholdern müssen ausbalanciert werden.
- Unsicherheit sollte angesprochen werden (Yoe, 2012, S. 160).

Partizipative Techniken arbeiten nicht ausschließlich mit Gruppen, sondern teilweise mit Einzelpersonen, beispielsweise in Usability Tests. Diese finden oft in einer Eins-zu-eins-Situation statt zwischen einer testenden und einer nutzenden Person. Ein Nutzer wird dabei beispielsweise aufgefordert, einen Text zu lesen oder durch eine Website zu navigieren. Dabei erfüllt er bestimmte Aufträge und gibt Empfehlungen für Änderungen ab (Neuhauser & Paul, 2011, S. 134).

7.8 Akzeptable Botschaften formulieren

Risiken zu kommunizieren ist eine Herausforderung: Zum einen ist der Inhalt oft kompliziert, da Unsicherheiten, Wahrscheinlichkeiten und wissenschaftliche Erkenntnisse zu vermitteln sind. Zum anderen sind die Inhalte für das Publikum fordernd, sie können enttäuschen, Ängste wecken und starke Emotionen hervorrufen. Deshalb ist es besonders wichtig, Botschaften sorgfältig zu formulieren.

In einer Krisensituation wie der Covid-19-Pandemie empfiehlt es sich, von Anfang an Unsicherheit einzugestehen. Besser, als dass jemand anders sie entdeckt, ist es, sie mit einer Reihe von glaubwürdigen Möglichkeiten zu verknüpfen. Auch fehlendes Wissen zu kommunizieren kann helfen, den Wissensstand des Publikums zu verbessern. Untersuchungen zeigen, dass das Zugeben von Unsicherheit zwar die Wahrnehmung von Kompetenz mindert, hingegen steigert es das Urteil der Menschen über die Vertrauenswürdigkeit von Experten (Yoe, 2012, S. 155).

Besonders in einer Krise, d. h. unter einem hohen Stresslevel, ist es nötig, komplexe Risikodaten möglichst verständlich zu kommunizieren. Sandman (1987) empfiehlt darum als zentrale Strategien: vereinfachen, personalisieren, vergleichen.

Vereinfachen bezieht sich eher auf die Sprache, weniger auf die Sache. Es muss nicht alles erzählt werden, was über das Risiko bekannt ist, jedoch genug, damit die Betroffenen mit dem Risiko umgehen können. Menschen hören am liebsten, dass etwas entweder sicher oder gefährlich ist, Unsicherheiten und Unwägbarkeiten sind ihnen in der Regel unangenehm. Eine Alternative zum Entweder-oder sind für die Kommunikation das Mittel der Risikoabwägung oder des Risikovergleichs, z. B. A ist gefährlicher als B, aber sicherer als C. Für die Kommunikation mit Medien sind etwa Faktenblätter hilfreich, die eine Organisation selbst vereinfacht und damit auch die Verbreitung ihrer Informationen steuern kann.

Personalisieren als eine weitere Strategie bei der Gestaltung von Botschaften heißt, auf die Perspektive der Stakeholder einzugehen und deren Handlungsmöglichkeiten zu thematisieren, statt das große Ganze in den Blick zu nehmen. Auch bildhafte, metaphorische Sprache hilft, die komplexen Gegenstände konkreter und fassbarer für die Adressaten zu machen. Die Faktenblätter des Bundesamtes für Gesundheit zur COVID-19-Pandemie sprechen jeweils die lesende Person als einzelne an, es wird aber eine rein faktische, metaphernfreie Sprache verwendet (vgl. ◘ Abb. 7.4).

Vergleiche als dritte Strategie können in einer nicht sehr emotionsgeladenen Situation helfen, Klarheit zu schaffen. Sie sind oft ebenfalls ein Mittel der Vereinfachung bei schwer zu erklärenden Zahlen und Skalen oder auch bei unangenehmen physischen Details. In der Coronapandemie wurden wiederholt Vergleiche mit anderen pandemischen Ereignissen wie der Spanischen Grippe, mit

Dein persönlicher Entscheid ist wichtig

Die Impfung ist freiwillig. Informiere dich gut und sprich mit anderen, zum Beispiel mit deinen Eltern, und entscheide dann gemeinsam mit ihnen oder allein, ob du dich impfen lassen möchtest.

◘ Abb. 7.4 Personalisierungsstrategie. Ausschnitt aus dem Faktenblatt des BAG für Jugendliche ab 12 (Bundesamt für Gesundheit, 2021)

Grippewellen der letzten Jahre, mit Verkehrsunfällen und mit Verstorbenen aufgrund von Herz-Kreislauf-Krankheiten angestellt, um eine Einordnung der Auswirkungen zu ermöglichen. Besonders die Visualisierung solcher Vergleiche hilft, das Verständnis von Risiken zu verbessern. Einen anschaulichen Vergleich mit den genannten Erkrankungen hat das Harding Zentrum für Risikokompetenz entwickelt, in dem die an verschiedenen Krankheiten Erkrankten und Gestorbenen anteilmäßig als Zuschauer in einem Fußballstadion dargestellt werden. Das Prinzip dabei ist, Prozentangaben als zu wenig anschaulich zu vermeiden und stattdessen absolute Verhältnisse darzustellen (siehe hierzu detaillierter ► Kap. 6, ► Abschn. 3.2) (Harding Center, 2021) (◘ Abb. 7.5).

► Zwei Fallbeispiele aus der Gesundheitskommunikation

Der Erfolg von Maßnahmen zur Vermeidung von Gesundheitsrisiken hängt wesentlich von der Kompetenz der Zielgruppe auf dem betreffenden Gebiet ab. Allein schon die Kenntnis von Gesundheitssystem, Behandlungs- und Pflegemöglichkeiten kann helfen, die Menschen bei besserer Gesundheit zu halten, und vermeidet unnötige Kosten im Gesundheitswesen.

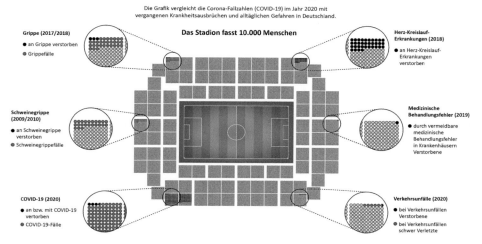

□ Abb. 7.5   Covid-19 in Deutschland als Vergleich (Harding-Zentrum 2021). https://www.hardingcenter.de/sites/default/files/2021-05/DE_Stadiongrafik_COVID-19_in_%20Deutschland_20210518_0.pdf

1) Handbuch von Medi-Cal

Ein Beispiel zur Verbesserung der Gesundheitskompetenz unter der breiten Bevölkerung liefert eine groß angelegte partizipative Studie, die im Bundesstaat Kalifornien (Neuhauser et al., 2009) durchgeführt wurde. Die Studie ist auf dem Gebiet der partizipativen Gesundheitskommunikation wegweisend bezüglich der Vielfalt der Methoden, der Zahl und Diversität der Teilnehmenden, der umfangreichen Wirkungstests und im nachgewiesenen Nutzen, der sich in einer massiv gesteigerten Akzeptanz und Zufriedenheit niederschlug.

Die Studienautorinnen nutzten partizipative Designmethoden, um Handbücher in verschiedenen Sprachen für eine Zielgruppe von 600.000 Personen zu entwickeln, die die Dienste des staatlichen Gesundheitsprogramms Medi-Cal in Anspruch nahmen. Eine Besonderheit dieser Zielgruppe war der große Anteil an über 65-Jährigen, eine relativ niedrige Lese- und Schreibfähigkeit, eingeschränkte Englischkenntnisse und oft weitere Beeinträchtigungen durch Krankheiten oder Behinderungen.

Ein wesentliches Problem für die Nutzerinnen und Nutzer stellten neu entwickelte Wahlmodelle dar, aufgrund derer sie komplexe Entscheidungen über Gesundheitspläne und -versorgung treffen mussten. Die gedruckten Unterlagen waren in einem schwer lesbaren Stil verfasst, der das durchschnittliche Leseniveau der amerikanischen Bevölkerung bei weitem überstieg. Da die Altersgruppe am besten über Printmedien erreichbar war, sollte ein gedrucktes Handbuch entwickelt werden. Dabei wurden Gestaltungsprinzipien angewendet, die dem Leseniveau besser entsprachen, die Kriterien der verständlichen Kommunikation nutzten, kulturell relevante Begriffe und Darstellungen berücksichtigten und eher kulturell statt buchstäblich übersetzten. Die Handbücher in Englisch, Spanisch und Chinesisch wurden dann mit neun verschiedenen Methoden wiederholt getestet, um die Ergebnisse immer wieder in die Verfeinerung der Materialien einfließen zu lassen. An den Usability Tests mit Einzelpersonen, Interviews mit Focus-Gruppen und Berater-Boards nahmen insgesamt 105 Personen teil. Zudem wurden die Texte auch mit vier standardisierten Computerlesetests bewertet.

Medi-Cal is California's health care program for many people with low incomes. In other states this program is called Medicaid. Some seniors and most people with disabilities can choose what kind of Medi-Cal they want. Most counties in California have both Regular Medi-Cal and Medi-Cal Managed Care Plans.

- Regular Medi-Cal is also called "Straight Medi-Cal" or "Fee-for-Service Medi-Cal."
- Medi-Cal Managed Care is also called "Medi-Cal HMO." HMO means Health Maintenance Organization. Most counties have at least 2 Medi-Cal Managed Care Plans.

Medi-Cal is a California health care program for many people with low incomes. Many counties in California have 2 kinds of Medi-Cal. The 2 kinds are

- Regular Medi-Cal.
- Medi-Cal Health Plans.

You can choose which kind of Medi-Cal you want. With both kinds, you will get the same basic benefits and care. But the way that you get care may be different.

◘ **Abb. 7.6**   Textbeispiele aus dem englischsprachigen Handbuch von Medi-Cal, links im Original, rechts nach der partizipativen Bearbeitung. (Neuhauser et al., 2009, S. 2193)

Die Version links in ◘ Abb. 7.6 enthielt zu viele Fachwörter und es wurde zu wenig deutlich, was die Wahl für die Nutzer bedeuten würde. Rechts steht die revidierte und von den Testpersonen akzeptierte Version (Neuhauser et al., 2009, S. 2193).

Vorher verstanden 25 % der Beteiligten, wie sie eine Wahl in der Gesundheitsversorgung zu treffen hatten. Hinterher gaben 77 % einen hohen Nutzen des Handbuchs an und 98 % ihre Zufriedenheit damit. Die Interventionsgruppe verbesserte im Vergleich zur Kontrollgruppe erheblich ihr Wissen und Vertrauen sowie das intendierte Verhalten bezüglich der Versorgungswahl. Solch ein partizipatives Design ist personell und zeitlich aufwändig. Es versetzt die Testpersonen als Repräsentierende spezifischer Anspruchsgruppen jedoch in die Situation, die Kommunikation nach ihren Bedürfnissen mitzugestalten. Letztlich zahlt sich deren Zufriedenheit, Akzeptanz und besseres Verhalten bezüglich der Gesundheitsentscheidungen auch wirtschaftlich aus.

In der Schweiz lässt das Bundesamt für Statistik seit 2015 einen Health-Literacy-Survey der Schweizer Bevölkerung erheben. Auch in der jüngsten Erhebung von 2019 bis 2021 wurde die Gesundheitskompetenz erfragt, d. h. „die Fähigkeit, gesundheitsrelevante Informationen und Dienstleistungen beschaffen, verstehen, beurteilen und anwenden zu können, um im Alltag Entscheidungen zu treffen, die sich positiv auf die Gesundheit auswirken" (De Gani et al., 2021, S. 7). Festgestellt wurde, dass knapp 49 % der Bevölkerung Mühe im Umgang mit Gesundheitsinformationen haben und dass ganze 72 % Schwierigkeiten bekunden, sich digital Informationen zu beschaffen und den Nutzen für sich beurteilen zu können. Die Erhebung zeigt einen großen Handlungsbedarf auf, um die Gesundheitskompetenz der Bevölkerung und letztlich auch deren gesundheitsbezogenes Verhalten zu verbessern.

Die partizipatorische Gesundheitsforschung fasst auch in der Schweiz zunehmend Fuß. Oft handelt es sich dabei um Gemeinschaftsforschung (Community-based Research), bei der zumeist sozial benachteiligte Menschen im Zentrum stehen, die von Angeboten des Sozial- und Gesundheitswesens profitieren sollen. Häufig arbeiten Forschungseinrichtungen und Organisationen aus der Praxis dabei zusammen (Wright, 2021, S. 143).

2) Kampagne „10 Schritte für psychische Gesundheit"

Ein Beispiel für ein solches Projekt ist die Kampagne „10 Schritte für psychische Gesundheit" (Pfister et al., 2021). Jugendliche und Präventionsfachpersonen der Abteilung Kinder- und Jugendgesundheit des Kantons Zug untersuchten dabei zusammen mit Wissenschaftlerinnen und Wissenschaftler der Hochschule Luzern – Soziale Arbeit die psychische Gesundheit Jugendlicher in einem kollaborativen und partizipativen Prozess. Ausgangspunkt war, dass die Jugendphase als besonders kritisch und relevant für den Aufbau und den Erhalt psychischer Gesundheit gilt. Denn die Jugendlichen haben in dieser Zeit verschiedene Entwicklungsaufgaben zu bewältigen, etwa die Identitätsentwicklung oder Ablösung von zuhause. Auch gesundheitsbezogene Verhaltensweisen entstehen und verfestigen sich nun. Diese Altersphase ist deshalb wichtig, um mit Maßnahmen der Prävention und Gesundheitsförderung anzusetzen. Der Kanton hatte bereits eine Kampagne für Erwachsene entwickelt mit zehn Denkanstößen, um die psychische Gesundheit zu erhalten oder zu verbessern. Diese „zehn Schritte" sollten nun jugendgerecht angepasst werden. Es wurde mit Methoden der partizipativen Qualitätsentwicklung gearbeitet. In zehn Sitzungen mit zehn Jugendforschenden wurden Blitzbefragungen durchgeführt, Fotos aus dem Alltag der Jugendlichen diskutiert, ein Brainstorming durchgeführt und ein Abschlussbericht verfasst. Daraus gingen vier Tipps mit Texten und Bildern hervor, die im Kanton Zug in die massenmediale Kampagne „Kennsch es?" integriert wurden, die wiederum von den Lernenden der beteiligten Kommunikationsagentur entwickelt wurde. Für die Implementierung wurden zusätzlich Workshops für Schulen entwickelt. Die Jugendlichen kamen bei der Formulierung der Tipps teilweise zu ähnlichen Schlüssen wie die wissenschaftliche Forschung auf diesem Gebiet (vgl. ◘ Abb. 7.7).

Für die Jugendlichen war die anspruchsvolle Teilnahme an diesem Projekt auch selbst gewinnbringend. Sie wurden über längere Zeit hinsichtlich psychischer Gesundheit sensibilisiert, konnten ihre Stärken in die Gruppe einbringen, Wirksamkeit erfahren und von anderen Jugendlichen lernen. Sie konnten die eigenen Themen und die der Freundinnen und Freunden einbringen und eine Kampagne mitgestalten, die für sie selber relevant und glaubwürdig war. Für das kantonale Amt für Gesundheit war dieser Prozess ebenfalls erfolgreich: Es konnte zielgruppengerechte Maßnahmen zur Verminderung von psychischen Risiken bei Jugendlichen entwickeln und einen anspruchsvollen partizipativen Prozess initiieren, durchführen und dauerhaft implementieren. Allerdings musste das Amt eine größere Flexibilität für die Abläufe und Steuerung des gesamten Prozesses aufbringen. ◄

▶ Fallbeispiel aus der Sicherheitskommunikation

In der internen Sicherheitskommunikation eines Unternehmens in Technik und Industrie werden ebenfalls Beteiligungsformen eingesetzt. Die Situation ist hier etwas anders gelagert, da die Mitarbeitenden einer Fabrik, einer Baustelle oder eines sonstigen Produktionsbetriebes sowohl fachliche Kenntnisse besitzen als auch das Unternehmen von innen kennen. Sicherheitstrainings finden normalerweise während der Arbeitszeit statt und die Mitarbeitenden sind zur Teilnahme verpflichtet. Doch auch hier gibt es Methoden, die besonders das Engagement der Beteiligten erhöhen sollen.

Im Safety Management ist das Konzept der Behaviour Based Safety (BBS) verbreitet (McSween, 2003; Geller, 2005). Mit dieser Methode werden ausgehend vom realen Verhalten der Mitarbeitenden am Arbeitsplatz Regeln für ein sicheres Verhalten entwickelt. Durch gegenseitige Beobachtung und konstruktives Feedback soll nichtsicheres Verhalten erkannt und besprochen werden. Zusätzlich gibt es Trainings und verhaltensbasierte Anreize. Ein BBS-Programm vermittelt den Mitarbeitenden, wie sie bei sich und anderen riskantes Verhalten erkennen können. Dadurch übernehmen sie die Verantwortung für die eigene Sicherheit und die des Teams. Vorteile der Methode sind: ein größeres Engagement und Bewusstsein der Mitarbeitenden für die Arbeitssicherheit, weniger Unfälle, Krankheiten und potenziell gefährliche Vorfälle sowie die Verbesserung der Arbeitsumgebung, Abläufe und Ausrüstung (Jasiulewicz-Kaczmarek et al., 2015, S. 4878).

3) Safety Culture Programm (Schindler Schweiz)

Schindler Schweiz hat 2016 ein Safety Culture Programm[1] gestartet, das ebenfalls die BBS-Methode anwendet. Das Ziel der Firma ist es, die Mitarbeitenden in Sachen Sicherheit vom reinen Befolgen von Anordnungen dazu zu bringen, nach gemeinsamen Werten eigenständig zu handeln. Eine wesentliche Aufgabe im Safety-Awareness-Programm kommt der Kommunikation zu. Sie begleitet das Programm mit einer Kampagne, um für Aufmerksamkeit und die Internalisierung von Sicherheit als gemeinsamem Wert zu sorgen. Dafür wurde auf die kommunikative Strategie gesetzt, Emotionen zu aktivieren. Die Bezeichnung des Programms und der Kampagne wurde dementsprechend durch eine Personalisierung gestaltet, die auf die Sicherheit sowie die Verantwortung der Einzelnen abstellt: „It's my life".

Eine breite Beteiligung des Personals war von Anfang an eingeplant, um die Mitarbeitenden nachhaltig zu motivieren. Gleich in der ersten Phase des Programms 2017, nahmen 10 % der Mitarbeitenden an drei halbtägigen Workshops teil, um die relevanten Sicherheitsthemen zu erarbeiten; auf die langwierigere Methode des Einsatzes von Beobachtenden und Feedbacks wurde hier verzichtet. Über Kernfragen wie „Was braucht es für mich, damit ich Sicherheit als cool empfinde?", die persönliche Haltung und Verhalten betrafen, Gruppenarbeiten und Präsentationen konnten sich alle Teilnehmenden individuell einbringen. Die Feedbacks wurden auf die drei Themen Führungskompetenz, Vorbildfunktion sowie eigenverantwortliches Handeln verdichtet und anschließend in Teams bearbeitet. Daraus gingen eine Vielzahl an Maßnahmen hervor wie die Digitalisierung eines neu entwickelten Sicherheitsflyers, Videotrainings, Workshops für erfahrene Mitarbeitende oder Training zu den No-Gos (◩ Abb. 7.8).

Die Kommunikation begleitet den Prozess durch die Kampagne „It's my life" mit Beiträgen im Mitarbeitermagazin, Videos im Intranet und einem eigenen Blog. Zentral war auch die Gestaltung des neuen Sicherheitsflyers, der durch seine multimodale Umsetzung um zwei Drittel im Umfang schrumpfte und stark visuell mit Symbolen umgesetzt wurde, was das Wesentliche leicht erfassbar machte. Das Programm wird fortlaufend weiterentwickelt. So wurde 2019 als Maßnahme die Auszeichnung als „Safety Hero" eingeführt. Dabei werden nicht besonders waghalsige Mitarbeitende ausgezeichnet, sondern solche, die in einer hochriskanten Situation eine besonders besonnene Entscheidung getroffen haben.

Beim Vergleich der Unfallzahlen zwischen 2015 und 2021 hat das Unternehmen einen Rückgang um 33 % festgestellt. Die Sicherheitsbeauftragte führt dies zu einem großen Teil darauf zurück, dass die Mitarbeitenden involviert sind, eine Plattform für Rückmeldungen erhalten haben und sich trauen, „Stopp" zusagen. ◄

---

1   Nicht veröffentlichte Unterlagen von Schindler Schweiz.

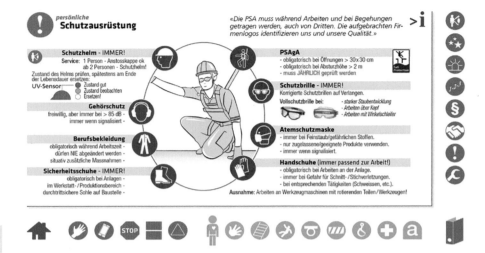

◘ Abb. 7.8 Doppelseite des neuen Sicherheitsflyers von Schindler Schweiz als Ersatz für 6 überwiegend mit Text gefüllte Seiten

7.9 Diskussion

Der Fokus der vorangegangenen Überlegungen lag auf den kommunikativen und sozialpsychologischen Aspekten von Risikokommunikation allgemein und exemplarisch auf der Gesundheits- und der Sicherheitskommunikation. In der Risikokommunikation zeigt sich in den letzten Jahrzehnten eine Tendenz, Betroffene einer Risikosituation am Risikoprozess zu beteiligen. Das bestätigen auch die 3 Fallbeispiele.

Die Ausgangshypothese kann nach der Auswertung von Literatur und anhand von 3 Fallbeispielen in der Tendenz bestätigt werden. Viele Aspekte sprechen dafür, dass Partizipation von Einzelnen und Gruppen die Akzeptanz für Risikomaßnahmen erhöht. Allerdings müsste die langfristige Wirkung in jedem Einzelfall erhoben werden.

Nicht zuletzt liegt diesem Kapitel die Annahme zugrunde, dass die Kommunikation in Risikosituationen und -prozessen zentrale Funktionen übernimmt. So wie Risikosituationen vielfältig sind, sind es auch die kommunikativen Aufgaben. In den Fallbeispielen sind die Ergebnisse der Risikoprozesse ganz oder teilweise kommunikativer Natur: in Form einer Awareness-Kampagne für Jugendliche zur Prävention psychischer Erkrankungen, als verständliches Handbuch für die Gesundheitsversorgung und als Safety-Flyer für den Sicherheitscheck im industriellen Beruf. Alle 3 Produkte vermochten die Akzeptanz gegenüber dem inhaltlichen Anliegen auch Dank der involvierten Risikokommunikatoren zu erhöhen.

Allerdings stehen den vielen Vorteilen partizipativer Risikokommunikation ein paar Nachteile gegenüber. Partizipative Prozesse sind aufwändig, personal- und kostenintensiv, brauchen Geduld und Flexibilität und die Ergebnisse sind nicht vollständig kontrollierbar. Das rechnet sich ökonomisch nur auf lange Sicht, und zwar, wenn das erreichte Involvement der Beteiligten größer ist und die erwünschten Verhaltensänderungen längerfristig beibehalten werden. Das muss indes durch eine Wirkungsmessung solcher Prozesse ermittelt werden.

▶ Beispiel

Nachfolgend sind zwei mögliche Risiken für Unternehmen angegeben. Wenn Sie jeweils für die Kommunikation verantwortlich wären, wie würden Sie vorgehen? Begründen Sie Ihre Überlegungen.

1. Ein Gartenbauunternehmen hat Aufträge für den Unterhalt von Parks und Friedhöfen. Ein großer Teil der körperlich anspruchsvollen Arbeiten an Bäumen und Pflanzen im Freien wird von angelernten Mitarbeitenden unter Anleitung von einzelnen erfahrenen Teamleitenden ausgeführt. Aufgrund der zunehmend stärkeren Wetterereignisse gibt es erhebliche Schäden an alten Bäumen. In letzter Zeit gab es unter den Mitarbeitenden mehrere Verletzungen und einen größeren Unfall durch einen herunterfallenden Ast. Was können Sie tun, um die Situation zu verbessern?

2. Ein mittelgroßes Industrieunternehmen mit ca. 500 Angestellten schätzt und pflegt die Diversität seiner Belegschaft. Es gibt deshalb einen erheblichen Anteil von über 50-jährigen Mitarbeitenden. Nationale Statistiken belegen, dass in der Gruppe der 55- bis 64-Jährigen der selbst wahrgenommene Gesundheitszustand bei 22 % mittelmäßig bis schlecht ist. Das ist gegenüber der Gruppe der 35- bis 44-Jährigen ein Anstieg um 13 %. Sie planen eine Präventionskampagne und möchten den Angestellten das mit dem Alter erhöhte Gesundheitsrisiko vermitteln. Welche Darstellungsform würden Sie wählen?

Tipp

1. Die Arbeit mit Bäumen gehört zu den Arbeiten mit besonderen Gefahren. Dafür sollten spezielle Schulungen besucht werden. Erfahrene Mitarbeitende könnten Widerstände gegen Schulungen haben und die angelernten Mitarbeitenden haben zum Teil auch ungenügende Sprachkenntnisse. Hier könnte ein Prozess mit Beteiligung aller Mitarbeitenden helfen, ein gemeinsames Verständnis zu finden und dieses langfristig zu sichern.

2. Eine visuelle Umsetzung empfiehlt sich, um die Mitarbeitenden von der Relevanz des Problems zu überzeugen. Statt der Prozentzahlen sollten absolute Zahlen verwendet werden. Als Bezugsgröße können die 500 Mitarbeitenden z. B. in 100er-Blöcken visualisiert werden und der Anteil jener, deren Gesundheit sich verschlechtern wird, gekennzeichnet werden. Weitere Zahlen, die die Wahrscheinlichkeit zeigen, durch eine gesündere Lebensführung (sportliche Aktivitäten, Ernährung) den guten Gesundheitszustand zu erhalten, könnten dem gegenübergestellt werden. ◀

❓ Wiederholungs-/Kontrollfragen

1. Wie hat sich die Rolle von Risikoexpertinnen und -experten in den letzten knapp 100 Jahren verändert und welche Konsequenzen haben sich araus ergeben für ihr Handeln und ihre Einstellungen?
2. Von welchen Faktoren hängt es ab, ob Unsicherheiten akzeptiert werden?
3. Welche grundlegenden Reaktionsmuster und Verhaltensweisen von Menschen in Risikosituationen beeinflussen die Wahl von Kommunikationsstrategien?
4. Wie wirkt sich der Einbezug von Mitarbeitenden oder der (Laien-)Öffentlichkeit in einen Risikoprozess aus und welche besonderen Herausforderungen stellen sich dabei Kommunikatoren?
5. Wie können komplexe Risikostrategien adressatengerecht und dennoch risikospezifisch aufbereitet werden?

Zusammenfassung

- Unsicherheiten bestehen immer, werden aber eher akzeptiert, wenn sie transparent kommuniziert werden. Es ist die Aufgabe von Kommunikationsverantwortlichen, Akzeptanz durch stetige transparente Kommunikation herzustellen.
- Die Akzeptanz von Risiken und Maßnahmen ist von der individuellen Risikowahrnehmung und -kompetenz abhängig. Neben emotionalen Aspekten wie Angst spielt die erlernte, kognitive Kompetenz eine Rolle.
- Unsicherheiten können durch den Abgleich in Gruppen minimiert werden, indem diese als Korrektiv der eigenen Meinung dienen und das Individuum entlasten.
- Menschen sind eher bereit, bestimmte Verhaltensweisen anzunehmen, wenn diese an ihre Erfahrungen anknüpfen und die Informationen auf ihre Bedürfnisse und soziale Situation zugeschnitten sind.
- Durch partizipative Prozesse erhöhen sich das Involvement und die Verantwortung für die Gruppe, weshalb getroffene Maßnahmen stärker verinnerlicht werden und dauerhafter sind.
- Beteiligungsprozesse müssen durch Kommunikationsstrategien und -maßnahmen begleitet und die Aufmerksamkeit muss wachgehalten werden. Komplexe und oft abstrakte Inhalte sind dabei zielgruppengerecht und verständlich aufzubereiten.
- In Beteiligungsformaten muss stets Feedback eingeholt und zum Erarbeiten von Maßnahmen genutzt werden.

Literatur

Arvai, J. L. (2003). Using risk communication to disclose the outcome of a participatory decision-making process: Effects on the perceived acceptability of risk-policy decisions. *Risk Analysis, 23*(2), 281–289. https://doi.org/10.1111/1539-6924.00308

Bennington, B. (2014). Crisis Communication: Sensemaking and Decision-making by the CDC Under Conditions of Uncertainty and Ambiguity during the 2009-2010 H1N1 Pandemic. https://scholarcommons.usf.edu/etd/5181. Zugegriffen am 04.02.2022.

Bentele, G. et al. (2015). Akzeptanz in der Medien- und Protestgesellschaft – Gedanken, Analysen, Thesen. In G. Bentele, R. Bohse, U. Hitschfeld, & F. Krebber (Hrsg.), *Akzeptanz in der Medien- und Protestgesellschaft: Zur Debatte um Legitimation, öffentliches Vertrauen, Transparenz und Partizipation* (S. 1–22). Springer Fachmedien. https://doi.org/10.1007/978-3-658-06167-8_1

Bischofberger, E., & Manz, E. (2021). *Passanten befreien in der Limmat einen Mann aus seinem Auto.* 05.11.2021 https://www.tagesanzeiger.ch/auto-faehrt-in-limmat-und-passanten-springen-458615308347

Böl, G. (2012). *Risikokommunikation in Krisenfällen.* https://bfr.bund.de/cm/343/risikokommunikation-in-krisenfaellen.pdf. Zugegriffen am 04.02.2022

Bordia, P., & DiFonzo, N. (2002). When social psychology became less social: Prasad and the history of rumor research. *Asian Journal of Social Psychology, 5*, 49–61.

Bourrier, M. (2018). Risk communication 101: A few benchmarks. In C. Bieder & M. Bourrier (Hrsg.), *Risk communication for the future. Towards smart risk governance and safety management* (S. 1–14). Springer. https://doi.org/10.1007/978-3-319-74098-0

Brashers, D. E. (2001). Communication and uncertainty management. *Journal of Communication, 51*, 477–497.

Bronner, U., & Schröter, R. (2018). *Was können Unternehmen von Bürgerbeteiligungsverfahren lernen?* Institut für Partizipation Berlin. https://www.bipar.de/wp-content/uploads/2018/06/Was-k%C3%B6nnen-Unternehmen-von-B%C3%BCrgerbeteiligungsverfahren-lernen.pdf

Bundesamt für Gesundheit. (2021). *Merkblatt: Impfung für Jugendliche ab 12 Jahren.* Abgerufen am: 12.12.2021 von https://bag-coronavirus.ch/downloads/informationsmaterial-zur-covid-19-impfung-faktenblaetter/

Covello, V. (2010). Strategies for overcoming challenges to effective risk communication. In *Handbook of risk and crisis communication* (S. 143–167). Routledge.

Covello, V., & Allen, F. (1988). *Seven cardinal rules of risk communication.* US Environmental Protection Agency, Office of Policy Analysis (OPA-87-020).

Covello, V., Winterfeldt, D., & Slovic, P. (1986). Risk communication: A review of the literature. *Risk Abstracts, 3*, 171–182.

De Gani, S. M., Jaks, R., Bieri, U., & Kocher, J. P. (2021). *Health Literacy Survey Schweiz 2019–2021.* Schlussbericht im Auftrag des Bundesamtes für Gesundheit BAG (Pdf), Careum Stiftung.

Earle, T. C., & Cvetkovich, G. (1995). *Social trust: Toward a cosmopolitan society.* Greenwood Publishing Group.

Fischhoff, B., Lichtenstein, S., Slovic, P., Keeney, R., & Derby, S. (1980). *Approaches to acceptable risk: A critical guide* (NUREG/CR-1614; ORNL/Sub-7656/1). Decision Research. https://doi.org/10.2172/5045395

Fisher, A. (1991). Risk communication challenges. *Risk Analysis, 11*(2), 173–179.

Garfinkel, H. D. (1967). *Studies in ethnomethodology.* Prentice-Hall.

Geller, E. S. (2005). Behavior-based safety and occupational risk management. *Behavior Modification, 29*, 539–561.

Green, M. C., & Sestir, M. (2008). Transportation theory. In *The international encyclopedia of media effects.* John Wiley & Sons.

hal. (2019). „*Ich sah Kollegen weinen*". 20 Minuten, 09.08.2019. https://www.20min.ch/story/ich-sah-kollegen-weinen-221442433405

Harding-Center für Risikokompetenz. (2021). *Covid-19 in Deutschland – ein Vergleich.* Abgerufen am 12.12.2021 von https://www.hardingcenter.de/sites/default/files/2021-05/DE_Stadiongrafik_CO-VID-19_in_%20Deutschland_20210518_0.pdf

Hinyard, L. J., & Kreuter, M. W. (2007). Using narrative communication as a tool for health behavior change: A conceptual, theoretical, and empirical overview. *Health Education & Behavior, 34*(5), 777–792.

Hoover, A. G. (2016). Sensemaking at a Superfund site. *Reviews on Environmental Health 2017, 32*(1–2), 165–169.

Jardine, C., & Driedger, S. M. (2014). Risk communication for empowerment: An ultimate orelusive goal? In J. Arvai & L. Rivers (Hrsg.), *Effective risk communication* (S. 258–276). Routledge.

Jasiulewicz-Kaczmarek, M., Szwedzka, K., & Szczuka, M. (2015). Behaviour based intervention for occupational safety – Case study. *Procedia Manufacturing, 3*, 4876–4883. https://doi.org/10.1016/j.promfg.2015.07.615

Jenny, M. (2017). Risikokompetenz als Voraussetzung guter und selbstbestimmter Entscheidungen. *Mitteilungen der Deutschen Mathematiker-Vereinigung, 25*(4), 225–229. https://doi.org/10.1515/dmvm-2017-0066

Kampmann, A. (2020). *The role of storytelling in communication in risk management.* Nomos.

Kanton Zug. (01.11.2021). *Kennsch es?* https://www.kennsch-es.ch/

Leventhal, H. (1970). Findings and theory in the study of fear communications. In L. Berkowitz (Hrsg.), *Advances in experimental social psychology* (Bd. 3, S. 119–186). Academic Press.

Lundgren, R. E., & McMakin, A. H. (2013). *Risk communication: Handbook for communicating environmental, safety, and health risks* (5. Aufl.). Wiley.

Martignon, L. (2019). *Wer wagt, gewinnt? Wie Sie die Risikokompetenz von Kindern und Jugendlichen fördern können* (1. Aufl.). Hogrefe.

McSween, T. E. (2003). *Value-based safety process: Improving your safety culture with behavior-based safety* (2. Aufl.). Wiley.

Merten, K. (2015). Der konstruktivistische Ansatz. In R. Fröhlich, P. Szyszka, & G. Bentele (Hrsg.), *Handbuch der Public Relations* (S. 175–189). Springer Fachmedien Wiesbaden. https://doi.org/10.1007/978-3-531-18917-8_59

Mirowsky, J., & Ross, C. E. (1983). Paranoia and the structure of powerlessness. *American Sociological Review, 48*, 228–239.

Morgan, M. G., Fischhoff, B., Bostrom, A., & Atman, C. (2002). *Risk communication: A mental models approach.* Cambridge University Press.

Neuhauser, L., & Paul, K. (2011). Chapter 14: Readablity, comprehension, and usability. In B. Fischhoff (Hrsg.), *Communicating risks and benefits: An evidence-based user's guide.* US Department of Health and Human Services, Food and Drug Administration.

Neuhauser, L., et al. (2009). Participatory design of mass health communication in three languages for seniors and people with disabilities on medicaid. *American Journal of Public Health, 99*, 2188–2195.

Pfister, A., Favre, O., Omlin, M., & Wyss, S. (2021). Partizipative Angebotsentwicklung in einem Amt für Gesundheit: Jugendgerechte Anpassung der 10 Schritte für psychische Gesundheit im Kanton Zug. *Prävention und Gesundheitsförderung, 16*(4), 321–327. https://doi.org/10.1007/s11553-021-00829-w

Rogers, E. M., & Kincaid, D. L. (1981). *Communication networks: Towards a new paradigm for research.* The Free Press.

Ruhrmann, G. (2015). Risiko und Risikokommunikation. In R. Fröhlich, P. Szyszka, & G. Bentele (Hrsg.), *Handbuch der Public Relations* (S. 977–992). Springer Fachmedien Wiesbaden. https://doi.org/10.1007/978-3-531-18917-8_59

Sandman, P. M. (1987). Explaining risk to non-experts: A communications challenge. *Emergency Preparedness Digest*, October–December, 25–29. http://www.psandman.com/articles/nonexpt.htm

Sandman, P. M. (1989). Hazard versus outrage in the public perception of risk. In V. T. Covello, D. B. McCallum, & M. T. Pavlova (Hrsg.), *Effective risk communication: The role and responsibility of government and non-government organizations* (S. 45–49). Plenum Press.

Sandman, P. M. (2003). Four kinds of risk communication. http://www.petersandman.com

Sandman, P. M. (2012). *Responding to community outrage: Strategies for effective risk communication.* http://psandman.com/media/RespondingtoCommunityOutrage.pdf

7

Spektrum. (o.J.). *Duales Prozessmodell.* https://www.spektrum.de/lexikon/psychologie/duales-prozess-modell/3685. Zugegriffen am 19.04.2022.

SRF. (2019). *Bahnpersonal fordert Fahrverbot für Unfall-Modell.* 09.08.2019. https://www.srf.ch/news/schweiz/nach-toedlichem-unfall-bahnpersonal-fordert-fahrstopp-fuer-unfall-modell. Zugegriffen am 19.04.2022.

Umansky, D. (2017). Verständigung als Grundlage strategischer Risikokommunikation. *Corporate Communications Journal, 2*(2), 22–35.

Waddell, C. (1995). Defining sustainable development: A case study in environmental communication. *Technical Communication Quarterly, 4*(2), 201–216.

Wright, M. T. (2021). Partizipative Gesundheitsforschung: Ursprünge und heutiger Stand. *Bundesgesundheitsblatt – Gesundheitsforschung – Gesundheitsschutz, 64*(2), 140–145. https://doi.org/10.1007/s00103-020-03264-y

Yoe, C. (2012). *Principles of risk analysis decision making under uncertainty.* CRC Press.

Vertrauen – ein anwendungsorientierter und interdisziplinärer Überblick

Jörn Basel, Daniel Westmattelmann, Verena Niemann und Valentin Ade

Inhaltsverzeichnis

8.1   Einleitung – 196

8.2   Vertrauen: Konzept, Dynamik und Analyse – 198
8.2.1   Relevanz von Vertrauen – 198
8.2.2   Vertrauen als interdisziplinäreres Forschungsfeld – 202
8.2.3   Vertrauen im Rahmen sozialer Interaktion – 210
8.2.4   Vertrauensdynamik: Krise und Wiederaufbau – 211
8.2.5   Anwendungsbereich Spitzensport: Dopingkontrolle als Vertrauensfrage – 215

8.3   Fazit – Herausforderung Vertrauenskultivierung – 217

         Literatur – 219

Die Originalversion des Kapitels wurde revidiert. Ein Erratum ist verfügbar unter
https://doi.org/10.1007/978-3-662-65575-7_13

Zusammenfassung

In diesem Kapitel werden zentrale Definitionen und Konzepte der sozialwissenschaftlichen Vertrauensforschung einführend vorgestellt. Die Relevanz von Vertrauen wird hierbei aus gesellschaftlicher, volkswirtschaftlicher und technologischer Perspektive beschrieben. Entscheidend ist hier die Annahme, dass eine echte Vertrauensbeziehung stets auch risikobehaftet ist. Schließlich geht der Vertrauensgeber das Risiko ein, dass seine positive, auf die Zukunft bezogene Erwartungshaltung enttäuscht werden könnte. In diesem Fall wäre der Vertrauensnehmer gefordert, adäquat zu reagieren. Der Beitrag schließt daher mit einem Modell, wie mittels Kommunikation Vertrauen wieder aufgebaut werden kann und wie eine Investition in die Ressource Vertrauen in der Praxis gelingt.

■ **Lernziele**
— Zentrale Vertrauensdefinitionen und Konzepte kennen
— Die Relevanz von Vertrauen in verschiedenen gesellschaftlichen Bereichen diskutieren können
— Vertrauen und dessen Operationalisierung aus Sicht von Ökonomie und Psychologie spezifizieren können
— Vertrauensaufbau mittels Kommunikation anhand eines Modells erklären können

8.1 Einleitung

» *„All trust involves vulnerability and risk, and nothing would count as trust if there were no possibility of betrayal."* Robert C. Solomon & Fernando Flores (2003, S. 92)

Wenn man einen wesentlichen Faktor nennen sollte, welcher für das Funktionieren unserer Gesellschaft als Ganzes unabdingbar erscheint, wird überstimmend die Bedeutung von Vertrauen genannt (Cook, 2001). Egal ob sozialer Zusammenhalt, demokratische Strukturen, wirtschaftlicher Austausch in und zwischen Organisationen oder auch der Einsatz neuer Technologien – stets gibt es einen Zeitpunkt, an welchem nicht nur notwendige Rahmenbedingungen vorhanden sein müssen, sondern das übergeordnete Gelingen von einem hinreichenden Maß an Vertrauen abhängt.

Was ist jedoch die Essenz von Vertrauen? Wie lässt sich die universelle Bedeutung dieses Konstruktes erklären? Stangel-Meseke (2017, S. 28) fasst die Kerneigenschaften einer vertrauensbasierten Interaktion wie folgt zusammen:

» „Vertrauen zeichnet sich durch die freiwillig geschaffene Beziehungsqualität zu Personen oder zu Organisationen aus. Es besteht in der Bereitschaft einer Person, gegenüber einer anderen Person verletzlich zu werden und infolgedessen eine riskante Vorleistung einzugehen."

Vertrauen ist folglich die Qualität einer Interaktion, welche sowohl zwischen Personen (interpersonelles Vertrauen) als auch zwischen Personen und Organisationen (organisationales Vertrauen) wirken kann (Lewicki et al., 2006). Zusätzlich kann sich Vertrauen auch gegenüber bestimmten technologischen Entwicklungen und Produkten manifestieren (Möllering, 2011). Vertrauen kann dabei in allen Varianten nicht angeordnet werden, sondern setzt ein bestimmtes Maß an Freiwilligkeit voraus. Nicht umsonst spricht man auch davon, dass Vertrauen „geschenkt" wird. Vertrauen und Zwang, etwa in Form von Sanktionen, schließen sich daher gegenseitig aus. Mit diesem Geschenk geht der Vertrauensgeber (im Englischen *trustor*) allerdings auch ein Risiko ein, nämlich die Unsicherheit, dass die offenbarte Verwundbarkeit durch den Vertrauensnehmer (im Englischen *trustee*) ausgenutzt werden kann. An dieser Stelle offenbart sich bereits, wie eng Risikowahrnehmung und Vertrauen miteinander zusammenhängen, nämlich als notwendige Voraussetzung, damit man im definitorischen Sinne überhaupt von Vertrauen sprechen kann. Dies bedeutet im Umkehrschluss aber auch, dass, wenn eine Interaktion als vollkommen risikolos eingeschätzt wird, Vertrauen in letzter Konsequenz nicht notwendig ist (Solomon & Flores, 2003). Wie bereits vor über 100 Jahren vom Philosophen Georg Simmel (1999, S. 263) erkannt, ist Vertrauen vor allem auch eine „Hypothese künftigen Verhaltens" – und diese Hypothese muss auch risikobedingt falsifizierbar sein.

Weshalb wird jedoch in diese Vorleistung investiert, obwohl dort bestimmte Risiken lauern? Dies lässt sich dadurch erklären, dass mit dem Eingehen einer Vertrauensbeziehung typischerweise eine positive, auf die Zukunft bezogene Erwartungshaltung verbunden ist. Vertrauen ist somit das zentrale Element, um mit den zahlreichen Unwägbarkeiten unserer (sozialen) Umwelt umzugehen. In seiner übergeordneten Wirkung entspricht Vertrauen dadurch der vom Soziologen Niklas Luhmann postulierten komplexitätsreduzierenden Funktion (Luhmann, 2000).

Vertrauen ist in seiner reichhaltigen Forschungshistorie stets eine immens hohe Bedeutung zugewiesen worden (Zand, 2016). Aktuell wird diese offenkundige Relevanz durch zwei Entwicklungen zusätzlich verstärkt:

Die erste Entwicklung betrifft die Tatsache, dass Phänomene wie eine voranschreitende Globalisierung und Digitalisierung ein Mehr an Informationen verfügbar machen. Durch diese zunehmende Informationsdichte und Geschwindigkeit steigt gleichzeitig die wahrgenommene Komplexität unserer Umwelt und als Konsequenz auch die Bedeutung des Vertrauens. Im wirtschaftlichen Kontext wird hierbei oft auf die Existenz eines sogenannten VUKA-Umfeldes (im Englischen *VUCA*) verwiesen (Unkrig, 2020). Dies bezeichnet die Tendenz, dass unser wirtschaftliches und auch gesellschaftliches Leben immer stärker durch erhöhte Volatilität, Unsicherheit, Komplexität und Ambiguität gekennzeichnet ist. Vertrauen schafft – in dieser zusehends undurchsichtigeren Dynamik – Struktur und Verlässlichkeit.

Als zweite Entwicklung zeigt sich, dass aktuelle Krisen, etwa die Finanzkrise von 2008, aber auch die Covid-19-Krise ab dem Jahr 2020, oftmals als Vertrauenskrisen dargestellt werden. Dies bedeutet, dass insbesondere Vertrauen in Institutionen und Entscheidungsträger durch diese Ereignisse massiven Schwankungen ausgesetzt ist, was unsere Gesellschaft vor Herausforderungen stellt.

Beide Entwicklungen verlangen, dass sich politische und wirtschaftliche Akteure damit auseinandersetzen müssen, wie Vertrauen als Interaktionsqualität sichergestellt werden kann. Als Konsequenz fordert etwa Beckert (2010, S. 10), dass „moderne Gesellschaften in viel höherem Maße als traditionelle Gesellschaften Vertrauen generieren müssen". Vertrauen ist folglich eine Ressource, welche durchaus gezielt kultiviert werden kann, und ist nicht bloß ein Nebenprodukt einer funktionierenden Wirtschafts- und Sozialordnung. Dies setzt allerdings voraus, dass die Dynamik einer Vertrauensbeziehung in ihrer ganzen Vielschichtigkeit bekannt ist. Ein isolierter Blick, etwa auf eine rein ökonomisch ausgerichtete Betrachtung, scheint daher angesichts dieser Herausforderungen weniger zielführend.

In diesem Kapitel soll daher bewusst eine breit angelegte, interdisziplinäre und anwendungsorientierte Perspektive auf Vertrauen vorgestellt werden. Die Relevanz von Vertrauen wird eingangs prägnant in den Themenfeldern soziales, wirtschaftliches und technologisches Vertrauen skizziert. Dem übergeordneten Topos dieses Werks folgend, werden wir im weiteren Verlauf des Kapitels darauf eingehen, wie sich das Verhältnis von Vertrauen und Risiko in Wahrnehmung, Verhalten und Kommunikation abbilden lässt. Hierzu bietet es sich an, einen detaillierten Blick darauf zu werfen, wie Krisen Vertrauen beeinträchtigen können, aber auch durch welche Strategien sich verlorenes Vertrauen wieder aufbauen lässt. Das Kapitel schließt mit Impulsen für eine vertiefte Auseinandersetzung mit einzelnen Vertrauensaspekten. Praxisbeispiele und Exkurse verdeutlichen zusätzlich die hohe Vielseitigkeit des Themas in verschiedenen Vertrauenskonstellationen.

8.2 Vertrauen: Konzept, Dynamik und Analyse

8.2.1 Relevanz von Vertrauen

Vertrauen hat sich als sozialwissenschaftlicher Untersuchungsgegenstand als äußerst fruchtbar in seiner Anwendung erwiesen. Die eindrückliche Vielschichtigkeit der Relevanz von Vertrauen zeigt sich hier exemplarisch bei der Betrachtung aus einer gesellschaftlichen, wirtschaftlichen und technologischen Perspektive.

8.2.1.1 Gesellschaftliche Relevanz: Kitt der Gesellschaft

Weshalb ist Vertrauen als Einflussgröße für zwischenmenschliche Interaktion so wichtig? Aus gesellschaftlicher Sicht fällt hierzu oft die Metapher von Vertrauen als „soziales Schmiermittel" (Moschner & Schlicht, 2018) oder auch als „Kitt der Gesellschaft" (Bertelsmann Stiftung, 2016). Abstrakt gesprochen geht es hierbei um die akkumulierten Einstellungen, mit welchen wir unseren Mitmenschen begegnen und die daraus resultierenden Konsequenzen für unser gemeinschaftliches Zusammenleben. Die gesellschaftliche Relevanz dieses generalisierten Vertrauens offenbart sich hierbei exemplarisch in zwei Bereichen:

- **Gesellschaftliches Engagement**

Es wird davon ausgegangen, dass Vertrauen auf verschiedene Arten soziale Bindungen stärken kann. In diesem Kontext wird oftmals die besondere Rolle von gesellschaftlichem Engagement, etwa in Form von Freiwilligenarbeit, genannt. Soziales Vertrauen kann hierbei sowohl als Voraussetzung als auch als Konsequenz eines hohen gesellschaftlichen Engagements betrachtet werden. Vertrauen sorgt dann wiederum für eine hohe wahrgenommene Zuverlässigkeit in andere Personen (OECD, 2011, S. 90 ff.) und schafft dadurch eine wichtige Grundlage für gesellschaftliche Stabilität.

- **Gesellschaftliche Konsensfähigkeit**

Wichtig erscheint die soziale Funktion des Vertrauens jedoch nicht nur im alltäglichen Zusammenleben, sondern auch, um die großen Probleme unserer Zeit zu adressieren. So wird etwa davon ausgegangen, dass die großen Herausforderungen der heutigen Zeit, wie etwa Klimawandel oder globale Migrationsbewegungen, sowohl nur durch enge Zusammenarbeit lösbar werden (vgl. Stangel-Meseke, 2017, S. 27 ff.) als auch in vielen Aspekten eine hohe Konsensbereitschaft voraussetzen. Funktionierende Zusammenarbeit als auch Konsensfähigkeit sind wiederum eng an einen hohen sozialen Vertrauenswert geknüpft und gelten als klassische Eckpfeiler gesellschaftlicher Lösungskompetenz (Parry, 1976).

Das Besondere an sozialem Vertrauen ist folglich, dass dadurch das gesellschaftliche Leben nicht nur ökonomisch erfolgreicher, sondern auch auf individueller Ebene nachweisbar angenehmer wird. So unterstützen aktuelle Studien die Annahmen, dass hohe Werte im Bereich Soziales Vertrauen auch in Verbindung stehen mit hohen Werten in den Bereichen Physische Gesundheit, Glück und Lebenszufriedenheit (Hamamura et al., 2017).

Dieser positive Effekt ist aber über nationale Grenzen hinweg nicht überall gleich bedeutsam ausgeprägt und manche Länder sind offenbar erfolgreicher darin, soziales Vertrauen zu stärken, als andere. Um die gesellschaftliche Entwicklung von sozialem Vertrauen zu verstehen, lohnt sich daher ein Blick auf die Spitzenreiter in diesem Ranking. So gilt Skandinavien im Rahmen dieser Untersuchungen als eine der Regionen der Welt, in der besonders viel soziales Vertrauen herrscht. So fasst etwa Ulf Andreasson, Autor des Buches *Trust – The Nordic Gold* (2017), die positiven Effekte des sozialen Vertrauens in Nordeuropa wie folgt zusammen: Menschen empfinden vergleichsweise mehr Kontrolle über ihr Leben, engagieren sich mehr für die Gesellschaft, sind individuell glücklicher und handeln seltener kriminell. Es ist folglich eine breite Zusammenstellung von positiven Effekten, welche hier mit einem hohen Wert im Bereich Soziales Vertrauen in Verbindung gebracht werden. Bei den nationalen Vergleichen kann allerdings die Kernfrage nach Ursache und Wirkung des sozialen Vertrauens nicht vollumfänglich geklärt werden. Einfache politische Patentrezepte für eine erfolgreiche Vertrauenskultivierung kann daher auch Andreasson nicht bieten.

Obwohl Vertrauen aufgrund der zahlreichen positiven Effekte zu Recht als immens wichtig für die Gesellschaft erachtet wird, ist dessen Kultivierung kein Selbstläufer. Im Gegenteil, so wird teilweise argumentiert, dass verschiedene Facetten dieses Kitts in manchen Ländern und Bereichen sogar zusehends brüchig werden.

So beschreibt beispielsweise der Soziologe Robert Putnam in seinem viel beachteten Buch *Bowling Alone* (2000), dass das „soziale Kapital" in vielen Bereichen des öffentlichen und privaten Lebens in den USA in den vorangegangen 25 Jahren stetig schrumpfte. Soziales Kapital ist nicht das gleiche wie Vertrauen, aber eng damit verwandt (Veenstra, 2002). Putnam selbst definiert soziales Kapital als die Verbindungen zwischen Individuen und die daraus entstehenden sozialen Netzwerke und Normen von Reziprozität und Vertrauenswürdigkeit.

Gesellschaftliche Relevanz von Vertrauen zeigt sich daher nicht nur durch die zahlreichen gut dokumentierten positiven Haupt- und Nebeneffekte, sondern insbesondere auch dann, wenn dieser soziale Schmierstoff nicht mehr seine volle Wirksamkeit entfalten kann.

8.2.1.2 Wirtschaftliche Relevanz: Senkung von Transaktionskosten

Die volkswirtschaftliche Bedeutung von Vertrauen lässt sich eindrucksvoll an dem Zusammenhang zwischen nationalem Vertrauensniveau und Bruttoinlandsprodukt (BIP) pro Kopf illustrieren (Ortiz-Ospina & Roser, 2016). Wie in ◨ Abb. 8.1 illustriert, zeigt sich hierbei eine deutliche positive Korrelation zwischen dem BIP pro Kopf und einem aggregierten nationalen Vertrauenswert.[1] Guiso et al. (2006) argumentieren in diesem Zuge, dass Vertrauen eher als die Voraussetzung für wirtschaftliche Prosperität anzusehen ist, weniger als Konsequenz. Die makroökonomische Bedeutung erstaunt allerdings nicht, denn bereits 1972 postulierte der Ökonom Kenneth Arrow (1972), dass nahezu jede wirtschaftliche Transaktion, welche über einen längeren Zeitraum ausgeführt wird, auch ein Vertrauenselement beinhaltet und in der Gesamtheit aller Interaktionen sich folglich auch als volkswirtschaftliche Größe erweist.

Auf Organisations- und Unternehmensebene wird die wirtschaftliche Hauptbedeutung von Vertrauen oftmals darin gesehen, dass sich dadurch verschiedene Formen von Transaktionskosten reduzieren lassen (Möller, 2012). Diese Ansicht beruht auf der Überlegung, dass bei fehlendem oder geringem Vertrauen bestimmte Kontrollaufwände anfallen. Dieser Aufwand bindet wiederum betriebswirtschaftlich betrachtet nur Ressourcen, ohne jedoch einen entsprechenden Mehrwert zu generieren.

Wenn ich als Führungskraft etwa jeden Arbeitsschritt eines Mitarbeitenden überwache, verhindere ich eventuell unvorteilhaftes Verhalten, kreiere aber gleichzeitig eine oftmals als unangenehm empfundene Unternehmenskultur und binde meine eigenen Ressourcen. Folglich ist Vertrauen ein intensiv erforschter Faktor im Bereich Führung und Organisationsentwicklung, wobei laut Sommerlatte und Fallou (2012) das Potenzial, wissenschaftliche Erkenntnisse in diesen Bereichen zu implementieren, bei weitem nicht ausgeschöpft wird. Gänzlich können letzten Endes die meisten Unternehmen auch nicht auf gewisse Kontrollprozesse verzichten, folglich ist das richtige Maß zwischen Kontrolle und Vertrauensbereit-

---

1   Zur Erhebung des nationalen Vertrauenswertes mittels Single-Item-Messung siehe Bauer und Freitag (2018) für eine vertiefte Diskussion.

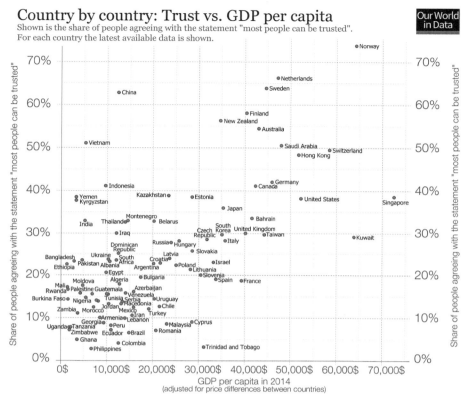

Country by country: Trust vs. GDP per capita
Shown is the share of people agreeing with the statement "most people can be trusted".
For each country the latest available data is shown.

Data source: World Value Survey for data on trust and Penn World Table for data on GDP per capita
This visualization is available at OurWorldinData.org. There you find the raw data and more visualizations on this topic.

◘ Abb. 8.1   Zusammenhang Vertrauen/BIP pro Kopf

schaft eine hochgradig praxisrelevante Fragestellung in verschiedenen wirtschaftlichen Subdisziplinen (Brühl et al., 2009; Eberl, 2012).

8.2.1.3 Technologische Relevanz: Sicherung der Akzeptanz

Das Zusammenspiel von Risikowahrnehmung und Vertrauen zeigt sich deutlich bei der Einführung neuer Technologien. Vertrauen steht hier in einer engen Beziehung zu der Frage, ob bestimmte Verfahren, Maßnahmen oder Rahmenbedingungen im Zuge einer Technologieeinführung akzeptiert werden. Die übergeordnete Thematik der Technologieakzeptanz hat daher sowohl aus politischer als auch wirtschaftlicher Sicht einen hohen Stellenwert.

Ähnlich wie unsere gesellschaftlichen Strukturen gewinnen auch technologische Prozesse und Anwendungen an Komplexität. Nur wenige Personen wären etwa in der Lage, fundiert erklären zu können, wie eine Videoübertragung mittels WLAN im Detail funktioniert oder welche Produktionsschritte bei der Herstellung eines modernen Impfstoffes durchlaufen werden müssen. Folglich sind wir in vielen Fällen darauf angewiesen, dass wir uns bei der Gefahrenabschätzung auf bestimmte

Institutionen oder Expertenmeinungen verlassen müssen. Sprich, wir müssen diesen vertrauen. Dieses Vertrauen – etwa in Experten – ist insbesondere dann entscheidend, wenn potenzielle Gefahren einer Technologie nur wenig bekannt sind. Technologieakzeptanz lässt sich daher aus drei Perspektiven betrachten:

1. Subjektives Wissen – die Frage, wie gut man sich informiert fühlt
2. Objektives Wissen – die Frage, wie fundiert das tatsächliche Wissen über einen Sachverhalt ist
3. Vertrauen

Offenkundig ist diese Art von Akzeptanzfragen etwa bei Themenbereichen wie der Einführung des 5-G-Mobilfunkstandards (Frey, 2021), dem Einsatz von mRNA-basierten Impfstoffen (Bendau et al., 2021), der generellen Verwendung von künstlicher Intelligenz (Glikson & Woolley, 2020), aber auch bei Debatten um die Verwendung von genveränderten Nahrungsmitteln (Siegrist, 2000). Erklärungsansätze wie das verbreitete Technologieakzeptanzmodell (TAM) von Davis (1993) beschreiben Vertrauen als externe Einflussvariable. Dies bedeutet, dass Vertrauen nicht nur im Zuge des wahrgenommenen Risikos betrachtet wird, sondern auch in seiner Wirkung auf den wahrgenommenen Nutzen und die wahrgenommene Benutzerfreundlichkeit (Wu et al., 2011). Durch diesen Ansatz zeigt sich auch, dass Vertrauen nicht nur die tatsächliche Verwendung von offensichtlich risikobehafteten Technologien beeinflussen kann, sondern auch in alltäglichen Handlungen, wie etwa in diversen eCommerce-Applikationen, eine wichtige Rolle spielt (Fuller et al., 2009). Es ist daher nicht verwunderlich, dass Vertrauen auch intensiv im Bereich der Mensch-Maschine-Interaktions-Forschung thematisiert wird (Hancock et al., 2011).

8.2.2 Vertrauen als interdisziplinäreres Forschungsfeld

Die Forschungslandschaft zu Vertrauen zeichnet sich durch eine immense Heterogenität und Fragmentierung aus. Dies ist insbesondere der Tatsache geschuldet, dass Vertrauen sich außergewöhnlich gut dazu eignet, auf verschiedenen Analyseebenen betrachtet zu werden.

So ist die Mikroebene der Vertrauensforschung typischerweise im Bereich der biologischen, neuronalen und kognitiven Grundlagen angesiedelt. In der Vertrauensbeziehung wird bei diesem Fokus bewusst die individuelle Perspektive bis in die kleinsten neuronalen oder hormonellen Bausteine feingliedrig seziert. Exemplarisch für diese Ebene ist beispielsweise die Forschung zur Bedeutung des Hormons Oxytocin für die Ausbildung vertrauensbasierter Interaktionen (Kosfeld et al., 2005).

Die Mesoebene der Vertrauensforschung setzt den Fokus im Besonderen auf den kommunikativen und interaktionsbestimmenden Bereich einer Vertrauensbeziehung. Man kann sagen, dass das zwischenmenschliche Vertrauen hierbei den klassischen Ausgangspunkt der meisten Untersuchungsgegenständen darstellt. Allerdings hat sich mittlerweile diese personenorientierte Perspektive deutlich erweitert und Vertrauen wird auch in der Verwendung bestimmter Technologien oder auch im wirtschaftlichen Bereich von Markenimages intensiv erforscht. Beispielhaft für diese Entwicklung ist etwa das psychosoziale Modell für Vertrauen in Unternehmensmarken von Elliot und Yannopoulou (2007).

Die Makroebene zielt schließlich auf die Analyse gesamtgesellschaftlicher und organisationaler Phänomene, z. B. das Etablieren einer übergeordneten Vertrauenskultur. Aber auch Diskurse zu Themen wie Vertrauen als Teil des eingangs erwähnten sozialen Kapitals (Bjørnskov, 2006) oder Rechts- und Systemvertrauen (Herzog, 2013) lassen sich dieser – meist soziologisch und philosophisch geprägten – Ebene zuordnen.

Doch nicht nur die Analyseebenen der Vertrauensforschung unterscheiden sich, sondern auch die Art, wie die definitorisch bedeutsame Risikoneigung und Bereitschaft bzw. die daraus resultierende Verwundbarkeit sich manifestieren. Hier offenbart sich, dass verschiedene wissenschaftliche Disziplinen einen unterschiedlichen Zugang zu Konzeptualisierung, Operationalisierung und Messung von Vertrauen erarbeitet haben. Risiko und Vertrauen sind zwar in allen Disziplinen wesentliche Interaktionspfeiler, allerdings gibt es hier durchaus relevante Unterschiede, welche im Folgenden anhand einer nicht abschließenden Auswahl aus experimenteller Ökonomie/Spieltheorie sowie Sozial- und Persönlichkeitspsychologie kurz skizziert werden sollen.

8.2.2.1 Vertrauen in der experimentellen Ökonomie und Spieltheorie

Spieltheoretisch ausgerichtete Ansätze, welche in der modernen ökonomischen Forschung mittlerweile als etabliert gelten, gehen in der Regel davon aus, dass Risiko letzten Endes durch die Höhe eines finanziellen Verlustes operationalisiert werden sollte. Exemplarisch lässt sich dies an dem populären experimentellen Vertrauensspiel („Trust Game") von Berg und Kollegen (1995) darstellen.

In der klassischen Variante dieses Spiels geht es um eine monetäre Verteilungsdynamik zwischen 2 Personen A und B, moderiert durch einen neutralen Experimentalleiter. A und B befinden sich in verschiedenen (virtuellen) Lokalitäten, sind aber über die genauen Regeln und den Spielablauf informiert. Spieler A erhält zu Beginn des Spiels einen fixen Geldbetrag. Diesen kann er vollständig oder teilweise an Spieler B transferieren. Die transferierte Summe wird durch den Spielleiter verdoppelt und geht auf das Konto von B ein. Dieser kann nun als Abschlusshandlung festlegen, wie der erhaltene Betrag zwischen den beiden Personen A und B aufgeteilt werden soll. B hat dabei die Möglichkeit, den gesamten Betrag für sich zu behalten.

Vertrauen wird in diesem Szenario durch die von A an B transferierte Summe operationalisiert. Die positive Erwartungshaltung besteht darin, dass A (als Vertrauensgeber) von B (als Vertrauensnehmer) erwartet, dass das erhaltene Geld zu einem fairen Maß an A zurückgezahlt wird. Die Rückzahlung von B an A wird als Proxy für die Vertrauenswürdigkeit von B betrachtet. Das Risiko besteht offensichtlich darin, dass B das erhaltene Geld komplett oder zum größten Teil für sich behält und dadurch A einen finanziellen Verlust erleidet. Das höchste Maß an Vertrauen bietet hier auch die höchste Rendite, allerdings auch ein höchstmögliches Risiko.

Wichtig ist in diesem Spiel die Annahme, dass die Vertrauenshandlung (also der Geldtransfer von A an B) auch als Messung der Vertrauensintention (wie schätzt A den Interaktionsverlauf mit B ein) verstanden werden kann. Gerade reine Befragungen und Selbstauskünfte sehen sich nämlich oft mit der ökonomischen Kritik konfrontiert, dass die Erhebung einer Intention nicht in einer „tatsächlichen vertrauensbasierten Transaktion" Intention münden muss. Das Vertrauensspiel hat ferner auch den Vorteil, dass sich unabhängige Variablen, wie der monetäre Einsatz, aber auch Rahmenbedingungen wie die Interaktionshäufigkeit oder etwa die Möglichkeit, den anderen Spieler zu de-anonymisieren, leicht umsetzen lassen. Gerade eine systematische Veränderung der Spielrunden und Variationen in den zur Verfügung gestellten Informationen sind wichtige Aspekte, wenn sich die Forschungsfragen auf die Etablierung von Reziprozitätsnormen (z. B. McCabe et al., 2003) oder die Reaktionen auf betrügerisches oder unfaires Verhalten (z. B. Bohnet & Zeckhauser, 2004) beziehen.

Neben der offenkundigen Frage der externen Validität liegt die Herausforderung für spieltheoretische Ansätze in der Vertrauensforschung darin, dass auch eindeutig quantifizierbare Handlungen, wie ein monetäres Investment eines Spielers, verschiedene Ursachen haben können. So betont etwa Cox (2004), dass im Rahmen dieser Forschungsdesigns stets auch berücksichtigt werden muss, ob statt Vertrauen nicht auch Motive wie Altruismus oder etwa Ungleichheitsaversion den monetären Austausch erklären können. Gigerenzer und Berg (ein nicht verwandter Namensvetter des „Trust-Game"-Autors) (2010) schließen sich dieser Kritik an und betonen, dass ökonomische Spiele generell nicht eine wirkliche Erklärung für das Verhalten liefern, sondern lediglich eine Wiederbeschreibung des untersuchten Phänomens. Aufgrund dieser Kritik ist es daher auch nicht verwunderlich, dass aktuelle spieltheoretische Ansätze in der Vertrauensforschung tatsächliches Verhalten mit Befragungsansätzen kombinieren (für eine kombinierte Vertrauensmessung aus Verhalten und Selbstauskunft siehe z. B. Fehr et al., 2002).

Neben dem Vertrauensspiel haben sich auch weitere Spielvarianten für das Themenspektrum Risiko und Vertrauen bewährt. Zu nennen ist hierbei sicher das klassische Gefangenendilemma (für eine kompakte Darstellung siehe Langerfeldt, 2003) oder auch das Ultimatumspiel, zusammen mit seinen Unterkategorien, etwa dem Diktatorspiel (für eine Zusammenfassung der Kernergebnisse siehe Behnke et al., 2010). Diese Spiele haben eine bedeutsame Historie in der Vertrauensforschung (beispielsweise die Vetrauensmessung im Gefangenendilemma von Deutsch, 1960), werden aber auch für die neuere neurowissenschaftliche (Grundlagen-)Vertrauensforschung (Krueger et al., 2007) eingesetzt oder liefern wertvolle Erkenntnisse im Bereich der interkulturellen Vergleichsforschung (Oosterbeek et al., 2004).

> ▶ Vertrauen oder Konfidenz?

In der akademischen Auseinandersetzung im Bereich Risikomanagement wird oftmals eine weitere Differenzierung zwischen den Konstrukten (soziales) Vertrauen und Konfidenz vorgenommen. So argumentiert etwa Siegrist (2001, S. 22), dass wir „Vertrauen (…) nur in andere Personen haben (oder Entitäten, die Charakteristika einer Person aufweisen). Konfidenz können wir dagegen in alles Mögliche haben". Nach dieser Logik bedeutet dies, dass man etwa einem selbstfahrenden Auto *nicht* vertrauen kann, sondern lediglich eine bestimmte Konfidenz gegenüber dieser Technologie besitzen kann. Die Konfidenz speist sich in diesem Ansatz aus zwei Quellen: Evidenz und Erfahrung. Im Gegensatz dazu liegt der Grundstein für soziales Vertrauen in der Wertübereinstimmung zwischen Vertrauensgeber und Vertrauensnehmer.

Die Frage bei dieser Differenzierung ist allerdings, ob es sich hierbei nur um eine sprachliche Nuance handelt. So finden sich umgangssprachlich nur wenig Hinweise darauf, dass Personen (außer vielleicht ausgebildete Risikoforscher) den Terminus „Konfidenz" explizit in ihren Wortschatz integrieren. Wichtig erscheint jedoch das Argument, dass Vertrauen in Abhängigkeit des Geltungsbereichs unterschiedlich konzeptualisiert werden sollte. Dies ist etwa gerade im Falle von Untersuchungen zur Technologieakzeptanz von hoher Relevanz. Die Entscheidung, ob man dies allerdings nun Konfidenz oder kompetenzbasiertes Vertrauen (*competence-based trust* (Allum, 2007)) benennt, ist dann eher eine Frage der Terminologie. Unabhängig von der präferierten Begrifflichkeit gilt dabei die Feststellung von Siegrist (2021, S. 482 ff.), dass die Assoziation zwischen einem spezifischen Vertrauenstypus und Risiko stark davon abhänge, wie Vertrauen operationalisiert und gemessen werde. Die Kausalitätsfrage von Vertrauen und Risiko sei daher nicht abschließend zu beantworten. ◄

8.2.2.2　Vertrauen in Sozial- und Persönlichkeitspsychologie

In der sozialpsychologischen und differenziellen Vertrauensforschung liegt der Fokus disziplingetreu weniger auf manifesten Handlungen, sondern auf der Betrachtung von mentalen Prozessen und der Frage der individuellen Voraussetzungen für vertrauensbasierte Beziehungen. Im Bereich des zwischenmenschlichen Austauschs wird Vertrauen dabei bewusst als psychologischer Zustand (*psychological state* (Rousseau et al., 1998, S. 393)) charakterisiert, welcher ein Qualitätsmerkmal einer Interaktion sein *kann* – aber nicht *muss*, denn es ist aus psychologischer Sicht ebenfalls durchaus plausibel, dass Kooperation und das Eingehen von bestimmten Risiken auch ohne Vertrauen erfolgen können. In diese Betrachtung fließt neben den Voraussetzungen des Vertrauensgebers auch eine Zuschreibung der Motive (Attribution) des Vertrauensnehmers, dessen Handlungen im Sinne einer Vertrauensbewertung analysiert werden (Tomlinson, 2018). Dieser Zuschreibungsprozess und die Klärung der Verantwortlichkeit sind insbesondere dann von Interesse, wenn ein Fehlverhalten des Vertrauensnehmers ausgemacht wird. Wann eine solche Bewertung zu einer Vertrauenskrise führen kann, greifen wir daher in der Diskussion um Vertrauensaufbau (► Abschn. 8.2.4) nochmals auf.

- **Vertrauen als Persönlichkeitseigenschaft**

Damit eine vertrauensgeprägte Interaktion stattfinden kann, muss zunächst eine grundlegende Vertrauensintention in der jeweiligen Person vorhanden sein. Hierbei wird zum einen deutlich, dass Lern- und Wissensprozesse bedeutsam sind, welche sich auf die Bereitschaft zu Vertrauen auswirken können. Zum anderen aber auch eine bestimmte Disposition zur Risikoneigung, welche ja – wie bereits erwähnt – ein notweniger Bestandteil einer Vertrauensbeziehung darstellt.

Vereinfacht gesagt folgt die psychologische Untersuchung von Vertrauen aus dieser Perspektive der Argumentation von Lewis und Weigert (1985), welche auf eine separate Betrachtung der kognitiven, affektiven und verhaltensorientierten Ebene von Vertrauen hinweisen. Die personenbedingten Voraussetzungen für Vertrauen seitens des Vertrauensgebers lassen sich prägnant durch folgende (sich gegenseitig beeinflussende) Faktoren erklären:

- Prädisposition dafür, vertrauensbasierte Beziehungen einzugehen
- Individuelle Lernerfahrungen und Wissen
- Risikoneigung

Die Gewichtung der einzelnen Faktoren ist wiederum entscheidend, wenn zwischen einer generellen und einer spezifischen Vertrauensintention differenziert werden soll. Dies ist von Bedeutung, da in der Betrachtung durch die differenzielle Psychologie durchaus verbreitete Ansätze existieren, Vertrauen als stabile und übergeordnete Persönlichkeitseigenschaft („Trait") zu erfassen (z. B. Giffin, 1967) und nicht als flüchtigen Zustand („State"), wie etwa von Buck und Bierhoff (1986) proklamiert.

Ist Vertrauen nun eine überdauernde Persönlichkeitseigenschaft oder sind die Schwankungen über verschiedene Situationen zu hoch für eine solche Aussage? Plausibel scheint bei der Gewichtung der uneinheitlichen Befunde zu dieser Frage die Folgerung von Kassebaum (2004, S. 21). Laut dieser kann: „insgesamt eher von einer Konvergenz zwischen dem Vertrauen in eine spezifische Person und dem generalisierten interpersonellen Vertrauen ausgegangen werden, auch wenn angenommen werden kann, dass jede dieser beiden Formen interpersonellen Vertrauens unterschiedlich determiniert wird und unterschiedliche Wirkungen hat".

Die Messung von Vertrauen als Disposition setzt allerdings eine zumindest hinreichende Stabilität voraus. Dies zeigt sich beispielsweise eindrücklich in der sozialwissenschaftlichen Urvariante der Vertrauensmessung, bekannt als „Faith-in-People"-Messung von Rosenberg (1956). Im Zuge dieses Ansatzes wird Vertrauen über die Zustimmung zu folgender Aussage gemessen: „Manche Leute sagen, dass man den meisten Menschen vertrauen kann. Andere sagen, man kann nicht vorsichtig genug sein, wenn man mit Menschen zu tun hat. Wie denken Sie darüber?" (*„Some people say that most people can be trusted. Others say you can't be too careful in your dealing with people. How do you feel about that?"*). Varianten dieser Frage erfreuen sich weiterhin großer Popularität (Bauer & Freitag, 2018) und finden sich beispielsweise in gesamtvolkswirtschaftlichen Analysen zum Zusammenhang zwischen Vertrauen und ökonomischer Prosperität (Algan & Cahuc, 2010; Ortiz-Ospina & Roser, 2016) (vgl. ◻ Abb. 8.1) oder in Langzeituntersuchungen, wie sie etwa das Edelman Trust Barometer durchführt (siehe Exkurs in ▶ Abschn. 8.2.4).

Ein weiteres klassisches – aber anhaltend populäres – Beispiel ist die klassische, 25 Items umfassende Interpersonal Trust Scale von Rotter (1967). Diese zielt bewusst auf unspezifische Situationen, in welchen die Probanden nicht auf bereits bestehende Erfahrungen zurückgreifen können.

Eine aktuelle und validierte deutschsprachige Skala, welche ebenfalls auf die Erhebung des generalisierten zwischenmenschlichen Vertrauens (Kurzskala Interpersonales Vertrauen; KUSIV3) abzielt, stammt von Beierlein et al. (2012). Diese

ist als prägnante Erfassung konzipiert und reduziert die Erhebung auf folgende drei Items, welche auf einer 5er-Likert-Skala erhoben werden:
1. Ich bin davon überzeugt, dass die meisten Menschen gute Absichten haben.
2. Heutzutage kann man sich auf niemanden mehr verlassen.
3. Im Allgemeinen kann man den Menschen vertrauen.

Die Messung einer generalisierten Vertrauensbereitschaft bringt jedoch die Problematik mit sich, dass wenig Konsens besteht, wie stabil diese über verschiedene Domänen hinweg zu sein hat (Bauer & Freitag, 2018). Wenn ich beispielsweise einen sehr hohen Wert im Bereich generalisiertes Vertrauen erziele, ist dies ein gleich guter Prädiktor für das Vertrauen in meinen Hausarzt, meine Anlageberaterin oder in die Regierung meines Landes? Diese Herausforderung ist vergleichbar mit der Suche nach stabilen Risikopräferenzen – denn auch dort zeigt sich, dass riskantes Autofahren nicht notwendigerweise auch eine Präferenz für riskante Anlageprodukte bedeutet (Fox & Tannenbaum, 2011).

Dieses Dilemma lässt sich umgehen, indem man statt auf eine generalisierte Messung auf die Vertrauensmessung in spezifischen Bereichen abzielt. Skalen, welche auf die Erhebung von Vertrauen in spezifischen Situationen bzw. Personen abzielen, sind jedoch deutlich weniger verbreitet. Rempel et al. (1985) konzentrieren sich etwa auf die Erhebung einer partnerschaftlichen Beziehung, während die Specific-Interpersonal-Trust-Scale (SITS) (Johnson-George & Swap, 1982) auf jede bedeutsame Person angewendet werden kann.

- **Vertrauenswürdigkeit des Vertrauensnehmers**

Die individuellen Voraussetzungen – ob generalisiert oder spezifiziert – sind jedoch in der Regel nicht hinreichend, um eine vertrauensbasierte Beziehung letzten Endes einzugehen. In den meisten Fällen erfolgt auch eine kognitive Einschätzung der Vertrauenswürdigkeit des Vertrauensnehmers. Bei dieser situativen Bewertung der Vertrauenswürdigkeit hat sich in den letzten Jahren insbesondere der Ansatz von Mayer et al. (1995) als äußerst fruchtbar und robust erwiesen. Nach deren „Integrative Model of Organizational Trust" (welches aber auch auf Individuen, Personengruppen und Unternehmen übertragen werden kann) sind es im Wesentlichen drei Eigenschaften, anhand derer sich die Vertrauenswürdigkeit bemisst:
1. Fähigkeit (*ability*)
2. Wohlwollen (*benevolence*)
3. Integrität (*integrity*)

In Anlehnung an die Initialen der englischen Begriffe wird dieses Modell auch unter der Abkürzung *ABI-Model* in der Forschung diskutiert. Je nach Beziehungstypus und Zeitpunkt kommen diesen drei Komponenten aber durchaus unterschiedliche Bedeutungen zu. Lewicki und Bunker (1996) zeigen etwa, dass zu Beginn von Beziehungen oftmals Kosten-Nutzen-Aspekte (und damit meist wahrgenommene Fähigkeiten) im Vordergrund stehen können, während in späteren Stadien Wertekongruenz (und damit insbesondere Integrität und Wohlwollen) zwischen Vertrauensgeber und -nehmer bedeutsamer werden. Diese Einschätzung wird ebenfalls von den Autoren des ABI-Models geteilt (Schoorman et al., 2007), mit dem zusätzlichen Hinweis, dass in frühen Beziehungsstadien Wohlwollen und Integrität oftmals nicht klar voneinander getrennt werden können.

Im Bereich des interorganisationalen Vertrauens zeigt sich ferner, dass die Operationalisierung von Wohlwollen aus Sicht einer Organisation oftmals nicht so einfach möglich ist. Daher setzen zahlreiche Studien in diesem Bereich den Schwerpunkt auf eine Betrachtung von Fähigkeit und Integrität. Letztere kann dabei in Relation zu einer (vertraglichen) Vereinbarungstreue gesetzt werden und bietet dadurch viel Potenzial, etwa für Fragestellungen zur Einhaltung von organisationalen Werten (z. B. im Rahmen von CSR- oder Compliance-Richtlinien) und Vertrauen (Becker, 1998).

Für die Messung der (organisationalen) Vertrauensintention existieren verschiedene Sets von Items, welche meist aus den konzeptionellen Überlegungen des ABI-Models abgeleitet sind. Exemplarisch sei hierzu der Ansatz von Kury (2014, S. 172 ff.) vorgestellt. Dieser nutzt für seine umfangreiche Untersuchung des Vertrauensaufbaus von Banken nach der Finanzkrise eine deutsche Übersetzung der Items von Dirks und Ferrin (2001) sowie Ferrin et al. (2007), um dadurch wahrgenommene Fähigkeit und Integrität zu messen:

- **Itembatterie Wahrgenommene Fähigkeit:**
1. Das Unternehmen ist sehr qualifiziert.
2. Ich bin von den Fähigkeiten des Unternehmens überzeugt.
3. Das Unternehmen ist sehr gut in dem, was es macht.
4. Das Unternehmen hat gute Kenntnisse über die Arbeit, die getan werden muss.

- **Itembatterie Wahrgenommene Integrität:**
1. Das Unternehmen besitzt ein hohes Maß an Integrität.
2. Ich mag die Werte des Unternehmens.
3. Es scheint, dass das Verhalten des Unternehmens durch vernünftige Prinzipien geleitet wird.
4. Das Unternehmen wird sich an seine Versprechen halten.
5. Das Unternehmen hat einen starken Sinn für Gerechtigkeit.
6. Das Unternehmen behandelt seine Kunden mit Respekt.

Durch diese Messung lässt sich nicht nur ein theoretisch fundierter, mehrdimensionaler Vertrauenswert reliabel berechnen, sondern auch die Wirkung bestimmter Einflussvariablen experimentell untersuchen. Zeitliche Schwankungen können aufgezeigt und organisationale Vergleiche angestellt werden. Es gilt jedoch hervorzuheben, dass dieser Ansatz zwar in der aktuellen Forschung verbreitet ist (Basel & Rubin, 2021; Brühl et al., 2018), dennoch nur eine von zahlreichen Optionen darstellt, wie eine sozialwissenschaftliche Vertrauensmessung erfolgen kann. So zeigen Bauer und Freitag (2018), dass – analog der begrifflichen Diversität – auch ein ausgeprägter Messpluralismus in der Vertrauensforschung besteht.

» „If customers won't help you at the beginning of the sale's process, they certainly won't help you at the end of it. "

In diesem Zitat beschreibt Chris Murray (2016) – ein in England und den USA aktiver Autor und Business Coach – seine Meinung, dass sich die Bereitschaft zu einem Deal eher nicht im Laufe eines Verkaufsprozesses verändert. Sehen Sie das auch so?

Auch Verhandlungen können als geschäftliche Transaktionen gesehen werden: Die Verkaufsprodukte sind etwa Serviceleistungen, Löhne, Mietflächen, Produkte, politische Absprachen und vieles mehr. Ein wichtiger Baustein, sich auf einen Deal einzulassen, ist das Vertrauen in sein Gegenüber.

Warum ist Vertrauen gut für Verhandlungen?

Drei Gründe:

1. Gegenseitiges Vertrauen und eine gute Beziehung bedingen sich häufig. Auf ihrer Grundlage lassen sich häufiger Einigungen erreichen. Grund ist, dass die Parteien offener miteinander sprechen, mit weniger Problemen bei der Umsetzung einer Einigung rechnen und sich gegenseitig mehr gönnen.
2. Zudem führt Vertrauen dazu, dass Verhandlungen und ihre Umsetzung meist weniger aufwändig sind. Wie ein Motoröl sorgt Vertrauen dafür, dass alle Prozesse schneller laufen und es dabei weniger Abnutzung (etwa Müdigkeit und Stress) gibt.
3. Vertrauen führt nachweislich zu einem integrativeren Verhandlungsstil – d. h., die Parteien versuchen, den „Kuchen größer zu machen". Dadurch erreichen sie häufiger Einigungen, die besser als bloße Kompromisse sind.

Welche konkreten Schritte helfen, in Verhandlungen Vertrauen aufzubauen?

Im Gegensatz zu dem anfangs zitierten Chris Murray zeigen empirische Studien, dass sich die Bereitschaft zu einem Deal während einer Verhandlung durchaus beeinflussen lässt (für eine Übersicht siehe Malhotra & Bazerman, 2007). Auf Basis dieser Evidenz lässt sich folgende Empfehlung ableiten:

Zeigen Sie Ihrem Gegenüber, dass Sie eine Einigung suchen, die für beide Seiten gut ist: Stellen Sie Fragen zu den Bedürfnissen und Wünschen Ihres Gegenübers. Sprechen Sie auch darüber, was Sie wollen und begründen Sie dies sinnvoll. Machen Sie es durch Ihr Verhalten in der Verhandlung klar, dass Sie alle Bedürfnisse ernst nehmen – auch wenn Sie inhaltlich vielleicht bei vielen Punkten anderer Meinung sind.

Verhalten Sie sich authentisch (aber konstruktiv): Zeigen Sie nicht nur Ihre Stärken, sondern auch Ihre Verletzlichkeit. Es kann auch einmal hilfreich sein, Gefühle wie Frustration mit seinem Gegenüber zu teilen. Achten Sie aber darauf, dass Sie dennoch als konstruktiv und lösungsorientiert wahrgenommen werden.

Managen Sie Erwartungen: Lassen Sie es Ihr Gegenüber frühzeitig wissen, wenn Sie etwaige Erwartungen von ihr oder ihm nicht erfüllen können. Dadurch zeigen Sie, dass Sie Enttäuschungen bei Ihrem Gegenüber minimieren möchten – dies ist eine zentrale Voraussetzung von Partnerschaftlichkeit.

Und warum sind Online-Verhandlungen eine besondere Herausforderung beim Vertrauensaufbau?

Wie es vermutlich viele Menschen während der Coronapandemie erlebten, lässt sich in Verhandlungen in der virtuellen Welt Vertrauen schwieriger aufbauen als in Verhandlungen im „echten Leben". So kommt es im E-Mail-Kontakt und in Videomeetings häufiger zu Missverständnissen und es ist für die Parteien schwieriger, integrative Lösungen zu finden und somit „den Kuchen größer zu machen". Vermutlich lässt sich dies auch dadurch erklären, dass in digitalen Meetings nonverbale Kommunikationselemente wie Körpersprache und stimmlicher Ausdruck teils verloren gehen. Deswegen ist es in der virtuellen Welt häufig empfehlenswert, ganz bewusst mehr Zeit in den Aufbau von Beziehungen zu investieren. ◄

8.2.3 Vertrauen im Rahmen sozialer Interaktion

Wie können nun die einzelnen Analyseebenen und interdisziplinären Traditionen verknüpft werden? Eine Variante besteht darin, Vertrauen aus Sicht der sozialen Interaktion abzubilden (vgl. ◘ Abb. 8.2) (Brühl et al., 2016). Hierbei werden zunächst die situativen und personenbedingten Einflussfaktoren betrachtet. Bei den situationsbedingten Einflussfaktoren wird zusätzlich noch ein gewisser Unsicher-

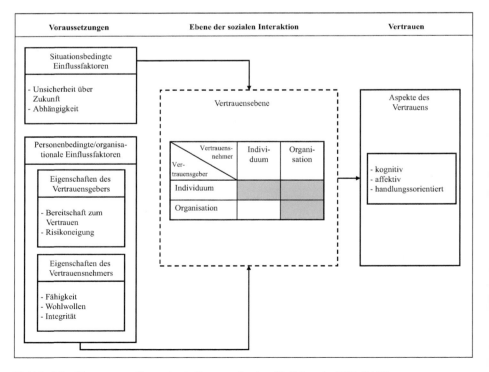

◘ **Abb. 8.2**   Vertrauensaufbau mittels Kommunikation (Brühl et al., 2016, S.183)

heitsaspekt betont, bei gleichzeitiger Berücksichtigung möglicher Abhängigkeits-verhältnisse zwischen Vertrauensgeber und Vertrauensnehmer.

Erst im Anschluss erfolgt die Betrachtung der eigentlichen Interaktion, welche zwischen einzelnen und kooperativen Akteuren stattfinden kann. Die Ableitung des potenziellen Vertrauens erfolgt dann auch erst im letzten Schritt, bei welchem kognitive, affektive und handlungsorientierte Konsequenzen in den Mittelpunkt rücken.

Dieser Ansatz hat den Vorteil, dass sich etablierte Erkenntnisse, wie das ABI-Model, integrieren lassen, gleichzeitig ist dieses Rahmenmodell nicht dogmatisch auf eine bestimmte fachliche Prägung festgelegt und kann, je nach Forschungs-frage, auf einzelne Ausschnitte reduziert werden.

Liegt der Fokus auf einer expliziten Betrachtung von interpersonalem Ver-trauen, welche etwa in Verhandlungen bedeutsam sein kann, bietet sich als Alter-native auch die Ableitung der Vertrauensbedingungen von Späth (2008, S. 103) an. In Ergänzung zu Brühl et al. (2016) werden bei diesem Ansatz zusätzlich die Bereit-schaft sich zu öffnen und das Sich-verlassen auf den Vertrauensnehmer betont. Dies wiederum ermöglicht eine Vertrauenshandlung, welche durch einen trans-parenten und ehrlichen Informationsaustausch gekennzeichnet ist, bei gleichzeitig verminderter Kontrollintensität.

8.2.4 Vertrauensdynamik: Krise und Wiederaufbau

Die Konzeptualisierung von Vertrauen als dynamisches Konstrukt bedeutet, dass auch eine etablierte Beziehung stets neu bewertet werden kann. Dies geschieht in der Regel dann, wenn die positive Erwartungshaltung des Vertrauensgebers nicht erfüllt wird. Ob unerfüllte Erwartungen aber letztendlich in einem signifikanten Vertrauensverlust bzw. sogar in einer Vertrauenskrise enden, hängt oftmals von der kausalen Zuschreibung durch den Vertrauensgeber ab. Im Sinne klassischer Attri-butionsmodelle (Malle, 2011; Weiner, 1985) geht man davon aus, dass soziale Ak-teure danach streben, Klarheit über Ursachen von (in diesem Fall negativen) Ereig-nissen in ihrer Umwelt zu erlangen. Sprich, wenn bestimmte Vertrauenserwartungen nicht erfüllt oder sogar verletzt wurden, stellt sich naturgemäß die Frage nach dem Warum. Hierzu erfolgt nach Weiner (1985) eine kognitive Bewertung der Ver-antwortung entlang dreier Dimensionen:

1. Lokation (intern/extern) – liegt die Ursache innerhalb des Verantwortungsbereichs des Vertrauensnehmers?
2. Kontrollierbarkeit (ja/nein) – kann das Ereignis durch den Vertrauensnehmer kontrolliert werden?
3. Stabilität (ja/nein) – Wie überdauernd bzw. einmalig ist das negative Ereignis einzuschätzen?

Überträgt man diese Dimensionen auf das ABI-Modell von Mayer et al. (1995), lässt sich folgern, dass im Falle einer Erwartungsverletzung zunächst die Frage nach dem auslösenden Ereignis bzw. der auslösenden Handlung attribuiert wird. Im zweiten Schritt erfolgt dann eine Neujustierung der Vertrauenswürdigkeit, je nach Verletzungstypus.

Gegenstand der Forschung zum Vertrauenswiederaufbau (im Englischen als *trust repair* klassifiziert) ist daher oftmals die kommunikative Reaktion eines Vertrauensnehmers, welcher sich mit einer potenziell ungünstigen Attribution konfrontiert sieht (Tomlinson & Mayer, 2009). Hierbei wird zum einen unterschieden, welcher Aspekt (Fähigkeit, Wohlwollen oder Integrität) der Vertrauenswürdigkeit aus Sicht des Vertrauensgebers verletzt wurde. Zum anderen wird ermittelt, welche Strategie genutzt wird, um bestimmte negative Konsequenzen zu rechtfertigen. Hierbei spielen insbesondere verbale Techniken (sogenannte „Accounts") und deren Wirkung eine wichtige Rolle. „Accounts" sind etwa rhetorische Strategien wie Leugnen, Rechtfertigen, aber auch eine Entschuldigung. Im Zuge dieser Rechenschaftsstrategien gilt zu beachten, dass auch Schweigen, d. h. der bewusste Verzicht auf eine Erklärung, die Vertrauensbeziehung beeinflussen kann. Aus zeitlicher Perspektive lässt sich schließlich noch unterscheiden, ob die Aussagen Ereignisse bzw. Handlungen in der Vergangenheit oder in der Zukunft betreffen. Aus einem entsprechenden positiven oder negativen Ausblick können als Abschluss bestimmte Maßnahmen durch den Vertrauensnehmer begründet werden.

Diese verschiedenen rhetorischen Strategievarianten können wiederum hinsichtlich ihrer Effizienz empirisch geprüft werden und dadurch helfen, Hinweise für eine wirksame und situativ angepasste Krisenkommunikation abzuleiten (Hoberg, 2020) (◘ Abb. 8.3).

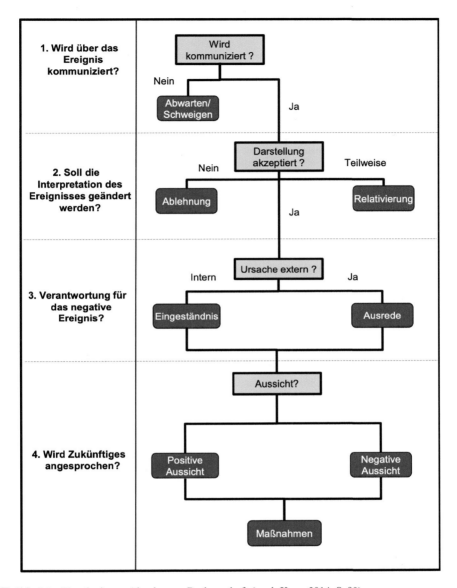

Abb. 8.3 Typologie zur Abgabe von Rechenschaft (nach Kury, 2014, S. 99)

8

▶ **Praxisorientierte Vertrauensforschung: Das Edelman Trust Barometer**

Die akademische Relevanz von Vertrauen ist durch unzählige Publikationen und Zitationen klar belegt. Aber welche Bedeutung hat Vertrauen in der freien Wirtschaft? Wo finden sich Beispiele, wo außerhalb des Hochschulbereichs eine detaillierte Auseinandersetzung mit Vertrauen erfolgt?

Unter anwendungsorientierten Forschungsansätzen hat sich insbesondere das Edelman Trust Barometer als zentrale Referenz etabliert (vgl. ◻ Abb. 8.4). Diese Erhebung wird seit 2001 jährlich von der amerikanischen Kommunikationsagentur Edelman durchgeführt und untersucht mittels einer umfassenden, internationalen Befragung die Themen Glaubwürdigkeit und Vertrauen in Regierungen, Unternehmen, Medien und NGOs. Die reiche Datengrundlage und die mittlerweile über 20-jährige Historie erlauben es, dass Entwicklungen und Trends – analog einem Barometer – quantifiziert abgebildet werden können.

Aus politischer Sicht lassen sich dadurch einschneidende Ereignisse, wie die Covid-19-Pandemie ab dem Jahr 2020, in ihrer Wirkung greifbar machen und mit einem hohen Detaillierungsgrad analysieren. So zeigt beispielsweise der Ländervergleich zwischen den beiden größten Volkswirtschaften China und USA den bedeutsamen Einbruch im Bereich des institutionellen Vertrauens ab dem Frühjahr 2020, welcher für China sogar noch gravierender ausfällt.

Interessant ist bei der Operationalisierung von Vertrauen, dass Edelman zwar ein breites Spektrum der Vertrauensbedeutung anspricht, die Messung des eigentlichen Kernkonstruktes jedoch bewusst einfach gehalten wird. Vertrauen wird typischerweise als Single Item direkt abgefragt („Vertrauen Sie Institution X?"). Die Vertrauenswürdigkeit erfolgt wiederum insbesondere aus einer Einschätzung von Fähigkeiten/Fertigkeiten und Integrität. Diese Differenzierung ist aus dem klassischen ABI-Modell (Mayer et al., 1995) bekannt, seitens Edelman wird im Bereich Integrität jedoch noch stärker auf die wachsende Bedeutung von Werten verwiesen.

Aus wirtschaftlicher Sicht ist hierbei bemerkenswert, dass bei der Einschätzung der Integrität der jeweiligen Institutionen vermehrt auf eine Passung von eigenen Überzeugungen mit den jeweiligen Unternehmenswerten geachtet wird (vgl. Edelman 2021a, 2021b). Eine entsprechende Passung wird somit zu einer Grundvoraussetzung von Vertrauen, welches wiederum als zentrale Determinante für den Markenwert zu verstehen ist: Denn diese Präferenzordnung hat bedeutsame Konsequenzen, etwa bei der der Produktwahl. So zeigt sich, dass Markenloyalität – als eine besondere Form einer Vertrauensbeziehung – mittlerweile stark von einer Wertedimension bestimmt wird. Produktqualität allein ist oftmals als Destinktionsmerkmal nicht mehr ausreichend. So geben sogar 40 % der Befragten im *Edelman Trust Barometer 2021 Special-Report: Trust the new brand equity* an, dass sie auf geliebte Marken verzichten würden, wenn sie dem dazugehörigen Unternehmen nicht mehr vertrauen. ◀

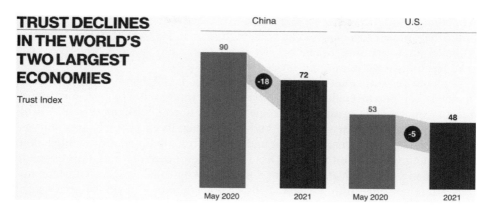

8.2.5 Anwendungsbereich Spitzensport: Dopingkontrolle als Vertrauensfrage

Die Vielschichtigkeit und die damit verbundene Komplexität von Vertrauensbeziehungen lässt sich nicht nur gut in wirtschaftlichen Beziehungen illustrieren, sondern auch anhand der Dopingproblematik im Spitzensport verdeutlichen. Das Besondere ist hierbei, dass es in diesem Bereich zu einer Vermischung von gesellschaftlichen Normen, wirtschaftlichen Interessen und individuellen Risikoeinschätzungen kommt, welche gleichzeitig von einer breiteren Öffentlichkeit verfolgt werden.

Rein formell gilt hierzu grundsätzlich Folgendes: Welche Substanzen und Methoden unter den Begriff Doping fallen, ist durch die Welt-Anti-Doping-Agentur (WADA, 2021) im sogenannten Welt-Anti-Doping-Code (WADC) definiert. Hier werden auch die Kontroll- und Sanktionsmechanismen geregelt, wodurch der WADC ein umfangreiches Regelwerk darstellt, dem sich fast ausnahmslos alle großen nationalen wie internationalen Sportverbände unterwerfen und der somit für den Großteil der Athletinnen und Athleten maßgebend ist.

Zunächst ist festzuhalten, dass Dopinggebrauch für jeden Athleten riskant ist. Das Risiko, entdeckt zu werden, ist mit dem Risiko einer Verurteilung, einer langen Sperre oder eines schweren Imageverlusts verbunden. Dementsprechend können Athletinnen und Athleten die Möglichkeit verlieren, ihr höchstes Lebensziel in Bezug auf den sportlichen Erfolg zu erreichen, da ein Dopingfall ihre Karriere beenden oder dieser zumindest einen verheerenden Rückschlag versetzen kann. Gesundheitliche Folgen oder soziale Auswirkungen, wie der Ausschluss aus einer Mannschaft oder der Verlust von Freunden, können weitere Risiken für dopende Sportlerinnen und Sportler darstellen. Große Dopingskandale, wie der „Festina Skandal" im Rahmen des Radsportgroßereignisses Tour de France 1998, haben offenbart, dass nicht nur Dopingeinsatz ein Risiko darstellen kann, sondern auch Dopingverzicht (Vest Christiansen, 2005). Solche Situationen treten auf, wenn

Athletinnen und Athleten wissen, dass die Konkurrenz dopen kann oder dies sogar praktiziert, ohne dabei entdeckt zu werden. In diesem Fall wären Athletinnen und Athleten im Wettkampf gegenüber der Konkurrenz im Nachteil, wenn sie nicht auch leistungssteigernde Mittel einsetzen.

Anhand der aufgezeigten Risiken wird deutlich, dass Athletinnen und Athleten in einem komplexen Geflecht aus relevanten Vertrauensbeziehungen mit Individuen, Gruppen und Organisationen agieren (siehe auch Dreiskämper et al., 2016). In diesem Umfeld müssen Athleten und Athletinnen ihre Erfolgschancen im Vergleich zu ihrer Konkurrenz bewerten und einschätzen, ob für sie ein Nachteil ohne Verwendung von Doping besteht. Dies wäre insbesondere der Fall, falls dopende Athletinnen und Athleten nicht von den kontrollierenden Anti-Doping-Organisationen überführt werden. Falls darüber hinaus Individuen oder ganze Personengruppen aus dem Sportsystem, wie Betreuer, Ärzte oder Teammanager, Doping nicht nur tolerieren würden, sondern sogar beim Dopen unterstützen und Doping als Norm darstellen, würden saubere Athletinnen und Athleten ihre Erfolgschancen als umso geringer einschätzen.

Um Doping zu verhindern, müssen Athletinnen und Athleten darauf vertrauen können, dass die relevanten Akteure des Sportsystems für einen sauberen Sport einstehen und entsprechende Maßnahmen effektiv und konsequent umsetzen. Mit Bezug zum weitverbreiteten ABI-Vertrauensmodell nach Mayer et al. (1995) müssen in der Wahrnehmung der Athletinnen und Athleten die relevanten Akteure im Sport fähig sein, Doping zu verhindern, indem beispielsweise Anti-Doping-Organisationen und insbesondere die akkreditierten Labore in der Lage sind, verbotene Substanzen und Methoden nachzuweisen. Darüber hinaus bewerten Athletinnen und Athleten, ob die Konkurrenz versucht, sich einen unerlaubten Vorteil zu verschaffen (fehlendes Wohlwollen), und ob die Konkurrenz tatsächlich an die Grundprinzipien des Sports, wie Fair Play oder Chancengleichheit, glaubt und sich in Übereinstimmung mit diesen Prinzipien verhält (Integrität).

Wie hoch Athletinnen und Athleten die Vertrauenswürdigkeit der relevanten Akteure bewerten, hängt maßgeblich davon ab, welche Informationen ihnen zur Verfügung stehen. So kann die Aufdeckung eines Dopingnetzwerkes durch investigative Recherchen, wie es im Fall der „Operation Aderlass" im Februar 2019 der Fall war, die Vertrauenswürdigkeit der Konkurrenz als auch der Anti-Doping-Organisationen dramatisch beeinträchtigen. Im Gegenzug kann die Entwicklung neuer Nachweismethoden die Vertrauenswürdigkeit der Anti-Doping-Autoritäten erhöhen, indem diese so in die Lage versetzt werden, bisher unerkannte Methoden und Substanzen nachzuweisen. Diese Beispiele zeigen, dass Vertrauen im Zeitablauf nicht stabil ist, sondern von einzelnen Ereignissen beeinflusst werden kann, weshalb reziproke Effekte in dem komplexen Geflecht der Vertrauensbeziehungen zu betrachten sind (Petróczi & Aidman, 2008). Folglich ist abschließend festzuhalten, dass alle Akteure im Spitzensport aktiv für einen sauberen Sport einstehen müssen, denn ansonsten beschädigt Doping die Vertrauenswürdigkeit des Sports nachhaltig.

8.3   Fazit – Herausforderung Vertrauenskultivierung

Wenn man die hier dargestellte universelle Relevanz und die zahlreichen, offenkundigen positiven Attribute von Vertrauen abschließend betrachtet, stellt sich die Frage, in wessen Zuständigkeitsbereich dieses Thema fällt. Müsste der Aufbau von Vertrauen in zahlreichen Lebensbereichen – egal ob Wirtschaft, Politik oder Spitzensport – nicht auch formal stärker sichtbar werden? Man könnte den Eindruck gewinnen, dass die Bedeutung von Vertrauen zwar stets betont wird, die tatsächliche Kultivierung aber unter einer gewissen Umsetzungsschwäche leidet.

Neben der in diesem Kapitel auch dargestellten inhärenten Vielschichtigkeit, welche die Operationalisierung von Vertrauen oftmals in der Praxis erschwert, lassen sich zusätzlich zwei weitere Gründe für diese Umsetzungsschwäche nennen:

Ein erstes, grundlegendes Problem für eine spezifische Förderung von Vertrauen ist zunächst die Tatsache, dass dessen Bedeutung oftmals erst im Krisenfall vollends sichtbar wird. Zwar zeigen empirische Studien, dass auch intakte Beziehungen von zusätzlichem Vertrauen profitieren können (Albach, 1991), jedoch scheint diese gesicherte Erkenntnis in vielen Bereichen noch nicht hinreichend genutzt zu werden. Ein wichtiger Schritt ist daher, dass die anwendungsorientierte Vertrauensforschung sich nicht zu sehr auf den Themenbereich Krisenmanagement einengen lassen sollte. Stattdessen gilt es auch von Krisen losgelöste Anwendungen, etwa die Etablierung einer (organisationalen) Vertrauenskultur, als proaktives Gestaltungselement zu vermitteln (Enste et al., 2018).

Eine zweite Ursache, weshalb sich etwa in Unternehmen (noch) nicht die Position des Chief Trust Officer (Budge & Bruce, 2021) etablieren konnte, liegt in der Tatsache begründet, dass oft davon ausgegangen wird, dass vertrauensbezogene Inhalte zwar wichtig sind, diese jedoch bereits durch bestehende Funktionsbereiche ausreichend abgedeckt werden können. Human Resources kümmert sich etwa vereinfacht gesagt um die Vertrauensbeziehungen zwischen den Mitarbeitenden, und für das Kundenvertrauen ist dann wiederum das Marketing zuständig. Die Aufwertung von Vertrauen, hin zur Chefsache, setzt allerdings voraus, dass die zuständigen Personen Kenntnisse darüber besitzen, mittels welcher Indikatoren die Entwicklung von Vertrauen und verwandter Konstrukte – etwa Kundenloyalität (Ball et al., 2004) – bewertet werden können. Hier ist vor allem die (akademische) Ausbildung gefordert, die notwendigen Fähigkeiten zu vermitteln.

Es gibt aber auch bereits Bereiche, in denen Vertrauen erfolgreich kultiviert wird. Dies gelingt insbesondere dort, wo das schwer greifbare Konstrukt an konkrete Inhalte geknüpft wird. Wie der Exkurs zu Vertrauen in Verhandlungen illustriert, bieten Anwendungen, in welchen konkrete Interaktionselemente hervorgehoben werden können, sinnvolle Möglichkeiten für organisationale Trainings und Weiterbildungen. Neben dem Thema Verhandlungsführung kann aus dem wirtschaftlichen Bereich sicher auch das Thema Führungsverhalten genannt werden, zu welchem zahlreiche empirisch gestützte Ansätze für den Aus- und Aufbau von Vertrauen existieren (Asencio & Mujkic, 2016; Legood et al., 2016; Schmiedel, 2017).

Auch wenn der kontinuierliche Aufbau und der Erhalt von Vertrauen aufgrund der häufig komplexen Vertrauensgeflechte im sozialen Umfeld respektive in Organisationen eine herausfordernde Aufgabe bedeutet, stellt sich diese zumeist als lohnende Anstrengung heraus. Insbesondere öffentlichkeitswirksame Skandale, wie die zuvor beschriebenen Dopingaffären, zeigen, dass Vertrauen – nicht nur in Krisenzeiten – als dynamisches und fragiles Konstrukt verstanden werden sollte. Während das Vertrauen innerhalb kürzester Zeit erschüttert werden kann, ist der Aufbau bzw. die Wiederherstellung von Vertrauen ein langwieriger Prozess und es ist unklar, inwiefern das ursprüngliche Vertrauensniveau wiedererlangt werden kann (Kim et al., 2009). Dementsprechend sollte „geschenktes" Vertrauen nicht als Selbstverständlichkeit angesehen werden, sondern als demonstrierte Wertschätzung und als Investition in eine Beziehung.

❓ Wiederholungs-/Kontrollfragen

1. Weshalb ist Risiko eine notwendige Komponente einer vertrauensbasierten Beziehung?
2. Worin wird der zentrale Vorteil von Vertrauen in wirtschaftlichen Beziehungen gesehen?
3. Benennen Sie die drei Perspektiven, aus denen Technologieakzeptanz betrachtet werden kann.
4. Nennen Sie ein Beispiel für die Mikroebene der Vertrauensforschung.
5. Wodurch wird im experimentellen „Trust Game" (Berg et al., 1995) Vertrauen gemessen?
6. Was wären weitere spieltheoretische Ansätze, um Vertrauen zu operationalisieren?
7. Nennen Sie drei personenbedingten Voraussetzungen für Vertrauen.
8. Worin besteht die „Faith-in-People"-Messung von Rosenberg (1956)?
9. Welche Faktoren der Vertrauenswürdigkeit nennen Mayer et al. (1995) im Rahmen des „Integrative Model of Organizational Trust"?
10. Nennen Sie Gründe, warum Vertrauen gut für Verhandlungen sind.
11. Wie können Sie in Verhandlungen Vertrauen aufbauen?
12. Welche drei Dimensionen der kognitiven Bewertung von Verantwortung schlägt Weiner (1985) vor?
13. Erläutern Sie die Bedeutung von Vertrauen im Kontext der Dopingproblematik im Spitzensport.
14. Weshalb wird die Bedeutung von Vertrauen in Unternehmen noch (zu) wenig in entsprechenden Stellenbeschreibungen abgebildet?

Zusammenfassung

− Die Kerneigenschaften einer vertrauensbasierten Interaktion lassen sich wie folgt zusammenfassen: „Vertrauen zeichnet sich durch die freiwillig geschaffene Beziehungsqualität zu Personen oder zu Organisationen aus. Es besteht in der Bereitschaft einer Person, gegenüber einer anderen Person verletzlich zu werden und infolgedessen eine riskante Vorleistung einzugehen" (Stangel-Meseke, 2017, S. 28).

- Mit dem Eingehen einer Vertrauensbeziehung ist typischerweise eine positive, auf die Zukunft bezogene, Erwartungshaltung verbunden.
- In seiner übergeordneten Wirkung entspricht Vertrauen oftmals der vom Soziologen Niklas Luhmann postulierten komplexitätsreduzierenden Funktion.
- Die gesellschaftliche Relevanz von Vertrauen zeigt sich insbesondere in den Bereichen gesellschaftliches Engagement und gesellschaftliche Konsensfähigkeit.
- Die volkswirtschaftliche Bedeutung von Vertrauen lässt sich an dem Zusammenhang zwischen nationalem Vertrauensniveau und Bruttoinlandsprodukt (BIP) pro Kopf illustrieren.
- Aus technologischer Sicht steht Vertrauen in einer engen Beziehung zur Frage, ob bestimmte Verfahren, Maßnahmen oder Rahmenbedingungen akzeptiert werden.
- Als interdisziplinäres Untersuchungssubjekt reicht das breite Spektrum der Vertrauensforschung von der Analyse hormoneller Einflüsse bis hin zu philosophisch geprägten Gesellschaftsdiskursen.
- Spieltheoretisch ausgerichtete Ansätze gehen davon aus, dass das für Vertrauen entscheidende Risiko letzten Endes durch die Höhe eines finanziellen Verlustes operationalisiert werden sollte. Exemplarisch lässt sich dies an dem experimentellen Vertrauensspiel („Trust Game") von Berg und Kollegen (1995) darstellen.
- In der sozialpsychologischen und differenziellen Vertrauensforschung liegt der Fokus auf der Betrachtung von mentalen Prozessen und der Frage der individuellen Voraussetzungen für vertrauensbasierte Beziehungen.
- Laut dem Integrative Model of Organizational Trust von Mayer und Kollegen (1995) bemisst sich Vertrauenswürdigkeit anhand der Faktoren Fähigkeit, Wohlwollen und Integrität.
- Vertrauen aus Sicht der sozialen Interaktion lässt sich in die Bereiche Voraussetzungen, Ebene der sozialen Interaktion und der eigentlichen Vertrauensdarstellung unterteilen.
- Gegenstand der Forschung zum Vertrauenswiederaufbau ist oftmals die kommunikative Reaktion eines Vertrauensnehmers, welcher sich mit einer potenziell ungünstigen Attribution des Vertrauensgebers konfrontiert sieht.
- Die Übertragung der Forschungsergebnisse in die Praxis wird unter anderem dadurch erschwert, dass die Bedeutung von Vertrauen zwar anerkannt wird, Maßnahmen zu dessen strategischer Verankerung in Unternehmen jedoch noch wenig implementiert werden.

Literatur

Albach, H. (1991). Vertrauen in der ökonomischen Theorie. In *Unternehmen im Wettbewerb: Investitions-, Wettbewerbs- und Wachstumstheorie als Einheit* (S. 3–12). Gabler. https://doi.org/10.1007/978-3-322-83618-2_1

Algan, Y., & Cahuc, P. (2010). Inherited trust and growth. *American Economic Review, 100*(5), 2060–2092.

Allum, N. (2007). An empirical test of competing theories of hazard-related trust: The case of GM food. *Risk Analysis: An International Journal, 27*(4), 935–946.

Andreasson, U. (2017). *Trust – The Nordic Gold.* Nordic Council of Ministers.

Arrow, K. J. (1972). Gifts and exchanges. *Philosophy & Public Affairs, 1*, 343–362.

Asencio, H., & Mujkic, E. (2016). Leadership behaviors and trust in leaders: Evidence from the US federal government. *Public Administration Quarterly, 40*, 156–179.

Ball, D., Coelho, P. S., & Machás, A. (2004). The role of communication and trust in explaining customer loyalty: An extension to the ECSI model. *European Journal of Marketing, 38*(9/10), 1272–1293.

Basel, J. S., & Rubin, K. (2021). Repair of trust through apology at a Reputable Company: The case of PostBus In Switzerland. *International Journal of Business Research and Management (IJBRM), 12*(3), 116–138.

Bauer, P. C., & Freitag, M. (2018). Measuring trust. In *The Oxford handbook of social and political trust*. Oxford University Press.

Becker, T. E. (1998). Integrity in organizations: Beyond honesty and conscientiousness. *Academy of Management Review, 23*(1), 154–161.

Beckert, J. (2010). Die Finanzkrise ist auch eine Vertrauenskrise. *Gesellschaftsforschung, 1*, 9–13.

Behnke, J., Hintermaier, J., & Rudolph, L. (2010). Die Bedeutung von Werten für Verteilungsergebnisse im Ultimatum- und Diktatorspiel. In *Jahrbuch für Handlungs- und Entscheidungstheorie* (S. 165–192). Springer.

Beierlein, C., Kemper, C. J., Kovaleva, A., & Rammstedt, B. (2012). *Kurzskala zur Messung des zwischenmenschlichen Vertrauens: Die Kurzskala Interpersonales Vertrauen (KUSIV3)* (GESIS-Leibniz-Institut für Sozialwissenschaften Working Papers, 2012). GESIS.

Bendau, A., Plag, J., Petzold, M. B., & Ströhle, A. (2021). COVID-19 vaccine hesitancy and related fears and anxiety. *International Immunopharmacology, 97*, 107724.

Berg, J., Dickhaut, J., & McCabe, K. (1995). Trust, reciprocity, and social history. *Games and Economic Behavior, 10*(1), 122–142.

Bjørnskov, C. (2006). The multiple facets of social capital. *European Journal of Political Economy, 22*(1), 22–40.

Bohnet, I., & Zeckhauser, R. (2004). Trust, risk and betrayal. *Journal of Economic Behavior & Organization, 55*(4), 467–484.

Brühl, R., Horch, N., & Orth, M. (2009). Vertrauen und Controlling – Ein Spannungsverhältnis im Spiegel der Forschung. In M. Reimer & S. Fiege (Hrsg.), *Perspektiven des Strategischen Controllings* (S. 97–116). Gabler.

Brühl, R., Basel, J. S., & Kury, M. (2016). Vertrauensbildung durch Kommunikation – die Rolle von Verantwortung und Rechenschaft. In F. Keuper & T. Sommerlatte (Hrsg.), *Vertrauensbasierte Führung. Devise und Forschung* (S. 179–196). Springer.

Brühl, R., Basel, J. S., & Kury, M. F. (2018). Communication after an integrity-based trust violation: How organizational account giving affects trust. *European Management Journal, 36*(2), 161–170.

Buck, E., & Bierhoff, H. W. (1986). Verlässlichkeit und Vertrauenswürdigkeit: Skalen zur Erfassung des Vertrauens in eine konkrete Person. [Dependability and trustworthiness: Scales for assessing trust in a specific person.]. *Zeitschrift für Differentielle und Diagnostische Psychologie, 7*(4), 205–223.

Budge, J., & Bruce, I. (2021). Predictions 2022: Leaders who embrace trust set the bar for new sustainability and AI goals. *2022*(02.02.2022). https://www.forrester.com/blogs/predictions-2022-leaders-who-embrace-trust-set-the-bar-for-new-sustainability-ai-goals/

Cook, K. (2001). *Trust in society*. Russell Sage Foundation.

Cox, J. C. (2004). How to identify trust and reciprocity. *Games and Economic Behavior, 46*(2), 260–281.

Davis, F. D. (1993). User acceptance of information technology: System characteristics, user perceptions and behavioral impacts. *International Journal of Man-Machine Studies, 38*(3), 475–487.

Deutsch, M. (1960). The effect of motivational orientation upon trust and suspicion. *Human Relations, 13*(2), 123–139.

Dirks, K. T., & Ferrin, D. L. (2001). The role of trust in organizational settings. *Organization Science, 12*(4), 450–467.

Dreiskämper, D., Pöppel, K., Westmattelmann, D., Schewe, G., & Strauss, B. (2016). Trust processes in sport in the context of doping. In *Trust and communication in a digitized world* (S. 125–141). Springer.

Eberl, P. (2012). Vertrauen und Kontrolle in Organisationen. In H. Möller (Hrsg.), *Vertrauen in Organisationen: Riskante Vorleistung oder hoffnungsvolle Erwartung?* (S. 93–110). VS Verlag für Sozialwissenschaften. https://doi.org/10.1007/978-3-531-94052-6_5

Edelman. (2021a). *Edelman Trust Barometer 2021: Global report.* https://www.edelman.com/trust/2021-trust-barometer

Edelman. (2021b). *Edelman Trust Barometer 2021 Special-Report: Trust the new brand equity.* https://www.edelman.de/research/edelman-trust-barometer-2021-special-report-brand

Elliott, R., & Yannopoulou, N. (2007). The nature of trust in brands: A psychosocial model. *European Journal of Marketing, 41*(9-10), 988–998.

Enste, D., Grunewald, M., & Kürten, L. (2018). Vertrauenskultur als Wettbewerbsvorteil in digitalen Zeiten: Neue experimentelle und verhaltensökonomische Ergebnisse. *IW-Trends-Vierteljahresschrift zur empirischen Wirtschaftsforschung, 45*(2), 47–66.

Fehr, E., Fischbacher, U., von Rosenbladt, B., Schupp, J., & Wagner, G. G. (2002). A nation-wide laboratory. *Schmollers Jahrbuch, 122*(519), 542.

Ferrin, D. L., Kim, P. H., Cooper, C. D., & Dirks, K. T. (2007). Silence speaks volumes: The effectiveness of reticence in comparison to apology and denial for responding to integrity- and competence-based trust violations. *Journal of Applied Psychology, 92*(4), 893–908.

Fox, C. R., & Tannenbaum, D. (2011). The elusive search for stable risk preferences. *Frontiers in psychology, 2*, 298.

Frey, R. (2021). Psychological drivers of individual differences in risk perception: A systematic case study focusing on 5G. *Psychological Science, 32*(10), 1592–1604. https://doi.org/10.1177/0956797621998312

Fuller, M. A., Serva, M. A., & Baroudi, J. (2009). Clarifying the integration of trust and TAM in e-commerce environments: Implications for systems design and management. *IEEE Transactions on Engineering Management, 57*(3), 380–393.

Giffin, K. (1967). The contribution of studies of source credibility to a theory of interpersonal trust in the communication process. *Psychological Bulletin, 68*(2), 104.

Gigerenzer, G., & Berg, N. (2010). As-if behavioral economics: Neoclassical economics in disguise? *As-If Behavioral Economics, 18*, 1000–1033.

Glikson, E., & Woolley, A. W. (2020). Human trust in artificial intelligence: Review of empirical research. *Academy of Management Annals, 14*(2), 627–660.

Guiso, L., Sapienza, P., & Zingales, L. (2006). Does culture affect economic outcomes? *Journal of Economic perspectives, 20*(2), 23–48.

Hamamura, T., Li, L. M. W., & Chan, D. (2017). The association between generalized trust and physical and psychological health across societies. *Social Indicators Research, 134*(1), 277–286.

Hancock, P. A., Billings, D. R., Schaefer, K. E., Chen, J. Y., De Visser, E. J., & Parasuraman, R. (2011). A meta-analysis of factors affecting trust in human-robot interaction. *Human Factors, 53*(5), 517–527.

Herzog, L. (2013). Persönliches Vertrauen, Rechtsvertrauen, Systemvertrauen. *Deutsche Zeitschrift für Philosophie, 61*(4), 529–548.

Hoberg, F. (2020). *Bedeutung und Wirkungspotentiale effizienter Krisenkommunikation.* Springer.

Johnson-George, C., & Swap, W. C. (1982). Measurement of specific interpersonal trust: Construction and validation of a scale to assess trust in a specific other. *Journal of Personality and Social Psychology, 43*(6), 1306.

Kassebaum, U. (2004). *Interpersonelles Vertrauen: Entwicklung eines Inventars zur Erfassung spezifischer Aspekte des Konstrukts [Interpersonal Trust: Development of a Inventory to Measure Specific Aspects of the Construct].* Doctoral dissertation, Universität Hamburg, Germany. https://ediss.sub.uni-hamburg.de/bitstream/ediss/618/1/Dissertation.pdf

Kim, P. H., Dirks, K. T., & Cooper, C. D. (2009). The repair of trust: A dynamic bilateral perspective and multilevel conceptualization. *Academy of Management Review, 34*(3), 401–422.

Kosfeld, M., Heinrichs, M., Zak, P. J., Fischbacher, U., & Fehr, E. (2005). Oxytocin increases trust in humans. *Nature, 435*(7042), 673–676.

Krueger, F., McCabe, K., Moll, J., Kriegeskorte, N., Zahn, R., Strenziok, M., Heinecke, A., & Grafman, J. (2007). Neural correlates of trust. *Proceedings of the National Academy of Sciences, 104*(50), 20084–20089.

Kury, M. (2014). *Abgabe von Rechenschaft zum Wiederaufbau von Vertrauen: Eine empirische Untersuchung der Berichterstattung von Banken.* Eul.

Langerfeldt, M. (2003). Das Gefangenendilemma. *WiSt-Wirtschaftswissenschaftliches Studium, 32*(4), 226–230.

Legood, A., Thomas, G., & Sacramento, C. (2016). Leader trustworthy behavior and organizational trust: The role of the immediate manager for cultivating trust. *Journal of Applied Social Psychology, 46*(12), 673–686.

Lewicki, R. J., & Bunker, B. B. (1996). Developing and maintaining trust in work relationships. *Trust in Organizations: Frontiers of Theory and Research, 114*, 139.

Lewicki, R. J., Tomlinson, E. C., & Gillespie, N. (2006). Models of interpersonal trust development: Theoretical approaches, empirical evidence, and future directions. *Journal of Management, 32*(6), 991–1022.

Lewis, J. D., & Weigert, A. (1985). Trust as a social reality. *Social forces, 63*(4), 967–985.

Luhmann, N. (2000). *Vertrauen. Ein Mechanismus der Reduktion sozialer Komplexität* (4. Aufl.). Lucius & Lucius. (1968).

Malhotra, D., & Bazerman, M. (2007). *Negotiation genius: How to overcome obstacles and achieve brilliant results at the bargaining table and beyond.* Bantam.

Malle, B. F. (2011). Attribution theories: How people make sense of behavior. *Theories in Social Psychology, 23*, 72–95.

Mayer, R. C., Davis, J. H., & Schoorman, F. D. (1995). An integrative model of organizational trust. *Academy of Management Review, 20*(3), 709–734.

McCabe, K. A., Rigdon, M. L., & Smith, V. L. (2003). Positive reciprocity and intentions in trust games. *Journal of Economic Behavior & Organization, 52*(2), 267–275.

Möller, H. (2012). Vertrauens- und Misstrauenskulturen in Organisationen. In H. Möller (Hrsg.), *Vertrauen in Organisationen: Riskante Vorleistung oder hoffnungsvolle Erwartung?* (S. 13–27). VS Verlag für Sozialwissenschaften. https://doi.org/10.1007/978-3-531-94052-6_1

Möllering, G. (2011). Vernebeltes Vertrauen? Cloud Computing aus Sicht der Vertrauensforschung. In I. A. Picot, T. Götz, & U. Hertz (Hrsg.), *Trust in IT*. Springer.

Moschner, U., & Schlicht, J. (2018). Interpersonales Vertrauen – eine Komponente der Komplexitätsreduktion in digitalisierten Arbeitsumgebungen. In J. Schlicht & U. Moschner (Hrsg.), *Berufliche Bildung an der Grenze zwischen Wirtschaft und Pädagogik: Reflexionen aus Theorie und Praxis* (S. 179–198). Springer Fachmedien Wiesbaden. https://doi.org/10.1007/978-3-658-18548-0_10

Murray, C. (2016). *Selling with EASE: The four step sales cycle found in every successful business transaction.* Lucrum House Publishing.

OECD. (2011). *Social indicators, society at a glance 2011*. OECD Publishing.

Oosterbeek, H., Sloof, R., & Van De Kuilen, G. (2004). Cultural differences in ultimatum game experiments: Evidence from a meta-analysis. *Experimental Economics, 7*(2), 171–188.

Ortiz-Ospina, E., & Roser, M. (2016). *Trust.* https://ourworldindata.org/trust

Parry, G. (1976). Trust, distrust and consensus. *British Journal of Political Science, 6*(2), 129–142.

Petróczi, A., & Aidman, E. (2008). Psychological drivers in doping: The life-cycle model of performance enhancement. *Substance Abuse Treatment, Prevention, and Policy, 3*(1), 1–12.

Putnam, R. D. (2000). *Bowling alone: The collapse and revival of American community.* Simon and schuster.

Rempel, J. K., Holmes, J. G., & Zanna, M. P. (1985). Trust in close relationships. *Journal of Personality and Social Psychology, 49*(1), 95.

Rosenberg, M. (1956). Misanthropy and political ideology. *American Sociological Review, 21*(6), 690–695.

Rotter, J. B. (1967). A new scale for the measurement of interpersonal trust. *Journal of Personality, 35*(4), 651–665.

Rousseau, D. M., Sitkin, S. B., Burt, R. S., & Camerer, C. (1998). Not so different after all: A cross-discipline view of trust. *Academy of Management Review, 23*(3), 393–404.

Schmiedel, M. (2017). *Trust-based Leadership – Führen durch Vertrauen.* Springer.

Schoorman, F. D., Mayer, R. C., & Davis, J. H. (2007). An integrative model of organizational trust: Past, present, and future. *Academy of Management review, 32*(2), 344–354.

Siegrist, M. (2000). The influence of trust and perceptions of risks and benefits on the acceptance of gene technology. *Risk Analysis, 20*(2), 195–204.

Siegrist, M. (2001). *Die Bedeutung von Vertrauen bei der Wahrnehmung und Bewertung von Risiken.* Akademie für Technikfolgenabschätzung in Baden-Württemberg.

Siegrist, M. (2021). Trust and risk perception: A critical review of the literature. *Risk Analysis, 41*(3), 480–490.

Simmel, G. (1999/Erstpublikation publiziert 1908). *Soziologie: Untersuchungen über die Formen der Vergesellschaftung.*

Solomon, R. C., & Flores, F. (2003). *Building trust: In business, politics, relationships, and life.* Oxford University Press.

Sommerlatte, T., & Fallou, J.-L. (2012). Was bedeutet eigentlich Vertrauen? In *Quintessenz der Vertrauensbildung* (Bd. 5–13). Springer. https://doi.org/10.1007/978-3-642-31385-1_3

Späth, J. F. (2008). *Interpersonelles Vertrauen in Organisationen: Eine empirische Untersuchung der Einflussfaktoren und Verhaltenswirkungen* (Bd. 24). Peter Lang.

Stangel-Meseke, M. (2017). Der Kitt. Über Vertrauen und den Zusammenhalt von Organisationen. *Konrad Adenauer Stiftung. Die politische Meinung, 543*(14. März), 27–31.

Stiftung, B. (Hrsg.). (2016). *Der Kitt der Gesellschaft.* Bertelsmann Stiftung.

Tomlinson, E. C. (2018). The contributions of attribution theories to trust research. In *The Routledge companion to trust* (S. 245–266). Routledge.

Tomlinson, E. C., & Mayer, R. C. (2009). The role of causal attribution dimensions in trust repair. *Academy of Management Review, 34*(1), 85–104.

Unkrig, E. R. (2020). VUKA – Imperativ unserer Welt. *Mandate der Führung 4.0 : Agilität – Resilienz – Vitalität*, 1–34. https://doi.org/10.1007/978-3-658-28492-3_1

Veenstra, G. (2002). Explicating social capital: Trust and participation in the civil space. *Canadian Journal of Sociology/Cahiers canadiens de sociologie, 27*, 547–572.

Vest Christiansen, A. (2005). The legacy of Festina: Patterns of drug use in European cycling since 1998. *Sport in History, 25*(3), 497–514.

Weiner, B. (1985). An attributional theory of achievement motivation and emotion. *Psychological Review, 92*(4), 548–573.

World Anti-Doping Code. (2021). https://www.wada-ama.org/sites/default/files/resources/files/2021_wada_code.pdf

Wu, K., Zhao, Y., Zhu, Q., Tan, X., & Zheng, H. (2011). A meta-analysis of the impact of trust on technology acceptance model: Investigation of moderating influence of subject and context type. *International Journal of Information Management, 31*(6), 572–581.

Zand, D. E. (2016). Reflections on trust and trust research: Then and now. *Journal of Trust Research, 6*(1), 63–73.

Vertrauen in der internen Kommunikation von Organisationen

Constanze Jecker und Klaus Spachmann

Inhaltsverzeichnis

9.1   Einleitung – 226

9.2   Interne Kommunikation in Organisationen – 227

9.3   Vertrauen und Kommunikation – 230

9.4   Vertrauen der Mitarbeitenden in Organisationen – 233

9.5   Vertrauen in interne Kommunikation – 235

9.6   Vertrauen durch interne Kommunikation – 240

       Literatur – 246

© Der/die Autor(en), exklusiv lizenziert an Springer-Verlag GmbH, DE, ein Teil von Springer Nature 2023
J. Basel, P. Henrizi (Hrsg.), *Psychologie von Risiko und Vertrauen*,
https://doi.org/10.1007/978-3-662-65575-7_9

Zusammenfassung

Für Organisationen ist es wesentlich, Vertrauen aufzubauen und zu pflegen – sowohl gegenüber internen als auch externen Bezugsgruppen. Nach innen ist Vertrauen unter den Mitarbeitenden sowie zwischen Mitarbeitenden und Organisationsführung die Grundlage für erfolgreiches Zusammenarbeiten und damit für effektive Wertschöpfungsprozesse. Vor diesem Hintergrund betrachtet der Beitrag verschiedene Aspekte des Vertrauens aus einer kommunikationswissenschaftlichen Perspektive: So wird zum einen die Arbeits- und Aufgabenkommunikation von der gemanagten, zentral gesteuerten internen Kommunikation abgegrenzt. Zum anderen wird dargelegt, welche Gründe es für Vertrauen gibt und anhand welcher vier Dimensionen sich Vertrauen in die interne Kommunikation untersuchen lässt. Dabei ist es zentral, zwischen Vertrauen in Kommunikation und Vertrauen durch Kommunikation zu unterscheiden.

■ **Lernziele**

━ Die Aufgaben und Ziele interner Kommunikation in eigenen Worten beschreiben können

━ Die Unterschiede zwischen der Arbeits- bzw. Aufgabenkommunikation und der gemanagten, zentral gesteuerten internen Kommunikation darlegen können

━ Die Dimensionen von Vertrauen sowie Gründe für Vertrauen auf ein Fallbeispiel aus der Praxis adaptieren können

━ Das Vertrauen in Kommunikation von dem Vertrauen durch Kommunikation abgrenzen können

━ Ansatzpunkte nennen, wie interne Kommunikation das Vertrauen der Mitarbeitenden fördern kann

9.1 Einleitung

Kommunikation nimmt für Organisationen eine Schlüsselrolle ein. Sie spielt bei sämtlichen Aktivitäten eine Rolle – sowohl innerhalb von Organisationen, wenn Kolleginnen und Kollegen zusammenarbeiten, als auch in ihren Beziehungen nach außen, etwa, wenn eine Kundenberaterin ein Verkaufsgespräch mit einem Kaufinteressenten führt. Entscheiden und Handeln, welcher Art auch immer, und Kommunikation sind im Kontext von Organisationen eng miteinander verbunden (Mast, 2019b, S. 3). Zudem gibt es mit der strategischen Unternehmens- bzw. Organisationskommunikation einen Bereich, der für die Kommunikation einer Organisation nach innen und außen ausdrücklich zuständig ist. Hier unterstützt Kommunikation als strategische Managementfunktion die unternehmerische Wertschöpfung (Zerfaß, 2021).

Dieser Beitrag beschäftigt sich aus kommunikationswissenschaftlicher Perspektive mit dem Vertrauen in der internen Kommunikation. Im Blick stehen die

Kommunikationsprozesse innerhalb einer Organisation und deren Rolle in bzw. für Vertrauensbeziehungen der Mitarbeitenden. Dabei geht es um die Frage, wie interne Kommunikation zum Vertrauen in der Organisation beitragen kann – aber auch darum, wie Vertrauen in die interne Kommunikation selbst entsteht. Anders als für die externe Kommunikation, bei der es einige Arbeiten gibt, die die Zusammenhänge mit Vertrauen analysieren (Bentele, 1994; Hoffjann, 2013, 2018; Röttger, 2019), existieren dazu für die interne Kommunikation nur wenige Arbeiten (Röttger & Voss, 2008).

▶ Abschn. 9.2 führt in die interne Kommunikation ein und unterscheidet verschiedene Bereiche der Kommunikation in Organisationen. In ▶ Abschn. 9.3 werden die Grundlagen von Vertrauen im Zusammenhang mit Kommunikation kurz vorgestellt. Dabei wird auf die sozialwissenschaftlichen Grundlagen von Vertrauen an dieser Stelle nicht ausführlich eingegangen. ▶ Abschn. 9.4 skizziert die grundlegenden Vertrauensbeziehungen der Mitarbeitenden in Organisationen. ▶ Abschn. 9.5 behandelt das Vertrauen der Mitarbeitenden speziell in die interne Kommunikation. Schließlich wird in ▶ Abschn. 9.6 analysiert, wie die interne Kommunikation das Vertrauen der Mitarbeitenden innerhalb der Organisation stärken und unterstützen kann.

9.2   Interne Kommunikation in Organisationen

Die interne Kommunikation spielt für Vertrauensbeziehungen innerhalb von Organisationen eine große Rolle. Kommunikation trägt dazu bei, dass Vertrauen in der Organisation – Vertrauen der Mitarbeitenden gegenüber dem Management und Vertrauen der Mitarbeitenden untereinander – entsteht. Zugleich ist Vertrauen aber auch wesentliche Voraussetzung für einen funktionierenden Informationsfluss und eine gelungene Kommunikation. Nur wer vertraut, kann Informationen annehmen, sich effektiv austauschen und letztlich erfolgreich (zusammen)arbeiten. Um diese Zusammenhänge zwischen interner Kommunikation und Vertrauen analysieren zu können, muss zunächst geklärt werden, was unter interner Kommunikation im Einzelnen verstanden wird.

Interne Kommunikation sind in einem übergreifenden Verständnis sämtliche Kommunikationsprozesse, die sich innerhalb von Organisationen zwischen Mitarbeitenden abspielen (Mast, 2019a, S. 3). Dazu zählt sowohl der Austausch unter Kolleginnen und Kollegen innerhalb einer Arbeitseinheit als auch zwischen Mitarbeitenden verschiedener Hierarchiestufen und Abteilungen. Der Kommunikation zwischen der Organisations- bzw. Unternehmensführung an der Spitze der formalen Hierarchie und den Mitarbeitenden kommt dabei besondere Bedeutung zu. Denn Merkmale von Organisationen sind die Ausrichtung auf ein Ziel oder einen Zweck der Organisation, die hierarchische Struktur sowie die Arbeits- und Aufgabenteilung (Szyska & Malczok, 2016, S. 28). Als zentrales Element in Organisationen können dann **Entscheidungen** gesehen werden. Die Organisationsmitglieder treffen sie gemäß ihrer jeweiligen Aufgabe im Hinblick auf das Organisationsziel bzw. den Organisationszweck. Dabei gibt es Entscheidungen, die grundlegender Art sind, solche, die auf diese grundlegenden, vorangegangenen

Entscheidungen aufbauen, und solche, die eher die Umsetzung bzw. Ausführung von Entscheidungen betreffen (Szyska & Malczok, 2016).

Diese Merkmale von Organisationen prägen auch die Kommunikation innerhalb von Organisationen. Aus einer instrumentellen Perspektive hat interne Kommunikation dann die basale Funktion, Information und Koordination bezogen auf die Entscheidungen innerhalb der Organisation zu ermöglichen. Im Blick stehen dabei der Organisationszweck bzw. das Organisationsziel. Es geht also darum, die Handlungen der Mitarbeitenden möglichst effektiv darauf auszurichten. Aus dieser Perspektive können zwei grundlegende Bereiche der internen Kommunikation unterschieden werden: einerseits die zentral gesteuerte Kommunikation als Organisationsfunktion sowie andererseits die dezentrale Aufgaben- und Arbeitskommunikation.

■ **Interne Kommunikation als Arbeits- und Aufgabenkommunikation**

Die **Arbeits- und Aufgabenkommunikation** spielt sich als interpersonaler Austausch der Mitarbeitenden untereinander und/oder zwischen Führungskraft und Mitarbeitenden ab. Dieser kann zwischen zwei oder mehreren Kommunikationspartnern ablaufen (etwa als Mitarbeitergespräch eins-zu-eins oder als Abteilungsbesprechung) und kann face-to-face (etwa als Teambesprechung) oder medienvermittelt synchron (etwa via Telefon oder Videokonferenz) oder asynchron (etwa via E-Mail oder Chat) stattfinden (Mast & Stehle, 2015; Stehle, 2020). Innerhalb der Arbeits- und Aufgabenkommunikation lassen sich zwei Formen unterscheiden: die informelle und die formelle Kommunikation, wobei die Übergänge fließend sind. Die formelle Kommunikation vollzieht sich innerhalb der Strukturen des Organisationssystems (Szyska & Malczok, 2016). Sie ist also eng an die formale Aufbau- und Ablauforganisation, allen voran die hierarchische Struktur, gebunden. Bei der informellen Kommunikation ist dies nicht der Fall. Zudem kann die informelle Kommunikation auch über die Arbeits- und Aufgabenkommunikation im engen Sinne hinausgehen. Das geschieht, wenn Themen und Inhalte der Kommunikation nicht nur fachliche Aspekte, die zur Zielerreichung und Aufgabenerfüllung notwendig sind, betreffen, sondern auch private Themen umfassen.

■ **Interne Kommunikation als zentral gesteuerte Kommunikation**

Die **zentral gesteuerte interne Kommunikation** spricht als Organisationsfunktion grundsätzlich alle Mitarbeitenden an, indem sie den Kommunikations- und Informationsfluss in der gesamten Organisationsöffentlichkeit organisiert. Dabei gestaltet sie insbesondere die zentrale, medienvermittelte Kommunikation – etwa über das Intranet, die Mitarbeiter-App oder das Mitarbeitermagazin. Für diese gemanagte Kommunikation ist in der Organisation ein zentraler Bereich ausdrücklich zuständig. Dieser Bereich „interne Kommunikation" wird häufig der instrumentellen, strategischen Kommunikation zugeordnet und als Teilbereich bzw. Handlungsfeld der PR beschrieben (Huck-Sandhu, 2016, S. 2; Röttger et al., 2018, S. 155). Die Rede ist dann von „interner PR" (Zerfaß, 2010, S. 297), „Internal Relations" oder auch „internem Kommunikationsmanagement".

Neben dieser Perspektive der Organisation und der Organisationsführung bzw. des (Kommunikations-)Managements kommt es in der internen Kommunikation sehr auf die Perspektive der Mitarbeitenden an (Huck-Sandhu, 2016). Dabei geht es insbesondere darum, die Mitarbeitenden über wichtige Themen und Ereignisse angemessen zu informieren und zu orientieren. Die interne Kommunikation erfüllt also wichtige Funktionen für die Mitarbeitenden und stellt Organisations- bzw. Unternehmensöffentlichkeit her (Spachmann et al., 2022, S. 3). Damit leistet sie ähnliches für die Organisation wie der Journalismus für die Gesellschaft und für die Bürgerinnen und Bürger (ausführlich ▶ Abschn. 9.5).

Arbeits- und Aufgabenkommunikation auf der einen sowie gemanagte interne Kommunikation auf der anderen Seite sind wie vorgestellt unterschiedliche Bereiche. Sie unterscheiden sich in den Akteuren (zentraler Kommunikationsbereich versus alle Führungskräfte und letztlich alle Mitarbeitende), in den hauptsächlich genutzten Formen (mediale versus interpersonale Kommunikation) und in der Reichweite (Arbeitsbeziehung versus gesamte Organisationsöffentlichkeit) der Kommunikation. Allerdings gibt es auch Überschneidungsbereiche. So hat der zentrale Bereich „interne Kommunikation" Einfluss auf die Arbeits- und Aufgabenkommunikation, indem Themen gesetzt, relevante Informationen und Deutungen bereitgestellt und dezentrale Kommunikationsprozesse unterstützt werden. Tatsächlich hat in jüngerer Zeit ein Paradigmenwechsel im internen Kommunikationsmanagement stattgefunden (Mast, 2019a; Spachmann & Huck-Sandhu, 2020; Szyska & Malczok, 2016). Es weitet seine Aktivitäten aus, indem es sich nicht mehr nur auf die mediale Verteilung von Informationen fokussiert, sondern die entscheidungsvorbereitende bzw. -begleitende Kommunikation berücksichtigt. Dezentrale, formelle und informelle Kommunikationsaktivitäten in der Organisation werden unterstützt, Aktivierung von Kommunikationsaktivitäten ergibt wenig Sinn und moderiert.

Um die Herausforderungen und die Komplexität von internen Kommunikationsprozessen in Organisationen veranschaulichen zu können, ist nachfolgend ein fiktives Fallbeispiel beschrieben. Dieses wird im weiteren Verlauf des Beitrags herangezogen, um zentrale Aspekte von Vertrauen praxisorientiert erläutern zu können.

▶ Fallbeispiel: Vertrauen bei HOLZ-ART auf dem Prüfstand

HOLZ-ART ist eine Schreinerei in der Zentralschweiz, die sich auf Designermöbel spezialisiert hat. Das KMU beschäftigt 100 Mitarbeitende an vier Standorten: Die Werkstatt und der Hauptsitz mit der Verwaltung ist in Schwyz, zwei Verkaufsfilialen mit Designermöbeln aus der eigenen Produktion befinden sich in Luzern und in Zürich.

In der Werkstatt in Schwyz arbeiten 50 Handwerkerinnen und Handwerker in der Verwaltung in Schwyz arbeiten 30 Personen. Den Kopf des Unternehmens bilden die Brüder Alois und Heinz Mahagoni; sie bilden die Geschäftsleitung. Beide setzen auf persönliche Kontakte zu ihren Mitarbeitenden und zur Kundschaft sowie auf Qualität bei ihren Designermöbeln. Vertrauen ist kein Schlagwort für die Brüder Mahagoni; sie möchten es leben! Die Organisation des KMU haben die Brüder stets schlank halten wollen und deshalb in 3 Bereiche organisiert: Eine Führungskraft leitet die Abteilung Produktion und Vertrieb, eine Führungskraft verantwortet die Abteilung Marketing und Kommunikation, eine Führungskraft leitet die Abteilung Finanzen und HR.

In den Filialen in Zürich und Luzern arbeiten insgesamt 20 Mitarbeitende. Pro Filiale gibt es eine Leiterin; beide sind seit über 10 Jahren für das Unternehmen tätig.

Alle Führungskräfte sind in ihren Tätigkeitsfeldern für die **Arbeits- und Aufgabenkommunikation** verantwortlich.

Die **gemangte interne Kommunikation** bei HOLZ-ART wird von der Führungskraft verantwortet, die die Abteilung Marketing und Kommunikation leitet. Diese produziert zweimal im Jahr (Frühjahr, Herbst) eine gedruckte Mitarbeiterzeitschrift sowie bei Bedarf einen Newsletter, der zum Teil per Mail und zum Teil in ausgedruckter Form an die Mitarbeitenden verteilt wird. Denn lediglich die Führungskräfte verfügen über einen Mailaccount und ein Smartphone von HOLZ-ART. Das heißt, die Mehrheit der Mitarbeitenden ist nicht per Mail erreichbar. Das KMU hat ferner weder ein Intranet noch eine Mitarbeiter-App, weil die Kosten hierfür zu hoch sind und die Mitarbeitenden diese elektronischen Werkzeuge auch nicht nutzen würden – unter anderem da sie Beruf und Arbeit gerne strikt trennen, wie eine interne Befragung kürzlich ergab.

Aufgrund der Coronapandemie mussten die Brüder Mahagoni mehrere Monate Kurzarbeit anmelden, da die Bestellungen drastisch gesunken waren und der Umsatz eingebrochen war. Die Stimmung bei den Führungskräften und Mitarbeitenden von HOLZ-ART ist entsprechend gedämpft, die Atmosphäre angespannt, die Ängste vor der Zukunft sind groß. Nun haben die Brüder Mahagoni gemeinsam die Entscheidung gefällt, die Filiale in Zürich zu schließen, um die Kosten zu senken. Ihr erklärtes Ziel ist es, gleichwohl das Vertrauen der Mitarbeitenden und Führungskräfte erhalten zu können. Sie sind unsicher, wie sie das tun können. ◄

Für die Rolle von Vertrauen in der internen Kommunikation ergeben sich aus den bereits erwähnten doppelten Bezügen der zentralen Kommunikationsfunktion – einerseits zur PR und andererseits zum Journalismus – zwei sich ergänzende Perspektiven. Bezogen auf die PR wird vor allem betrachtet, wie aus Perspektive der Organisation durch PR Vertrauen in die Organisation entstehen und gefördert werden kann. Beim Journalismus wird dagegen vor allem aus Perspektive der Rezipientinnen und Rezipienten gefragt, woraus Vertrauen in den Journalismus besteht – und wie es entsteht. Diese von verschiedenen Autoren entwickelten Perspektiven von PR und Journalismus auf Vertrauen (Hoffjann, 2011; Kohring, 2004) lassen sich auf die interne Kommunikation übertragen: Interne Kommunikation kann Vertrauen der Mitarbeitenden in die Organisation fördern. Hierfür ist das Vertrauen der Mitarbeitenden in die interne Kommunikation notwendig. Diese Argumentation wird im Folgenden erläutert.

9.3   Vertrauen und Kommunikation

Vertrauen ist ein grundlegender Mechanismus der Reduktion sozialer Komplexität, wie es in einem Buchtitel des Soziologen Niklas Luhmann heißt. Damit gilt es als entscheidende Größe, die soziales Handeln unter der Bedingung von Unsicherheit überhaupt ermöglicht. Vertrauen ist die Zuschreibung eines Vertrauensgebers an ein Vertrauensobjekt, dass eine in der Zukunft gelegene Handlung des Objekts als sicher angenommen wird, obwohl sie es nicht ist. Die Konsequenz einer solchen

Vertrauensbeziehung ist, dass sich aktuelle Handlungen des Vertrauensgebers an der als sicher angenommenen, zukünftigen Handlung des Vertrauensobjekts ausrichten. In diesem Sinne gilt Vertrauen als riskante Vorleistung (Luhmann, 2014 [1968], S. 30). Ein Beispiel ist die zusätzliche Arbeitsleistung eines/einer Mitarbeitenden, die er oder sie über die vereinbarte Arbeitszeit hinaus erbringt. Der/die Mitarbeitende wird die Arbeit nur unter der – prinzipiell unsicheren – Annahme leisten, dass das Unternehmen dafür einen finanziellen oder zeitlichen Ausgleich gewährt.

Im Kontext von Organisationen ist es – ebenso wie bei der Betrachtung der Gesellschaft – sinnvoll, neben dem **Vertrauen in Personen** (als individuelle Akteure) und dem **Vertrauen in Organisationen** (als kollektive Akteure) auch das **Vertrauen in Systeme** zu betrachten. Analog zu den gesellschaftlichen Teilsystemen wie die Politik, die Wirtschaft, der Journalismus oder das Gesundheitssystem lassen sich in einer Organisation einzelne Teilsysteme ausmachen, die in der Organisation bestimmte Aufgaben erfüllen. Dazu gehören etwa die Organisationsführung bzw. das Topmanagement, das Marketing, die Personalabteilung oder auch die Kommunikationsabteilung.

- **Dimensionen von Vertrauen**

Beim Systemvertrauen, aber auch beim interpersonalen Vertrauen, nehmen jüngere kommunikationswissenschaftliche Arbeiten meist eine funktionale Perspektive ein und verwenden systemtheoretische Ansätze auf Basis der Arbeiten von Niklas Luhmann (Hoffjann, 2013, S. 37; Kohring, 2004; Kohring, 2001, S. 62; Röttger et al., 2018, S. 124). Das bedeutet, dass die **Dimensionen von Vertrauen** – das, worauf sich Vertrauen bezieht – aus den Leistungserwartungen der Vertrauensgeber gegenüber den Vertrauensnehmern abgeleitet werden (Kohring, 2004, S. 124). Vertrauen richtet sich also auf „Handlungserwartungen, die sich aus der (funktionalen) Besonderheit einer Person, einer Rolle, einer Institution oder eines Funktionssystems ergeben (Kohring, 2004, S. 120) (▶ Abschn. 9.5).

Vertrauen der Mitarbeitenden in das Management einer Organisation bezieht sich beispielsweise auf das angemessene Agieren der Führung – also etwa darauf, eine angemessene Strategie umzusetzen, welche die Organisation in eine gute Zukunft führt und den Mitarbeitenden ihre Arbeitsplätze sichert. Damit ist auch klar, dass ein so verstandenes Vertrauen immer spezifisch ist – also abhängig von sozialen Situationen, den beteiligten Akteuren, deren Rollen und Erwartungen. So ist das Vertrauen der Mitarbeitenden in das Management z. B. etwas anderes als deren Vertrauen in den Betriebsrat (▶ Abschn. 9.6).

- **Gründe für Vertrauen**

Von den Dimensionen des Vertrauens zu unterscheiden sind die **Gründe für Vertrauen**. Während die Vertrauenszuschreibung selbst in die Zukunft gerichtet ist, beziehen sich die Gründe für Vertrauen auf die Gegenwart und die Vergangenheit. Sie betreffen die Frage, **warum** ein Vertrauensgeber in einer gegebenen Situation einem Vertrauensobjekt Vertrauen entgegenbringt – oder eben *kein* Vertrauen schenkt. In Abgrenzung zum eigentlichen Vertrauen lässt sich bei den Gründen von Vertrauen von **Vertrauenswürdigkeit** sprechen (Kohring, 2001, S. 6).

Vertrauenswürdigkeit ist also ebenfalls eine Zuschreibung an das Vertrauens-objekt bzw. eine Beurteilung desselben, die anhand übergreifender Kriterien er-folgt (Hoffjann, 2013, S. 40/41). Aus der sozialpsychologischen Forschung sind ins-besondere Fähigkeit, Wohlwollen und Integrität als Faktoren bekannt, anhand derer Personen die Vertrauenswürdigkeit eines Objekts bemessen. Darüber hinaus spielen Eigenschaften des Vertrauensgebers, wie die Risikoneigung und situations-bedingte Einflussfaktoren, eine Rolle (vgl. ▶ Kap. 8).

■ **Vertrauen in der internen Öffentlichkeit**
Sowohl die Dimensionen des Vertrauens selbst als auch die Gründe für Vertrauen – also die Vertrauenswürdigkeit – hängen eng mit Kommunikation zusammen. Ein kommunikationswissenschaftliches Schlüsselkonzept hierzu ist das „öffentliche Vertrauen" von Günter Bentele (1994). Es analysiert, wie speziell durch öffentliche und mediale Kommunikation Vertrauen gegenüber Personen, Organisationen/Ins-titutionen und (Teil-)Systemen entsteht. Im Fokus stehen die sozialen Mechanis-men der öffentlichen Kommunikation, durch die Vertrauen in Akteure und Sys-teme konstituiert wird (Bentele & Seidenglanz, 2015, S. 420). Das Konzept des öf-fentlichen Vertrauens ist ausdrücklich auf die gesellschaftliche Öffentlichkeit bezogen. Ausgangspunkt ist die wesentliche Rolle öffentlicher, medial vermittelter Kommunikation in der Mediengesellschaft. Besondere Bedeutung kommt dabei sowohl dem Journalismus als auch der Public Relations zu – als zwei professiona-lisierte Kommunikationsbereiche. Sie dominieren die Öffentlichkeit und fungieren in dieser Hinsicht als Vertrauensvermittler zu den Bürgerinnen und Bürger. Die Dynamiken einer professionellen, medialen Kommunikation lassen sich jedoch zum Teil auch auf die Bedingungen innerhalb von Organisationen und in der inter-nen Öffentlichkeit übertragen.

Das gilt insbesondere für die Faktoren, die bei der Zuschreibung von Vertrauen und Vertrauenswürdigkeit wirksam sind – die also bei den Menschen zu hohem oder niedrigem Vertrauen führen können. Bentele (1994, S. 145) nennt acht solcher Faktoren: Sachkompetenz, Problemlösungskompetenz, Kommunikationsadäquat-heit, kommunikative Konsistenz, kommunikative Transparenz, kommunikative Offenheit, gesellschaftliche Verantwortung und Verantwortungsethik. Wenn diese Faktoren gegeben sind, entsteht Vertrauen. Fehlen sie, wird Vertrauen abgebaut. Konkret werden sogenannte kommunikative Diskrepanzen als Ursache für Ver-trauensverluste gesehen. Dazu zählt insbesondere das Auseinanderklaffen zwi-schen verbalen Aussagen und tatsächlichem Handeln, inhaltliche Inkonsistenzen im Handeln derselben oder ähnlicher Akteure oder Diskrepanzen zwischen Aus-sagen unterschiedlicher Akteure innerhalb derselben bzw. vergleichbarer Institu-tionen. Die Betrachtung von Vertrauensfaktoren und kommunikativen Dis-krepanzen sind auch geeignet, um aufzuzeigen, wie die interne Kommunikation zum Vertrauen der Mitarbeitenden in die Organisation beitragen kann (▶ Abschn. 9.5).

Eine Kritik an Benteles Ansatz lautet, dass er nicht explizit die Dimensionen nennt, auf die sich (öffentliches) Vertrauen richtet. Anders formuliert: Der An-satz differenziert zu wenig zwischen Vertrauen auf der einen und Vertrauens-würdigkeit auf der anderen Seite. Hier setzen kommunikationswissenschaftliche

Ansätze an, die Vertrauen speziell in Bezug auf entweder den Journalismus oder die Public Relations behandeln. Diese Ansätze verbinden Vertrauen jeweils mit den spezifischen Leistungen von Journalismus bzw. PR. Sie nehmen also konsequent die oben eingeführte funktionale Perspektive ein. Beim Journalismus rückt das Publikum als Leistungsempfänger in den Blick. Analysiert wird das Vertrauen in die journalistische Leistung, die Menschen zu informieren und zu orientieren (Kohring, 2004). Bei der PR als strategischer Kommunikation wird im Kontext von Vertrauen dagegen meist die Sichtweise der Kommunikatoren eingenommen. Dann wird untersucht, wie durch PR das Vertrauen der Bezugsgruppen in eine Organisation unterstützt werden kann (Hoffjann, 2013, 2018). Beide Analysezugänge – journalistisches Vertrauen *in* Kommunikation und PR-Vertrauen *durch* Kommunikation – lassen sich auf die interne Kommunikation anwenden. Zur Frage, welche Rolle speziell die interne Kommunikation für das Managen von Vertrauensbeziehungen in Organisationen spielen kann, existiert eine erste Arbeit (Röttger & Voss, 2008), auf die in ▶ Abschn. 9.6 näher eingegangen wird.

9.4 Vertrauen der Mitarbeitenden in Organisationen

Innerhalb von Organisationen herrschen besondere Bedingungen für Vertrauensbeziehungen. Im Mittelpunkt der Betrachtung steht das interne Vertrauen der Mitarbeitenden.[1] Es richtet sich auf die Leistungen, die verschiedene Akteure, allen voran das Management, innerhalb der Organisation erbringen. Da Leistungen wiederum selbst eine relationale Größe sind – Leistungen werden immer von jemandem für jemanden/etwas erbracht –, müssen zugleich die Bezugspunkte, also die Empfänger der Leistungen, berücksichtigt werden. Hier lassen sich im Kontext von Organisationen grundsätzlich zwei Bezüge unterscheiden. Das Vertrauen der Mitarbeitenden kann sich zum einen auf die Leistungen eines Akteurs für die Organisation insgesamt richten. Zum anderen kann es sich auf Leistungen beziehen, die ein Akteur speziell für die Mitarbeitenden selbst erbringt.

Auf welche Objekte richten sich die Leistungserwartungen und damit das Vertrauen der Mitarbeitenden konkret? Das sind einerseits einzelne Personen, die einer Organisation in ihnen zugeteilten Rollen angehören. Allen voran sind das die Führungskräfte sowie Kolleginnen und Kollegen (◘ Abb. 9.1). In diesem Fall handelt es sich um interpersonelles Vertrauen. Andererseits sind es bestimmte Teilsysteme – also ganze Bereiche oder Abteilungen, denen innerhalb einer Organisation bestimmte Aufgaben zukommen. Dann liegt Systemvertrauen vor. In Anlehnung an Kohring (2004, S. 110) lässt sich Systemvertrauen in Organisationen definieren als abstrakte Erwartung der Mitarbeitenden, dass ein Teilsystem seiner spezifischen Funktion in der Organisation auf angemessene Art und Weise gerecht wird.

---

[1] Neben den Mitarbeitenden als Vertrauensgeber sind in Organisationen weitere Vertrauensbeziehungen relevant. Dazu zählt etwa das Vertrauen der Organisationsführung in einzelne Managementbereiche (Hoffjann, 2018). Dieser Beitrag fokussiert sich auf die Mitarbeitenden als Vertrauensgeber.

Abb. 9.1   Objekte des Vertrauens im Kontext von Organisationen

■ **Vertrauen in das (Top-)Management**

Eines der wichtigsten Teilsysteme ist die Organisationsführung bzw. das (Top-)Management. Röttger und Voss (2008) analysieren *„trust in management"* als wesentliche Größe. Doch worauf richtet sich das Vertrauen im Einzelnen, was sind also die Leistungserwartungen der Mitarbeitenden an das Management? Letztlich hängt dies immer vom Einzelfall und der Situation der Mitarbeitenden ab. Als Orientierung nennt die Autorenschaft die allgemeinen Managementfunktionen (Röttger & Voss, 2008, S. 170; im Original Englisch, Übersetzung CJ/KS):

1. Vertrauen in eine angemessene Situationsanalyse,
2. Vertrauen in die Formulierung und Anpassung einr nachhaltigen Strategie sowie
3. Vertrauen in die konsistente Umsetzung der Strategie.

Beim Vertrauen in die Leistungen des Managements **für die Organisation** vertrauen die Mitarbeitenden also darauf, dass das Management bei der Unternehmensstrategie und deren Umsetzung die richtigen Entscheidungen trifft, damit das Unternehmen eine gute Zukunft hat und erfolgreich ist. Wichtig dabei: Das schließt immer die Möglichkeit mit ein, dass die Mitarbeitenden eben kein Vertrauen in die Leistungen haben, den Akteuren also misstrauen. Dieser Aspekt des Vertrauens in das Management hängt auch mit der Bindung der Mitarbeitenden an „ihre" Organisation und dem Zusammengehörigkeitsgefühl zusammen: Wie stark identifizieren sich die Mitarbeitenden mit dem Unternehmen, wie nehmen sie ihre Rolle in der Organisation wahr? Beim Vertrauen in die Leistungen des Managements **für die Mitarbeitenden** – und letztlich **für den einzelnen Vertrauensgeber selbst** – geht es darum, wie sich Entscheidungen des Managements auf die Mitarbeitenden auswirken: Ist der eigene Arbeitsplatz sicher und sind die Bezahlung ebenso wie die Arbeitsbedingungen angemessen? Hier steht also im Blick, ob und wie stark die Interessen der Mitarbeitenden bei der Umsetzung der Strategie und der Unternehmenstätigkeit berücksichtigt werden.

Für beide Aspekte des Vertrauens in die Leistungen des Managements kann die interne Kommunikation wichtige Beiträge leisten – etwa, indem in der Kommunikation und durch die Kommunikation das Zusammengehörigkeitsgefühl gefördert wird. Beispielsweise ist es in Veränderungssituationen wichtig, die Mitarbeitenden angemessen zu informieren und sie aktiv einzubinden (► Abschn. 9.5). Neben der gemanagten, medial vermittelten internen Kommunikation spielen dabei auch die Arbeits- und Aufgabenkommunikation eine wichtige Rolle. Insbesondere ist es entscheidend, wie Führungskräfte und ihre direkt unterstellten Mitarbeitenden im Arbeitsalltag miteinander kommunizieren.

Grundsätzlich kommt der Kommunikation in Organisationen hinsichtlich des Vertrauens eine doppelte Rolle zu (bezogen auf die PR: Hoffjann, 2011, S. 65). Einerseits spielt die interne Kommunikation eine wichtige Rolle für die Vermittlung und für das Entstehen von Vertrauen innerhalb einer Organisation („Vertrauen durch interne Kommunikation"). Andererseits kann interne Kommunikation selbst Objekt sein, auf deren Leistungen sich das Vertrauen der Mitarbeitenden richtet („Vertrauen in interne Kommunikation"). Dann geht es darum, wie die Mitarbeitenden den Leistungen der Kommunikationsabteilung (Systemvertrauen) und den einzelnen Kommunikatoren (interpersonelles Vertrauen) vertrauen (◘ Abb. 9.1).

9.5 Vertrauen in interne Kommunikation

Vertrauen in interne Kommunikation meint hier primär das Vertrauen in den **institutionalisierten** und professionellen – sprich strategisch gemanagten – Kommunikationsbereich einer Organisation. Davon zu unterscheiden ist das Vertrauen in die Führungskräfte, die als Kommunikatoren und Kommunikatorinnen eine persönliche Kommunikationsbeziehung zu ihren Mitarbeitenden pflegen (◘ Abb. 9.1: „Interpersonales Vertrauen"). In den nachfolgenden Erläuterungen geht es um das Vertrauen in die **institutionalisierte interne Kommunikation**.

Aus Perspektive der Organisation geht es erstens darum, dass interne Kommunikation zur Zielerreichung und zur Wertschöpfung beiträgt. Interne Kommunikation ist in diesem Fall interessengeleitete, strategische Kommunikation im Sinne der Organisationsziele und für die Organisationsführung. Mitarbeitende sind als interne Stakeholder bzw. Anspruchsgruppen zentral, da sie Informationen und Orientierung benötigen, um als Mitglied der Organisation „beitragen" zum Erreichen der Organisationziele beitragen zu können (Huck-Sandhu, 2016; Stehle, 2016).

Aus Perspektive der Mitarbeitenden geht es zweitens darum, dass interne Kommunikation Orientierung für ihre individuelle Funktion, Position und für ihre spezifischen Tätigkeiten in der Organisation bietet (Huck-Sandhu, 2013). Letztlich vertrauen die Mitarbeitenden dabei also auf Orientierungsleistungen der internen Kommunikation innerhalb der Organisation.

Dieser zweite Ansatz lässt sich gut mit einem Konzept des Vertrauens verknüpfen, das Matthias Kohring (2002) im Forschungsfeld Journalismus entwickelt hat. Der Ausgangspunkt seines theoretisch hergeleiteten **Konzepts des Vertrauens in Journalismus** ist der folgende: Journalismus hat die Aufgabe, die Gesellschaft zu beobachten und über relevante Ereignisse zu berichten. Das Publikum vertraut dem Journalismus, (a) dass die Informationsangebote des Journalismus ihm Orientierung geben und (b) dass die Selektionskriterien des Journalismus diese Orientierung erst ermöglichen (Matthes & Kohring, 2003, S. 10–11).

Wenn nun also Rezipienten und Rezipientinnen – etwa die Leserschaft einer Zeitung oder die Hörerschaft eines Privatradios – Vertrauen in Journalismus haben, dann lässt sich dieses Vertrauen in 4 Dimensionen differenzieren: (1) Vertrauen in die Themenselektivität des Journalismus, (2) Vertrauen in die Faktenselektivität des Journalismus, (3) Vertrauen in die Richtigkeit journalistischer Beschreibungen (Glaubwürdigkeit) sowie (4) Vertrauen in journalistische Bewertungen (Kohring, 2002, S. 106–107).

Um diese 4 Dimensionen mittels einer Befragung empirisch überprüfen zu können, entwickelte Kohring Faktoren des Vertrauens, die er gemeinsam mit Jörg Matthes revidierte und mittels einer zweiten Befragung empirisch überprüfte.[2] Sie kamen dabei zum Schluss, dass sich ihr Erhebungsinstrument auch auf andere Kontexte übertragen lässt, was an dieser Stelle umgesetzt werden soll (Kohring & Matthes, 2004, S. 384): Die vier Dimensionen des Vertrauens werden auf das **Vertrauen in interne Kommunikation** und insbesondere auf die **Leistungen der internen Kommunikation aus Mitarbeiterperspektive** adaptiert und jeweils anhand des Fallbeispiels HOLZ-ART erläutert.

9

■ **Dimension 1: Vertrauen in die Themenselektivität**

Bei dieser Dimension geht es darum, dass die Mitarbeitenden darauf vertrauen, dass die interne Kommunikation aktuelle und relevante Themen auswählt, über die sie z. B. in der Mitarbeiterzeitung berichtet. Somit erzeugt sie Aufmerksamkeit für bestimmte Themen und entscheidet sich damit automatisch dafür, über andere Themen nicht zu berichten. Eine Mitarbeiterin vertraut folglich der internen Kommunikation, dass diese jene Themen auswählt, die für ihr eigenes Handeln und für ihre individuelle Orientierung in der Organisation wesentlich ist (Kohring, 2002, S. 106; Kohring, 2004, S. 171).

> ▶ Fallbeispiel HOLZ-ART: Themenselektivität auf dem Prüfstand
>
> Das Vertrauen in die Themenselektivität lässt sich – in Anlehnung an Kohring und Matthes (2004, S. 382; Kohring, 2004, S. 288–289) – im Rahmen des Fallbeispiels überprüfen, indem eine Mitarbeiterbefragung mit folgenden Fragen durchgeführt wird:
> ━ Wird dem Thema „Filialschließung" in der internen Kommunikation die nötige Aufmerksamkeit geschenkt?
> ━ Wird dem Thema „Filialschließung" in der internen Kommunikation ein angemessener Stellenwert zugewiesen?

---

2 Bei diesen Studien handelte es sich um Interviews mit Rezipienten und Rezipientinnen in Deutschland, die über die massenmediale Berichterstattung über den Euro (Matthes & Kohring, 2003) bzw. über Arbeitslosigkeit (Kohring & Matthes, 2004) befragt wurden.

- Ist die Häufigkeit, mit der die interne Kommunikation über das Thema „Filial-schließung" berichtet, angemessen?
- Wird über das Thema „Filialschließung" mit der erforderlichen Regelmäßigkeit berichtet? ◄

- **Dimension 2: Vertrauen in die Faktenselektivität**
Diese Dimension bezieht sich auf Informationen bzw. Fakten, die von der internen Kommunikation über ein spezifisches Thema publiziert werden, z. B. im Rahmen eines Interviews mit dem CEO oder in einem internen Newsletter an die Mitarbeitenden. Hier geht es zum einen darum, inwieweit die Mitarbeitenden darauf vertrauen, ob und wie relevante soziale Akteure (z. B. Mitglieder der Geschäftsleitung und der Personalkommission) und deren Beziehungen in der internen Berichterstattung zueinander dargestellt werden. Zum anderen subsumiert diese Dimension auch das Vertrauen der Mitarbeitenden, dass die interne Kommunikation alle relevanten Informationen zu einem Thema veröffentlicht, also keine bedeutsamen Fakten zurückbehält (Kohring, 2002, S. 106; Kohring, 2004, S. 172).

▶ **Fallbeispiel HOLZ-ART: Faktenselektivität auf dem Prüfstand**

Das Vertrauen in die Faktenselektivität lässt sich – in Anlehnung an Kohring und Matthes (2004, S. 382; Kohring, 2004, S. 288–289) – bei der HOLZ-ART überprüfen, indem die gemanagte interne Kommunikation den Mitarbeitenden folgende Fragen stellt:
- Werden die wesentlichen Punkte des Themas „Filialschließung" berücksichtigt?
- Stehen relevante Aspekte des Themas „Filialschließung" im Vordergrund?
- Werden mir als Mitarbeiter/in zum Thema „Filialschließung" alle wichtigen Informationen geboten?
- Erfolgt die interne Berichterstattung über das Thema „Filialschließung" aus mehreren Blickwinkeln? ◄

- **Dimension 3: Vertrauen in die Richtigkeit von Beschreibungen (Glaubwürdigkeit)**
Mit dieser Dimension lässt sich untersuchen, ob die Mitarbeitenden darauf vertrauen, dass die Beschreibungen und Bezeichnungen in der internen Berichterstattung nicht falsch oder „unsinnig", sondern richtig bzw. korrekt sind (Kohring, 2002, S. 106–107; Kohring, 2004, S. 172–173). Bei manchen Beschreibungen ist dies relativ einfach selbst nachzuvollziehen: So können Mitarbeitende etwa ohne großen Aufwand überprüfen, ob die im Intranet publizierten Gebühren auf dem neuen betriebsinternen Parkplatz korrekt sind, indem sie am Parkautomaten die Preise verifizieren. Schwieriger oder gar unmöglich ist es hingegen für Mitarbeitende, die Zahlen aus dem aktuellen Geschäftsbericht oder die im Intranet publizierten Interpretationen der Ergebnisse aus der aktuellen Mitarbeiterbefragung zu überprüfen. Denn hierzu wären aufwändige Recherchen sowie der Zugang zu den entsprechenden Primärquellen notwendig, sodass entscheidend ist, ob die Mitarbeitenden der Korrektheit dieser publizierten Zahlen bzw. Interpretationen vertrauen.

▶ **Fallbeispiel HOLZ-ART: Richtigkeit auf dem Prüfstand**

Das Vertrauen der Mitarbeitenden in die Richtigkeit von Beschreibungen lässt sich – in Anlehnung an Kohring und Matthes (2004, S. 382; Kohring, 2004, S. 288–289) – bei HOLZ-ART erheben, indem die gemangte interne Kommunikation in einer Mitarbeiterbefragung z. B. folgende Fragen beantworten lässt:

- Würden die Angaben in der internen Berichterstattung über das Thema „Filialschließung" einer Überprüfung standhalten?
- Sind die mitgeteilten Informationen über das Thema „Filialschließung" wahr?
- Gibt die interne Berichterstattung die Fakten über das Thema „Filialschließung" so wieder, wie sie (tatsächlich) sind?
- Erhalte ich als Mitarbeiter/in korrekte Daten zum Thema „Filialschließung"? ◀

- **Dimension 4: Vertrauen in explizite Bewertungen**

Bei dieser Dimension geht es darum, ob Rezipienten und Rezipientinnen den expliziten Bewertungen in der Berichterstattung Vertrauen schenken. Explizite Bewertungen können sich u. a. auf spezifische Informationen bzw. Fakten sowie auf Handlungsempfehlungen und Handlungsaufforderungen (Kohring, 2002, S. 107; Kohring, 2004, S. 173–174) beziehen. Explizite Bewertungen im Journalismus lassen sich vor allem in Kommentaren finden. In der internen Kommunikation finden sich explizite Bewertungen auch in Berichten über das eigene „erfolgreiche" oder „innovative" Unternehmen. Ferner können sie sich auf Akteure beziehen, sprich auf Mitglieder der Organisation. So kann etwa die Bewertung des scheidenden CEO, die im Rahmen eines Artikels in der Mitarbeiterzeitung zu seinem Abschied publiziert wird, aus der Perspektive der Mitarbeitenden das Vertrauen in die interne Kommunikation beeinflussen: Wird er als „erfolgreicher", „weitsichtiger" oder „sozialer" CEO bezeichnet – und stimmt diese explizite Bewertung mit der Wahrnehmung der Mitarbeitenden überein?

▶ **Fallbeispiel HOLZ-ART: Explizite Bewertungen auf dem Prüfstand**

Das Vertrauen in die expliziten Bewertungen der gemangten internen Kommunikation im besagten KMU lässt sich – in Anlehnung an Kohring und Matthes (2004, S. 382; Kohring, 2004, S. 288–289) – überprüfen, wenn in der bereits erwähnten Mitarbeiterbefragung z. B. folgende Fragen gestellt werden:

- Wenn in der internen Berichterstattung über das Thema „Filialschließung" Kritik geäußert wird, geschieht dies in angemessener Weise?
- Sind die Meinungen der Autoren und Autorinnen, die in der internen Berichterstattung bzw. in internen Kommentaren über das Thema „Filialschließung" zu erkennen sind, gut begründet?
- Werden in Kommentaren, Interviews oder Berichten zum Thema „Filialschließung" logisch plausible und stringente Schlüsse gezogen?
- Empfinde ich als Mitarbeiter/in expliziten zum Thema „Filialschließung" in der Berichterstattung der internen Kommunikation als nützlich, um mich in der Organisation orientieren zu können und/oder um adäquate Entscheidungen im Kontext meiner beruflichen Aufgaben und Tätigkeiten treffen zu können? ◀

Zusammenfassend lässt sich festhalten: Das von Kohring beschriebene **Konzept des Vertrauens in Journalismus** lässt sich sinnvoll auf das **Themenfeld interne Kommunikation** übertragen. Dabei ist zu berücksichtigen, dass Mitarbeitende der internen Kommunikation bzw. der Unternehmenskommunikation – im Gegensatz zu Journalisten und Journalistinnen, die sich z. B. einer unabhängigen und unparteilichen Berichterstattung verpflichtet fühlen (vgl. etwa das Konzept der Autonomie im Überblick bei Lauerer & Keel, 2019, S. 105–109) – beim Recherchieren und Schreiben nicht unabhängig sind, da sie im Sinne der strategischen Funktion und im Auftrag der Unternehmensleitung arbeiten. So berichten sie „eher positiv und eher lösungsorientiert" (Hoffjann, 2015, S. 123) und sind permanent mit der Erwartung konfrontiert, negative Themen und Konflikte auszublenden, während das Erfüllen der Mitarbeitererwartungen oftmals an zweiter Stelle steht, wie Koch et al. (2018, S. 54) durch eine Befragung von Redakteuren und Redakteurinnen von Mitarbeitermagazinen herausfanden. Daraus lässt sich ableiten, dass das interne Kommunikationsmanagement nur bedingt die Perspektive der (kritischen) Mitarbeitenden einnimmt/einnehmen kann, da sie im Auftrag der Unternehmensleitung handelt.

Ob Mitarbeitende tatsächlich auf Orientierungsleistungen der internen Kommunikation vertrauen, hängt also maßgeblich vom Grad der thematischen **Unabhängigkeit** und **Unparteilichkeit** der Unternehmenskommunikation ab, die als Qualitätskriterien ein wesentlicher Bestandteil sowohl journalistischer als auch strategisch ausgerichteter interne Kommunikation sind (vgl. hierzu als Überblick die ausführliche Gegenüberstellung bei Spachmann et al., 2022, S. 6–8).

Das Qualitätsverständnis interner Kommunikation stand auch im Fokus einer Befragung, die 2018 unter den jeweils umsatzstärksten Unternehmen in Deutschland und der Schweiz durchgeführt wurde (vgl. Forschungsdesign der „Trendstudie Interne Kommunikation"). Mittels einer offenen Frage wurden die Befragten der Top-500-Unternehmen in beiden Ländern zunächst gebeten, die „wichtigsten Merkmale guter interner Kommunikation" in Stichworten zu notieren. Das mit Abstand am meisten genannte Merkmal ließ sich dem Kriterium **„Transparenz und Glaubwürdigkeit"**, im Sinne einer ehrlichen, offenen, wahrhaftigen und authentischen Kommunikation, zuordnen (140 der insgesamt 530 abgegebenen Kommentare).

Neben dieser offenen Abfrage wurden den Befragten sechs Qualitätskriterien speziell aus dem Journalismus (Aktualität, Relevanz, Korrektheit, Verständlichkeit, Glaubwürdigkeit, Ausgewogenheit) ausdrücklich vorgegeben, die die Teilnehmenden gemäß ihrer Wichtigkeit für eine gute interne Kommunikation priorisieren sollten.[3] Die Resultate zeigen: Am wichtigsten ist in beiden Ländern die Relevanz der Inhalte, gefolgt von Glaubwürdigkeit und Korrektheit, Aktualität und Verständlichkeit. Ausgewogenheit ist in beiden Ländern das am wenigsten wichtige Qualitätskriterium (vgl. ausführlich Spachmann et al., 2022).

---

3   Quelle: Trendstudie Interne Kommunikation 2018; Frage: „Wodurch zeichnet sich Qualität in der internen Kommunikation aus? Bitte sortieren Sie im untenstehenden Block die genannten Qualitätsaspekte der internen Kommunikation nach ihrer Wichtigkeit. Vergeben Sie Rangplätze von Platz 1 (wichtigster Qualitätsaspekt) bis Platz 6 (unwichtigster Qualitätsaspekt)"; DE: n = 39–50, CH: n = 150–170.

Dass die Glaubwürdigkeit und die Korrektheit bei den Befragten 2018 im Ranking an 2. bzw. 3. Position standen und die Ausgewogenheit der internen Berichterstattung erst an 6. Stelle, zeigt, dass die Sensibilität für Aspekte des Vertrauens durchaus vorhanden, nicht aber konsistent sind. Hier ließe sich z. B. durch entsprechende Schulungen der internen Kommunikationsverantwortlichen erreichen, dass die Wahrnehmung und Anwendung von vertrauensbildenden Texten – im Sinne eines Vertrauens in interne Kommunikation – wachsen, um die Orientierungsleistung aus der Perspektive der Mitarbeitenden zu optimieren.

Forschungsdesign der „Trendstudie Interne Kommunikation" (2018)[4]
Befragt wurden die 500 umsatzstärksten Unternehmen (Top 500) in Deutschland und der Schweiz. Zusätzlich wurden in der Schweiz die jeweils 30 umsatzstärksten Banken und Versicherungen befragt und in Deutschland die 30 größten Unternehmen aus beiden Branchen. Grundlage für die Auswahl der Unternehmen waren die Rankings von *Die Welt* für Deutschland und von der *Handelszeitung* für die Schweiz. Die Befragten in Deutschland und in der Schweiz wurden per Briefpost und per E-Mail zur Teilnahme am Online-Fragebogen eingeladen. Adressaten und Adressatinnen waren die Verantwortlichen für die interne Kommunikation bzw. die leitenden Personen der zuständigen übergreifenden Bereiche (Unternehmenskommunikation, Marketing, Geschäftsleitung). Im Fokus der Befragung 2018 standen u. a. die Qualitätsmerkmale der internen Kommunikation. Bei dieser Befragung betrug die Rücklaufquote 12 % (Deutschland; n = 61) bzw. 32 % (Schweiz; n = 180).

9.6 Vertrauen durch interne Kommunikation

Eine funktionierendes internes Kommunikationsmanagement kann einen wichtigen Beitrag leisten, um das Vertrauen in eine Organisation zu unterstützen und zu fördern. Das gilt für die Vertrauensbeziehungen allgemein und speziell für das Vertrauen der Mitarbeitenden in das (Top-)Management. Voraussetzung für diese positive Wirkung ist, dass die Mitarbeitenden der zentral gemanagten internen Kommunikation wiederum selbst vertrauen. Deshalb ist es wichtig, den internen Kommunikationsbereich professionell aufzustellen und – so wie in ▶ Abschn. 9.5 beschrieben – mitarbeiterorientiert auszurichten. Ziel sollte es also sein, den Mitarbeitenden in der Organisation und für ihre Arbeit Orientierung zu geben. Denn die Mitarbeitenden erkennen eine affirmative, einseitig an offiziellen Sprachregelungen und erwünschten Wirklichkeiten ausgerichtete Kommunikation auf Dauer – und misstrauen ihr. Eine solche interne Kommunikation ist nicht in der Lage, Vertrauen in die Organisationsführung im Speziellen und in die Organisation im Allgemeinen zu erzeugen.

---

4   In Deutschland wird diese „Trendstudie Interne Kommunikation" bereits seit dem Jahr 2008 ca. alle zwei Jahre von der Hochschule Pforzheim und der Universität Hohenheim durchgeführt. 2016 erfolgte die Befragung erstmals in Kooperation mit der Hochschule Luzern.

Wenn es um die Stärkung von Vertrauensbeziehungen geht, sehen Röttger und Voß die Aufgabe der internen Kommunikation darin, mit den Erwartungen der Mitarbeitenden an das Management angemessen umzugehen. Internes Kommunikationsmanagement ist dann in erster Linie Erwartungsmanagement (Röttger & Voss, 2008, S. 170). Je mehr die Entscheidungen und Handlungen des Managements den Erwartungen der Mitarbeitenden entsprechen, umso vertrauenswürdiger nehmen sie das Management wahr (Röttger & Voss, 2008, S. 173). Die Rolle der internen Kommunikation ist dabei die einer Vermittlerin. Kommunikation macht die Erwartungen der Mitarbeitenden sichtbar und gibt ihnen in der Organisationsöffentlichkeit Raum, beispielsweise indem ihre Kommentare in den Unternehmensmedien veröffentlicht werden oder Diskussionsveranstaltungen stattfinden.

Aber natürlich geht es ebenfalls darum, was das Management von den Mitarbeitenden erwartet. Die interne Kommunikation sollte deshalb über Maßnahmen und Handlungen des Managements kontinuierlich kommunizieren, damit die Mitarbeitenden ihre Erwartungen ausbilden bzw. anpassen können. Für eine vertrauensbildende Kommunikation kommt es darüber hinaus darauf an, die Entscheidungen zu erklären und zu begründen sowie auch über das Zustandekommen von Entscheidungen und Alternativen dazu zu berichten.

Vertrauensbildende Kommunikation kann bei den **Voraussetzungen für Vertrauen** ansetzen. Das sind die Rahmenbedingungen, die gegeben sein müssen, damit Vertrauen überhaupt entstehen kann (Kohring, 2004, S. 125). Die besonderen Bedingungen in Organisationen, allen voran Hierarchien und Abhängigkeitsverhältnisse, können es erschweren, dass sich Vertrauen zwischen Mitarbeitenden und Management herausbildet (Röttger & Voss, 2008, S. 168). Röttger und Voss (2008, S. 170) nennen insbesondere folgende Maßnahmen, mit denen das interne Kommunikationsmanagement die Voraussetzungen für Vertrauen in Organisationen stärken kann:

- **Gegenseitige Wahrnehmung von Management und Mitarbeitenden verbessern.** Interne Kommunikation sollte die Sichtbarkeit der Unternehmensführung bei den Mitarbeitenden sicherstellen. Dies kann zum einen gelingen, indem das Topmanagement in den internen Unternehmensmedien präsent ist und auf diese Weise Wissen vermittelt und ein (positives) Image aufgebaut wird.
- **Den Mitarbeitenden Zugang zur Unternehmensleitung ermöglichen.** Interne Kommunikation sollte über Veranstaltungen oder digitale, interaktive Kommunikationskanäle Feedback- und Kontaktmöglichkeiten mit der Unternehmensführung anbieten. Es geht darum, den Managerinnen und Managern ein persönliches Profil zu geben. Im Mittelpunkt steht dabei deren fachliche Kompetenz, je nach Unternehmenskultur sollten aber auch Aspekte der Persönlichkeit herausgestellt werden.
- **Wir-Gefühl stärken und gemeinsame Verantwortung betonen.** Interne Kommunikation sollte herausstellen, dass Management und Mitarbeitende gemeinsam Verantwortung tragen – sowohl füreinander als auch für die Organisation insgesamt.

Einzelne Kommunikationsmaßnahmen können dann gezielt eingesetzt werden, um die **Vertrauenswürdigkeit** des (Top-)Managements zu erhöhen. Dies bezieht sich auf die Gründe für Vertrauen, die maßgeblich beeinflussen, ob die Mitarbeitenden der Organisationsführung Vertrauen entgegenbringen oder nicht (▶ Abschn. 9.3). Eine solche auf die Förderung der Vertrauenswürdigkeit ausgerichtete interne Kommunikation kann insbesondere bei den Faktoren Fähigkeit, Wohlwollen und Integrität ansetzen (Voß & Röttger, 2021, S. 269). Interne Kommunikation kann dann beispielsweise in einem Bericht die Kompetenzen der Managerinnen und Manager in den Vordergrund stellen (Fähigkeit), aufzeigen, wie sie im Interesse der Mitarbeitenden handeln (Wohlwollen), oder die gemeinsam geteilten Werte und Ideale betonen (Integrität). Ob dem Management Vertrauenswürdigkeit zugeschrieben wird, hängt zudem davon ab, inwieweit die Mitarbeitenden Diskrepanzen in dessen Handeln und dessen Kommunikation wahrnehmen (Röttger & Voss, 2008, S. 172). Auch hier kann interne Kommunikation eine entsprechende Wahrnehmung unterstützen, indem sie offen, authentisch und konsistent über die Handlungen des Managements und die zugrunde liegenden Beweggründe informiert.

Ziel ist es, Inkonsistenzen und Widersprüche zu vermeiden bzw. sie zu erklären und kommunikativ aufzulösen. Solche Inkonsistenzen und Widersprüche können u. a. zwischen Entscheidungen des Managements und den Erwartungen der Mitarbeitenden auftreten. Und sie können zwischen Kommunikation und Handeln des Managements, zwischen Aussagen verschiedener Vertreterinnen und Vertreter des Managements oder zwischen Aussagen des Managements im Zeitverlauf bestehen. Insbesondere im Zeitverlauf ist es kaum zu vermeiden, dass es durch eine veränderte Sachlage oder durch eine Neubewertung von Situationen tatsächlich zu Inkonsistenzen kommt. Gerade dann ist interne Kommunikation gefragt, die veränderte Situation den Mitarbeitenden nahezubringen und zu erklären. In Zeiten großer Umbrüche, wenn Handlungs- und Erwartungskonsistenz kaum möglich sind, kann es zudem eine geeignete Vorgehensweise sein, in der Kommunikation die persönliche Integrität der Managerinnen und Manager in den Vordergrund zu stellen und auf eine konsistente Selbstdarstellung der verantwortlichen Personen zu achten und (Röttger & Voss, 2008, S. 173).

> ▶ **Fallbeispiel HOLZ-ART: Wie kann eine zentral gesteuerte interne Kommunikation Vertrauen schaffen?**
>
> Vertrauen durch interne Kommunikation kommt nur langfristig zustande. Deshalb ist es wichtig, dass bei HOLZ-ART der internen Kommunikation im Allgemeinen und dem internen Kommunikationsmanagement im Speziellen die nötige Aufmerksamkeit zuteilwird. Dazu gehört eine der Größe von HOLZ-ART angemessene personelle und finanzielle Ausstattung des Kommunikationsbereichs. Die zuständige Führungskraft muss genügend Zeit haben, um sich den Kommunikationsaufgaben widmen zu können. Und die Person muss über entsprechende Kompetenzen verfügen, um angemessen und attraktiv kommunizieren zu können. Außerdem ist es wichtig, ein konsistentes Konzept

für das interne Kommunikationsmanagement zu haben. Es legt fest, wie die Themenplanung abläuft, über welche Kanäle und Medien kommuniziert wird und wie dort die Inhalte mitarbeiterorientiert vermittelt werden. Um das Vertrauen der Mitarbeitenden in das Unternehmen, die Geschäftsführung von HOLZ-ART und die interne Kommunikation selbst zu fördern, muss sich das interne Kommunikationsmanagement am Ziel ausrichten, den Mitarbeitenden Orientierung zu geben. Dies bedeutet, regelmäßig zu kommunizieren und dabei die Mitarbeitenden „mitzunehmen". Dabei kommt es besonders auf Austausch und Dialog an. Wegen der geringen Größe von HOLZ-ART kommt der interpersonalen Kommunikation eine große Bedeutung zu. Das interne Kommunikationsmanagement unterstützt dann die Kommunikation der Brüder Mahagoni als Geschäftsführer ebenso wie diejenige aller Führungskräfte, indem sie vorbereitende und nachbereitende Kommunikation organisiert – also etwa Fragen der Mitarbeitenden sammelt und Berichte über interne Veranstaltungen veröffentlicht. ◄

Neben der zentral gesteuerten Kommunikation können auch das Topmanagement und das mittlere und untere Kader durch kommunikative Maßnahmen Vertrauen bei den Mitarbeitenden schaffen. Hierbei lässt sich zwischen Führungskommunikation und Führungskräftekommunikation unterscheiden: **Führungskräftekommunikation** hat die Aufgabe, sowohl zwischen der Unternehmensleitung und den Führungskräften zu vermitteln als auch die Führungskräfte untereinander zu vernetzen. Sie hat das Ziel, dass die Mitglieder einer Organisation der Unternehmensleitung vertrauen, indem sie überzeugt, informiert, befähigt, vernetzt und Führungskräfte aktiviert (Voß & Röttger, 2021, S. 260). Demgegenüber umfasst **Führungskommunikation** „jegliche direkte und indirekte kommunikative Einflussnahme im Führungsprozess, unabhängig von der Funktion" (Sackmann, 2021, S. 242), also die gesamte direkte bzw. persönliche sowie indirekte bzw. technisch vermittelte Kommunikation im Führungsprozess (Sackmann, 2021, S. 239).

Bei beiden Arten spielen die Glaubwürdigkeit und das Vertrauen eine wesentliche Rolle, um Mitarbeitenden nicht nur die relevanten Informationen, sondern auch Orientierung zu geben – etwa über den Zweck des Unternehmens, seine Ziele und Strategie (Sackmann, 2021, S. 240–242; Voß & Röttger, 2021, S. 258, 268–270).

Da die Personalisierung auch in der Organisationskommunikation an Bedeutung gewonnen hat, spielt die Kommunikation des Topmanagements eine wichtige Rolle. Die auch als **CEO-Kommunikation** bezeichnete personalisierte Form der Kommunikation hat wiederum die Funktion, Orientierung zu geben und darüber hinaus auch, die Identifikation mit dem Unternehmen zu stärken (Talanow, 2020, S. 8). Insbesondere bei bedeutsamen Entwicklungen eines Unternehmens, wie z. B. einer Krise, kann der CEO eine Identifikationsfigur für das Kader und die Mitarbeitenden sein (Talanow, 2020, S. 13). Entsprechend können Interviews, Hintergrundgespräche und unternehmensinterne, halböffentliche Auftritte mit Informationen zu den Werten und zur Strategie der Organisation dazu beitragen, Vertrauen zu schaffen oder zu fördern (Talanow, 2020, S. 13–15).

▶ **Fallbeispiel HOLZ-ART: Wie kann die Geschäftsführung Vertrauen schaffen?**

Wendet man die zuvor zitierte Fachliteratur auf die Situation von HOLZ-ART an, so könnten die Brüder Mahagoni als Geschäftsführer in dieser Krise ihres Unternehmens zunächst das direkte Gespräch mit der Leiterin der Filiale Zürich suchen und sie über die bevorstehende Schließung der Filiale informieren und ihr dabei auch die Gründe ihrer Entscheidung erläutern. Als nächstes könnten sie alle Führungskräfte in einer Besprechung über ihre Entscheidung und die Hintergründe informieren. Bei dieser Besprechung könnten sie auch gemeinsam reflektieren, welche relevante Rolle die Führungskräfte in dieser Krise des Unternehmens haben, um sie als Meinungsführer gewinnen zu können. Danach könnten die Brüder Mahagoni als Inhaber und Geschäftsführer des Unternehmens mit den Angestellten der Filiale in Zürich Gespräche führen, um sie über die Schließung zu informieren. Im Anschluss daran könnten Alois und Heinz Mahagoni eine Mitarbeiterversammlung einberufen, in der sie über die Krise ihrer Schreinerei informieren, die Schließung der Filiale in Zürich bekannt geben und ferner ihre Ziele und Unternehmensstrategie der nächsten Jahre erläutern. In diesem Rahmen könnten sie auch bekannt geben, dass die Führungskräfte als Vorgesetzte der einzelnen Mitarbeitenden in den nächsten Tagen und Wochen für Fragen und Feedback zur Verfügung stehen. Zudem könnten sie darüber informieren, dass sie als Geschäftsführung Workshops durchführen, in denen sie gemeinsam mit den Führungskräften und einer Delegation der Mitarbeitenden Lösungen suchen, wie die Mitarbeitenden der Filiale Zürich künftig weiter bei HOLZ-Art beschäftigt werden können. ◀

Bei den bereits zuvor erwähnten **Krisen** geht es insbesondere darum, die Glaubwürdigkeit und Legitimation eines Unternehmens wiederherzustellen (Heide, 2021, S. 567). Wenn *vor* der Krise ein starkes gegenseitiges Vertrauen zwischen Führungskräften und Mitarbeitenden vorhanden war, wirkt dies *in* einer Krise als eine „Art Impfstoff gegen Misstrauen, Anschuldigungen und negative Botschafter [sic!]" (Heide, 2021, S. 574). Solch ein Klima des Vertrauens kann (langfristig) entstehen, wenn sich Mitarbeitende trauen, offen über ihre Fehler und ihre kritische Meinung zu sprechen (Talanow, 2020, S. 10).

In der Krise selbst können Führungskräfte als Meinungsmultiplikatoren wirken, indem sie – quasi als Ergänzung zu den Informationen und Botschaften des Topmanagements – Ansprechpartner für ihre Mitarbeitenden sind: Sie können mit ihrem Team den Dialog suchen und genügend Raum für Diskussionen geben, in denen die Mitarbeitenden Fragen und kritische Haltungen sowie Ängste und Unsicherheiten äußern können. Führungskräfte können das Topmanagement und somit die gesamte Organisation unterstützen, indem sie sich Zeit nehmen, Empathie zeigen und ihre Sicht der Krise erläutern (Talanow, 2020, S. 13).

▶ **Fallbeispiel HOLZ-ART: Wie können die Führungskräfte Vertrauen schaffen?**

Überträgt man die zuvor zitierte Fachliteratur wiederum auf die Situation der HOLZ-ART, so spielen sowohl die betroffene Filialleiterin als auch die anderen Führungskräfte eine tragende Rolle. Die Filialleiterin kann ihrem Team die Ängste vor der Zukunft zwar nicht nehmen – zumal sie ja selbst von der Schließung der Filiale in Zürich betroffen ist. Jedoch kann sie – sofern vor der Krise ein gutes Vertrauensverhältnis sowohl zur Geschäftsführung als auch zu ihrem Team bestand – transparent sein und ehrlich über ihre eigene Unsicherheit berichten und gemeinsam mit den Brüdern Mahagoni und den anderen Führungskräften nach Lösungen suchen, die eine Weiterbeschäftigung ermöglichen.

Die anderen Führungskräfte können ihren Mitarbeitenden ebenfalls für weitere kritische Rückfragen aus ihren Teams zur Verfügung stehen und z. B. allfällige Ängste vor einem möglichen Stellenabbau nicht unter den Tisch kehren, sondern diese ernst nehmen und auch die Geschäftsführung über diese Unsicherheiten als Folge dieser Krise berichten. Wichtig in diesem Prozess ist, dass die Führungskräfte die Geschäftszahlen weder dramatisieren noch beschönigen, damit die Glaubwürdigkeit nicht gefährdet wird und Vertrauen entstehen kann. ◀

Vertrauen und Glaubwürdigkeit kann auch dann entstehen, wenn Führungskräfte nichts beschönigen, also Ereignisse so darstellen, wie sie sich tatsächlich zugetragen haben, und dabei Akteure erwähnen, die tatsächlich existieren und bei den Ereignissen beteiligt waren. Wenn Führungskräfte eine solche **faktuale Erzählung** vermitteln, kann durch diese Narration Glaubwürdigkeit entstehen. Entscheidend ist, dass sich die Geschichte an die Fakten hält, damit sie von den Mitarbeitenden als glaubwürdig wahrgenommen werden kann. Denn als „Lügengeschichte" würde sie Unglaubwürdigkeit erzeugen (Müller, 2019, S. 136–140).

? Wiederholungs- bzw. Lernkontrollfragen

1. Was sind die Unterschiede zwischen zentral gesteuerter interner Kommunikation einerseits und Arbeits- und Aufgabenkommunikation andererseits?
2. Wer ist zuständig bzw. verantwortlich für die zentral gesteuerte interne Kommunikation in Organisationen?
3. Was ist der Unterschied zwischen interpersonalem Vertrauen und Systemvertrauen?
4. Wie lässt sich in einer Organisation messen, wie hoch das Vertrauen in die interne Kommunikation ist?
5. Wie kann zentral gesteuerte interne Kommunikation Vertrauen in einer Organisation fördern?
6. Welchen Beitrag können Führungskräfte leisten, um das Vertrauen der Mitarbeitenden zu erhöhen?
7. Was kann das Topmanagement bzw. die Geschäftsleitung tun, um das Vertrauen der Mitarbeitenden und Führungskräfte einer Organisation zu stärken?

Zusammenfassung

- Innerhalb von Organisationen kommt dem Vertrauen der Mitarbeitenden *in* interne Kommunikation und dem Vertrauen *durch* interne Kommunikation große Bedeutung zu.
- Interne Kommunikation lässt sich in das zentral gesteuerte Kommunikationsmanagement und die Arbeits- und Aufgabenkommunikation in einer Organisation unterscheiden.
- Die Dimensionen von Vertrauen beziehen sich darauf, welche Leistungen die Mitarbeitenden von den Vertrauensobjekten in einer Organisation (z. B. Management) erwarten.
- Vertrauenswürdigkeit bezieht sich auf die Gründe, warum die Mitarbeitenden jemandem Vertrauen schenken oder eben kein Vertrauen schenken.
- Vertrauensbeziehungen in Organisationen bestehen aus interpersonellem Vertrauen und aus Systemvertrauen. Eine besondere Rolle spielt das Vertrauen der Mitarbeitenden in das (Top-)Management.
- Die interne Kommunikation ist in Organisationen ein wichtiger Vertrauensvermittler. Sie kann das Vertrauen der Mitarbeitenden in das Management stärken. Hierfür ist es notwendig, dass die Mitarbeitenden wiederum der internen Kommunikation selbst vertrauen.
- Die Mitarbeitenden vertrauen der internen Kommunikation, wenn sie für Orientierung sorgt. Dafür muss sie die aus ihrer Sicht passenden Themen aufgreifen, die angemessenen Informationen bereitstellen, Informationen und Fakten richtig beschreiben sowie hilfreiche und adäquate Bewertungen geben.
- Vertrauen durch interne Kommunikation entsteht durch mitarbeiterorientierte und professionelle, zentral gesteuerte Kommunikation sowie durch Orientierung schaffende und dialogorientierte Kommunikation des Top-Managements und der Führungskräfte.
- Vertrauensbildendes internes Kommunikationsmanagement verbessert die gegenseitige Wahrnehmung von Management und Mitarbeitenden, ermöglicht den Mitarbeitenden Zugang zur Unternehmensleitung, stärkt das Wir-Gefühl und betont die gemeinsame Verantwortung von Mitarbeitenden, Führungskräften und Topmanagement.

Literatur

Bentele, G. (1994). Öffentliches Vertrauen – Normative und soziale Grundlage für Public Relations. In W. Armbrecht & U. Zabel (Hrsg.), *Normative Aspekte der Public Relations* (S. 131–158). VS Verlag für Sozialwissenschaften. https://doi.org/10.1007/978-3-322-97043-5_7

Bentele, G., & Seidenglanz, R. (2015). Vertrauen und Glaubwürdigkeit. In R. Fröhlich, P. Szyszka, & G. Bentele (Hrsg.), *Handbuch der Public Relations* (S. 411–429). Springer Fachmedien Wiesbaden. https://doi.org/10.1007/978-3-531-18917-8_26

Heide, M. (2021). Interne Krisenkommunikation: eine Möglichkeit für Kommunikatoren, strategische Werte nachzuweisen. In S. Einwiller, S. Sackmann, & A. Zerfaß (Hrsg.), *Handbuch Mitarbeiterkommunikation* (S. 565–582). Springer Fachmedien Wiesbaden. https://doi.org/10.1007/978-3-658-23152-1_35

Hoffjann, O. (2011). Vertrauen in Public Relations. *Publizistik, 56*(1), 65–84. https://doi.org/10.1007/s11616-010-0103-4

Hoffjann, O. (2013). *Vertrauen in Public Relations*. VS Verlag für Sozialwissenschaften. https://doi.org/10.1007/978-3-531-19592-6

Hoffjann, O. (2015). *Public Relations*. UVK Verlagsgesellschaft.

Hoffjann, O. (2018). Gute PR! Oder doch böse PR? In O. Hoffjann & R. Seidenglanz (Hrsg.), *Allmächtige PR, ohnmächtige PR* (S. 225–246). Springer Fachmedien Wiesbaden. https://doi.org/10.1007/978-3-658-18455-1_10

Huck-Sandhu, S. (2013). Orientierung von Mitarbeitern – ein mikrotheoretischer Ansatz für die interne Kommunikation. In A. Zerfaß, L. Rademacher, & S. Wehmeier (Hrsg.), *Organisationskommunikation und Public Relations* (S. 223–245). Springer Fachmedien Wiesbaden. https://doi.org/10.1007/978-3-531-18961-1_10

Huck-Sandhu, S. (2016). Interne Kommunikation im Wandel: Entwicklungslinien, Status Quo und Ansatzpunkte für die Forschung. In S. Huck-Sandhu (Hrsg.), *Interne Kommunikation im Wandel* (S. 1–19). Springer Fachmedien Wiesbaden. https://doi.org/10.1007/978-3-658-11022-2_1

Koch, T., Vogel, J., Denner, N., & Encarnacao, S. (2018). Voice of the management or employee advocate? How editors of employee magazines see their professional role. *Corporate Communications: An International Journal, 23*(1), 51–65. https://doi.org/10.1108/CCIJ-03-2017-0020

Kohring, M. (2001). *Vertrauen in Medien – Vertrauen in Technologie*. https://doi.org/10.18419/OPUS-8677

Kohring, M. (2002). Vertrauen in Journalismus. In A. Scholl (Hrsg.), *Systemtheorie und Konstruktivismus in der Kommunikationswissenschaft* (S. 91–110). UVK.

Kohring, M. (2004). *Vertrauen in Journalismus: Theorie und Empirie*. UVK Verlagsgesellschaft.

Kohring, M., & Matthes, J. (2004). Revision und Validierung einer Skala zur Erfassung von Vertrauen in Journalismus. *Medien & Kommunikationswissenschaft, 52*(3), 377–385. https://doi.org/10.5771/1615-634x-2004-3-377

Lauerer, C., & Keel, G. (2019). Journalismus zwischen Unabhängigkeit und Einfluss. In T. Hanitzsch, J. Seethaler, & V. Wyss (Hrsg.), *Journalismus in Deutschland, Österreich und der Schweiz* (S. 103–134). Springer Fachmedien Wiesbaden. https://doi.org/10.1007/978-3-658-27910-3_5

Luhmann, N. (2014). *Vertrauen*. UTB.

Mast, C. (2019a). Interne Unternehmenskommunikation: Mitarbeiter und Führungskräfte informieren und motivieren. In A. Zerfaß, M. Piwinger, & U. Röttger (Hrsg.), *Handbuch Unternehmenskommunikation* (S. 1–21). Springer Fachmedien Wiesbaden. https://doi.org/10.1007/978-3-658-03894-6_37-1

Mast, C. (2019b). *Unternehmenskommunikation: Ein Leitfaden* (7., überarbeitete und erweiterte Auflage). UVK Verlag.

Mast, C., & Stehle, H. (2015). *Persönliche Kommunikationsformate in der Unternehmenskommunikation: Eine empirische Analyse*. Forschungsberichte zur Unternehmenskommunikation. Abgerufen von Forschungsberichte zur Unternehmenskommunikation https://www.econstor.eu/handle/10419/125062. Zugegriffen: 25.06.2023.

Matthes, J., & Kohring, M. (2003). Operationalisierung von Vertrauen in Journalismus. *Medien & Kommunikationswissenschaft, 51*(1), 5–23. https://doi.org/10.5771/1615-634x-2003-1-5

Müller, M. (2019). Glaubwürdigkeit in der narrativen Konstruktion von Unternehmensidentität. In S. Ettl-Huber (Hrsg.), *Storytelling in Journalismus, Organisations- und Marketingkommunikation* (S. 131–145). Springer Fachmedien Wiesbaden. https://doi.org/10.1007/978-3-658-25728-6_7

Röttger, U. (2019). Vertrauen und Glaubwürdigkeit in der Unternehmenskommunikation. In A. Zerfaß, M. Piwinger, & U. Röttger (Hrsg.), *Handbuch Unternehmenskommunikation* (S. 1–20). Springer Fachmedien Wiesbaden. https://doi.org/10.1007/978-3-658-03894-6_15-1

Röttger, U., & Voss, A. (2008). Internal Communication as Management of Trust Relations: A Theoretical Framework. In A. Zerfass, B. van Ruler, & K. Sriramesh (Hrsg.), *Public Relations Research. European and International Perspecctives and Innovations* (S. 163–177). VS Verlag für Sozialwissenschaften. https://doi.org/10.1007/978-3-531-90918-9_10

Röttger, U., Kobusch, J., & Preusse, J. (2018). *Grundlagen der Public Relations*. Springer Fachmedien Wiesbaden. https://doi.org/10.1007/978-3-658-17503-0

Sackmann, S. A. (2021). Führungskommunikation. In S. Einwiller, S. Sackmann, & A. Zerfaß (Hrsg.), *Handbuch Mitarbeiterkommunikation* (S. 237–256). Springer Fachmedien Wiesbaden. https://doi.org/10.1007/978-3-658-23152-1_16

Spachmann, K., & Huck-Sandhu, S. (2020). Von der Mitarbeiterinformation zu Orientierung und Enabling. Ergebnisse der Langzeitstudie interne Kommunikation 2008 bis 2018. *PR-Magazin, 51*(3), 68–78.

Spachmann, K., Jecker, C., & Albisser, M. (2022). Zwischen Public Relations und Journalismus. Anforderungen an das Handlungsfeld interne Unternehmenskommunikation in Zeiten digitaler Transformation. In S. Pranz, H. Heidbrink, F. Stadel, & R. Wagner (Hrsg.), *Journalismus und Unternehmenskommunikation. Zwischen Konvergenz und Konkurrenz* (S. 55–87). Springer Fachmedien Wiesbaden. https://doi.org/10.1007/978-3-658-35471-8_4

Stehle, H. (2016). Von Anweisung bis Orientierung – die wandelbare Rolle interner Kommunikation aus Sicht der funktionalen PR-Forschung und ein Systematisierungsvorschlag. In S. Huck-Sandhu (Hrsg.), *Interne Kommunikation im Wandel* (S. 53–70). Springer Fachmedien Wiesbaden. https://doi.org/10.1007/978-3-658-11022-2_4

Stehle, H. (2020). Welche Bedeutung hat persönliche Kommunikation? Face-to-Face-Austausch im digitalisierten Medienumfeld. In C. Mast & K. Spachmann (Hrsg.), *Content Management – für welche Kommunikationswege?* (S. 179–227). Springer Fachmedien Wiesbaden. https://doi.org/10.1007/978-3-658-30441-6_5

Szyska, P., & Malczok, M. (2016). Interne Kommunikation – ein Begriff revisited. In S. Huck-Sandhu (Hrsg.), *Interne Kommunikation im Wandel* (S. 23–39). Springer Fachmedien Wiesbaden. https://doi.org/10.1007/978-3-658-11022-2_2

Talanow, M. (2020). CEO-Kommunikation für Vorstände und Geschäftsführer: Profilierung und Personalisierung in der Unternehmenskommunikation. In A. Zerfaß, M. Piwinger, & U. Röttger (Hrsg.), *Handbuch Unternehmenskommunikation* (S. 1–21). Springer Fachmedien Wiesbaden. https://doi.org/10.1007/978-3-658-03894-6_43-1

Voß, A., & Röttger, U. (2021). Erfolgreiche Führungskräftekommunikation heute. In S. Einwiller, S. Sackmann, & A. Zerfaß (Hrsg.), *Handbuch Mitarbeiterkommunikation* (S. 257–276). Springer Fachmedien Wiesbaden. https://doi.org/10.1007/978-3-658-23152-1_18

Zerfaß, A. (2010). *Unternehmensführung und Öffentlichkeitsarbeit: Grundlegung einer Theorie der Unternehmenskommunikation und Public Relations*. VS Verlag für Sozialwissenschaften. https://doi.org/10.1007/978-3-531-92012-2

Zerfaß, A. (2021). Unternehmenskommunikation und Kommunikationsmanagement: Grundlagen, Handlungsfelder und Wertschöpfung. In A. Zerfaß, M. Piwinger, & U. Röttger (Hrsg.), *Handbuch Unternehmenskommunikation* (S. 1–59). Springer Fachmedien Wiesbaden. https://doi.org/10.1007/978-3-658-03894-6_2-1

9

Vertrauen schaffen mit Unternehmenskommunikation – ein linguistisches Modell von Glaubwürdigkeit durch Textdesign

Adrian Aebi und Sylvia Bendel Larcher

Inhaltsverzeichnis

10.1   **Einleitung – 251**

10.2   **Glaubwürdige Kommunikation als Voraussetzung für Vertrauensförderung – 253**

10.3   **Glaubwürdigkeit durch Argumentation, Webdesign oder Stil – 254**
10.3.1   Argumentation – 254
10.3.2   Webdesign – 255
10.3.3   Stil – 256
10.3.4   Bilder – 258

10.4   **Glaubwürdigkeit empirisch untersuchen – 259**

© Der/die Autor(en), exklusiv lizenziert an Springer-Verlag GmbH, DE, ein Teil von Springer Nature 2023
J. Basel, P. Henrizi (Hrsg.), *Psychologie von Risiko und Vertrauen*,
https://doi.org/10.1007/978-3-662-65575-7_10

10.5 Glaubwürdigkeit durch Textdesign: ein integratives Modell – 261

10.6 Zusammenfassung und Ausblick – 267

Literatur – 268

> **Zusammenfassung**
> Vertrauensförderung gilt als eines der obersten Ziele der Unternehmens-kommunikation. Der Beitrag fragt, wie Unternehmen dieses Ziel unter den erschwerenden Bedingungen zunehmend unpersönlicher Kommunikation erreichen. Er referiert dazu zunächst einige Ergebnisse der Vertrauensforschung und stellt dann ein integratives Modell für die Glaubwürdigkeit von Texten vor. Das Modell beschreibt Rezeptionskriterien, welche die Rezeption der Unternehmens-kommunikation steuern können, sowie Glaubwürdigkeitskriterien, welche die Zuschreibung von Glaubwürdigkeit fördern. Letztere umfassen die Bereiche Design, Informationsgehalt, Angemessenheit, Überzeugungskraft und Verständlichkeit. Schließlich wird postuliert, dass eine konstante, glaubwürdige Kommunikation die Basis für die Bildung von Vertrauen bei den Rezipierenden darstellt.

■ **Lernziele**
- Den Zusammenhang erklären können zwischen glaubwürdigen Texten und Vertrauen
- Sprachliche Handlungen kennen, mit welchen Vertrauen geschaffen oder wiedergewonnen werden kann
- Stilistische Glaubwürdigkeitsindikatoren, Komponenten für vertrauenserweckendes Webdesign und Bedingungen für die Glaubwürdigkeit von Bildern kennen
- Das integrative Modell für Glaubwürdigkeit durch Textdesign auf Beispiele anwenden können

10.1 Einleitung

Als Sie, liebe Leserin, lieber Leser, dieses Buch zur Hand genommen haben, taten Sie dies im Vertrauen, dass Sie von der Lektüre profitieren würden. Was hat den Ausschlag gegeben, dass Sie Vertrauen in das Buch gewonnen haben? War es der Titel, das ansprechende Design des Umschlags, der Ruf des Verlags, waren es die Namen der Autor*innen oder die Inhalte der im Inhaltsverzeichnis angekündigten Beiträge? Oder wenn Sie im Internet z. B. nach einem Zahnarzt oder einer Zahnärztin suchen, nach einer Hausratversicherung oder einem Hotel für die Ferien: Wie muss die Webseite gestaltet sein, damit Sie Vertrauen in das Angebot fassen?

Um genau diese Frage geht es im folgenden Beitrag: Wie müssen gedruckte und elektronische Texte beschaffen sein, damit sie glaubwürdig wirken und dadurch das Vertrauen der Lesenden gewinnen?

Die Frage, was einen Text glaubwürdig macht, hat die Menschen schon vor 2500 Jahren im alten Griechenland umgetrieben. Aristoteles nannte in seinem Buch zur Rhetorik drei Kriterien, die eine mündlich vorgetragene Rede glaubwürdig machen: Ethos, Logos, Pathos. Das **Ethos** bezeichnet die Kompetenz und moralische Integrität des Sprechers; der **Logos** bezeichnet die klare Struktur der Rede und die Vernünftigkeit der Argumentation; und das **Pathos** bezeichnet die Eindringlichkeit und Schönheit der gesprochenen Sprache. Dieses Modell von Glaubwürdigkeit hat in der Geschichte eine breite Rezeption erfahren und ist bis heute unbestritten.

Allerdings geht im Wirtschaftsleben die persönliche Kommunikation immer mehr zurück und wird ersetzt durch schriftliche, oft elektronische Kommunikation. Früher konnten die Händler*innen auf dem Markt, der Kaufmann auf der Messe oder die Besitzerin des Tante-Emma-Ladens um die Ecke durch ihre Person, ihre Redefähigkeit und ihre Zuverlässigkeit persönlich das Vertrauen zu ihrer Kundschaft aufbauen. Heute stehen Selbstbedienungsläden und anonyme Großkonzerne vor der Aufgabe, das Vertrauen einer ebenso anonymen Kundschaft zu gewinnen. Bei reinen Internetfirmen fällt jeglicher Kontakt zwischen Personen weg. An die Stelle der persönlichen Interaktion tritt der Kontakt mittels gedruckter Texte und über elektronische Plattformen; Vertrauen in Personen wird ersetzt durch Vertrauen in Unternehmen und Marken. Auch Einzelpersonen setzen auf die schriftliche Kommunikation, wenn sie sich auf Facebook oder LinkedIn möglichst vorteilhaft präsentieren. Daher ist unsere Frage, was einen Text glaubwürdig und damit vertrauenswürdig macht, sowohl für Unternehmen als auch für Einzelpersonen in hohem Maße relevant.

Wenn wir von Glaubwürdigkeit in der Kommunikation sprechen, so sind daran – wie bei jedem Kommunikationsprozess – 3 Instanzen beteiligt: ein Sender, die Botschaft und eine Empfängerin. Auf der Seite des Senders ist entscheidend, ob er als zuverlässig, kompetent und glaubwürdig wahrgenommen wird. Bei einem Unternehmen entspricht das der Reputation. Auf der Seite der Empfängerin stellt sich die Frage, welche Einstellungen sie gegenüber Produkten, Branchen, Marken und Kommunikationskanälen mitbringt und welche Erfahrungen sie mit einem Unternehmen gemacht hat. Je nachdem ist sie eher bereit, einem Unternehmen und seinen Botschaften zu vertrauen, oder eben nicht. Wir fokussieren uns in diesem Beitrag aber auf die Botschaft und fragen, wie diese beschaffen sein muss, um glaubwürdig zu sein. Wir tun dies aus einer linguistischen Perspektive, welche Texte nicht nur inhaltlich analysiert, sondern auch alle sprachlichen und gestalterischen Details berücksichtigt. Heutzutage sind die meisten Texte multimodal, d. h., sie umfassen außer Worten auch Bilder, grafische Elemente und eine stilistisch relevante Typografie.

Nach einer Klärung der Begriffe Vertrauen und Glaubwürdigkeit (▶ Abschn. 10.2) präsentieren wir, was bisherige (linguistische) Studien zur Vertrauenswürdigkeit von Texten ergeben haben (▶ Abschn. 10.3). Dann gehen wir kurz darauf ein, wie man die Glaubwürdigkeit von Texten eigentlich empirisch ermitteln kann (▶ Abschn. 10.4). Schließlich präsentieren wir unser eigenes Modell von Glaubwürdigkeit von Texten und illustrieren dieses an einem Beispiel.

10.2 Glaubwürdige Kommunikation als Voraussetzung für Vertrauensförderung

Die Begriffe „Vertrauen" und „Glaubwürdigkeit" werden je nach Disziplin unterschiedlich definiert und voneinander abgegrenzt (für eine Übersicht verschiedener Begriffsbestimmungen vgl. Reinmuth, 2009, S. 131 f.). Für unsere linguistisch orientierte Betrachtung von Vertrauen ist es zielführend, Glaubwürdigkeit als Subkategorie von Vertrauen bzw. als kausale Voraussetzung für Vertrauen zu fassen (vgl. zu diesem Begriffsverständnis Schweer & Thies, 2005, S. 56; Ehmke, 2019, S. 58 ff.). Glaubwürdigkeit verstehen wir dabei als Merkmal von Kommunikation und letztlich als Merkmal von konkreten kommunikativen Botschaften.

Vertrauen zu haben bedeutet, sich in einer Situation, in der für uns etwas auf dem Spiel steht und wir nicht über vollständige Informationen verfügen, dem Handeln einer anderen Person auszuliefern. Vertrauen ist eine Vorschussleistung des Vertrauensgebers an die Vertrauensnehmerin. Vertrauen wird Personen umso eher geschenkt, je mehr man diesen die drei Eigenschaften Kompetenz, Wohlwollen und Integrität zuschreibt (Mayer et al., 1995, S. 720). Dieses Modell beschreibt Vertrauen zwischen zwei Personen, die mündlich miteinander kommunizieren. Es wird aber auch auf Unternehmen und schriftliche Kommunikation übertragen (Brühl et al., 2016). Aufgabe von Unternehmen ist es daher, durch ihre Kommunikation den Eindruck zu vermitteln, dass sie kompetent, wohlwollend und integer, also vertrauenswürdig sind. Vertrauen ist dann das Resultat gelungener Kommunikation.

Aus linguistischer Sicht gilt es hier zu beachten, dass Vertrauen nicht nur die Folge, sondern auch eine Voraussetzung für Kommunikation ist: „Jede Kommunikationssituation … ist selbst wieder eine Vertrauenssituation" (Keller, 2009, S. 35). Wenn wir nicht darauf vertrauen, dass das Gegenüber sich bemüht, verständlich, vernünftig und wahrhaftig zu kommunizieren, kommt Kommunikation gar nicht zustande (Paelsmaker et al., 2014, S. 5 f.; Schäfer, 2016, Abschn. 4.2).

Das Vertrauen in das Gegenüber wird nun eben genährt durch die Glaubwürdigkeit seiner kommunikativen Botschaften. „Glaubwürdigkeit", so formuliert es Keller pointiert, „ist Vertrauenswürdigkeit auf dem Feld der Kommunikation" (Keller, 2009, S. 35). Oberstes Ziel der Unternehmenskommunikation ist es demnach, „durch Glaubwürdigkeit in der Kommunikation Vertrauen bei den Rezipienten dieser Kommunikation aufzubauen" (Reinmuth, 2009, S. 132).

Damit rückt für die Vertrauensbildung die Frage ins Zentrum, was einen Text glaubwürdig macht. Denn einfach explizit um Glaubwürdigkeit bzw. Vertrauen zu werben, indem man etwa betont, die Wahrheit zu sagen, ist in den meisten Fällen kontraproduktiv (vgl. dazu ausführlich Keller, 2009, S. 36 f.). Glaubwürdigkeit kann man nicht betonen, man muss sie im und durch den Text zeigen; Vertrauen kann man nicht einfordern, es wird einem geschenkt. Aus linguistischer Sicht ist die wichtigste Basis für das Gewinnen von Vertrauen deshalb, Texte mittels Glaubwürdigkeitsindikatoren so zu gestalten, dass sie Glaubwürdigkeit ausstrahlen. Dies umso mehr, je ungreifbarer der Absender der Texte für die Empfänger*innen ist.

Für die Vertrauensbildung reicht es allerdings nicht aus, dass ein einzelner Text eines Unternehmens glaubwürdig ist. Dazu muss die Kommunikation erstens über alle Kommunikationsformen hinweg konsistent sein (Reinmuth, 2009, S. 155 f.) und zweitens mit dem realen Handeln des Unternehmens übereinstimmen (Bentele & Seidenglanz, 2015, S. 421–424). Erst dann entsteht (längerfristig) Vertrauen.

10.3 Glaubwürdigkeit durch Argumentation, Webdesign oder Stil

Es gibt bis heute kein umfassendes Modell, welches alle Kriterien aufführen würde, die einen Text glaubwürdig machen. Es gibt jedoch eine Reihe von Studien, die einzelne Aspekte der Glaubwürdigkeit von Texten genauer untersucht haben: die Argumentation nach Vertrauensverlusten, das Webdesign von Onlineshops sowie der Stil von Unternehmenstexten wie Geschäftsberichten. Die Erkenntnisse aus diesen Studien werden in den folgenden Abschnitten zusammengefasst. Anschließend tragen wir das empirisch Gesicherte zusammen, das zur Glaubwürdigkeit von Bildern bekannt ist.

10.3.1 Argumentation

10

Aus linguistischer Sicht sind Texte eine Form sozialen Handelns. Wer einen Text schreibt, führt verschiedene sprachliche Handlungen aus, sogenannte Sprechakte: Er oder sie vermittelt eine Information oder stellt eine Bitte, verpflichtet sich auf eine zukünftige Handlung oder fordert die Empfängerin zu einer bestimmten Handlung auf usw. Verschiedene Forschende haben nun untersucht, welche sprachlichen Handlungen bzw. welche Argumente geeignet sind, Vertrauen zu schaffen bzw. nach einem Vertrauensverlust wiederzugewinnen.

Bentele und Seidenglanz (2015) legen dar, dass nach einem Vertrauensverlust bestimmte sprachliche Handlungen notwendig sind, um das Vertrauen wiederzugewinnen (z. B. sich entschuldigen), die aber von konkreten Maßnahmen begleitet sein müssen, etwa dem Austauschen von Führungspersonen (S. 422).

Brühl et al. (2018) entwickeln ein komplexes Modell, in welchem abgebildet ist, wie sich verschiedene sprachliche Handlungen nach einem Vertrauensverlust auf die Wahrnehmung der Verantwortlichkeit und der Glaubwürdigkeit eines Unternehmens auswirken und damit indirekt auf das Ausmaß an Vertrauen, das die Lesenden dem Unternehmen entgegenbringen. In einem experimentellen Setting wurden die Einschätzungen von Testpersonen erhoben, nachdem diese einen Aktionärsbrief gelesen hatten, in welchem sich das Unternehmen entweder entschuldigt (*apology*), oder sich herausredet (*excuse*) oder eigenes Verschulden zurückweist (*refusal*). Es zeigt sich, dass eine Entschuldigung zwar bewirkt, dass dem Unternehmen eine größere Verantwortung für das Vorgefallene zugeschrieben wird, gleichzeitig aber die Glaubwürdigkeit dermaßen erhöht wird, dass der Effekt auf das Vertrauen insgesamt positiver ist als bei einer Ausrede oder einem Abstreiten. Die Entschuldigung fruchtet allerdings nur, wenn sie verbunden wird mit der klaren Ansage von konkreten Maßnahmen, mit denen der Schaden behoben werden soll.

Auch Fuoli und Paradis (2014) entwickeln ein auf Mayer et al. (1995) aufbauendes Modell, mit welchen sprachlichen Handlungen nach einem Vertrauensverlust der Eindruck von Kompetenz, Wohlwollen und Integrität wiederhergestellt werden kann. Illustriert wird das Modell an Texten, die BP nach der Katastrophe auf der Ölplattform Deepwater Horizon publiziert hat. Die Autoren nennen 2 übergeordnete sprachliche Strategien zur Wiedergewinnung von Vertrauen: negative Erwartungen neutralisieren und positive Erwartungen verstärken. Negative Erwartungen neutralisieren kann man dadurch, dass man gegen vorhandene negative Aussagen Stellung bezieht und diese z. B. relativiert oder negiert (S. 59). Positive Erwartungen verstärken kann man dadurch, dass man das Unternehmen positiv bewertet, die jetzt laufenden Maßnahmen beschreibt oder Mitgefühl mit Betroffenen ausdrückt (S. 60).

Eine Einzelfallstudie liegt schließlich von Palmieri (2009) vor, der eine Medienmitteilung untersucht, in welcher die krisengeschüttelte UBS ankündet, der ehemalige Bundesrat Kaspar Villiger werde die Leitung der Bank übernehmen. Dabei wird explizit wie folgt argumentiert: Weil Villiger eine gute Führungskraft, ein erfahrener Geschäftsmann und eine verlässliche Person ist, sollen die Stakeholder wieder an die UBS glauben. Villiger selber wird mit den Worten zitiert, er betrachte seinen Einsatz bei der UBS als Dienst an der Schweiz. Dass es „um die ganze Schweiz" geht, soll die Gefühle des Publikums ansprechen. Insgesamt stützt sich die Medienmitteilung auf die von Aristoteles genannten Aspekte von Glaubwürdigkeit (vgl. oben): auf die Integrität und Erfahrenheit von Villiger (Ethos), die stringente Argumentation, dass eine erfahrene Führungskraft ein Unternehmen retten kann (Logos) und auf die Gefühle des Publikums (Pathos).

Die Studien zeigen, dass sowohl das Modell von Mayer et al. (1995) als auch das Modell von Aristoteles geeignet sind, um in konkreten Texten sprachliche Handlungen zu identifizieren, die nach einem Vertrauensverlust Vertrauen wiederherstellen können. Zentral sind offensichtlich die Entschuldigung, die Ankündigung konkreter Maßnahmen und der Appell an die Gefühle des Publikums.

10.3.2　Webdesign

Seit es Onlineshops gibt, beschäftigen sich Webdesigner*innen und Forscher*innen mit der Frage, wie eine Webseite gestaltet sein muss, damit die Kund*innen dem Anbieter ihr Vertrauen schenken und in der Folge mit ihren Kreditkarten Waren bezahlen, die sie weder sehen noch mitnehmen können. Denn, so betonen verschiedene Studien, Vertrauen ist der Schlüssel zum Erfolg im E-Commerce (vgl. Fimberg & Sousa, 2020, S. 2). Schon bald wurden – neben einem funktionierenden Service natürlich – Datenschutz (*privacy*) und Sicherheit (*security*) als zentrale Faktoren erkannt. Da User bei einem Erstbesuch aber innerhalb weniger Sekunden entscheiden, ob sie auf einer Webseite bleiben, hat vor allem auch das Webdesign selber einen entscheidenden Einfluss auf die Vertrauensbildung (vgl. Fimberg & Sousa, 2020, S. 2, 4). In ihrem Forschungsüberblick nennen Urban et al. (2009) als vertrauensrelevante Faktoren des Webdesigns Aspekte der Usability, etwa ein benutzerfreundliches Look and Feel, der optischen Erscheinung, etwa qualitativ hochwertige Fotos, und der Information, etwa Neutralität und Transparenz. Fimberg und Sousa leiten aus ihrer Studie zum Einfluss des Webdesigns auf die Vertrauensbildung einen Katalog von vertrauenserweckenden Designkomponenten ab, der sich an den Dimensionen Visual Design, Content Design und Social Cue Design orientiert (Fimberg & Sousa, 2020, S. 7):

- **Visual Design**
  - Professionelles Design
  - Farbschema, das zum Produkt oder Service passt
  - Schöne, lesbare Schrift
  - Qualitativ hochwertige, authentische Fotos
  - Gute Suchfunktion
  - Einfache Navigation
  - (…)

- **Content Design**
  - Firmenlogo
  - Informationen zur Unternehmung („Über uns"-Seite, Fakten und Zahlen)
  - Kontaktinformationen
  - Physische Adresse
  - Brauchbarer Inhalt
  - Fehlerfreie Sprache, wenig Jargon
  - (…)

- **Social Cue Design**
  - Fotos und Biografien des Teams
  - Leicht erreichbarer Kundendienst
  - Instant Messaging/Chat
  - Social-Media-Präsenz
  - Testimonials
  - (…)

Was das Vertrauen nach Urban et al. (2009) hingegen beschädigt, sind fehlende Links und wenn die Benutzenden merken, dass je nach Kundin oder Kunde andere Preise verrechnet werden (S. 183).

10.3.3 Stil

Wenn, wie wir in ▶ Abschn. 10.2 gesagt haben, ein Text Glaubwürdigkeit nicht behaupten kann, sondern zeigen muss, dann befinden wir uns im Bereich des Stils. Stil ist „das WIE, die bedeutsame funktions- und situationsbezogene Variation der Verwendung von Sprache" (Sandig, 2006, S. 1). Jede sprachliche Äußerung hat einen Stil, d. h., sie ist das Ergebnis einer Wahl aus verfügbaren Varianten, denn man kann alles so oder so sagen. Naheliegend ist also der Versuch, sprachliche Glaubwürdigkeitsindikatoren zu identifizieren, die einen glaubwürdigen Stil begründen. Ein abgeschlossener, universalgültiger Katalog darf bei diesem Unterfangen in Anbetracht der Komplexität des Phänomens „Glaubwürdigkeit" aber nicht erwartet werden.

Einen solchen Katalog stilistischer Mittel, die vertrauensfördernd wirken können, entwickelt Schäfer in ihrer Einführung in die linguistische Vertrauensforschung (Schäfer, 2016). Vertrauensförderung (das meint Vertrauensaufbau und Vertrauenspflege) kann nach Schäfer gelingen, wenn in einem Text die Faktoren Kompetenz auf dem relevanten Gebiet, Konsistenz in den vermittelten Inhalten, Interesse am Partner und die Bereitschaft, das eigene Handeln mit dem des Partners zu koordinieren in einer, je nach Situation unterschiedlichen, optimalen Kombination zum Ausdruck kommen (Schäfer, 2016, Kap. 4, Abschn. 8), d. h. wenn in einem Text sprachliche und außersprachliche Mittel zum Einsatz kommen, welche die genannten vier Faktoren zu signalisieren vermögen (Schäfer, 2016, Kap. 4, Abschn. 9). In Schäfers Modell dient die Darstellung von Kompetenz und Konsistenz dabei dem Herstellen von Glaubwürdigkeit und die Darstellung von Interesse am Partner und von koordiniertem Handeln – auf die Glaubwürdigkeit aufbauend – dem Herstellen von Vertrauenswürdigkeit (Schäfer, 2016, Kap. 4, Abschn. 17). Die sprachlichen und außersprachlichen Mittel, die zur Darstellung der vier Faktoren eingesetzt werden können, finden sich nach Schäfer auf verschiedenen linguistischen Analyseebenen, z. B. Lexik, Syntaktik, Semantik, Pragmatik. In einem ausdifferenzierten Analyseraster gibt Schäfer Hinweise darauf, wie sich die Darstellung der vier Faktoren konkret umsetzen lässt (Schäfer, 2016, Kap. 5, Abschn. 11 ff.), etwa mittels Schlüsselwörter, positiver Attribute oder Korrektheit (Schäfer, 2016, Kap. 5, Abschn. 11 ff.).

Einen umfangreichen Katalog von Glaubwürdigkeitsindikatoren hat zuvor bereits Reinmuth in seiner Untersuchung zur Glaubwürdigkeit von Geschäftsberichten (Reinmuth, 2006, vgl. auch Reinmuth, 2009) vorgelegt. Als „Glaubwürdigkeitsindikatoren" bezeichnet er „sprachliche Phänomene, welche die Glaubwürdigkeit ... beeinflussen" (Reinmuth, 2006, S. 223), indem sie auf vier „Glaubwürdigkeitsfaktoren" einwirken, deren Wahrnehmung bei den Rezipierenden erst zu einer Einschätzung von Glaubwürdigkeit führt (Reinmuth, 2006, S. 219): Verständlichkeit/Rezeptionsfreundlichkeit, Kompetenz, Objektivität/Aufrichtigkeit und Sympathie/(Text-)Attraktivität. Der Verständlichkeit kommt dabei eine besondere Rolle zu, da sie die restlichen drei Faktoren befördert (Reinmuth, 2006, S. 220). Entsprechend nehmen in Reinmuths Katalog von Glaubwürdigkeitsindikatoren verständlichkeitsfördernde stilistische Mittel wie angemessene Wortwahl und einfacher Satzbau einen hohen Stellenwert ein.

▶ **Vertrauen in Frauenzeitschriften**

In ihrer Analyse des belgischen Magazins *Flair* geht Temmermann (2014) der Frage nach, wie Frauenzeitschriften versuchen, das Vertrauen ihrer Leserinnen zu erhalten, sodass diese die Zeitschrift immer wieder kaufen. Sie stellt fest, dass die Kommunikation in dem Magazin nicht auf Augenhöhe stattfindet, sondern asymmetrisch und hierarchisch ist: Das Magazin nimmt die Rolle der Expertin ein, die den Frauen Lösungen für ihre (angenommenen) Probleme bietet und die Frauen umfassend instruiert: Wie sie sich kleiden, schminken, ernähren usw. sollen. Imperative und andere instruktive sprachliche Formate sind häufig. Manchmal nimmt das Magazin auch die Rolle der erfahrenen, älteren Schwester ein, die mit der Leserin in einen Pseudodialog in konversationellem Stil tritt. Temmermanns Fazit lautet, dass das Magazin über die Expertenrolle Vertrauen zu schaffen versucht und insgesamt sehr bevormundend agiert. ◄

10.3.4 Bilder

Die Glaubwürdigkeit von Bildern wurde noch kaum erforscht. Die „richtigen" Bilder auszuwählen, um einen glaubwürdigen multimodalen Text zu erzeugen, ist umso schwerer, als die Lesenden je nach Alter, Milieu und aktueller Stimmung sehr unterschiedliche Präferenzen für Bilder haben (Ballstaedt, 2012, S. 36). Es gibt Hinweise, dass Bildbetrachtende vor allem auf Personen ansprechen, die ihnen ähnlich sind. Dennoch können wir einige allgemeine Aussagen zur Glaubwürdigkeit von Bildern treffen.

Ganz allgemein kann man sagen, dass ein Bild nur dann glaubwürdig wirken kann, wenn klar erkennbar ist, was auf dem Bild gezeigt wird, wenn der Zusammenhang zwischen Bild und Text einleuchtet und wenn die Lesenden die Funktion des Bildes im Kontext verstehen (Stöckl, 2011).

Kress und van Leeuwen (2006) erläutern, dass je nach gesellschaftlicher Domäne verschiedene Bildtypen den höchsten Wahrheitsgehalt haben und somit als glaubwürdig wahrgenommen werden (vgl. ❏ Tab. 10.1). Während im Alltag die unbearbeitete Farbfotografie den größten Anspruch auf Wahrheit hat, sind es in der Wissenschaft abstrakte, in Schwarz-Weiß gehaltene Schemata und in der Werbung hyperreale fotografische Kompositionen, in denen die abgebildeten Gegenstände übernatürlich farbig und glänzend dargestellt werden.

Grittmann (2003) weist allerdings darauf hin, dass auch sogenannte authentische Pressefotografien immer bewusst gestaltete Bilder sind und man Authentizität auch inszenieren kann, indem man bestimmte Gestaltungsregeln befolgt. Dazu ge-

❏ **Tab. 10.1** Glaubwürdigkeit von Bildtypen in verschiedenen gesellschaftlichen Domänen

Gesellschaftliche Domäne	Anspruch auf Wahrheit	Präferierter Bildtyp
Alltag, Presse	Naturalismus: Wiedergabe eines konkreten Moments	Farbfotografie
Wissenschaft	Abstraktion: Reduktion auf das Typische	Schwarz-weiß-Schema
Mode, Werbung	Hyperrealismus: Hervorheben des Sinnlichen	Fotografische Komposition

Eigene Darstellung, gestützt auf Kress & van Leeuwen, 2006, S. 163–166

hört, dass man Personen auf Augenhöhe aufnimmt, im mittleren Einstellungsbereich (zwischen Großaufnahme und Halbtotale), in einem (scheinbar) unbeobachteten Moment und ohne dass die Person in die Kamera blickt. Solche Fotos wirken ‚natürlich' und ‚objektiv' und somit glaubwürdig. Ob sie die Situation angemessen wiedergeben, ist eine andere Frage. Eine gestellte Aufnahme – zum Beispiel der klassische Händedruck zwischen zwei Politiker*innen – kann eine Konferenz durchaus authentischer wiedergeben als ein unangemessener Schnappschuss eines gähnenden Teilnehmers.

Die Glaubwürdigkeit eines Bildes hängt also stark vom Kontext ab. Die nicht gestellte, nicht bearbeitete Fotografie genießt im Allgemeinen das höchste Vertrauen. Allerdings ist dieses Vertrauen in die Fotografie angesichts der omnipräsenten Bildbearbeitung in den letzten Jahren zusehends erodiert.

10.4 Glaubwürdigkeit empirisch untersuchen

Wir haben bisher ausgeführt, was zur Glaubwürdigkeit von Texten bekannt ist. Doch wie erforscht man eigentlich, was einen Text glaubwürdig macht? Wir stellen im Folgenden vor, welche empirischen Zugänge zur Glaubwürdigkeit von Texten möglich sind. Allen Methoden ist gemeinsam, dass mit konkreten Beispieltexten gearbeitet wird.

- **Expertenurteil**

Bei dieser Methode werden Expert*innen gebeten, gestützt auf ein bestehendes Modell von Glaubwürdigkeit bzw. Vertrauenswürdigkeit einen konkreten Text zu beurteilen. Expertenurteile liegen in den oben zitierten Aufsätzen von Fuoli und Paradis (2014), Palmieri (2009) und Temmermann (2014) vor. Wir selber präsentieren im letzten Abschnitt dieses Beitrags ein Expertenurteil.

- **Experiment**

Bei einem Experiment bekommen Testpersonen einen Text eines echten oder fiktiven Unternehmens, der in zwei oder drei verschiedenen Versionen vorliegt. Sie sollen den Text lesen und anschließend einen Fragebogen ausfüllen, mit welchem erhoben wird, wie glaubwürdig sie den Text finden und wie stark sie dem Unternehmen aufgrund dieses Textes vertrauen. Dann kann man statistisch berechnen, welche Textversion höhere Werte bei der Glaubwürdigkeit und beim Vertrauen erzielte. Mit dieser Methode kann man sehr genau die Wirkung des Textes bezüglich des Vertrauens messen; allerdings bleibt unklar, welche Eigenschaften des Textes die Wirkung erzeugt haben. Mit dieser Methode haben Brühl et al. (2018) und Reinmuth (2006) (vgl. oben) gearbeitet.

- **Interview**

In einem Leitfadeninterview kann man Testpersonen direkt befragen, welche Aspekte des vorgelegten Beispieltextes ihnen glaubwürdig erscheinen und welche nicht. Eine statistische Berechnung der Wirkung bezüglich des Vertrauens ist aufgrund der geringen Zahl von Interviews, die man mit vernünftigem Zeitaufwand durchführen kann, nicht möglich. Dafür erhält man sehr detailliert Auskunft über die Stärken und Schwächen des Beispieltextes. Es zeigt sich, dass scheinbare Nebensächlichkeiten im Text eine enorme Wirkung auf die Glaubwürdigkeit ausüben können, und zwar vor allem in die negative Richtung. Mit dieser Methode haben wir gearbeitet (vgl. Beispielbox).

■ **Fokusgruppe**

Bei einer Fokusgruppe lässt man eine Gruppe von Testpersonen über einen oder mehrere Texte diskutieren und die Ergebnisse in einer thematisch vorstrukturierten Tabelle festhalten. Gegenüber dem Interview hat die Fokusgruppe den Nachteil, dass das Gespräch weniger strukturiert abläuft. Der Vorteil besteht darin, dass eine Art Gruppenkonsens festgehalten wird und Einzelmeinungen weniger zu Buche schlagen. Auch mit dieser Methode haben wir gearbeitet (vgl. Beispielbox).

> ► **Zwei empirische Studien zur Vertrauenswürdigkeit von Unternehmenstexten**
>
> In einer ersten Pilotstudie schickten wir, die Autoren dieses Beitrags, acht Testpersonen drei Texte einer mittelgroßen Schweizer Bank mit der Bitte, diese sorgfältig zu lesen. Anschließend fragten wir die Personen in Einzelinterviews, ob sie diese Texte als verständlich, interessant, glaubwürdig und für sie relevant erachteten, und baten sie, ihre Einschätzung mit konkreten Textstellen zu belegen.
>
> Ein erstes, etwas überraschendes Resultat war, dass die Beurteilung der Texte offenbar in hohem Maße davon abhing, ob sich die Personen überhaupt für das Thema des Textes interessierten, welche Einstellung sie zu Banken im Allgemeinen hatten und wie sie bestimmte Kommunikationskanäle beurteilten. So fanden einzelne Interviewte, Facebook passe grundsätzlich nicht zu einer Bank und könne deren Glaubwürdigkeit nur untergraben – unabhängig von der Qualität des Textes.
>
> Als Zweites mussten wir feststellen, dass es den Testpersonen schwerfiel, zu sagen und am Text zu belegen, warum sie den Text glaubwürdig fanden oder nicht. Urteile zur Glaubwürdigkeit der Texte waren zum Teil schwer zu trennen von allgemeinen Bekundungen des „Gefallens" – und das, obwohl wir gezielt Textexpert*innen wie Lehrerinnen oder Marketingfachleute für das Interview ausgewählt hatten.
>
> Zum Dritten zeigte sich, dass scheinbare Kleinigkeiten eine enorme Auswirkung auf die empfundene Glaubwürdigkeit haben können, vor allem im negativen Sinne. Die Kleinschreibung der Titel, ein von der Bedeutung her nicht erschließbarer Blumentopf auf einem Bild oder die klein gedruckte Anmerkung, die Konditionen könnten sich jederzeit ändern, genügten, um die Testpersonen zu irritieren und misstrauisch werden zu lassen (Aebi & Bendel Larcher, 2018).
>
> In einer zweiten Studie ließen wir studentische Fokusgruppen die Internetauftritte von jeweils zwei Anbietern derselben Dienstleistung beurteilen im Hinblick auf deren Vertrauenswürdigkeit. Je vier Gruppen beurteilten die Webauftritte von zwei Akupunkteuren, von zwei Zahnarztpraxen und von zwei Internetbanken. Diese hatten wir ausgewählt, weil Anbieter von Gesundheitsdienstleistungen und Banken in besonderem Maße auf das Vertrauen ihrer Kundschaft angewiesen sind, da für diese viel auf dem Spiel steht.
>
> Es zeigte sich erneut, dass es den Testpersonen nicht immer leichtfiel, Aspekte der Glaubwürdigkeit von anderen Aspekten wie der allgemeinen Usability oder der Verständlichkeit der Webseiten zu trennen. Ferner zeigte sich, dass sich die Testpersonen

10

keineswegs immer einig waren. So fanden die einen, die Du-Form bei einer Internetbank sei zielgruppengerecht, während andere sie unseriös fanden (unpublizierte Studie).

Trotz gewisser Einschränkungen erlaubten uns beide Studien, bestehende Kriterien der Glaubwürdigkeit von Texten zu bestätigen, aber auch, noch nicht beschriebene Kriterien zu identifizieren sowie bestehende Kriterien zu relativieren. Die Resultate sind in unser integratives Modell für die Glaubwürdigkeit von Texten eingeflossen, das wir im nächsten Abschnitt vorstellen. ◄

10.5   Glaubwürdigkeit durch Textdesign: ein integratives Modell

Gestützt auf die vorhandene Literatur (vgl. ► Abschn. 10.3) und unsere eigenen Untersuchungen (vgl. ► Abschn. 10.4) haben wir ein integratives Modell für die Glaubwürdigkeit von Texten entwickelt, welches alle genannten Aspekte umfasst: Argumentation, Webdesign, Stil und Bildgestaltung. Allerdings haben wir die Kriterien neu gebündelt und mit anderen Oberbegriffen versehen. Die Kategorien heißen nun Design, Informationsgehalt, Angemessenheit, Überzeugungskraft und Verständlichkeit. In unseren eigenen Untersuchungen sind wir auf einige Kriterien von Glaubwürdigkeit gestoßen, die in der Literatur nicht beschrieben sind. Diese werden hier kurz erläutert.

Im Bereich des **Designs** ist das Ergebnis eindeutig, dass Internetnutzende und Lesende ein schlichtes, harmonisches Design mit dezenten Farben als vertrauenswürdiger einstufen. Bunte Seiten mit knalligen Farben erinnern zu sehr an Werbung und wirken daher nicht glaubwürdig. Positiv erwähnt werden ferner übersichtliche Tabellen und Checklisten.

Im Bereich **Informationsgehalt** wird deutlich, dass die Lesenden nützliche, relevante Informationen und konkrete Fakten erwarten, während sie auf „heiße Luft" mit Misstrauen und Ungeduld reagieren. Interessant und neu ist die Erkenntnis, dass die Glaubwürdigkeit eines Textes untergraben wird, wenn er Aussagen mit möglichen negativen Implikationen enthält. Wenn eine Bank zum Beispiel unterstreicht, mit einer Hypothek könne man Steuern sparen, so weckt das negative Assoziationen an die vielen Skandale von Schweizer Banken, die bei der Steuerhinterziehung geholfen haben (Aebi & Bendel Larcher, 2018, S. 9). Oder wenn der CEO im Interview sagt „Wir hatten im Kommissionsertrag erstmals wieder ein Wachstum", dann weckt der Ausdruck „erstmals wieder" bei den Lesenden den Verdacht, die Bank sei nicht stabil. Glaubwürdigkeit kann bei aufmerksamen Lesenden schon durch kleinste problematische Ausdrücke Schaden nehmen.

Bei der **Angemessenheit** zeigt sich dasselbe Bild wie beim Design: Alles, was nach Werbung klingt, was übertrieben oder überheblich wirkt, schmälert die Glaubwürdigkeit; das Gebot der Stunde heißt Sachlichkeit.

Im Bereich **Überzeugungskraft** können wir mehrere Ergänzungen zur bestehenden Literatur anbringen. Die Glaubwürdigkeit steigt, wenn die im Text genannten Fakten überprüfbar sind und wenn neben Erfolgsmeldungen auch mögliche Probleme offen angesprochen werden. Bilder müssen nicht nur professionell aufgenommen sein (vgl. Design), sondern sie sollen auch authentisch wirken. Vertrauen wird geweckt, wenn Preise und Konditionen transparent sind. Einer der mächtigsten Faktoren überhaupt, um die Glaubwürdigkeit zu steigern, ist allerdings der Beweis der eigenen Kompetenz in Form von externen Ratings, Zertifikaten, Diplomen, Labels oder Mitgliedschaften in Berufsverbänden (vgl. etwa zur vertrauensbildenden Wirkung von Umweltlabels Gorton et al. 2021).

Im Bereich der **Verständlichkeit** schließlich können wir ergänzen, dass heutige Lesende gendergerecht geschriebene Texte erwarten sowie Texte, die für Laien verständlich sind.

Neben den fünf eben erläuterten Kriterien haben wir textexterne und textinterne Faktoren zusammengetragen, die einen Einfluss darauf haben, ob ein Text überhaupt gelesen wird und wie er rezipiert wird. Denn ob eine Person einen Text liest und ihm Glaubwürdigkeit zuschreibt, hängt auch von ihren Einstellungen und von oberflächlichen Textmerkmalen ab. Ob eine Person schlussendlich Vertrauen zu einem Unternehmen fasst, hängt davon ab, ob sämtliche Botschaften des Unternehmens konsistent sind und ob Kommunikation und reales Handeln übereinstimmen (Hubig & Simoneit, 2007, S. 178). So entsteht ein komplexes Modell von Glaubwürdigkeit, das einer komplexen Wirklichkeit gerecht werden soll (vgl. ◘ Abb. 10.1).

■ **Integratives Modell für Glaubwürdigkeit durch Textdesign**

10

EINSTELLUNGEN

Textexterne Faktoren, welche über die Rezeption entscheiden und sie im Hinblick auf die Zuschreibung von Glaubwürdigkeit formen können:
- Einstellungen zu Sender*in, Branche, Produkten
- Einstellungen zu Themen, Medien, Kanälen

REZEPTIONSKRITERIEN

Textinterne formale und inhaltliche Merkmale, welche über die Rezeption entscheiden können:
- Persönliche Relevanz des Themas
- Attraktives, übersichtliches Layout
- Sympathisches, eigenweltliches Bild
- Vielversprechender Titel
- Lead/erste Sätze/Inhaltsverzeichnis versprechen Nutzen

GLAUBWÜRDIGKEITSKRITERIEN

Textinterne formale und inhaltliche Merkmale, welche für die Zuschreibung von Glaubwürdigkeit relevant werden können.

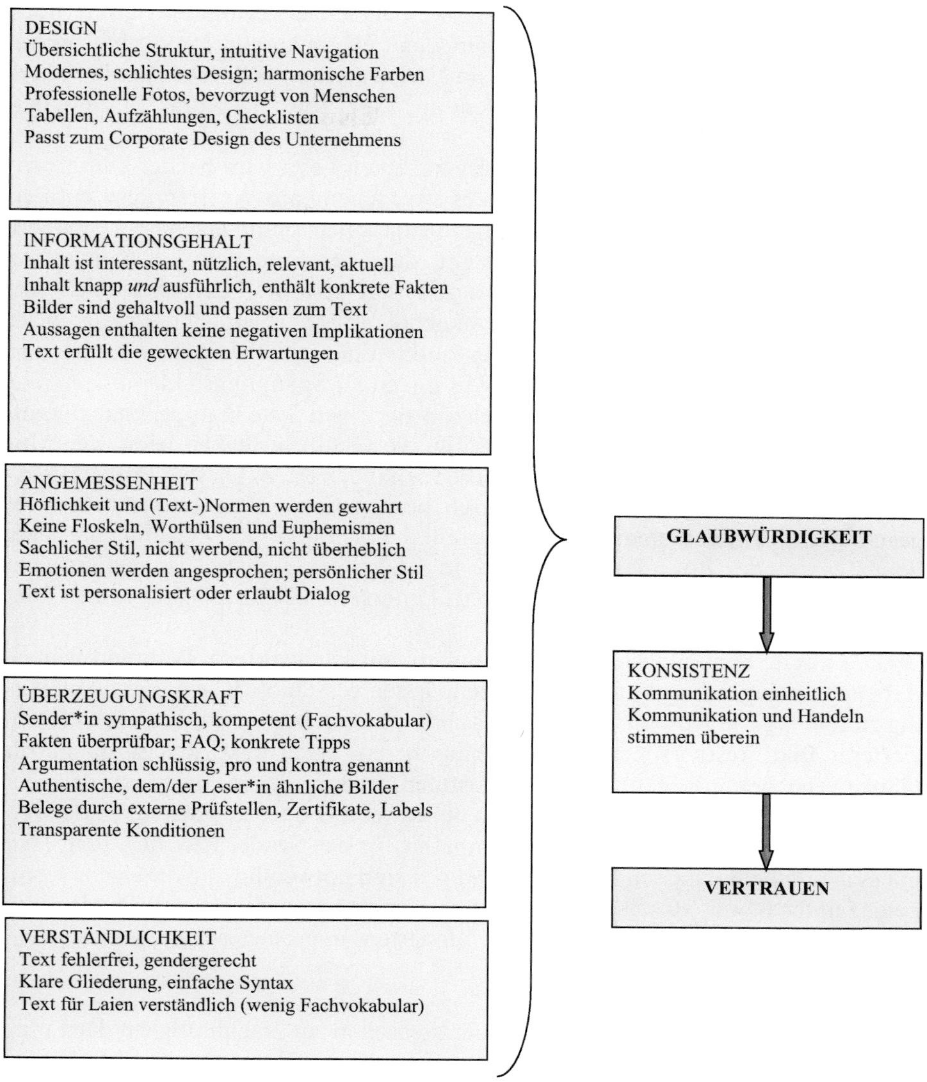

DESIGN
Übersichtliche Struktur, intuitive Navigation
Modernes, schlichtes Design; harmonische Farben
Professionelle Fotos, bevorzugt von Menschen
Tabellen, Aufzählungen, Checklisten
Passt zum Corporate Design des Unternehmens

INFORMATIONSGEHALT
Inhalt ist interessant, nützlich, relevant, aktuell
Inhalt knapp *und* ausführlich, enthält konkrete Fakten
Bilder sind gehaltvoll und passen zum Text
Aussagen enthalten keine negativen Implikationen
Text erfüllt die geweckten Erwartungen

ANGEMESSENHEIT
Höflichkeit und (Text-)Normen werden gewahrt
Keine Floskeln, Worthülsen und Euphemismen
Sachlicher Stil, nicht werbend, nicht überheblich
Emotionen werden angesprochen; persönlicher Stil
Text ist personalisiert oder erlaubt Dialog

GLAUBWÜRDIGKEIT

ÜBERZEUGUNGSKRAFT
Sender*in sympathisch, kompetent (Fachvokabular)
Fakten überprüfbar; FAQ; konkrete Tipps
Argumentation schlüssig, pro und kontra genannt
Authentische, dem/der Leser*in ähnliche Bilder
Belege durch externe Prüfstellen, Zertifikate, Labels
Transparente Konditionen

KONSISTENZ
Kommunikation einheitlich
Kommunikation und Handeln
stimmen überein

VERSTÄNDLICHKEIT
Text fehlerfrei, gendergerecht
Klare Gliederung, einfache Syntax
Text für Laien verständlich (wenig Fachvokabular)

VERTRAUEN

◘ Abb. 10.1 Integratives Modell für Glaubwürdigkeit durch Textdesign

Aus unserer Studie gehen auch einige Punkte hervor, die man unterlassen sollte, um der Glaubwürdigkeit des Textes keinen Abbruch zu tun. Das sind die folgenden:
- Design: überladene Seiten, zu viele Buttons, tote Links, aggressive Farben
- Informationsgehalt: veraltete Beiträge, fehlende Informationen
- Angemessenheit: aufdringlicher oder kollegialer Tonfall, Unernstes wie Witze, Wortspiele oder Emojis
- Überzeugungskraft: zu viel Werbung, zu viele Call-to-Action.
- Verständlichkeit: zu viele Anglizismen

Wichtig zu sehen ist, dass die schiere Abwesenheit der genannten Punkte noch keine Glaubwürdigkeit bewirkt. Dass auf einer Webseite alle Links einwandfrei funktionieren und die Beiträge aktuell sind, wird ganz einfach erwartet und wirkt sich nicht positiv auf die Glaubwürdigkeit aus. Aber tote Links und veraltete Beiträge wirken sich sehr negativ aus.

Der aufmerksamen Leserin, dem aufmerksamen Leser wird bei der Durchsicht des Modells nicht entgangen sein, dass es zwei scheinbare Widersprüche enthält. Beim Informationsgehalt steht, dass die Informationen knapp *und* ausführlich sein müssen. Bei der Überzeugungskraft steht, dass der Eindruck von Kompetenz durch den Gebrauch von Fachvokabular gefördert wird, während im Bereich Verständlichkeit das Vermeiden von Fachvokabular verlangt wird. Die Erwartungen unserer Testpersonen sind in diesen zwei Punkten tatsächlich widersprüchlich und tun sich in unserem Modell von Glaubwürdigkeit als Spannungsfelder auf.

Informationssuchende wünschen sich auf der einen Seite knappe, knackige Informationen, beanstanden aber gleichzeitig, die Glaubwürdigkeit leide, wenn Informationen nicht in ausreichendem Maße vorhanden seien. Diesem Problem können Textgestaltende am ehesten dadurch begegnen, dass sie Informationen in gestaffelter Form anbieten: einmal in geraffter Form, z. B. als Zusammenfassung oder Teaser oder Box „Das Wichtigste in Kürze", und einmal in ausführlicher Form als Fließtext oder – im Internet – als Unterseite, als Dropdown-Balken oder als PDF für den Download.

Das zweite Spannungsfeld ist der Umgang mit Fachwörtern. Während frühere Arbeiten uneingeschränkt fordern, Texte müssten verständlich sein, um glaubwürdig zu sein (vgl. ▶ Abschn. 10.3), zeigt sich in unseren beiden Studien ein differenzierteres Bild. Testpersonen sind durchaus bereit, einen Text, den sie nicht zur Gänze verstehen, als glaubwürdig einzustufen, weil sie davon ausgehen, dass der Sender bzw. die Senderin kompetent sein muss, wenn er oder sie Fachvokabular verwendet. Was hingegen leidet, ist die Sympathie für den Sender bzw. den Text. Hier gilt es also, eine Balance zu finden. Fachwörter sind notwendig, um die eigene Kompetenz unter Beweis zu stellen, gleichzeitig soll man mit einfacheren Erläuterungen dafür sorgen, dass auch Laien den Text mindestens in groben Zügen verstehen.

■ **Beispielanalyse**

Zum Abschluss zeigen wir am Beispiel der Webseiten zur Nachhaltigkeit der Emmi AG (▶ https://group.emmi.com/che/de), wie man gestützt auf unser Modell die Glaubwürdigkeit eines Textes einschätzen kann.

Die Emmi AG ist der größte Milchverarbeiter der Schweiz und international tätig. Nachhaltigkeit spielt in der Lebensmittelbranche eine wichtige Rolle, so auch bei Emmi. Entsprechend sind die Seiten zur Nachhaltigkeit auf der Unternehmenswebseite von Emmi in der Hauptnavigation an zweiter Stelle zu finden.

Zu den textexternen Faktoren, welche über die Rezeption entscheiden, lässt sich sagen, dass die Dachmarke Emmi und ihre Brands in der Schweizer Öffentlichkeit gut bekannt sind und ein positives Image haben. Das Thema Nachhaltigkeit ist zumindest für einen Teil der Kunden von Emmi sicher relevant und die Webseite ein geeigneter Kanal, um sich zu informieren.

Im Folgenden beschreiben und bewerten wir die Nachhaltigkeitsseiten entlang der Glaubwürdigkeitskriterien aus unserem Modell.

- **Design**

Die Emmi-Webseite hat ein responsives Design in übersichtlicher Kachelstruktur. Sie enthält sechs über die Subnavigation aufrufbare Unterseiten zum Thema Nachhaltigkeit, wobei der ersten Seite mit dem Titel „Nachhaltigkeitsansatz" die Funktion einer Überblicksseite zukommt. Als Textelemente sind Titel, Lead, Zwischentitel und Text typografisch unterschieden. Die Einzeltexte sind für eine Webseite angemessen portioniert. Die grafischen Elemente sind schlicht und gut wahrnehmbar. Die Architektur der Nachhaltigkeitsseiten orientiert sich zum Teil an den drei Bereichen der Nachhaltigkeit, die für Emmi relevant sind (Mitarbeitende, Gesellschaft, Umwelt). Inhalte zu diesen drei Bereichen sind farblich unterschieden (vgl. ◘ Abb. 10.2). Das Farbkonzept zieht sich durch alle Unterseiten zur Nachhaltigkeit durch, was eine gute Orientierung ermöglicht. Weitere Nachhaltigkeitsthemen wie „Reporting&Partner" und „Unser Beitrag" fügen sich weniger elegant in den Nachhaltigkeitsauftritt ein und wirken etwas zusammengewürfelt.

Die Navigation ist nicht durchgehend intuitiv. Klickt man in der Hauptnavigation auf „Nachhaltigkeit", würde man erwarten, auf eine Einstiegsseite zum Thema Nachhaltigkeit zu gelangen. Stattdessen öffnet sich nur ein Dropdown-Menu mit der Subnavigation und es muss „Nachhaltigkeitsansatz" geklickt werden, um auf die erste Seite zum Thema zu gelangen. Am Ende jeder Unterseite findet sich ein Button mit dem Link „Zurück zur Hauptseite", der dann wieder auf die Seite „Nachhaltigkeitsansatz" führt, die also als Nachhaltigkeitshauptseite dient, jedoch nicht so heißt. Die übrige Verlinkung zwischen den Seiten ist dann wieder gut nachvollziehbar.

◘ **Abb. 10.2** Screenshot der Nachhaltigkeitsseite von Emmi

Das Design ist schlicht und modern. Die Farben wirken natürlich und harmonisch aufeinander abgestimmt. Grün und Blau dominieren, was typisch ist für Nachhaltigkeitsberichterstattung (Aebi & Frischherz, 2020, S. 162), aber auch zu Emmi passt.

Die verwendeten Fotos wirken professionell. Gezeigt werden authentisch wirkende Menschen, Landschaften und Tiere.

Das Design fördert also die Glaubwürdigkeit, wenn auch die Navigation etwas verwirrt.

■ Informationsgehalt

Der Inhalt der Seiten ist vielfältig und für das Thema Nachhaltigkeit und Emmi relevant. Neben abstrakten Absichtserklärungen, die so in jedem beliebigen Nachhaltigkeitsbericht zu finden sind (z. B. auf der Unterseite „Umwelt": „Um uns um unseren Planeten zu kümmern, haben wir uns klare und ehrgeizige Ziele gesetzt, um unseren CO_2-Fußabdruck drastisch zu reduzieren, unseren Wasserverbrauch zu senken und den Abfall entlang der gesamten Wertschöpfungskette zu verringern"), kommen auch konkrete Ziele für Emmi vor („Wir verpflichten uns, die Kreislaufwirtschaft zu stärken. In unseren eigenen Betrieben wollen wir Abfall und Food Waste halbieren. Der verbleibende Abfall darf spätestens 2027 nicht mehr auf Deponien entsorgt werden. Von hoher Wichtigkeit sind für uns auch die Verpackungen. Hier streben wir 100 % Recyclingfähigkeit an. Was beispielsweise den Verzicht auf Einwegverpackungen aus Plastik beinhaltet", Unterseite „Umwelt").

Die Bilder sind gehaltvoll und passen zum Text. Von den realistisch wirkenden Bildern weicht einzig das Headerbild zur Unterseite „Bauernbotschafter" (die zur Seite „Über Emmi" gehört, aber auf der Nachhaltigkeitsseite „Gesellschaft" verlinkt ist) ab: Es zeigt einen idealisierten Kleinbauernhof, wie er oft in der Werbung erscheint. Die Texte erfüllen die geweckten Erwartungen, Aussagen mit negativen Implikationen kommen keine vor.

Auch der Informationsgehalt fördert die Glaubwürdigkeit, obwohl das beschriebene Bild eines idealisierten Bauernhofs beschönigend wirkt.

■ Angemessenheit

Die Seiten sind in einem sachlichen, aber nicht distanziert oder überheblich wirkenden Stil geschrieben. Die Wir-Form wirkt persönlich, auch wenn hinter dem „Wir" keine konkreten Personen erkennbar sind. Hier und da finden sich aber auch floskelhafte Formulierungen (z. B. auf der Unterseite „Mitarbeitende": „Damit wir uns um unsere Mitarbeitenden kümmern können, müssen wir sicherstellen, dass sie alle … ein sicheres und gesundes Arbeitsumfeld haben").

Auch die Angemessenheit fördert, trotz einiger Floskeln, die Glaubwürdigkeit.

■ Überzeugungskraft

Der Text wirkt kompetent, verwendet aber kaum Fachsprache (und wo Fachwörter vorkommen, werden sie erläutert, z. B. „Science based targeds" auf der Unterseite „Umwelt"). Die genannten Fakten sind im Nachhaltigkeitsbericht (Emmi, 2021) überprüfbar.

Die Webseiten berichten nur über Erfolge („Was wir bisher erreicht haben") und beschönigen so die Nachhaltigkeitsarbeit von Emmi, was der Glaubwürdigkeit abträglich ist. Im Nachhaltigkeitsbericht, der ein professionelleres Publikum adressiert, zeigt sich Emmi hier souveräner und weist an prominenter Stelle auf verfehlte Ziele hin („Verfehlt haben wir unsere Ambitionen beim Reduzieren von Verschwendung. Zentrale Food-Waste-Probleme konnten wir noch nicht zufriedenstellend und dauerhaft lösen und der Weg zu einer Kreislaufwirtschaft wird erst vage sichtbar und ist noch weit", Emmi 2021, S. 3).

Belege durch externe Prüfstellen, Zertifikate oder Labels, die für die Nachhaltigkeitsberichterstattung eigentlich typisch sind (Aebi & Frischherz, 2020, S. 159), fehlen (einzig die Grafiken zu den UN-Zielen für Nachhaltige Entwicklung auf der Seite „Nachhaltigkeitsansatz" können in diese Richtung interpretiert werden).

Die Überzeugungskraft und mit ihr die Glaubwürdigkeit könnten durch das Ansprechen von Misserfolgen sowie durch Zertifikate und Labels erhöht werden.

- **Verständlichkeit**

Die Texte sind fehlerfrei und für Laien gut verständlich. Die gendergerechte Sprache wird aber noch nicht durchgängig verwendet. So verwendet Emmi zwar immer die neutrale Form „Mitarbeitende", bei anderen Personenbezeichnungen aber nur die männliche Form („Aktionäre", „Milchproduzenten").

Auch die Verständlichkeit fördert die Glaubwürdigkeit, die gendergerechte Sprache könnte aber noch optimiert werden.

Die Nachhaltigkeitsseiten der Emmi-Website wirken also durchaus glaubwürdig. Die Analyse ist allerdings sicher durch unsere positive Einstellung zu Emmi gefärbt.

10.6 Zusammenfassung und Ausblick

In einer globalen Gesellschaft mit zunehmend anonymen Beziehungen zwischen den Unternehmen und ihren Stakeholdern wird es für Unternehmen immer anspruchsvoller, das Vertrauen der Kundschaft zu gewinnen. Ein entscheidender Faktor ist die Glaubwürdigkeit ihrer Kommunikation. Der Beitrag hat gezeigt, dass die Förderung von Glaubwürdigkeit auf allen Ebenen der Kommunikation ansetzen muss: von der globalen Ebene inhaltlich konsistenter Botschaften über die optisch übersichtliche und harmonische Gestaltung der Texte bis hin zu sprachlichen und bildlichen Details. Kleinste gestalterische oder sprachliche Missgriffe können die Glaubwürdigkeit von Texten untergraben, daher ist eine sorgfältige Planung und minutiöse Umsetzung von Kommunikationsmaßnahmen unabdingbar.

Wie sieht die Zukunft der Unternehmenskommunikation aus? Aus der Forschung zum Mediennutzungsverhalten junger Leute ist bekannt, dass bildlastige Kommunikationskanäle wie Instagram, Snapchat oder Tiktok immer beliebter werden (Bernath et al., 2020). Welchen Stellenwert diese Kanäle in der Unternehmenskommunikation haben werden und ob sie geeignet sind, Vertrauen aufzubauen, ist allerdings noch nicht abzuschätzen. Wir gehen davon aus, dass sprachliche Botschaften, insbesondere überzeugende Argumentationen, für eine glaubwürdige Kommunikation und den Aufbau von Vertrauen noch lange nicht ausgedient haben. Um auf die Einstiegsfrage zurückzukommen: Hätten Sie Vertrauen in diesen Text gefasst, wenn er als Comic publiziert worden wäre?

❓ Wiederholungs-/Kontrollfragen

1. Erklären Sie den Zusammenhang zwischen glaubwürdigen Texten und Vertrauen.
2. Nennen Sie die drei Dimensionen für vertrauensbildendes Webdesign und je eine dazugehörige Designkomponente.
3. Nennen Sie drei stilistische Mittel, die als Glaubwürdigkeitsindikatoren funktionieren können.
4. Wählen Sie eine Webseite einer Unternehmung und beurteilen Sie sie mit dem integrativen Modell für Glaubwürdigkeit durch Textdesign.

Zusammenfassung

- Aus linguistischer Sicht ist die wichtigste Basis für das Gewinnen von Vertrauen, Texte mittels Glaubwürdigkeitsindikatoren so zu gestalten, dass sie Glaubwürdigkeit ausstrahlen.
- Glaubwürdigkeitsindikatoren sind z. B. verständlichkeitsfördernde stilistische Mittel wie angemessene Wortwahl und einfacher Satzbau.
- Webdesignkomponenten, die vertrauensbildend sein können, sind z. B. eine einfache Navigation und brauchbarer Inhalt.
- Das integrative Modell für Glaubwürdigkeit durch Textdesign umfasst textexterne Faktoren, die darüber entscheiden, ob ein Text überhaupt rezipiert wird, und interne Faktoren, die für die Zuschreibung von Glaubwürdigkeit relevant werden können.
- Diese internen Faktoren betreffen das Design, den Informationsgehalt, die Angemessenheit, die Überzeugungskraft und die Verständlichkeit.

Literatur

Aebi, A., & Bendel Larcher, S. (2018). *Glaubwürdigkeit von Texten*. Schlussbericht der Vorstudie. Unpublizierter Forschungsbericht, Hochschule Luzern.

Aebi, A., & Frischherz, B. (2020). Bild und Text in Nachhaltigkeitsberichten. In A. Aebi, S. Göldi, & M. Weder (Hrsg.), *Schrift – Bild – Ton. Beiträge zum multimodalen Schreiben in Bildung und professioneller Kommunikation* (S. 151–174). hep-verlag.

Ballstaedt, S. (2012). *Visualisieren*. UVK.

Bentele, G., & Seidenglanz, R. (2015). Vertrauen und Glaubwürdigkeit. In R. Fröhlich, P. Szyszka, & G. Bentele (Hrsg.), *Handbuch der Public Relations: Wissenschaftliche Grundlagen und berufliches Handeln* (Mit Lexikon, S. 411–429). Springer Fachmedien.

Bernath, J., Suter, L., Waller, G., Külling, C., Willemse, I., & Süss, D. (2020). *JAMES – Jugend, Aktivitäten, Medien – Erhebung Schweiz*. Zürcher Hochschule für Angewandte Wissenschaften. https://www.zhaw.ch/storage/psychologie/upload/forschung/medienpsychologie/james/2020/ZHAW_Bericht_JAMES_2020_de.pdf

Brühl, R., Basel, J. S., & Kury, M. F. (2016). Vertrauensbildung durch Kommunikation – die Rolle von Verantwortung und Rechenschaft. In F. Keupper & T. Sommerlatte (Hrsg.), *Vertrauensbasierte Führung* (S. 179–196). https://doi.org/10.1007/978-3-662-48499-9_9

Brühl, R., Basel, J. S., & Kury, M. F. (2018). Communication after an integrity-based trust violation: How organizational account giving affects trust. *European Management Journal, 36*(2), 161–170.

Ehmke, E. (2019). *Kommunikation und Vertrauen in betrieblichen Krisensituationen* (Eine linguistische Analyse am Beispiel der Bankenkrise). Springer VS.

Emmi. (2021). *Nachhaltigkeitsbericht 2019/2020.* https://downloads.emmi.com/app/uploads/emmi-portal/2021/07/Emmi-Nachhaltigkeitsbericht-2020.pdf

Fimberg, K., & Sousa, S. (2020). *The impact of website design on users' trust perceptions.* In *11th International Conference on Applied Human Factors and Ergonomics (AHFE 2020).* Springer. (Human Factor Communication of Design) [in print].

Fuoli, M., & Paradis, C. (2014). A model of trust-repair discourse. *Journal of Pragmatics, 74,* 52–69.

Gorton, M., Tocco, B., Yeh, C. H., & Hartmann, M. (2021). What determines consumers' use of eco-labels? Taking a close look at label trust. *Ecological Economics, 189,* 107173. https://doi.org/10.1016/j.ecolecon.2021.107173

Grittmann, E. (2003). Die Konstruktion von Authentizität. Was ist echt an den Pressefotos im Informationsjournalismus? In T. Knieper & M. Müller (Hrsg.), *Authentizität und Inszenierung von Bilderwelten* (S. 123–149). von Halem.

Hubig, C., & Simoneit, O. (2007). Vertrauen und Glaubwürdigkeit in der Unternehmenskommunikation. In M. Piewinger & A. Zerfass (Hrsg.), *Handbuch Unternehmenskommunikation* (S. 171–188). Springer Gabler. https://doi.org/10.1007/978-3-8349-9164-5

Keller, R. (2009). Die Sprache der Geschäftsberichte: Was das Kommunikationsverhalten eines Unternehmens über dessen Geist aussagt. In C. Moss (Hrsg.), *Die Sprache der Wirtschaft* (S. 19–44). VS Verlag für Sozialwissenschaften.

Kress, G., & Van Leeuwen, T. (2006). *Reading images. The grammar of visual design* (2. Aufl.). Routledge.

Mayer, R. C., Davies, J. H., & Schoorman, D. F. (1995). An integrative model of organizational trust. *The Academy of Management Review, 20*(3), 709–734. http://www.jstor.org/stable/258792

Palmieri, R. (2009). Regaining trust through argumentation in the context of the current financial-economic crises. *Studies in Communication Sciences, 9*(2), 59–78.

Pelsmaekers, K., Jacobs, G., & Rollo, C. (2014). Trust and discursive interaction in organizational settings. In K. Pelsmaekers, G. Jacobs, & C. Rollo (Hrsg.), *Trust and discourse. Organizational perspectives* (S. 1–10). John Benjamins.

Reinmuth, M. (2006). *Vertrauen schaffen durch glaubwürdige Unternehmenskommunikation.* Von Geschäftsberichten und den Möglichkeiten und Grenzen einer angemessenen Unternehmenssprache. Universitätsserver. https://docserv.uni-duesseldorf.de/servlets/DerivateServlet/Derivate-3547/1547.pdf. Zugriff am 07.07.2023.

Reinmuth, M. (2009). Vertrauen und Wirtschaftssprache: Glaubwürdigkeit als Schlüssel für erfolgreiche Unternehmenskommunikation. In C. Moss (Hrsg.), *Die Sprache der Wirtschaft* (S. 127–145). VS Verlag für Sozialwissenschaften.

Sandig, B. (2006). *Textstilistik des Deutschen* (2. Aufl.). De Gruyter.

Schäfer, P. (2016). *Linguistische Vertrauensforschung* (Eine Einführung). De Gruyter.

Schweer, M. K. W., & Thies, B. (2005). Vertrauen durch Glaubwürdigkeit – Möglichkeiten der (Wieder-)Gewinnung von Vertrauen aus psychologischer Perspektive. In B. Dernbach & M. Meyer (Hrsg.), *Vertrauen und Glaubwürdigkeit. Interdisziplinäre Perspektiven* (S. 47–63). VS Verlag für Sozialwissenschaften.

Stöckl, H. (2011). Sprache-Bild-Texte lesen. Bausteine zur Methodik einer Grundkompetenz. In H. Diekmannshenke, M. Klemm, & H. Stöckl (Hrsg.), *Bildlinguistik. Theorien – Methoden – Fallbeispiele.* (Philologische Studien und Quellen 228 (S. 45–70). Erich Schmidt.

Temmermann, M. (2014). "Trust us: Bootcamp Pilates does not sound half as hard as it is, but it works": The credibility of women's magazines. In K. Pelsmaekers, G. Jacobs, & C. Rollo (Hrsg.), *Trust and discourse. Organizational perspectives* (S. 161–179). John Benjamins.

Urban, G. L., Amyx, C., & Lorenzon, A. (2009). Online trust: State of the art, new frontiers and research potential. *Journal of Interactive Marketing, 23,* 179–190.

Misstrauen. Eine interdisziplinäre Bestandsaufnahme

Jörn Basel und Rolf Brühl

Inhaltsverzeichnis

11.1 **Einführung – 272**

11.2 **Misstrauen: Konzept, Dynamik und Analyse – 275**
11.2.1 Abgrenzung von Misstrauen zu Vertrauen – 275
11.2.2 Misstrauensdynamik in sozialen Systemen – 278
11.2.3 Gesellschaftliche Bedeutung des Misstrauens – 293

11.3 **Fazit – 294**

Literatur – 297

Die Originalversion des Kapitels wurde revidiert. Ein Erratum ist verfügbar unter
https://doi.org/10.1007/978-3-662-65575-7_13

J. Basel, P. Henrizi (Hrsg.), *Psychologie von Risiko und Vertrauen*,
https://doi.org/10.1007/978-3-662-65575-7_11

Zusammenfassung

In diesem Beitrag werden aktuelle Erkenntnisse über die Auswirkungen von Misstrauen, insbesondere von sozialem Misstrauen, und der Zusammenhang zwischen Misstrauen und Vertrauen vorgestellt. Diese Betrachtung ist vor dem Hintergrund zu verstehen, dass eine konzeptionelle und empirische Auseinandersetzung mit dem Konstrukt Misstrauen in vielen Disziplinen erst in jüngster Zeit an Bedeutung gewonnen hat. Während Vertrauen als etabliertes Themenfeld gilt, sind zahlreiche grundsätzliche Fragen, wie z. B. nach den Ursachen, Voraussetzungen, Dimensionen und Operationalisierungen von Misstrauen, noch Gegenstand aktueller Diskussionen. Auf der Grundlage der aktuellen Literatur wird für eine eigenständige Sichtweise auf Misstrauen plädiert. Dies bedeutet aber auch, dass die Bemühungen in Bereichen wie der Messung und der Identifikation von möglichen positiven Wechselwirkungen noch deutlich auszubauen sind.

- **Lernziele**
- Den Unterschied zwischen Misstrauen und Vertrauen anhand von drei Modellen erklären können
- Wichtige soziale und kognitive Einflussfaktoren auf Misstrauen kennen
- Positive Effekte von Misstrauen in der Politik, Wirtschaft und Wissenschaft an Beispielen erklären können
- Generalisiertes und spezielles Misstrauen unterscheiden und ihre Relevanz für die Analyse von Gesellschaften erklären können

11

11.1 Einführung

» *„Distrust and caution are the parents of security."* Benjamin Franklin (1733–1758)

Kaum ein soziales Konstrukt wird mit dermaßen vielen positiven Assoziationen und Attributen verknüpft wie Vertrauen (Weibel et al., 2018); im Gegensatz zu diesem schillernden Begriff tritt Misstrauen meist in Form eines dunklen Gegenspielers auf (Mühlfried, 2019). So bezeichnen etwa die Ökonomen George Loewenstein und Andras Molnar (2018) eine zunehmende Polarisierung von Diskursen und die Verbreitung von Misstrauen als die größten Übel unserer Zeit. Und diese Übel werden mit durchweg negativen gesellschaftlichen Entwicklungen assoziiert, die wie ansteigender Argwohn gegenüber Institutionen, Entfremdung und Passivität zum destabilisierenden Faktor einer demokratischen Grundordnung werden können (Sztompka, 1998).

Wenn Vertrauen als Kitt der Gesellschaft gilt, so wirkt Misstrauen wie ein Meißel, der bestehende Beziehungen destabilisiert und selbst ein starkes soziales Fundament schrittweise brüchig werden lässt. Offenbar scheint gerade unser vernetztes Informationszeitalter mit seinen postfaktischen Tendenzen Treiber einer Misstrauenskultur zu bestärken und dadurch ein „Ökosystem des Misstrauens" (Verstraete & Bambauer, 2017) zu etablieren.

So zeigen etwa inhaltsanalytische Untersuchungen von Twitter-Meldungen während der Covid-19-Pandemie im Jahr 2020, dass in den USA, Frankreich und der Schweiz verstärkt Inhalte geäußert wurden, die geprägt von Ärger und Misstrauen waren (Dubey, 2020). Misstrauen wird außerdem die Eigenschaft zugeschrieben, sich zu verstärken und dadurch eine negative Spirale weiteren Misstrauens in Gang zu setzen, der nur schwierig begegnet werden kann (Bijlsma-Frankema et al., 2015).

Misstrauen hat folglich keinen guten Ruf und im Deutschen schwingt mit dem Wort „Misstrauen" meist eine negative Konnotation mit. Auch wenn dies zunächst plausibel erscheint, zeigt eine differenzierte Betrachtung von Misstrauen, dass eine ausschließlich negative Konzeptualisierung zu kurz gegriffen sein kann. So erkannte der Philosoph Lichtenberg bereits 1776–1779 in seinen *Sudelbüchern* eine positive Seite: „Wahrhaftes unaffektiertes Mißtrauen gegen menschliche Kräfte in allen Stücken ist das sicherste Zeichen von Geistesstärke" (Lichtenberg, 1968, S. 506). Ferner lässt sich Misstrauen – wie in dem eingangs genannten Zitat von Benjamin Franklin beschrieben – auch durchaus als sinnvolle Sicherheitsmaßnahme auffassen. Bedeutende Theoretiker der Demokratie wie z. B. Montesquieu oder Constant argumentierten, dass es institutionelle Schranken für die Machtausübung geben muss, um zu verhindern, dass sich Partikularinteressen durchsetzen (Rosanvallon, 2017).

Auf ähnlicher Linie liegen evolutionstheoretische Argumente, die Misstrauen als Grundlage für einen Verteidigungsmechanismus ansehen, der es Gruppen kooperierender Individuen ermöglicht, Ausbeutungsversuchen von opportunistischen Gruppenmitgliedern entgegenzuwirken (Haugsgjerd & Kumlin, 2020; Bøggild et al., 2021). So betonen Cosmides et al. (2005) die menschliche Veranlagung für eine ausgefeilte Form der (sozialen) Betrugserkennung, die „Cheater Detection". Sie soll uns – aber auch unsere Mitmenschen – vor nachteiligen Interaktionen bewahren und schützt uns und unser Umfeld vor unerwünschten Trittbrettfahrern und Betrügern.

Nicht endgültig geklärt ist, ob diese spezifische Form des sozialen Bewusstseins als Konsequenz von Misstrauen anzusehen ist oder ob ein anderes Konstrukt besser geeignet ist, diesen Sachverhalt zu erklären. Neben diesen anthropologisch motivierten Erklärungen finden sich weitere positive Stimmen in vielen anderen Sozialwissenschaften, die im Folgenden beschrieben werden. Ein Anliegen dieses Artikels ist es daher, die wesentlichen Funktionen von Misstrauen in sozialen Interaktionen aufzuzeigen und über die damit verbundenen positiven Effekte zu informieren.

Die hohe Relevanz, die Misstrauen zugesprochen wird, verlangt jedoch Klarheit, was Begrifflichkeit, Wirkung und Dynamik angeht. In einer ersten begrifflichen Annäherung hat sich als prägnante und interdisziplinär anwendbare Definition der Ansatz von Lewicki et al. (1998) bewährt. Sie beschreiben Misstrauen als überzeugte, negative Erwartungen, die auf das Verhalten eines anderen Akteurs bezogen werden (*„confident negative expectations regarding another's conduct"*). Eine umfassendere Definition bieten Bijlsma-Frankema et al. (2015) an, indem sie Misstrauen als allgegenwärtige negative Wahrnehmungen skizzieren, die mit der mangelnden Bereitschaft verbunden sind, Verwundbarkeit zu akzeptieren, und auf der Beurteilung der Motive, Absichten und Verhaltensweisen des anderen basieren (*„pervasive negative perceptions and unwillingness to accept vulnerability, based on perceptions of the other`s motives, intentions and behaviors"*). Misstrauen lässt sich somit – ähnlich wie Vertrauen – mit Überzeugungen von sozialen Akteuren beschreiben, dass sich andere soziale Akteure in einer Interaktion nachteilig gegenüber ihren Interessen verhalten würden. Unter sozialen Akteuren können auch Institutionen wie Organisationen oder Verwaltungen verstanden werden. Misstrauensüberzeugungen beruhen unter anderem darauf, dass den anderen verschiedene Eigenschaften zugeschrieben werden, die zu einem Urteil von deren Unzuverlässigkeit hinsichtlich ihrer Fähigkeiten, ihrer Integrität und ihres Wohlwollens zusammengefasst werden (McKnight & Chervany, 2001).

In diesem Kapitel stellen wir dar, welche Wirkung Misstrauen – insbesondere gesellschaftliches – hat und wie sich Misstrauen gegenüber Vertrauen verhält. Misstrauen wird von uns interdisziplinär betrachtet, um seine vielen Facetten aufzuzeigen. Diese Betrachtung ist vor dem Hintergrund zu verstehen, dass eine konzeptionelle und empirische Beschäftigung mit dem Konstrukt Misstrauen in vielen Disziplinen erst in jüngerer Zeit an Bedeutung gewinnt. Während Vertrauen als etabliertes Themenfeld gilt, sind zahlreiche grundlegende Fragen, etwa zu den Ursachen, Voraussetzungen, Dimensionen und Operationalisierungen von Misstrauen, noch Gegenstand aktueller Diskussionen (Guo et al., 2017; Sitkin & Bijlsma-Frankema, 2018; Hoberg, 2019). Die Befundlage ist sehr fragmentiert und nur wenige Arbeiten bieten eine interdisziplinäre Übersicht. Das ist vor allem deswegen verwunderlich, weil Misstrauen seit Jahrhunderten ein begleitendes Phänomen zum Vertrauen ist. Illustrativ zeigt ◨ Abb. 11.1, dass im deutschen Wortschatz der letzten 70 Jahre – repräsentiert durch eine Vielzahl bedeutender überregional verbreiteter Tages- und Wochenzeitungen im DWDS-Zeitungskorpus – das Wort (Token) „Misstrauen" zwar weniger häufig verwendet wird, die Verwendungshäufigkeit aber einem geringeren Schwankungsintervall unterliegt als „Vertrauen".

Wie auch beim Vertrauen, ist für das Verständnis von Misstrauen seine komplexe Dynamik entscheidend, d. h. das prozessuale Zusammenspiel von sozialen und kognitiven Faktoren sowie deren Einbettung in einen bestimmten Kontext. Wichtig ist es, in diesem Zusammenhang zu erklären, unter welchen Bedingungen Misstrauen entsteht, wie es erhalten bleibt und wie es sich entweder weiter aufbaut oder wie es abgebaut werden kann. Empirische Untersuchungen für diese Dynamik werden daher nicht nur eine isolierte Betrachtung von singulären Einflussfaktoren vornehmen können, vielmehr ist deren Wirkung und Funktion in einer ganzheitlichen Betrachtung einzuordnen.

Im Folgenden grenzen wir zunächst Misstrauen von Vertrauen ab und stellen drei Modelle vor, wie Misstrauen konzeptualisiert werden kann. Danach wird an einem Interaktionsmodell ein vereinfachter Ablauf gezeigt, wie es zu Misstrauenshandlungen kommt und welche Faktoren auf die Misstrauensbildung wirken. Auf dieser Basis erläutern wir anhand von Studien aus den Bereichen Wirtschaft, Politik und Wissenschaft, wie sich Misstrauen in diesen Systemen bildet und welche Wirkungen von Misstrauen ausgehen. Abschließend gehen wir auf die gesamtgesellschaftliche Bedeutung von Misstrauen ein und ziehen ein kurzes Fazit. Ein Ziel dieses Artikels ist es, die hellen und dunklen Seiten von Vertrauen und Misstrauen aufzuzeigen.

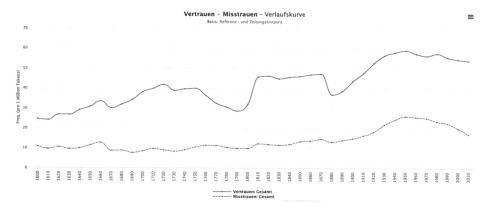

Abb. 11.1 Wortverlaufskurve von Vertrauen und Misstrauen (DWDS, 2021)

11.2 Misstrauen: Konzept, Dynamik und Analyse

11.2.1 Abgrenzung von Misstrauen zu Vertrauen

Die Forschungstradition von Misstrauen ist deutlich jünger als diejenige zu Vertrauen und die meisten Arbeiten, die Misstrauen explizit aufgreifen, grenzen es in unterschiedlicher Art und Weise vom Konstrukt Vertrauen ab (McKnight & Chervany, 2001). Eine der ersten systematischen Diskussionen zum Verhältnis von Vertrauen zu Misstrauen hat 1968 der Soziologe Niklas Luhmann vorgelegt. Er fasst Misstrauen als funktionales Äquivalent zum Vertrauen auf und konzeptualisiert es als Alternative zum Vertrauen (Luhmann, 2000): Es diene wie Vertrauen der Reduktion der Komplexität und entlaste somit soziale Akteure in ihren Entscheidungen und Handlungen. In seinem Entwurf schließen sich Vertrauen und Misstrauen gegenseitig aus, d. h., soziale Akteure können in einer Interaktion nicht gleichzeitig vertrauen oder misstrauen. Dies ist darin begründet, dass für beide Phänomene unterschiedliche Mechanismen eingesetzt werden (Luhmann, 2000).

Wie sich Vertrauen zu Misstrauen verhält, ist in der Tat die prägende Frage bei der Einordnung der meisten Forschungsarbeiten. In Anlehnung an Guo et al. (2017) lassen sich hierbei drei mögliche Beziehungsvarianten von Vertrauen und Misstrauen beschreiben (siehe ◘ Abb. 11.2):

Modell 1 setzt Vertrauen und Misstrauen als Endpunkte desselben begrifflichen Spektrums. Diese eindimensionale Konzeptualisierung impliziert, dass hohes Vertrauen automatisch mit einem niedrigen Wert im Bereich Misstrauen einhergeht. Hohes Misstrauen bedeutet analog, dass Vertrauen dann entsprechend niedrig ist. Zwischen beiden Polen liegt ein undefinierter Zwischenbereich, in welchem sich beide Konstrukte überlappen.

Eine solche Auffassung findet sich in den meisten Lexika zur deutschen Sprache wieder: z. B. „das Zweifeln an der Vertrauenswürdigkeit einer Person" (Bibliographisches Institut, 2021) oder der „Mangel an Vertrauen" (Wahrig-Burfeind,

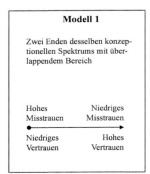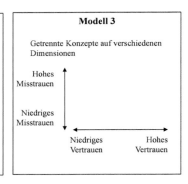

◘ Abb. 11.2 Beziehungsvarianten von Vertrauen und Misstrauen (angelehnt an Guo et al., 2017)

2006). Es ist daher zu vermuten, dass diese Auffassung in vielen Gesellschaften auch umgangssprachlich häufig anzutreffen ist (Bertsou, 2019). Auf den ersten Blick ist die Aussage, dass sich beide Konstrukte gegenseitig ausschließen, intuitiv plausibel und im Einklang mit der Auffassung von Luhmann (2000). Sie erhält zusätzliche wissenschaftliche Bedeutung im Bereich klassischer psychologischer Persönlichkeitstheorien, in denen eine hohe Vertrauensdisposition mit einer niedrigen Misstrauensdisposition gleichgesetzt wird (Rotter, 1967). Schließlich ist diese eindimensionale Betrachtung auch im Bereich spieltheoretischer Ansätze bedeutsam, in denen ein niedriger Wert innerhalb des Vertrauensspiels (▶ Kap. 8) mit Misstrauen und mit dessen sich selbst verstärkenden Ausbreitung in Verbindung gebracht wird (Harth & Regner, 2017).

Es gibt jedoch Einwände gegen diese Auffassung, weil eine Vertrauensverletzung das Vertrauen verringert, ohne dass dies zu einem hohen Misstrauen führen muss (Parkhe & Miller, 2000). So argumentieren Van de Walle und Six (2014) am Beispiel von nationalen Korruptionsindices, dass ein niedriger Indexwert zwar mit geringem gesellschaftlichem Misstrauen in Verbindung steht, jedoch eine Reduktion des Korruptionsniveaus nicht automatisch ein Vertrauensanstieg bedeutet. Der geringe Wert erscheint folglich als notwendige Bedingung für gesellschaftliches Vertrauen, ist jedoch – isoliert betrachtet – dafür nicht hinreichend. Um diese komplexeren Beziehungen einzufangen, haben Forscher weitere Modelle der Beziehung zwischen Vertrauen und Misstrauen vorgeschlagen.

Modell 2 sieht Vertrauen und Misstrauen ebenfalls als Gegensätze auf einem eindimensionalen Kontinuum (Korczynski, 2000). Der zentrale Unterschied zu Modell 1 ist allerdings, dass in diesem Ansatz Vertrauen und Misstrauen zwar als unterschiedliche, aber miteinander verbundene Konstrukte aufgefasst werden. Dies bedeutet beispielsweise, dass im Gegensatz zu Modell 1 eine Vertrauensverletzung nicht automatisch mit der Entstehung von Misstrauen gleichzusetzen ist (Jones, 1998). Außerdem postuliert dieses Modell, dass eine Misstrauensreduktion nicht in einen hohen Wert im Bereich Vertrauen resultieren muss.

Im Modell wird zwischen beiden Polen ein neutraler Bereich angenommen und in dieser Grauzone agieren Personen weder vertrauensvoll, noch hegen sie ein dezidiertes Misstrauen (Ullmann-Margalit, 2004). Bei einem Vertrauensverlust landet man folglich nicht automatisch am anderen Ende des Kontinuums, sondern wird zunächst in diesen neutralen Zustand zurückgesetzt. Dieser entscheidende Mittelbereich wird teilweise auch mit dem Begriff Argwohn („Suspicion", Fein, 1996) in Verbindung gebracht. Während in den Endpunkten eine Attribution und Bewertung von Motiven und Verhaltensweisen bereits stattgefunden hat, ist der Bereich des Argwohns dadurch gekennzeichnet, dass dort gezielt Informationen bezüglich der Intentionalität einer Handlung gesucht und bewertet werden. Dieser Zustand ist daher besonders bedeutsam, wenn Maßnahmen zum Vertrauensaufbau und zur Misstrauensreduktion untersucht werden, weil im neutralen Bereich entscheidende kognitive Weichenstellungen erfolgen. Das Zusammenspiel zwischen Vertrauen und Misstrauen ist in Modell 2 daher deutlich subtiler als in Modell 1. Durch den stärkeren Fokus auf kognitive Attributionsprozesse ist Modell 2 auch attraktiver für psychologisch orientierte Studien, z. B. aus dem Bereich Arbeits- und Organisationspsychologie. Hingegen bleibt die kognitive Blackbox des neutralen Bereichs für spieltheoretische Ansätze eine Herausforderung, da Vertrauen und Misstrauen meist über die Höhe eines monetären Einsatzes operationalisiert werden und weniger die Wahrnehmung einer Transaktion im Mittelpunkt steht. Das rationale Erwartungskalkül, welches inhärent in klassischen ökonomischen Ansätzen besteht, lässt sich nur schwer mit der Ambivalenz eines „Zwischenkonstrukts" wie Argwohn vereinbaren.

Modell 3 ist eine zweidimensionale Betrachtung von Vertrauen und Misstrauen und beschreibt Vertrauen und Misstrauen als separate Konstrukte (Guo et al., 2017). Vertrauen und Misstrauen können sich gemäß diesem Modell unabhängig voneinander auf dem Kontinuum hoch bis niedrig bewegen. Dies bedeutet, dass es beispielsweise möglich ist, dass hohes Vertrauen gleichzeitig mit hohem Misstrauen besteht (Neuberger, 2006).

Die Unterscheidung in zwei separate Konstrukte rührt laut Autoren wie Lewicki et al. (1998) unter anderem daher, dass Vertrauen im Wesentlichen auf Dinge zielt, die erhofft werden, während bei Misstrauen Erwartungen adressiert werden, welche befürchtet werden. Die differenzierte Betrachtung auf zwei Dimensionen ist hingegen nicht so zu verstehen, dass keinerlei reziproke Beziehungen bestehen können. Wie bereits angemerkt, ist dies sprachlich nur bedingt möglich, weil beide Konstrukte als Antagonismen aufgefasst werden. Um die schwer greifbare Beziehung von simultanem Vertrauen und Misstrauen zu illustrieren, lässt sich daher beispielsweise das ambivalente Bild einer „Liebe-Hass-Beziehung" heranziehen. In dieser werden auch zwei – eigentlich unvereinbare – Eigenschaften auf eine Beziehung oder einen Gegenstand bezogen.

Zwar finden sich zu allen drei Ansätzen Forschungsarbeiten, jedoch betonen Bijlsma-Frankema et al. (2015), dass sich zahlreiche empirische Befunde am besten mit der Konzeption von Modell 3 vereinbaren lassen. Diese Aussage wird beispielsweise auf individueller Ebene durch eine aktuelle Zwillingsstudie unterstützt, die darauf hinweist, dass die Bereitschaft zu vertrauen in Teilen vererbbar ist, während Misstrauen sich primär als Produkt der individuellen Sozialisierung zeigt (Reimann et al., 2017). Eine – zumindest partielle – Unabhängigkeit von Vertrauen und Misstrauen ist schließlich auch im Einklang mit neuronalen Untersuchungen, welche zu beiden Konstrukten jeweils unterschiedliche Aktivitätsmuster und Areale mittels funktioneller Magnetresonanztomografie (fMRT) im Gehirn identifizieren konnten (Dimoka, 2010).

Wir gehen in diesem Kapitel auf Basis des Modells 3 davon aus, dass Vertrauen und Misstrauen getrennte Konzepte sind und dass es trotzdem gute Gründe gibt, sie gemeinsam zu betrachten. Ungeachtet dessen werden wir auch Studien heranziehen, die auf den Modellen 1 und 2 beruhen, da insbesondere die Messung von Misstrauen auf Basis von Model 3 noch in den Anfängen steckt. Zunächst werden wir beschreiben, unter welchen Bedingungen Misstrauen entsteht und wie es sich entwickelt.

11.2.2 Misstrauensdynamik in sozialen Systemen

11.2.2.1 Misstrauen als Interaktionsmodell

Misstrauen ist wie Vertrauen ein komplexes Konstrukt, das sich nur über eine Vielzahl weiterer Konzepte genauer beschreiben und erfassen lässt (PytlikZillig & Kimbrough, 2016). ◯ Abb. 11.3 zeigt die wesentlichen Faktoren auf, die zum

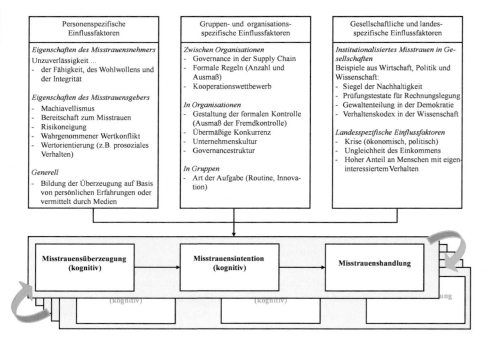

◯ **Abb. 11.3**   Misstrauen als Interaktionskonzept

Misstrauen führen, und ist nicht als Forschungsmodell gedacht, sondern dient nur dazu, die Literatur anhand der Bestandteile des Modells zu strukturieren. Im unteren Teil der Abbildung folgt die Darstellung einer einfachen Abfolge: Misstrauensgeber bilden Überzeugungen und darauf aufbauend Intentionen, die dann zu Misstrauenshandlungen führen. Da Misstrauen in einer sozialen Interaktion wirkt, sind weitere Misstrauensakte anderer Akteure angedeutet, wie sich dies z. B. in Misstrauensspiralen zeigt. Auf die individuellen kognitiven und handlungsorientierten Akte wirken drei Gruppen von Einflussfaktoren (Kramer, 1994; McKnight & Chervany, 2001):

1. Personenspezifische Faktoren, wobei zwischen der misstrauenden Person (Misstrauensgeber, Distrustor) und dem Misstrauensnehmer (Distrustee) unterschieden wird
2. Gruppen- und organisationsspezifische Einflussfaktoren
3. Gesellschaftsspezifische und landesspezifische Einflussfaktoren

Schwerpunkt der Misstrauensforschung ist die kognitive Dimension. Um sich ein Urteil über den Misstrauensnehmer zu bilden, muss der Misstrauensgeber kognitive Leistungen erbringen und unterliegt dabei verschiedenen Einflüssen. Wir werden im Folgenden Misstrauen insbesondere unter diesem kognitiven Aspekt betrachten, d. h., die Zuschreibung von Misstrauenswürdigkeit wird als ein kognitiv beeinflusster Entscheidungsprozess aufgefasst, der auf Basis neuer Informationen zu anderen Beurteilungen kommen kann. Es ist zu beachten, dass Entscheidungen auch heuristisch, intuitiv vonstattengehen und durch systematische Verzerrungen geprägt sein können (Basel & Brühl, 2013).

Als weiterer Aspekt ist in die Handlungsorientierung aufgeführt, die sich darauf bezieht, dass sich Misstrauen in Handlungen der sozialen Akteure zeigt. Wenn Handlungen mit einer Wahl von Alternativen verbunden sind, besteht ein wesentliches Moment von Misstrauen darin, dass der Misstrauensgeber die Interaktion nicht eingehen muss. Wichtig ist jedoch, dass es eine Alternative gibt. So gibt es beispielsweise für Bürger in autoritären Staaten, die ihrer Regierung misstrauen, keine Handlungsalternative, wenn sie nicht ihr Land verlassen wollen. Sie können zwar Intentionen zum Misstrauen bilden, durch ihr Handeln jedoch nur unzureichend ihr Misstrauen ausdrücken, wollen sie nicht in Gefahr repressiver staatlicher Akte geraten.

- **Misstrauensentstehung durch personenspezifische Faktoren**

Mit „Dynamik von Misstrauen" kann der Prozess des Entstehens von Misstrauen beschrieben werden, wie er sich auf der individuellen Ebene durch die drei Elemente – Bildung der Überzeugung, Intention und Handlung – zeigt und wie Misstrauenshandlungen verschiedener Akteure sich gegenseitig verstärken (Misstrauensspirale). Wir gehen in diesem Abschnitt zunächst auf die personenspezifischen Faktoren ein und betrachten die weiteren Kontextfaktoren in den folgenden Abschnitten anhand von Studien, die sich auf drei Systeme der Gesellschaft – Wirtschaft, Politik und Wissenschaft – beziehen.

Am Anfang ist zu fragen, warum Akteure bereits zu Beginn einer Interaktion misstrauisch sein können. Wenn davon auszugehen ist, dass Misstrauen in sozialen Interaktionen entsteht, stellt sich auf einer individuellen Ebene die Frage, ob Menschen grundsätzlich misstrauisch sind.

Bezogen auf die Persönlichkeitsfaktoren (1) argumentieren Reimann et al. (2017), dass Misstrauen weniger das Produkt einer angeborenen Disposition ist, sondern maßgeblich durch die Sozialisierung geformt wird. Dies kann dahingehend interpretiert werden, dass kein „Urmisstrauen" zu vermuten ist, aber bestimmte Persönlichkeitsdispositionen mittels Sozialisierung zu einem stabilen Misstrauen führen können. Besonders zentral erscheint die Tendenz, negative Reize verstärkt wahrzunehmen. Diese Filterfunktion wiederum setzt laut Marr et al. (2012) einen Prozess in Gang, der durch zynische Denkmuster gekennzeichnet ist und sich schließlich in Misstrauen gegenüber anderen Personen und Organisationen manifestiert. Bei Personen mit einer ausgeprägten Form von Machiavellismus ist beispielsweise davon auszugehen, dass diese spezifische Wahrnehmung besonders selektiv ausgeprägt ist: Machiavellistische Führungskräfte sind daher häufig zynisch und misstrauisch (Externbrink & Keil, 2018).

Da sich soziale Interaktion auf das Handeln anderer Akteure bezieht, besteht eine Unsicherheit der Beteiligten über das Verhalten des anderen (Rousseau et al., 1998). Geht der Kunde einer Bank als Misstrauensgeber davon aus, dass das Unternehmen als Misstrauensnehmer ihn übervorteilt, indem es ihm z. B. nur ungünstige Angebote unterbreitet, zeigt sich darin die Abhängigkeit des Kunden vom Unternehmen als ein wichtiges Merkmal von Vertrauen (Rousseau et al., 1998). Verbunden mit der Unsicherheit über das Verhalten des Unternehmens ergibt sich für den Kunden das Problem, die Ergebnisse dieser Austauschbeziehung nicht sicher vorhersagen zu können. Zwar wird er die Misstrauenswürdigkeit des Unternehmens einschätzen wollen und muss sich daher Informationen über es beschaffen, es wird allerdings von seiner Risikoneigung abhängen, ob er sich in eine Abhängigkeit zum Misstrauensnehmer begeben will. Es ist anzunehmen, dass bei steigendem Misstrauen eine risikoscheue Haltung verstärkend auf die Tendenz wirkt, sich nicht in die Abhängigkeit zu begeben.

Beim Misstrauensnehmer wird die Entstehung von Misstrauen hauptsächlich mit Eigenschaften und Verhaltensweisen in Verbindung gebracht, die die Misstrauenswürdigkeit gegenüber dem Misstrauensgeber signalisieren. Hegen Misstrauensgeber den Verdacht, dass wichtige Erwartungen nicht oder nur unzureichend erfüllt sind, dann kann es zur Einschätzung von Misstrauen kommen, die mit der Intention verbunden ist, sich nicht abhängig zu machen. In der Forschung werden insbesondere drei Dimensionen des Misstrauens diskutiert, die dem Vertrauenskonstrukt entlehnt (Mayer et al., 1995; Rousseau et al., 1998) und mit negativen Erwartungen verknüpft sind (Guo et al., 2017): Fähigkeit, Wohlwollen und Integrität. Negative Erwartungen an die Fähigkeit sind damit verbunden, dass Misstrauensnehmer für die Vertrauensbeziehung nur unzureichende Kenntnisse und Fertigkeiten besitzen (Cho, 2006). In einer Situation, die durch Unsicherheit und Verwundbarkeit geprägt ist, erwarten Misstrauensgeber, dass Misstrauensnehmer sich nicht wohlwollend verhalten, d. h., dass sie ihre egoistischen Interessen verfolgen (McKnight & Chervany, 2001). Zweifel an der Integrität beziehen sich darauf, dass erwartet wird, dass sich Misstrauensnehmer nicht entsprechend moralischer Regeln verhalten (Guo et al., 2017). Sie sind eng verbunden mit Zweifeln an Vereinbarungstreue, die ausdrücken, ob sich Vertrauensnehmer an (vertragliche) Vereinbarungen halten (Sako & Helper, 1998).

Insbesondere in der aktuellen Forschung zur politischen Situation demokratischer Staaten zeigt sich als ein wichtiges Phänomen eine wahrgenommene Wertinkongruenz (Sitkin & Roth, 1993; Hawkins et al., 2018). Dieser generalisierte Wertekonflikt gilt als klassisches Element von Misstrauensüberzeugungen und erklärt z. B. teilweise die Schwierigkeit, Misstrauen mit denselben Strategien zu adressieren wie niedriges Vertrauen (Lewicki & Brinsfield, 2017).

Zum Abschluss sei darauf hingewiesen, dass die Eigenschaften des Misstrauensnehmers auf kollektive Akteure übertragen werden. Allerdings ist dabei zu beachten, dass aus dem Blickwinkel von Individuen kollektive Akteure häufig insofern individualisiert werden, als die persönlichen Kontakte und Interaktionen mit Individuen stattfinden und diese Personen als individuelle Stellvertreter wirken (Frevert, 2003). So ist man zwar Kunde der Bank X, aber doch nur, weil ein Verhältnis zur Kundenberaterin Frau Schmidt existiert. Es spricht daher einiges dafür, dass das Konstrukt Misstrauen seine Bedeutung im Wesentlichen aus der sozialen Interaktion zwischen Individuen bezieht und dann auf Misstrauen in Organisationen übertragen wird (Janowicz & Noorderhaven, 2006). Am Beispiel der Missbrauchsfälle in katholischen Bildungseinrichtungen reflektiert Klaus Mertes über das komplexe Verhältnis von Vertrauen und Misstrauen und darüber, wie sich die Folgen von individuellen Handlungen auf das Vertrauen und Misstrauen gegenüber Institutionen auswirken.

> ▶ **Kritische Fragen nach Selbstverständnis und Strukturen**

Der Jesuit Klaus Mertes über die Bedeutung von Vertrauen und Misstrauen im Zuge der Aufklärung von Missbrauchsfällen an katholischen Bildungseinrichtungen. Klaus Mertes ist ein deutscher Jesuit, Gymnasiallehrer, Autor und Redakteur. Von 2000 bis 2011 war er Rektor des Jesuitengymnasiums Canisius-Kolleg Berlin und von 2011 bis 2020 Direktor des internationalen Jesuitenkollegs St. Blasien. Anfang 2010 löste Mertes eine Welle von Aufdeckungen sexuellen und physischen Missbrauchs junger Menschen an kirchlichen – und später auch an nichtkirchlichen – Bildungseinrichtungen in Deutschland aus und war seither treibende Kraft, um Missbrauch in der katholischen Kirche aufzuarbeiten. 2021 wurde Klaus Mertes mit dem Salzburger „Theologischen Preis" für sein Lebenswerk sowie dem Bundesverdienstkreuz geehrt.

Jesuit Klaus Mertes

11

Vertrauen ist zunächst etwas zwischen Personen, das scheint mir ganz wichtig. Es wird aufgebaut dadurch, dass ich zuhöre. Indem ich mich der anderen Person öffne und ihr zuhöre – ihr nicht nur formal zuhöre, sondern sie wirklich anhöre in der Bereitschaft, mich einzulassen auf ein inneres Verstehen –, entsteht Vertrauen. Vertrauen ist eine Haltung, in der ich eine bedingungslose Vorgabe mache, den anderen in meine Nähe zu lassen. Dass Vertrauen nicht an Bedingungen geknüpft wird, scheint mir das Entscheidende zu sein.

Vertrauen ist allerdings auch etwas, was man gegenüber Verfahren haben darf und soll. Man kann auch mit einem falschen Personenvertrauen Verfahren beschädigen – etwa, wenn man nicht mehr Verfahrensordnungen einhält, sondern sich nur mit willkürlich ausgesuchten Personen des eigenen Vertrauens berät und die Gremien übergeht. Was mir ebenfalls spontan einfällt, ist: Der Fisch stinkt vom Kopf her. In einem System, in einer Schule oder einem Kollegium, ist entscheidend, dass Vertrauen von oben nach unten gegeben wird. Die Voraussetzung also, um Vertrauen „von unten" erwarten zu dürfen, ist, „von oben" Vertrauen zu geben.

Im Falle des Missbrauchs innerhalb einer kirchlichen Institution ist die Fallhöhe nochmal höher als in anderen Betrieben. Das liegt daran, dass die Dimension des Vertrauens hier sehr tief ist, weil es immer konnotiert ist mit den religiösen Gefühlen. Hier geht es um den Verlust an Urvertrauen, am ehesten vergleichbar mit Fällen von Missbrauch von Macht in Familien.

Nachdem mir Missbrauchsfälle im Canisius-Kolleg in Berlin bekannt wurden, war mir wichtig zu sagen: Das erste Ziel ist nicht die Wiederherstellung des Vertrauens in die Institution Schule, sondern die Gerechtigkeit für diejenigen, die Opfer von missbrauchtem Vertrauen geworden sind. Es muss mir um die Geschädigten gehen. Für die Aufarbeitung dieser Geschehnisse ist es absolut entscheidend, die institutionsnarzisstische Perspektive hinter sich zu lassen, auch gerade in Bezug auf die systemischen Aspekte und institutionellen Probleme, die bei dem Missbrauch deutlich geworden sind. Und das ist nicht einfach, weil das Ansehen der Institution ein hoher Wert ist.

In der Kirche wurde oftmals nach Bekanntwerden von Missbrauchsfällen gesagt, dies sei ein Problem der Täter. Das ist eine der Möglichkeiten, der Auseinandersetzung auszuweichen. Damit hat man schon das Problem reduziert, nur auf Täter, und nicht auf jene Verantwortlichen, die Geschehnisse übersehen haben, die Symptome des Missbrauchs nicht richtig gedeutet haben oder sogar jahrelang aktiv vertuscht haben. Warum sie vertuscht haben? Weil der Schaden für die Institution zu groß gewesen wäre, wenn die Fälle bekannt geworden wären. Stellen Sie sich einen Schulleiter vor, der erfährt, dass ein Kollege Missbrauch begangen hat. Er steht nun, nachdem er interveniert hat, immer noch in der Pflicht, auch abzuklären, ob es in der Institution noch andere Opfer gibt. Das kann er aber nur, wenn er den Vorgang in irgendeiner Weise öffentlich macht. Dann kommen hochkomplexe Fragestellungen hinein, wie Persönlichkeitsschutzfragen, die auch die Opfer betreffen, die gesprochen haben. Es ist hohe Kompetenz erforderlich, um in einer solchen Situation richtig zu intervenieren. Und das Schützen des guten Rufs einer Schule, einer Institution oder der Kirche spielt immer mit hinein. In der katholischen Kirche und global in ganz vielen Zusammenhängen ist oftmals ganz offensichtlich, auf eine völlig unreflektierte Weise, wie selbstverständlich vorausgesetzt worden, dass zunächst die Institutionen vor dem Verlust des guten Rufes geschützt werden müssen. Weil angeblich nur die Täter das Vertrauen brauchen, und weil ohne Vertrauen diese Institution gar nicht existieren können. Und so wurden Missbrauchsfälle vertuscht. Die selbstkritische Frage also, die sich bei der Aufarbeitung dieser Ereignisse zwingend stellt, ist jene nach den Zusammenhängen unseres Selbstverständnisses und unseren Strukturen, die ganz spontan den Schutz der Institutionen vor die Gerechtigkeit für die Betroffenen stellen.

Doch auch diese Selbstkritik ist nicht unverfänglich. Wenn es einem um die Geschädigten nur deswegen geht, damit am Ende die Institution wieder gut dasteht, dann schiebt sich schon wieder das Anliegen der Institution zwischen die Geschädigten und den Vertreter der Institution, z. B. den Schulleiter. Im Ringen um die Wiedergewinnung von Vertrauen muss man dieses funktionalistische Denken, dass ich das Vertrauen brauche für ein bestimmtes Ziel, selbst wenn es ein gutes Ziel ist, zurückstellen, weil die Bereitschaft, den Geschädigten zuzuhören, eben bedingungslos sein muss. Nur so kann Vertrauen dann eventuell auch wieder entstehen.

Als die Missbrauchsfälle am Canisius-Kolleg an mich herangetragen wurden, konnte ich keine ausgeklügelte Strategie im Umgang damit entwickeln. Ich musste sofort entscheiden. Ich mag sehr das Bild von der Jacke mit den Knöpfen. Sie müssen den ersten Knopf in die erste Schlaufe stecken. Ob die Jacke 13, 14 oder 15 Knöpfe hat, müssen sie noch nicht wissen. Sie müssen einfach unten anfangen. Für mich war in dieser Situation klar, dass am Anfang die Aufklärung stehen muss. Was ist eigentlich passiert? Ich kann das Ergebnis der Aufklärung nicht schon vorwegnehmen, indem ich die nächsten

Schritte schon vorab entwickle. Ich habe auch Risiken antizipiert, beispielsweise des Ansehensverlusts, der Spaltung innerhalb der Institution, oder dass hohe Entschädigungsforderungen kommen. Nachträglich gesehen war es so, dass ich einen kleinen Kieselstein angestoßen habe, und jetzt rollt seit 2010 eine Lawine immer tiefer und tiefer in den Abgrund und ist unten noch nicht angekommen, sondern wird immer größer. Das war zu dem Zeitpunkt nicht absehbar. Ich habe aber meine Entscheidung zur Aufklärung zu keinem Zeitpunkt während der letzten 11 Jahre angezweifelt. Der Schritt musste sein, das war gar keine Frage.

Unser Wille zur Aufklärung hat schließlich – auf lange Sicht – das Vertrauen in die Institution gestärkt. Ich würde sogar sagen, dass dieses wiedergewonnene Vertrauen ein tieferes Vertrauen ist, da wir im Bereich der Prävention gearbeitet haben und einen selbstkritischen Blick auf uns selbst geworfen haben. Von den 850 Elternpaaren, die ihr Kind an der Schule hatten, haben insgesamt nur zwei oder drei die Schule verlassen mit dem Hinweis auf die Ereignisse. Die Leute sind geblieben, das Vertrauen wurde in der Öffentlichkeit wiederhergestellt, die Fragestellungen sind angenommen worden. Anders ist es mit den Betroffenen, mit den Gewaltopfern. Die Taten liegen in der Vergangenheit, da ist es komplexer, das Vertrauen wieder aufzubauen, da es ja damals durch Verbrechen beschädigt oder zerstört wurde. Wie man Vertrauen als Institution aufbauen kann gegenüber Betroffenen, die innerhalb der Institution Opfer von Verbrechen geworden sind, finde ich eine sehr spezielle, schwierige Fragestellung. ◄

Misstrauen ist ein komplexes Phänomen, dessen Auftreten sich je nach Kontext anders ausformt. Um das Auftreten und die Wirkungen von Misstrauen zu beschreiben, bedienen wir uns in den folgenden drei Abschnitten der groben Einteilung von Luhmann, der die moderne Gesellschaft mittels der funktionalen Systemdifferenzierung beschreibt (Luhmann, 1997). Wir konzentrieren uns auf drei zentrale Systeme der Gesellschaft, denn für wirtschaftliche, politische und wissenschaftliche Handlungen von Individuen und Organisationen gibt es eine Reihe von Forschungsbeiträgen zu den Wirkungen von Misstrauen.

11.2.2.2 Misstrauen und Wirtschaft

Wir referieren im Folgenden Studien, die sich auf individuelle und kollektive Akteure beziehen, allerdings ist zu beachten, dass unsere primär kognitiv orientierte Sichtweise verlangt, dass Individuen Überzeugungen und Erwartungen bilden. Wenn von Misstrauen in Verbindung mit kollektiven Akteuren die Rede ist, sind somit immer Individuen involviert.[1]

- **Misstrauen zwischen Individuen**

Zentral sind in Unternehmen die Interaktionen zwischen Mitarbeitern und Führungskräften sowie den verschiedenen Konstellationen innerhalb und zwischen diesen beiden Gruppen. Da Führungskräfte die Koordination und die Kontrolle der ihnen zugeordneten Mitarbeiter zu übernehmen haben, stellte sich die

---

1   Ohne in die zum Teil komplexe Debatte einzuführen, ist mit dieser Sichtweise eine Aufforderung verbunden, soziale Phänomene individuell zu fundieren (Little 2017).

Frage, wie dies bestmöglich erreicht werden kann. (Fremd-)Kontrolle und die Funktion des Controllings werden dabei oft als ein Baustein einer Misstrauensorganisation angesehen (Krystek & Zumbrock, 1993).

Gestützt wird diese Ansicht beispielsweise durch eine klassische Studie von Strickland (1958), in der Manager, die ihre Mitarbeiter häufiger überwachten als Manager der Vergleichsgruppe, nur begrenzte Informationen über die Vertrauenswürdigkeit ihrer Mitarbeiter erhielten. Es war diese engmaschige Überwachung, die das Misstrauen der Manager als selbsterfüllende Prophezeiung erzeugte. Aus diesen Ergebnissen zu folgern, dass Fremdkontrollen generell zu Misstrauen führen, ist jedoch zu kurz gegriffen. Wie so oft in der Forschung zeigt sich ein deutlich differenziertes Bild, weil das Zusammenspiel zwischen formalen (zielorientierten und prozessorientierten) und informalen Kontrollen, wie Vertrauen, von hoher Komplexität ist (Costa & Bijlsma-Frankema, 2007). In einer jüngst veröffentlichten Studie zeigen Verburg et al. (2018), dass formale Kontrollen – Ergebnis-, Prozesskontrollen und normative Kontrollen – das Vertrauen in die Organisation positiv beeinflussen und dies zu positiven Leistungseffekten führt. Formale Kontrollen führen daher nicht zu einem erhöhten Misstrauen der Mitarbeiter, wenn ihre Regeln klar aufgestellt werden, der Prozess der Beurteilung als fair wahrgenommen wird und die Lernfunktion von Kontrollen gelebt wird. Das inhärente Misstrauen der Fremdkontrolle wird somit nur dann zum Problem, wenn es wie in der klassischen Studie von Strickland (1958) zu einer zu engmaschigen Kontrolle führt, in der sich Mitarbeiter als ausschließlich fremdbestimmt wahrnehmen.

- **Misstrauen zwischen kollektiven Akteuren**

Interaktionen zwischen kollektiven Akteuren, z. B. den Unternehmen in einer Lieferkette, unterscheiden sich von Interaktionen zwischen Individuen dadurch, dass sie formaler gestaltet sind, auch wenn Individuen beteiligt sind. Schriftliche Vereinbarungen und Verträge sind ihnen nicht fremd, sondern sind Teil einer umfassenden Koordination zwischen den Partnern (Sako & Helper, 1998). Wiederum stellt sich die Frage des Misstrauens dadurch, dass ein hoher Grad dieser Formalisierung als Misstrauen durch die Partner angesehen werden kann. Insbesondere in langfristig angelegten Partnerschaften wird jedoch die formale Regelung als Garant und Signal für die Verlässlichkeit angesehen und als vertrauensfördernd bewertet (Dodgson, 1993; Brühl et al., 2009).

Diese Ergebnisse weisen bereits darauf hin, dass zwischen Vertrauen und Misstrauen kein substitutives Verhältnis angenommen werden kann. In welchen wirtschaftlichen Konstellationen ist jedoch eine parallele Existenz von Vertrauen und Misstrauen von Vorteil? Kostis und Näsholm (2020) nennen hierzu auf organisationaler Ebene beispielsweise die projektbezogene Zusammenarbeit von eigentlich konkurrierenden Firmen. Diese wird als Kooperationswettbewerb (Coopetition) bezeichnet und ist in der Regel durch die parallele Existenz von Vertrauen, aber auch einem gewissen Misstrauen gekennzeichnet. Die Unternehmen sind gewillt, ein bestimmtes Projekt erfolgreich durchzuführen und Synergien zu nutzen, gleichzeitig bestehen Vorbehalte, wettbewerbsrelevantes Knowhow einem Konkurrenten zu überlassen. Diese Befürchtung, so Kostis und Näsholm (2020), ist wiederum Nährboden für ein gewisses Maß an Misstrauen.

Als prominentes Beispiel eines solchen Kooperationswettbewerbs gilt die Zusammenarbeit zwischen den Automobilherstellern Ford und VW, die in den 1990er-Jahren zu den fast identisch aussehenden Modellen Ford Galaxy, Seat Alhambra und VW Sharan führte. Dieses Projekt gilt zwar als Erfolg, wurde aber – vielleicht durch das nicht vollständig reduzierbare Misstrauen – trotzdem nicht fortgeführt. Es ist zu vermuten, dass die Potenziale von geringen Transaktionskosten, welche typischerweise mit vertrauensbasierten Beziehungen assoziiert werden, nicht voll ausgeschöpft werden konnten.

Ebenfalls denkbar ist die simultane Existenz von Vertrauen und Misstrauen in Organisationen, die im Rahmen ihrer Organisationskultur auf einen starken internen Wettbewerb setzen (Kujala et al., 2016). So funktionieren die Karrierepfade zahlreicher Beratungsunternehmen oftmals nach dem sogenannten Up-or-out-Prinzip. Dies bedeutet, dass, wenn die nächste Karrierestufe nicht innerhalb einer bestimmten Zeitspanne erreicht wird („up"), die entsprechende Person das Unternehmen verlassen muss („out"). Die Pyramide der Aufstiegsoptionen wird naturgemäß nach oben schmaler, was dazu führt, dass sich mehr Personen um das „Up" bemühen, als Positionen vorhanden sind, und daher untereinander in Wettbewerb stehen. Diese Wettbewerbssituation lässt sich mit einem interpersonalen Kooperationswettbewerb vergleichen, in der zwar ein bestimmtes Vertrauen für die erfolgreiche Projektarbeit notwendig ist, gleichzeitig aber die direkte Konkurrenz auch dazu führt, dass sich bestimmte Misstrauenselemente nur schwerlich eliminieren lassen. Konsequenzen dieses interpersonalen Kooperationswettbewerbs betreffen dann möglicherweise den internen Wissensfluss oder die Darstellung von individuellen Arbeitsleistungen in Projektberichten. Die Herausforderung für Unternehmen mit diesem Karrieresystem besteht daher darin, die angestrebte positive Wirkung eines Wettbewerbsgedankens nicht durch eine produktivitätshemmende Kultur des Misstrauens zu untergraben (Kramer, 1994).

Es zeigt sich in diesen Überlegungen exemplarisch, dass Misstrauen dann nicht zum Problem im Unternehmen wird, wenn es in einem „Meer" von Vertrauen eingebettet ist. Denn letztlich dienen die meisten der diskutierten Maßnahmen dazu, die dunkle Seite des Vertrauens zu adressieren, durch die allzu vertrauensvolle Akteure von strategisch handelnden Akteuren gezielt ausgebeutet werden.

■ **Institutionalisiertes Misstrauen**

Weiten wir den Blick auf die Wirtschaft eines Landes und ihre Unternehmen, zeigt sich anhand der Entwicklungen verschiedener Institutionen, welche Funktion Misstrauen in der Wirtschaft eines Landes haben kann. Zwei Beispiele für institutionalisiertes Misstrauen seien genannt:

— Konsumenten unterstellen Unternehmen eine Neigung zum Eigeninteresse und zur Gewinnmaximierung und hegen daher Misstrauen, wenn Unternehmen sich für ihr nachhaltiges Engagement loben. Um dem Misstrauen und der Bezichtigung des Greenwashing zu entgehen, entstehen in verschiedenen Branchen Siegel, die den Kunden anzeigen sollen, dass es Unternehmen ernst mit ihrer Nachhaltigkeitsstrategie meinen. Das Siegel, das Vertrauen ausstrahlen soll, beruht somit auf dem Misstrauen verschiedener Stakeholder (Wang et al., 2020).

– Über Jahrhunderte hat sich ein System von Regeln für die finanzielle Berichterstattung entwickelt, das für Unternehmen gesetzlich geregelt ist. Aufgrund der Komplexität dieser Regelungen, die für Nichtexperten kaum zu durchschauen sind, werden die jährlichen Abschlüsse von Unternehmen von externen Institutionen geprüft und am Ende dieser Prüfung mit einem Testat versehen, das Unternehmen die Richtigkeit ihrer Abschlüsse bestätigt (Neuberger, 2006).

Beide Beispiele illustrieren die Ambivalenz des Vertrauens, die darin besteht, dass die Vertrauenswirkung einer Institution darauf beruht, dass sie die Bedenken des Misstrauens adressiert und angemessene Regelungen findet, sie auszuräumen (Endreß, 2002, 2012, Endreß spricht vom Paradoxon des Vertrauens). Veränderungen von Institutionen beruhen häufig darauf, dass sich die Regelungen in Krisensituationen nicht bewährt haben und sich beispielsweise aufgrund von Fehlverhalten wirtschaftlicher Akteure neues Misstrauen gebildet hat. Seit 2020 führt der Fall des Unternehmens Wirecard zu erhöhten regulatorischen Aktivitäten in Deutschland, weil die Aufsichtsbehörden nicht angemessen auf durchaus vorhandene Signale dieses besonders schweren Falls von Wirtschaftskriminalität reagiert haben.

■ **Positive Effekte von Misstrauen**

Bisher gibt es nur vereinzelte Studien, die explizit die Frage adressieren, inwieweit Misstrauen positive Effekte hat und daher Misstrauen anzustreben ist. Die helle Seite von Misstrauen beruht darauf, dass Skepsis und ein kritischer Blick auf Phänomene zur Transparenz von Prozessen beitragen können oder dass fundamentales Infragestellen zu neuen und besseren Lösungen führen kann.

In einer experimentellen Untersuchung adressierten Schul et al. (2008) individuelles Entscheidungsverhalten unter verschiedenen Umweltbedingungen. Wenn Misstrauen mit der Überzeugung verbunden ist, dass wahrgenommene Phänomene sich als falsch oder irreführend herausstellen, dann sensibilisiert dies Entscheider für Abweichungen vom Erwarteten. Damit ist die Intuition verbunden, dass misstrauische Entscheider nach Unregelmäßigkeiten und nichtroutinemäßigen Zufälligkeiten suchen. Die Autoren konnten bestätigen, dass in ungewöhnlichen Umwelten, in denen nichtroutinemäßige Strategien optimal sind, misstrauische Entscheider besser abschneiden als Entscheider, die vertrauen.

Lowry et al. (2015) zeigen, dass bei virtuellen Teams ein bestimmter Level an Misstrauen sich leistungsförderlich auswirken kann. Sie setzen an der Studie von Schul et al. an, um deren Ergebnisse auch auf der Gruppenebene zu replizieren. Lowry et al. (2015) fanden heraus, dass virtuelle Teams, die an nichtroutinemäßigen Aufgaben arbeiteten, weniger Vertrauen und mehr Misstrauen hatten als ähnliche virtuelle Teams, die an routinemäßigen Aufgaben arbeiteten. Sie begründen dies wiederum mit dem Phänomen, dass nichtroutinemäßige Aufgaben nichtroutinemäßige kognitive Prozesse hervorrufen, die das Misstrauen erhöhen und das Vertrauen verringern. Außerdem zeigte die Studie, dass auf der individuellen und der Gruppenebene die Leistungen für nichtroutinemäßige Aufgaben besser waren, wenn Misstrauen vorlag.

Mit einer ähnlichen Argumentation untersuchen Mayer und Mussweiler (2011), inwieweit Misstrauen die Kreativität fördert. Wiederum sind es der Zweifel und das Infragestellen von Phänomenen, die beide dazu führen können, dass misstrauische Personen zu neuen, kreativen Lösungen kommen. Die Studie bestätigte diese Vermutung und führte sie auf die kognitive Flexibilität von misstrauischen Personen zurück. Allerdings traten die kreativitätsfördernden Effekte von Misstrauen insbesondere dann auf, wenn die Ergebnisse privat und nicht öffentlich geteilt wurden, denn in der privaten Situation treten die negativen sozialen Konsequenzen von Misstrauen nicht ein.

In diesem Abschnitt haben wir uns auf nichtroutinemäßige Aufgaben konzentriert und gezeigt, dass auch für sie positive Wirkungen nur unter bestimmten Bedingungen auftreten. Diese Studien weisen aber eindringlich darauf hin, dass die Vorstellung, dass Vertrauen in jedem Kontext dem Misstrauen als überlegen gelten kann, zu überdenken ist.

11.2.2.3 Misstrauen und Politik

Seit einer Reihe von Jahren werden die westlichen Demokratien mit dem Phänomen des Populismus und zunehmender Polarisierung politischer Ideologien konfrontiert, das häufig damit in Verbindung gebracht wird, dass das Misstrauen in die politischen Eliten und demokratischen Institutionen zunimmt (Heinisch et al., 2017; Citrin & Stoker, 2018). Dies wird als alarmierendes Anzeichen für eine Erosion der europäischen (Rivero, 2018) und US-amerikanischen Demokratien angesehen (Hawkins et al., 2018).

In diesem Abschnitt werden wir keine Analyse dieses Phänomens anbieten, sondern wir beschreiben einige ausgewählte Studien zum Misstrauen in der Politik, insbesondere zum Misstrauen in Politiker und ausgewählte Institutionen demokratischer Gesellschaften. Allerdings sind zwei weitere Vorbemerkungen notwendig.

In Demokratien ist Misstrauen institutionell verankert (Warren, 2018). Die Gewaltenteilung zwischen Legislative, Exekutive und Judikative (*„checks and balances"*) illustriert diesen Grundsatz. Sie geht davon aus, dass die Macht, die vom Volk in einem Rechtsstaat auf Institutionen übertragen wird, geteilt werden muss und dass sich die verschiedenen Institutionen gegenseitig kontrollieren und damit ihre Machtausübung der Überwachung anderer Institutionen unterliegt (Katz & Sander, 2019). Wenn wir im Folgenden von Misstrauen berichten, ist dieses institutionalisierte Misstrauen, das überwiegend als notwendig und positiv angesehen wird, nicht gemeint (Bertsou, 2019).

Im politischen Diskurs wird häufig vorschnell auf misstrauische Bürger geschlossen, wenn sie kein Vertrauen zu demokratischen Institutionen äußern. Es ist daran zu erinnern, dass in dem vorgestellten Modell 3 geringes Vertrauen mit geringem Misstrauen einhergehen kann. Es kann sich daher um Bürger handeln, die der Politik mit Desinteresse gegenüberstehen und daher weder in eine Praxis des Vertrauens noch des Misstrauens eintreten (Hartmann, 2011).

11

- **Misstrauen in Politiker**

Ein weiterer Aspekt ist bei der Interpretation von Umfragen zum Vertrauen und Misstrauen in Politiker zu beachten: Vertrauen und Misstrauen gelten zunächst als eine Erwartung, die sich insbesondere durch eigene, erlebte Erfahrungen bildet, es ist dies der Eintritt in eine Vertrauenspraxis (Hartmann, 2011, 2020). Gleichzeitig wird bei Umfragen aber nicht klar, ob die Einschätzungen der Teilnehmenden auf persönlichem Erleben beruhen oder ob sie durch Hörensagen oder vermittelt durch Medien zustande kommen. Warum dies relevant ist, zeigt eine repräsentative Umfrage unter deutschen Bürgern, bei der die Einschätzung von Politikern auch für die den Teilnehmenden persönlich bekannten Politiker erhoben wurde. So werden im Fernbild von Politikern (nicht persönlich bekannt) ihnen durchschnittlich 43 % negative und 15 % positive Eigenschaften und im Nahbild von Politikern (persönlich bekannt) ihnen durchschnittlich 15 % negative und 42 % positive Eigenschaften zugeschrieben (Petersen, 2014). Diese fast exakt entgegengesetzte Einschätzung weist darauf hin, dass mithin der persönlich stattfindende Kontakt mit Politikern zu einem deutlichen Unterschied gegenüber einer stark medienbeeinflussten Einschätzung führt (Kepplinger, 1996). Ein einzelner Befund weist darauf hin, dass dies wohl auch für das Misstrauen gilt. Bei der Frage, ob Politiker die Interessen der Bevölkerung und damit das Gemeinwohl im Blick haben oder ob sie ihre eigenen Interessen verfolgen, zeigt sich ein ähnliches Bild: Eigeninteresse (58 % Fernbild, 20 % Nahbild) und Bürgerinteresse (15 % Fernbild, 48 % Nahbild) (Petersen, 2014). Der Eintritt in eine Praxis des Vertrauens und Misstrauens, die auf lebensweltlichen Erfahrungen beruht, macht also einen entscheidenden Unterschied (Hartmann, 2020).

Wenn wir das Fernbild von Politikern zugrunde legen, werden sie im Vergleich zu anderen Berufsgruppen als wenig vertrauenswürdig angesehen. Es ist insbesondere die angesprochene Annahme, dass sie nicht die wohlverstandenen Bürgerinteressen und das Gemeinwohl im Blick haben, das zu Misstrauen führt. Hierzu hat Bøggild (2020) eine umfangreiche Studie in den USA, Großbritannien und Dänemark vorgelegt. Seine Studie zeigt ein Missverhältnis zwischen Formen der Repräsentation auf, wie sie Demokratien ermöglichen und wie sie von den Bürgern gewünscht werden. Dies hängt damit zusammen, dass Politiker ihre Loyalität gegenüber der Parteipolitik zeigen müssen, um so ihre Karrieren voranzutreiben, die Bürger allerdings vorziehen, wenn sich Politiker nach ihrem Gewissen oder nach den Interessen ihrer Wähler richten. Diese Diskrepanz schlägt sich in Misstrauen gegenüber Politikern nieder, selbst unter den Anhängern der eigenen Partei der Politiker.

Wir haben bereits die Medien angesprochen, die das Bild von Politikern prägen. Mit der zunehmenden Verbreitung von sozialen Medien rücken jedoch die Bürger ebenfalls in den Fokus der Wissenschaft. So betrachten Bøggild et al. (2021) die aktive Rolle der Bürger bei der Verbreitung solcher Bilder und konstatieren eine Übertragungsverzerrung. Sie führt dazu, dass Menschen bevorzugt Informationen über das eigennützige, unsoziale Verhalten anderer verbreiten, um ihre Gruppenkooperation aufrechtzuerhalten. Bøggild et al. führen dazu experimentelle Studien durch, um Übertragungsraten und Meinungseffekte in Kommunikationsketten zu beobachten, und stellen fest, dass die beobachteten Prozesse zu Misstrauen gegenüber Politikern führen.

Die Tendenz, Inhalten geprägt von Misstrauen besondere Aufmerksamkeit zu schenken, wird allerdings auch durch einen weiteren Treiber verstärkt: Die technologische und ökonomische Ausrichtung sozialer Netzwerke als moderne Massenmedien. So zeigen aktuelle Studien (z. B. Machado et al., 2020), dass die Empfehlungsalgorithmen großer Plattformen wie YouTube insbesondere Inhalt präsentieren, welcher darauf zielt, dass das Bedürfnis nach Misstrauen evozierenden Informationen optimal bedient wird. Der moralische Konflikt ist hierbei, dass soziale Netzwerke von einer möglichst langen Verweildauer (bzw. Views) der Nutzer ökonomisch profitieren. Allerdings zeigt sich, dass genau diese personalisierte Ausrichtung sich zu persönlichen Filterblasen ausweiten können, die einen fruchtbaren Boden für Desinformation und Verschwörungstheorien bieten (Van Prooijen et al., 2022).

■ **Misstrauen in politische Institutionen**

Wie bereits erwähnt, verändern sich Vertrauens- und Misstrauensüberzeugungen, wenn neue Informationen über die Vertrauensnehmer vorliegen. Es ist daher wenig überraschend, dass in Umfragen, die während und unmittelbar nach einer Krise stattfinden, Vertrauenswerte sinken und Misstrauenswerte steigen. Krisen wie die Covid-19-Pandemie, die auch zu erheblichen negativen ökonomischen Auswirkungen führte, werden dann häufig zu Vertrauenskrisen erklärt (Köcher, 2021). In Krisen steht im Zentrum der Aufmerksamkeit die Exekutive und es wird effektives Regierungshandeln angemahnt. Wenn die Krise gemeistert wird, dann kommt es häufig zu einem Anstieg des Vertrauens. Um die Dynamik – die zeitlichen Abläufe von Vertrauen und Misstrauen – besser zu verstehen, sind Längsschnittstudien besser geeignet als Querschnittsstudien, weil sie es ermöglichen, kausale Zusammenhänge zu erklären.

In einer solchen Längsschnittstudie zeigen Haugsgjerd und Kumlin (2020), dass sich tatsächlich die Beurteilung von Regierungshandeln auf das politische Vertrauen auswirkt. Da sie insbesondere Regierungshandeln in Wohlfahrtsstaaten untersuchen, betrachten sie die Beurteilung im Hinblick auf den sozialen Schutz und wirtschaftliche Risiken. Für das Vertrauen wird der soziale Schutz höher eingeschätzt als die wirtschaftlichen Risiken. Sie konnten in der Studie auch eine reziproke Beziehung zwischen der Beurteilung und dem Misstrauen feststellen. Bei unzufriedenen Gruppen entwickelt sich Misstrauen und dies führt wiederum zu einer pessimistischeren Einschätzung der wirtschaftlichen Risiken und der Leistung des Sozialstaats. Diese Dynamik lässt sich daher als Abwärtsspirale des Misstrauens beschreiben.

Da hohes Vertrauen und geringes Misstrauen in ihre Institutionen als wesentlich für Demokratien angesehen werden (Warren, 2017), widmet sich die Forschung den Phänomenen der Vertrauenskrise und der mehrfach angesprochenen Abwärtsspirale des Misstrauens. Es wird befürchtet, dass eine Abwärtsspirale des Misstrauens die Legitimität staatlichen Handelns untergräbt und damit die notwendige Unterstützung der Bevölkerung verloren geht (Hetherington, 1998; Warren, 2017). Neben den erwähnten Studien (Haugsgjerd & Kumlin, 2020; Bøggild et al., 2021) wird diese Dynamik in weiteren Kontexten untersucht, um sich gegenseitig verstärkende Ursachen zu finden. So zeigen beispielsweise Hooghe und Dassonneville (2018), dass Protestwähler mit niedrigem politischem Vertrauen nach der Wahl ihrer bevorzugten Protestpartei zu noch niedrigerem politischem Vertrauen neigen.

Als kurzes Fazit zeigt sich, dass in den politischen Wissenschaften Forschung auf Basis des Modells 3 erst in den Anfängen steckt (Van De Walle & Six, 2014). Misstrauen wird in der Regel mit geringem politischem Vertrauen gleichgesetzt und dies ist ein Grund, warum Politikwissenschaftler in ihrer negativen Beurteilung des Misstrauens übereinstimmen. Zwar wird Misstrauen als institutionalisiertes Misstrauen in der Tradition der Denker der Demokratie begrüßt (Warren, 2017), wenn aber viele Bürger misstrauisch gegenüber staatlichen Institutionen sind, wird dies für die Legitimität staatlichen Handelns als gefährlich betrachtet (Hetherington, 1998; Warren, 2018).

11.2.2.4 Misstrauen und Wissenschaft

Wenn die globale Klimaveränderung als vorübergehendes Wetterphänomen oder die Covid-19-Pandemie als lapidare Grippewelle beschrieben werden, liegt der Verdacht nahe, dass den Ergebnissen der Wissenschaft mit Argwohn und Skepsis, d. h. mit Misstrauen, begegnet wird. Wenn von Misstrauen gegenüber dem System Wissenschaft die Rede ist, dann kann dies insbesondere dann negative Folgen haben, wenn Regierungshandeln sich davon leiten lässt und etabliertes wissenschaftliches Wissen ignoriert. Gleiches gilt für die Bürger eines Landes. Es ist zu vermuten, dass, wenn es ein generelles Vertrauen der Bevölkerung in die Wissenschaft gibt, dann Regierungshandeln, das als wissenschaftlich fundiert wahrgenommen wird, auf weniger Misstrauen in der Bevölkerung trifft.

Den letzten Gedanken greifen Breakwell und Jaspal (2021) auf, die in einer Studie untersuchen, warum Personen misstrauisch auf Empfehlungen zum Schutz gegen Covid-19 reagieren. Sie zeigen, dass Vertrauen in Wissenschaft positiv mit dem wahrgenommenen eigenen Risiko von Covid-19 und negativ mit dem Misstrauen gegenüber denjenigen zusammenhängt, die Ratschläge zum präventiven Verhalten geben. Daher scheint es eine gute Idee zu sein, das allgemeine Vertrauen in die Wissenschaft zu fördern, um Misstrauen gegen einzelne Maßnahmen zu verringern.

Allerdings sind Appelle zur Förderung von wissenschaftlichem Wissen und zur Förderung von Vertrauen in die Wissenschaft dann nicht erfolgreich, wenn kognitive Verzerrungen eine angemessene Beurteilung des Stands der Wissenschaft behindern. Wir erwähnten bei den persönlichkeitsspezifischen Faktoren bereits die Wertinkonsistenzen, die insbesondere in den USA seit einer Reihe von Jahren erforscht werden. So wies z. B. Dan Kahan auf einer Tagung darauf hin, dass sich Anhänger der republikanischen und demokratischen Parteien erheblich in der Einschätzung zum Klimawandel unterscheiden (National Academies of Science, 2017). Auf die Frage, ob sie davon überzeugt sind, dass 97 % der etablierten Klimawissenschaftler sich einig sind, dass der Klimawandel menschengemacht ist, antworteten 52 % mit ja und 48 % mit nein. Die letzte Gruppe bestand überwiegend aus Anhängern der republikanischen Partei und die Ablehnung der Personen in dieser Gruppe vergrößert sich, wenn sie über ein umfangreicheres wissenschaftliches Wissen verfügen. Der gleiche, aber positive Zusammenhang tritt bei Anhängern der demokratischen Partei auf. Beide Gruppen sind im Übrigen davon überzeugt, dass ihre Sichtweise wissenschaftlich gestützt ist. Auch wenn diese Befunde nicht ohne weiteres auf andere Länder und Gesellschaften übertragen werden können, mahnen sie dazu, kognitive Grenzen und Verzerrungen der Menschen zu beachten, die durch Wertkonflikte auftreten können (Rutjens et al., 2021).

■ Misstrauen im System Wissenschaft

In der Wissenschaft haben sich Prozesse etabliert, auf die Ergebnisse von Forschung und wie sie zustande gekommen sind, skeptisch zu blicken. Merton (1985) bezeichnet dies als den organisierten Skeptizismus. Wissenschaftler nehmen daher grundsätzlich eine kritische Haltung ein und stellen die Ergebnisse anderer Wissenschaftler in Frage. Sie gehen von der Fehlbarkeit anderer Wissenschaftler aus, d. h., sie nehmen an, dass Menschen im Erkenntnisprozess Fehler machen, und versuchen sie zu finden (Brühl, 2021). Es sind daher die positiven Konnotationen, wie Skepsis, Zweifel und Infragestellen, die in der Wissenschaft in etablierte Routinen eingebaut sind.

Im Zentrum steht meist die Kritik durch andere Wissenschaftler, die in den verschiedensten Formen organisiert ist. Beispielsweise sehen die angesehenen Zeitschriften ein sogenanntes doppelblindes Begutachtungsverfahren vor, in dem sich Gutachter und die Autoren der zu begutachtenden Publikation nicht erkennen sollen. Da viele Studien vor dem Einreichen bereits auf Konferenzen und Workshops vorgestellt werden, die manchmal ebenfalls begutachtete Verfahren für die Teilnahme vorsehen, ist die Autorenschaft insbesondere in spezialisierten Forschungsfeldern bekannt und das Begutachtungsverfahren häufig nur einfachblind (Johnson & Hermanowicz, 2017). Auch wenn an dem System der Begutachtung Kritik geübt wird (Hirschi, 2018), erscheint es doch ähnlich wie das in die Demokratie eingebaute Misstrauen als institutionalisiertes Phänomen positiv angesehen zu werden, und aufgrund der Kritik unterliegt es auch Änderungen.

Zwar zielt das System Wissenschaft auf Wahrheit von wissenschaftlichem Wissen. Auch in diesem System gibt es aber Anreize zum Fehlverhalten. Zum einen verteilt das System Wissenschaft seine Reputation und damit auch finanziell attraktive Positionen auf Basis von herausragenden Forschungsleistungen, zum anderen dient wissenschaftliches Wissen in der Politik und Wirtschaft zur Legitimation von Macht- und finanziellen Interessen.

Fehlverhalten tritt insbesondere als Plagiat, Fälschung und Fabrikation auf (Reydon, 2013). Forscher schreiben bei anderen ab, ohne die Originalquelle angemessen zu zitieren, manipulieren an den Daten ihrer Studien oder gehen gar so weit, die Daten ihrer Studien frei zu erfinden. Wenn dies nicht nur einzelne Vorkommnisse sind, kann dies das Misstrauen in Ergebnisse von Forschung schüren. Wiederum baut die Wissenschaft Mechanismen ein, um Fehlverhalten zu entdecken und zu sanktionieren. Sie reichen z. B. von Verhaltensrichtlinien und damit einhergehenden Prüfungen bis zum Etablieren von Whistleblowern und anderen Institutionen. Außerdem ist die zunehmende Verpflichtung, Originaldaten der Veröffentlichungen zur Verfügung zu stellen, eine Möglichkeit, Fälschung und Fabrikation von Daten vorzubeugen (Munafò et al., 2017).

11.2.3 Gesellschaftliche Bedeutung des Misstrauens

Dem Misstrauen zu misstrauen (Neuberger, 2006; Mühlfried, 2019), scheint auch heute noch eine weit verbreitete Haltung zu sein. Ein Grund für diese Sicht ist die Vorstellung, dass Misstrauen die dunkle Seite von Vertrauen ist. Damit geht einher, dass es ein Zeichen für einen schlechten Zustand der Gesellschaft ist, der am besten abgestellt werden sollte, um wieder in das helle Licht des Vertrauens zu gelangen (Mühlfried, 2018). Wir verweisen in diesem Artikel darauf, dass sich zunehmend eine andere Sicht auf Misstrauen in den Vordergrund drängt: Vertrauen und Misstrauen sind zwei zwar eng verwandte, aber doch unterschiedliche Konstrukte, die durch verschiedene Voraussetzungen in Kraft gesetzt werden und die beide positive und negative Wirkungen nach sich ziehen können (Lumineau, 2017). Durch diese Auffassung wird insbesondere der Weg frei, die positiven Wirkungen von Misstrauen genauer zu untersuchen. Um nicht missverstanden zu werden, stellen wir klar: Diese Auffassung ignoriert nicht die negativen Wirkungen von Misstrauen, sie zeigt vielmehr die Ambivalenz dieses Konstrukts (Rosanvallon, 2017).

In einer ersten Intuition scheinen die positiven Wirkungen damit verbunden zu sein, dass Misstrauen sich auf spezifische Objekte und Handlungen richtet (Schweer et al., 2009). Dem spezifischen Misstrauen steht ein generalisiertes Misstrauen gegenüber (Neuberger, 2006). Zwar hält Luhmann die generalisierte Form von Misstrauen, er spricht von universeller Einstellung, für nicht durchführbar (Luhmann, 2000), es ist aber insbesondere diese Form des Misstrauens, auf welche die negativen Wirkungen in Demokratien zurückgeführt werden (Warren, 2017). Allerdings ist wiederum auf das komplexe Verhältnis von Misstrauen und Vertrauen hinzuweisen. In allen drei von uns betrachteten Systemen der Gesellschaft haben sich Institutionen etabliert, die auf dem Misstrauen gegenüber den Akteuren in diesem System beruhen, die aber aufgrund ihrer Funktion im System Vertrauen erzeugen. Wenn dies zutrifft, dann ist es sinnvoll, bei der Beurteilung von Misstrauen den jeweiligen Kontext, das sind unter anderem die Institutionen, zu beachten und zwischen dem speziellen und dem generalisierten Misstrauen zu unterscheiden.

Untersuchungen zum Vertrauen oder Misstrauen auf Länderebene zielen häufig auf ihre generalisierte Form. Da es für Misstrauen noch keine länderübergreifende Studie gibt, kann darüber nur im Lichte der Vertrauensstudien spekuliert werden. Interessant ist in diesem Zusammenhang die Studie von Michalski (2019), der mit einer mikroindividuellen Fundierung, der Wertorientierung „Prosoziales Verhalten", unterschiedliche Vertrauensniveaus innerhalb Europas erklärt. Tendenziell liegen skandinavische Länder im generalisierten Vertrauen deswegen an der Spitze Europas, weil sie einen hohen Anteil an Menschen mit der prosozialen Einstellung haben und sie Bedingungen in ihren Ländern schaffen, dass sich diese Einstellungen auch auswirken. Im Gegensatz hierzu ist in den sogenannten Transformationsländern, die überwiegend in Osteuropa liegen, der Anteil der Menschen, die eigennütziges Verhalten bevorzugen, deutlich höher, weil sich dieses Verhalten während der krisenhaften Umbruchzeiten als Strategie durchgesetzt hat. Michalski konstatiert: „Die vermuteten Zusammenhänge zwischen (…) Free-Rider-Verhalten und der Verhinderung von Vertrauensbildung über prosoziale

Einstellungen erweisen sich (…) als mit den Daten kongruenter Mechanismus zur Erklärung des Syndroms der „Misstrauenskulturen" in den Transformations-ländern" (Michalski, 2019, S. 368). Die Studie bestätigt auch einen Befund, dass Misstrauen insbesondere in Gesellschaften höhere Werte hat, in denen die Un-gleichheit, insbesondere im Einkommen und Vermögen, besonders groß ist.

Es stellt sich daher abschließend die Frage, ob ein hohes gesellschaftliches Ver-trauen und gleichzeitig ein niedriges gesellschaftliches Misstrauen anzustreben sind: Sollte ein Staat große Anstrengungen unternehmen, jegliche Form von Miss-trauen auszuräumen? Kim (2005) argumentiert, dass ein gewisses Maß an modera-tem Misstrauen für eine funktionierende Gesellschaft förderlich sein kann. Diese Perspektive – weg von einer konsequenten negativen Auslegung von gesellschaft-lichem Misstrauen – wird auch von Lenard (2008) betont, die Misstrauen im Sinne einer geschärften bürgerlichen Wachsamkeit (*„citizen vigilence"*) beschreibt. Wir schließen uns diesen Meinungen an und fügen hinzu, dass insbesondere die spezi-fischen Formen von Misstrauen eine wichtige Funktion in der Gesellschaft haben.

Diese Betrachtung beruht auch auf unserer differenzierten Bewertung von ge-sellschaftlichen Kontrollmechanismen. Sie sind nicht als Widerspruch zum Ver-trauen zu sehen, sondern sind meist Grundlage für hohes Vertrauen in die Funktionsfähigkeit der Systeme und sorgen gleichzeitig dafür, dass Misstrauen nicht in einer Spirale immer größer wird.

11.3 Fazit

Mit diesem Artikel zeigen wir auf, dass es gute Gründe gibt, die positiven Seiten von Misstrauen als gesellschaftlichem Phänomen mehr in den Blick zu nehmen. Daher ist ein Zweck dieses Artikels, so neutral wie möglich auf das Misstrauen zu blicken und einer ausschließlich negativen Sicht kritisch zu begegnen. Denn Miss-trauen ist ein ständiger Begleiter des Vertrauens, dadurch dass sich Gesellschaften Institutionen schaffen, die als institutionalisiertes Misstrauen kontextualisiert wer-den können.

- In der Wirtschaft finden sich viele Institutionen, die dem potenziellen Miss-trauen begegnen sollen und deren Funktion somit Vertrauensbildung ist: Im Text haben wir Siegel zur Nachhaltigkeit und Wirtschaftsprüfer genannt. Die Liste lässt sich beliebig verlängern mit öffentlichen Institutionen wie den Kar-tell- und Wettbewerbsbehörden und den Datenschutzbeauftragten und priva-ten Institutionen wie den internationalen Bilanzierungsgremien oder den Prüfungsunternehmen für Produktqualität.
- Im System der Politik zeigt die Geschichte der Demokratie, dass z. B. die Ge-waltenteilung eine demokratische Institutionalisierung des Misstrauens ist, weil der starke Staat – der Leviathan – gebändigt werden muss. Wenn es somit an-haltend hohe Vertrauenswerte für das Bundesverfassungsgericht in Deutsch-land gibt, die in der Regel über denen der anderen Verfassungsorgane liegen, dann zeigt sich diese Ambivalenz. Aufgrund des Misstrauens gegenüber staat-lichen Akteuren, dass sie ihre Macht nicht immer im Sinne des Gemeinwohls einsetzen, gibt es diese Institution, die ein hohes Vertrauen genießt.

— In der Wissenschaft hat sich ein organisierter Skeptizismus Institutionen geschaffen, die Routinen des Misstrauens einbauen, um dem Zweck des wahren, wissenschaftlichen Wissens möglichst nahe zu kommen.

Viele gesellschaftliche Institutionen beruhen somit auf einem Fundament von Misstrauen und sind erst dadurch in der Lage, Vertrauenssignale auszusenden. Sie ermöglichen es den sozialen Akteuren, zu interagieren, und somit ist auch Misstrauen ein Kitt der Gesellschaft. Letztlich sind es die gesellschaftlichen Praktiken des Vertrauens und Misstrauens, welche die sozialen Akteure in ihrem jeweiligen Kontext aushandeln. Im Lichte dieser Einsichten ist ein Mix von Vertrauen und Misstrauen anzustreben, ohne dass wir derzeit über ausreichend Forschung verfügen, die uns verlässlich über einen angemessenen Mix informiert.

Das Wechselspiel von Vertrauen und Misstrauen ist daher ein relevantes Forschungsthema für die Zukunft, das allerdings einer entsprechend diskriminanten Konstruktbildung bedarf. Die damit angesprochene Operationalisierung von Misstrauen ist notwendig, damit in diesem Gebiet Wissen kumuliert werden kann. Wir betonen in diesem Artikel, dass insbesondere in die institutionellen Bedingungen Misstrauen eingebaut ist. Es ist daher in der Forschung darauf zu achten, diese Bedingungen in der Untersuchung zu berücksichtigen. So zeigen Studien, dass Misstrauen auf einer skeptischen Grundhaltung und kritischen Distanz beruht und unter bestimmten institutionellen Bedingungen zu verbesserten Entscheidungen und kreativen Lösungen führen kann. Die Forschung sollte daher in Zukunft Misstrauen unter verschiedenen institutionellen Bedingungen untersuchen, um ihre positiven oder negativen Wirkungen besser beleuchten zu können.

❓ Wiederholungs-/Kontrollfragen

1. Grenzen Sie Misstrauen von Vertrauen ab. Verwenden Sie hierzu die drei unterschiedlichen Modelle, die Sie kennengelernt haben.
2. Geben Sie Argumente an, die das Modell 3 gegenüber den anderen Modellen favorisieren.
3. Benennen Sie die wichtigsten Gruppen von Einflussfaktoren, die auf das Misstrauen wirken.
4. Inwieweit beeinflussen personenspezifische Faktoren das Entstehen von Misstrauen? Geben Sie Beispiele für diese Faktoren.
5. Beschreiben Sie, wie Misstrauen verhindert, dass eine Kundin ihr Geld bei einer Bank anlegt.
6. Welche Eigenschaften der Bank schätzt die Kundin unter 5. ein, die ihr Misstrauen wesentlich bestimmen?
7. Welche Voraussetzungen sind zu erfüllen, damit in Organisationen die Fremdkontrolle nicht zu einem erhöhten Misstrauen führt?
8. Beschreiben Sie Situationen, in denen gleichzeitig Vertrauen und Misstrauen zwischen Unternehmen und innerhalb von Unternehmen vorhanden sind.
9. Welche Beispiele von Institutionen der Wirtschaft kennen Sie, die gleichzeitig ein Ausdruck von Vertrauen und Misstrauen sind.
10. Welche positiven Effekte von Misstrauen in Teams sind Ihnen bekannt?

11. Wie ist Misstrauen in Demokratien institutionell verankert?
12. Wie wirkt sich die Tatsache, dass Bürger persönliche Erfahrungen mit Politikern haben, auf ihre Beurteilung dieser Politiker und ihr Misstrauen gegenüber diesen Politikern aus?
13. Welche Rolle spielen die sozialen Medien bei der Entwicklung von Misstrauen?
14. Warum ändern sich die Einschätzungen von Misstrauen während und nach einer Krise?
15. Beschreiben Sie die Auswirkungen von unterschiedlichen Wertvorstellungen bei der Einschätzung des Klimawandels und erklären Sie, wie dies mit dem Misstrauen in Wissenschaft zusammenhängen kann.
16. Wie ist Misstrauen innerhalb der Wissenschaft institutionalisiert?
17. Geben Sie Gründe an, warum die positiven Seiten von Misstrauen vermehrt in den Fokus von Untersuchungen rücken sollten.
18. Unterscheiden Sie generalisiertes und spezielles Misstrauen und erläutern Sie, warum diese Unterscheidung in der Forschung zu beachten ist.
19. Nehmen Sie zu der These Stellung: „Misstrauen ist in all seinen Formen in einer Gesellschaft zu bekämpfen."
20. Geben Sie Beispiele, wie in Gesellschaften Institutionen geschaffen werden, die auf Misstrauen beruhen, um Vertrauen zu schaffen.

Zusammenfassung

- Misstrauen lässt sich als eine allgegenwärtige negative Wahrnehmung skizzieren, welche mit der mangelnden Bereitschaft verbunden ist, Verwundbarkeit zu akzeptieren, und auf der Beurteilung der Motive, Absichten und Verhaltensweisen des anderen basiert.
- Misstrauen wird meistens mit negativen gesellschaftlichen Entwicklungen wie ansteigendem Argwohn gegenüber Institutionen, Entfremdung und Passivität in Verbindung gebracht. Evolutionäre Ansätze betonen jedoch auch die positive Wirkung im Sinne einer sozialen Sicherheitsmaßnahme.
- Das Verhältnis von Vertrauen und Misstrauen lässt sich durch drei Modelle beschreiben: Modell 1 setzt Vertrauen und Misstrauen als Endpunkte desselben begrifflichen Spektrums. Modell 2 sieht Vertrauen und Misstrauen ebenfalls als Gegensätze auf einem eindimensionalen Kontinuum. Modell 3 ist eine zweidimensionale Betrachtung von Vertrauen und Misstrauen und beschreibt Vertrauen und Misstrauen als separate Konstrukte.
- Aktuelle empirische Studien deuten darauf hin, dass Modell 3 (zweidimensionale Betrachtung) am besten geeignet ist, ihre Ergebnisse zu erklären.
- Kooperationswettbewerb oder eine „Up-or-out-Unternehmenskultur" sind Praxisbeispiele für eine parallele Existenz von Vertrauen und Misstrauen, bei welchen sich eine positive Wirkung erhofft wird.
- Siegel, etwa im Bereich Nachhaltigkeit, und Testate zur finanziellen Berichterstattung sind auch als Maßnahmen zu verstehen, institutionellem Misstrauen entgegenzuwirken.

- Bisher gibt es nur vereinzelte Studien, die explizit die Frage adressieren, inwieweit Misstrauen positive Effekte hat und daher Misstrauen anzustreben ist. Die helle Seite von Misstrauen beruht darauf, dass Skepsis und ein kritischer Blick auf Phänomene zur Transparenz von Prozessen beitragen können oder dass fundamentales Infragestellen zu neuen und besseren Lösungen führen kann.
- Das Misstrauen in politische Akteure hängt stark davon ab, ob diese Beurteilung auf persönlichem Erleben beruht oder ob sie durch Hörensagen oder vermittelt durch Medien zustande kommt.
- Die Tendenz, von Misstrauen geprägten Inhalten besondere Aufmerksamkeit zu schenken, wird allerdings auch durch die technologische und ökonomische Ausrichtung sozialer Netzwerke als moderne Massenmedien verstärkt.
- Wenn von Misstrauen gegenüber dem System Wissenschaft die Rede ist, dann kann dies insbesondere dann negative Folgen haben, wenn Regierungshandeln sich davon leiten lässt und etabliertes wissenschaftliches Wissen ignoriert.
- Untersuchungen zum Vertrauen oder Misstrauen auf Länderebene zielen häufig auf ihre generalisierte Form. Da es für Misstrauen noch keine länderübergreifende Studie gibt, kann darüber nur im Lichte der Vertrauensstudien spekuliert werden.
- Viele gesellschaftliche Institutionen beruhen auf einem Fundament von Misstrauen und sind erst dadurch in der Lage, Vertrauenssignale auszusenden. Sie ermöglichen es den sozialen Akteuren, zu interagieren, und somit ist auch Misstrauen ein Kitt der Gesellschaft. Im Lichte dieser Einsichten ist zwar ein Mix von Vertrauen und Misstrauen anzustreben, ohne dass wir derzeit über ausreichend Forschung verfügen, die uns verlässlich über einen angemessenen Mix informiert.

Literatur

Basel, J., & Brühl, B. (2013). Rationality and dual process models of reasoning in managerial cognition and decision making. *European Management Journal, 31*(6), 745–754.

Bertsou, E. (2019). Rethinking political distrust. *European Political Science Review, 11*(2), 213–230.

Bibliographisches Institut. (2021). Misstrauen. https://www.duden.de/rechtschreibung/Misstrauen. Zugegriffen am 05.07.2021.

Bijlsma-Frankema, K., Sitkin, S. B., & Weibel, A. (2015). Distrust in the balance: The emergence and development of intergroup distrust in a court of law. *Organization Science, 26*(4), 1018–1039.

Bøggild, T. (2020). Politicians as party hacks: party loyalty and public distrust in politicians. *The Journal of Politics, 82*(4), 1516–1529.

Bøggild, T., Aarøe, L., & Petersen, M. B. (2021). Citizens as complicits: Distrust in politicians and biased social dissemination of political information. *American Political Science Review, 115*(1), 269–285.

Breakwell, G. M., & Jaspal, R. (2021). Identity change, uncertainty and mistrust in relation to fear and risk of COVID-19. *Journal of Risk Research, 24*(3–4), 335–351.

Brühl, R. (2021). *Wie Wissenschaft Wissen schafft. Wissenschaftstheorie und -ethik für die Sozial- und Wirtschaftswissenschaften* (3. Aufl.). UVK.

Brühl, R., Horch, N., & Orth, M. (2009). Vertrauen und Controlling – Ein Spannungsverhältnis im Spiegel der Forschung. In M. Reimer & S. Fiege (Hrsg.), *Perspektiven des Strategischen Controllings* (S. 97–116). Gabler.

Cho, J. (2006). The mechanism of trust and distrust formation and their relational outcomes. *Journal of retailing, 82*(1), 25–35.

Citrin, J., & Stoker, L. (2018). Political trust in a cynical age. *Annual Review of Political Science, 21*, 49–70.

Cosmides, L., Tooby, J., Fiddick, L., & Bryant, G. A. (2005). Detecting cheaters. *Trends in cognitive sciences, 9*, 505–506.

Costa, A. C., & Bijlsma-Frankema, K. (2007). Trust and control interrelations: New perspectives on the trust-control nexus. *Group & Organization Management, 32*(4), 392–406.

van De Walle, S., & Six, F. (2014). Trust and distrust as distinct concepts: Why studying distrust in institutions is important. *Journal of Comparative Policy Analysis: Research and Practice, 16*(2), 158–174.

Digitales Wörterbuch der deutschen Sprache. (2021). DWDS-Wortverlaufskurve für „Misstrauen – Vertrauen". https://www.dwds.de/r/plot/?view=1&corpus=zeitungen&norm=date%2Bclass&smooth=spline&genres=0&grand=1&slice=1&prune=0&window=3&wbase=0&logavg=0&logscale=0&xrange=1946%3A2021&q1=Misstrauen&q2=Vertrauen. Zugegriffen am 05.07.2021.

Dimoka, A. (2010). What does the brain tell us about trust and distrust? Evidence from a functional neuroimaging study. *Mis Quarterly, 34*(2), 373–396.

Dodgson, M. (1993). Learning, trust, and technological collaboration. *Human relations, 46*(1), 77–95.

Dubey, A. D. (2020). Twitter sentiment analysis during COVID-19 outbreak. Available at SSRN: https://doi.org/10.2139/ssrn.3572023

Endreß, M. (2002). *Vertrauen.* transcript.

Endreß, M. (2012). Vertrauen und Misstrauen – Soziologische Überlegungen. In C. Schilcher, M. Will-Zocholl, & M. Ziegler (Hrsg.), *Vertrauen und Kooperation in der Arbeitswelt* (S. 81–102). VS Verlag für Sozialwissenschaften.

Externbrink, K., & Keil, M. (2018). *Narzissmus, Machiavellismus und Psychopathie in Organisationen.* Springer.

Fein, S. (1996). Effects of suspicion on attributional thinking and the correspondence bias. *Journal of personality and social psychology, 70*(6), 1164–1184.

Franklin, B. (1733–1758). *Poor Richard's quotations.* Blue Mountain Arts.

Frevert, U. (2003). Vertrauen – eine historische Spurensuche. In U. Frevert (Hrsg.), *Vertrauen. Historische Annäherungen* (S. 7–66). Vandenhoeck & Ruprecht.

Guo, S.-L., Lumineau, F., & Lewicki, R. J. (2017). Revisiting the foundations of organizational distrust. *Foundations and Trends® in Management, 1*(1), 1–88.

Harth, N. S., & Regner, T. (2017). The spiral of distrust: (non-) cooperation in a repeated trust game is predicted by anger and individual differences in negative reciprocity orientation. *International Journal of Psychology, 52*(1), 18–25.

Hartmann, M. (2011). *Die Praxis des Vertrauens.* Suhrkamp.

Hartmann, M. (2020). *Vertrauen. Die unsichtbare Macht.* Fischer.

Haugsgjerd, A., & Kumlin, S. (2020). Downbound spiral? Economic grievances, perceived social protection and political distrust. *West European Politics, 43*(4), 969–990.

Hawkins, S., Yudkin, D., Juan-Torres, M., & Dixon, T. (2018). *The hidden tribes: A study of America's polarized landscape.* More in Common.

Heinisch, R., Holtz-Bacha, C., & Mazzoleni, O. (2017). Introduction. In Heinisch, R.,Holtz-Bacha, C., & Mazzoleni, O. (Hrsg.), *Political populism. A handbook* (S.19–37). Nomos.

Hetherington, M. J. (1998). The political relevance of political trust. *American Political Science Review, 92*(4), 791–808.

Hirschi, C. (2018). *Skandalexperten, Expertenskandale.* Matthes & Seitz.

Hoberg, F. (2019). *Bedeutung und Wirkungspotentiale effizienter Krisenkommunikation: Vertrauen aufbauen, Misstrauen reduzieren.* Springer.

Hooghe, M., & Dassonneville, R. (2018). A spiral of distrust: A panel study on the relation between political distrust and protest voting in Belgium. *Government and Opposition, 53*(1), 104–130.

Janowicz, M., & Noorderhaven, N. (2006). Levels of inter-organizational trust: conceptualization and measurement. In R. Bachmann & A. Zaheer (Hrsg.), *Handbook of trust research* (S. 264–300). Edward Elgar.

Johnson, D. R., & Hermanowicz, J. C. (2017). Peer review: From "sacred ideals" to "profane realities". In M. B. Paulsen (Hrsg.), *Higher education: Handbook of theory and research* (S. 485–527). Springer.

Jones, K. (1998). Trust. In E. Craig (Hrsg.), *Routledge encyclopedia of philosophy* (S. 466–470). Routledge.

Katz, A. M., & Sander, G. (2019). *Staatsrecht* (19. Aufl.). C.F.Müller.

Kepplinger, H. M. (1996). Skandale und Politikverdrossenheit – ein Langzeitvergleich. In O. Jarren, H. Schatz, & H. Wemer (Hrsg.), *Medien und politischer Prozeß* (S. 41–58). Westdeutscher Verlag.

Kim, S.-E. (2005). The role of trust in the modern administrative state: An integrative model. *Administration & Society, 37*(5), 611–635.

Köcher, R. (2021). Verheerende Vertrauenskrise. *Frankfurter Allgemeine Zeitung*, 24.03.2021.

Korczynski, M. (2000). The political economy of trust. *Journal of Management Studies, 37*(1), 1–21.

Kostis, A., & Näsholm, M. H. (2020). Towards a research agenda on how, when and why trust and distrust matter to coopetition. *Journal of Trust Research, 10*(1), 66–90.

Kramer, R. M. (1994). The sinister attribution error: paranoid cognition and collective distrust in organizations. *Motivation and Emotion, 18*(2), 199–230.

Krystek, U., & Zumbrock, S. (1993). *Planung und Vertrauen. Die Bedeutung von Vertrauen und Mißtrauen für die Qualität von Planungs- und Kontrollsystemen*. Schäffer-Poeschel.

Kujala, J., Lehtimäki, H., & Pučėtaitė, R. (2016). Trust and distrust constructing unity and fragmentation of organisational culture. *Journal of Business Ethics, 139*(4), 701–716.

Lenard, P. T. (2008). Trust your compatriots, but count your change: The roles of trust, mistrust and distrust in democracy. *Political Studies, 56*(2), 312–332.

Lewicki, R. J., & Brinsfield, C. (2017). Trust repair. *Annual Review of Organizational Psychology and Organizational Behavior, 4*(1), 287–313.

Lewicki, R. J., McAllister, D. J., & Bies, R. J. (1998). Trust and distrust: New relationships and realities. *Academy of Management Review, 23*(3), 438–458.

Lichtenberg, G. C. (1968). *Sudelbücher I*. Hanser.

Little, D. (2017). Microfoundations. In L. McIntyre & A. Rosenberg (Hrsg.), *The Routledge companion to philosophy of social science* (S. 228–239). Routledge.

Loewenstein, G., & Molnar, A. (2018). The renaissance of belief-based utility in economics. *Nature Human Behaviour, 2*(3), 166–167.

Lowry, P. B., Schuetzler, R. M., Giboney, J. S., & Gregory, T. A. (2015). Is trust always better than distrust? The potential value of distrust in newer virtual teams engaged in short-term decision-making. *Group Decision and Negotiation, 24*(4), 723–752.

Luhmann, N. (1997). *Die Gesellschaft der Gesellschaft*. Suhrkamp.

Luhmann, N. (2000). *Vertrauen. Ein Mechanismus der Reduktion sozialer Komplexität* (4. Aufl.). Lucius & Lucius.

Lumineau, F. (2017). How contracts influence trust and distrust. *Journal of Management, 43*(5), 1553–1577.

Machado, D. F. T., de Siqueira, A. F., & Gitahy, L. (2020). Natural stings: Selling distrust about vaccines on Brazilian YouTube. *Frontiers in Communication, 5*, Article 577941.

Marr, J. C., Thau, S., Aquino, K., & Barclay, L. J. (2012). Do I want to know? How the motivation to acquire relationship-threatening information in groups contributes to paranoid thought, suspicion behavior, and social rejection. *Organizational Behavior and Human Decision Processes, 117*(2), 285–297.

Mayer, J., & Mussweiler, T. (2011). Suspicious spirits, flexible minds: When distrust enhances creativity. *Journal of Personality and Social Psychology, 101*(6), 1262–1277.

Mayer, R. C., Davis, J. H., & Schoorman, F. D. (1995). An integrative model of organizational trust. *Academy of Management Review, 20*(3), 709–734.

McKnight, D. H., & Chervany, N. L. (2001). Trust and distrust definitions: One bite at a time. In R. Falcone, M. Singh, & Y.-H. Tan (Hrsg.), *Trust in cyber-societies* (S. 27–54). Springer.

Merton, R. K. (1985). Die normative Struktur der Wissenschaft. In *Entwicklung und Wandel von Forschungsinteressen* (S. 86–99). Suhrkamp.

Michalski, N. (2019). *Normatives und rationales Vertrauen in Europa*. Springer.

Mühlfried, F. (2018). Introduction. Approximating mistrust. In F. Mühlfried (Hrsg.), *Mistrust. Ethnographic approximations* (S. 7–22). Transcript.

Mühlfried, F. (2019). *Misstrauen. Vom Wert eines Unwertes.* Reclam.

Munafò, M. R., Nosek, B. A., Bishop, D. V. M., Button, K. S., Chambers, C. D., Percie du Sert, N., Simonsohn, U., Wagenmakers, E.-J., Ware, J. J., & Ioannidis, J. P. A. (2017). A manifesto for reproducible science. *Nature Human Behaviour, 1*(0021), 1–9.

National Academies of Science. (2017). *Examining the mistrust of science: Proceedings of a workshop – in brief.*

Neuberger, O. (2006). Vertrauen vertrauen? Misstrauen als Sozialkapital. In K. Götz (Hrsg.), *Vertrauen in Organisationen* (S. 1–55). Rainer Hampp.

Parkhe, A., & Miller, S. R. (2000). The structure of optimal trust: a comment and some extensions. *Academy of Management Review, 25*(1), 10–11.

Petersen, T. (2014). *Anfang vom Ende der Politikverdrossenheit?* Institut für Demoskopie Allensbach.

Van Prooijen, J.-W., Spadaro, G., & Wang, H. (2022). Suspicion of institutions: How distrust and conspiracy theories deteriorate social relationships. *Current Opinion in Psychology, 43*, 65–69.

PytlikZillig, L. M., & Kimbrough, C. D. (2016). Consensus on conceptualizations and definitions of trust: are we there yet? In E. Shockley, T. M. S. Neal, L. M. PytlikZillig, & B. H. Bornstein (Hrsg.), *Interdisciplinary perspectives on trust: Towards theoretical and methodological integration* (S. 17–47). Springer.

Reimann, M., Schilke, O., & Cook, K. S. (2017). Trust is heritable, whereas distrust is not. *Proceedings of the National Academy of Sciences, 114*(27), 7007–7012.

Reydon, T. (2013). *Wissenschaftsethik.* Ulmer.

Rivero, Á. (2018). Populism and democracy in Europe. In C. de la Torre (Hrsg.), *Routledge Handbook of Global Populism* (S. 281–294). Routledge.

Rosanvallon, P. (2017). *Die Gegen-Demokratie. Politik im Zeitalter des Misstrauens.* Hamburger Edition.

Rotter, J. B. (1967). A new scale for the measurement of interpersonal trust. *Journal of Personality, 35*(4), 651–665.

Rousseau, D. M., Sitkin, S. B., Burt, R. S., & Camerer, C. (1998). Not so different after all: A cross-discipline view of trust. *Academy of Management Review, 23*(3), 393–404.

Rutjens, B. T., van der Linden, S., & van der Lee, R. (2021). Science skepticism in times of COVID-19. *Group Processes & Intergroup Relations, 24*(2), 276–283.

Sako, M., & Helper, S. (1998). Determinant of trust in supplier relations: Evidence from the automotive industry in Japan and the United States. *Journal of Economic Behavior & Organization, 34*(4), 387–417.

Schul, Y., Mayo, R., & Burnstein, E. (2008). The value of distrust. *Journal of Experimental Social Psychology, 44*(5), 1293–1302.

Schweer, M., Vaske, C., & Vaske, A.-K. (2009). Zur Funktionalität und Dysfunktionalität von Misstrauen in virtuellen Organisationen. In K. Meißner & M. Engelien (Hrsg.), *Workshop Gemeinschaften in Neuen Medien (GeNeMe)* (S. 245–256). Verlag der Wissenschaften.

Sitkin, S. B., & Bijlsma-Frankema, K. M. (2018). Distrust. In R. H. Searle, Nienaber, R. H. Searle, A.-M. I. Nienaber, & S. B. Sitkin (Hrsg.), *The Routledge companion to trust* (S. 50–61). Routledge.

Sitkin, S. B., & Roth, N. L. (1993). Explaining the limited effectiveness of legalistic "remedies" for trust/distrust. *Organization Science, 4*(3), 367–392.

Strickland, L. H. (1958). Surveillance and trust. *Journal of Personality, 26*(2), 200–215.

Sztompka, P. (1998). Trust, distrust and two paradoxes of democracy. *European Journal of Social Theory, 1*(1), 19–32.

Ullmann-Margalit, E. (2004). Trust, distrust, and in between. In R. Hardin (Hrsg.), *Distrust* (S. 60–82). Russell Sage Foundation.

Verburg, R. M., Nienaber, A.-M., Searle, R. H., Weibel, A., Den Hartog, D. N., & Rupp, D. E. (2018). The role of organizational control systems in employees' organizational trust and performance outcomes. *Group & Organization Management, 43*(2), 179–206.

Verstraete, M., & Bambauer, D. E. (2017). Ecosystem of distrust. *First Amendment Law Review, 16*, 129–152.

Wahrig-Burfeind, R. (2006). *Wahrig – Deutsches Wörterbuch*. Bertelsmann.

Wang, H., Ma, B., & Bai, R. (2020). The spillover effect of greenwashing behaviours: An experimental approach. *Marketing Intelligence & Planning, 38*(3), 283–295.

Warren, M. E. (2017). What kinds of trust does a democracy need? Trust from the perspective of democratic theory. In S. Zmerli & T. W. G. van der Meer (Hrsg.), *Handbook on political trust* (S. 33–52). Edward Elgar.

Warren, M. E. (2018). Trust and democracy. In E. M. Uslaner (Hrsg.), *The Oxford handbook of social and political trust* (S. 75–94). Oxford University Press.

Weibel, A., Schafheitle, S., & Osterloh, M. (2018). Trust rocks! Aktives Vertrauen als Grundstein für das Gelingen der Neuen Arbeit. In M. Sulzberger & R. J. Zaugg (Hrsg.), *ManagementWissen* (S. 35–42). Springer Gabler.

Erratum zu: Ansätze zur Messung von Risikowahrnehmung und Risikoeinstellung: das Beispiel touristische Reiseabsicht während einer Pandemie

Andreas Philippe Hüsser und Timo Ohnmacht

Erratum zu:
Kapitel 4 in: J. Basel, P. Henrizi (Hrsg.), *Psychologie von Risiko und Vertrauen,* **https://doi.org/10.1007/978-3-662-65575-7_4**

Liebe Leserin, lieber Leser,

vielen Dank für Ihr Interesse an diesem Buch. Leider wurde das Kapitel 4 „Ansätze zur Messung von Risikowahrnehmung und Risikoeinstellung: das Beispiel touristische Reiseabsicht während einer Pandemie" von Andreas Philippe Hüsser und Timo Ohnmacht versehentlich ohne Open Access publiziert. Dieser Fehler ist uns erst nach Drucklegung aufgefallen und wurde jetzt korrigiert.

Das Urheberrecht liegt nun bei den Autoren. Das Kapitel wird nun unter der Creative Commons Namensnennung 4.0 International Lizenz (http://creativecommons.org/licenses/by/4.0/deed.de) veröffentlicht, welche die Nutzung, Vervielfältigung, Bearbeitung, Verbreitung und Wiedergabe in jeglichem Medium und Format erlaubt, sofern Sie den/die ursprünglichen Autor(en) und die Quelle

Die aktualisierte Version dieses Kapitels finden Sie unter
https://doi.org/10.1007/978-3-662-65575-7_4

ordnungsgemäß nennen, einen Link zur Creative Commons Lizenz beifügen und angeben, ob Änderungen vorgenommen wurden.

Die in diesem Kapitel enthaltenen Bilder und sonstiges Drittmaterial unterliegen ebenfalls der genannten Creative Commons Lizenz, sofern sich aus der Abbildungslegende nichts anderes ergibt. Sofern das betreffende Material nicht unter der genannten Creative Commons Lizenz steht und die betreffende Handlung nicht nach gesetzlichen Vorschriften erlaubt ist, ist für die oben aufgeführten Weiterverwendungen des Materials die Einwilligung des jeweiligen Rechteinhabers einzuholen.

Erratum zu: Psychologie von Risiko und Vertrauen

Jörn Basel und Philipp Henrizi

Erratum zu:
P. Henrizi (Hrsg.), *Psychologie von Risiko und Vertrauen*,
https://doi.org/10.1007/978-3-662-65575-7

Liebe Leserin, lieber Leser,

vielen Dank für Ihr Interesse an diesem Buch. Leider haben sich trotz sorgfältiger Prüfung Fehler eingeschlichen, die uns erst nach Drucklegung aufgefallen sind.

Aufgrund eines Versehens seitens der Produktion fehlte bei einigen Abbildungen in diesem Buch (Abb. 3.1, Abb. 3.2, Abb. 3.3, Abb. 3.4, Abb. 6.5, Abb. 8.4) die jeweilige Quellenangabe in der Abbildungslegende. Die folgenden Quellenangaben wurden nachträglich ergänzt bzw. korrigiert:

- Kapitel 3/Abb. 3.1: Die Quellenangabe (Proske, 2022, S. 425) wurde ergänzt.
- Kapitel 3/Abb. 3.2: Die Quellenangabe (in Anlehnung an Finucane et al., 2000, S. 4) wurde ergänzt.
- Kapitel 3/Abb. 3.3: Die Quellenangabe (in Anlehnung an Finucane et al., 2000, S. 4) wurde ergänzt.
- Kapitel 3/Abb. 3.4: Die Quellenangabe (in Anlehnung an Finucane et al., 2000, S. 9) wurde ergänzt.
- Kapitel 6/Abb. 6.5: In der vorhandenen Quellenangabe wurde das Jahr von 2021 zu 2023 korrigiert.
- Kapitel 8/Abb. 8.4: Die Quellenangabe (Mit freundlicher Genehmigung von Edelman, 2021a, b) wurde ergänzt.
- Kapitel 11/Abb. 11.1: Die Quellenangabe (DWDS, 2021) wurde ergänzt.

Die aktualisierten Versionen dieser Kapitel finden Sie unter
https://doi.org/10.1007/978-3-662-65575-7_3
https://doi.org/10.1007/978-3-662-65575-7_6
https://doi.org/10.1007/978-3-662-65575-7_8
https://doi.org/10.1007/978-3-662-65575-7_11

Printed by Printforce, the Netherlands